江苏文库

研究编

江苏历代文化名人传

江苏文脉整理与研究工程

江苏历代文化名人传·李 煜

高峰 著

江苏人民出版社

图书在版编目(CIP)数据

江苏历代文化名人传. 李煜 / 高峰著. -- 南京：
江苏人民出版社，2024.6
(江苏文库. 研究编)
ISBN 978 - 7 - 214 - 28288 - 0

Ⅰ. ①江… Ⅱ. ①高… Ⅲ. ①文化－名人－列传－江
苏②李煜(937－978)－传记 Ⅳ. ①K825.4②K827＝432

中国国家版本馆 CIP 数据核字(2023)第 166281 号

书　　　名	江苏历代文化名人传·李煜	
著　　　者	高　峰	
出 版 统 筹	张　凉	
责 任 编 辑	周晓阳	
责 任 监 制	王　娟	
装 帧 设 计	姜　嵩	
出 版 发 行	江苏人民出版社	
地　　　址	南京市湖南路 1 号 A 楼,邮编:210009	
照　　　排	江苏凤凰制版有限公司	
印　　　刷	苏州市越洋印刷有限公司	
开　　　本	718 毫米×1 000 毫米　1/16	
印　　　张	18.5　插页 4	
字　　　数	270 千字	
版　　　次	2024 年 6 月第 1 版	
印　　　次	2024 年 6 月第 1 次印刷	
标 准 书 号	ISBN 978 - 7 - 214 - 28288 - 0	
定　　　价	79.00 元	

(江苏人民出版社图书凡印装错误可向承印厂调换)

江苏文脉整理与研究工程

总主编

信长星　许昆林

学术指导委员会

主　任　周勋初

委　员　（按姓氏笔画排序）

冯其庸　邬书林　张岂之　郁贤皓　周勋初
茅家琦　袁行霈　程毅中　蒋赞初　戴　逸

编纂出版委员会

出版说明

　　江苏文化源远流长、历久弥新,文化经典与历史文献层出不穷,典藏丰富;文化巨匠代有人出、彪炳史册,在中华民族乃至整个人类文明的发展史上有着相当重要的地位。为科学把握江苏文化的内涵与特征,在新时代彰显江苏文化对中华文化的贡献,江苏省委、省政府决定组织实施"江苏文脉整理与研究工程",以梳理江苏文脉资源,总结江苏文化发展的历史规律,再现江苏历史上的文化高地,为当代江苏构筑新的文化高地把准脉动、探明趋势、勾画蓝图。

　　组织编纂大型江苏历史文献总集《江苏文库》,是"江苏文脉整理与研究工程"的重要工作。《文库》以"编纂整理古今文献,梳理再现名人名作,探究追溯文化脉络,打造江苏文化名片"为宗旨,分六编集中呈现:

　　(一)书目编。完整著录历史上江苏籍学人的著述及其历史记录,全面反映江苏图书馆的图书典藏情况。

　　(二)文献编。收录历代江苏籍学人的代表性著作,集中呈现自历史开端至一九一一年的江苏文化文本,呈现江苏文化的整体景观。

　　(三)精华编。选取历代江苏籍学人著述中对中外文化产生重要影响、在文化学术史上具有经典性代表性的作品进行整理,并从中选取十余种,组织海外汉学家翻译成各国文字,作为江苏对外文化交流的标志性文化成果。

　　(四)方志编。从江苏现存各级各类旧志中选择价值较高、保存较好的志书,以充分发挥地方志资治、存史、教化等作用,保存江苏的地方文献与历史文化记忆。

（五）史料编。收录有关江苏地方史料类文献，反映江苏各地历史地理、政治经济、文化教育、宗教艺术、社会生活、风土民情等。

（六）研究编。组织、编纂当代学者研究、撰写的江苏文化研究著作。

文献、史料、方志三编属于基础文献，以影印方式出版，旨在提供原始文献，以满足学术研究需要；书目、精华、研究三编，以排印方式出版，既能满足学术研究的基本需求，又能满足全民阅读的基本需求。

"江苏文脉整理与研究工程"工作委员会

江苏文库·研究编编纂人员

主　编

王月清　张新科

副主编

徐之顺　姜　建　王卫星　胡发贵　胡传胜　刘西忠

一脉千古成江河

——江苏文库·研究编序言

樊和平

　　"江苏文脉整理与研究工程"是江苏文化史上继往开来的一个浩大工程。与当下方兴未艾的全国性"文库热"相比,江苏文脉工程有三个基本特点:一是全面系统的整理;二是"整理"与"研究"同步;三是以"文脉"为主题。在"书目编—文献编—精华编—史料编—方志编—研究编"的体系结构中,"研究编"是十分独特的板块,因为它是试图超越"修典"而推进文化传承创新的一种学术努力。

　　"盛世修典"之说不知起源于何时,不过语词结构已经表明"盛世"与"修典"之间的某种互释甚至共谋,以及由此而衍生的复杂文化心态。历史已经表明,"修典"在建构巨大历史功勋的同时,也包含内在的巨大文化风险,最基本的是"入典"的选择风险。《四库全书》的文化贡献不言自明,但最终其收书的数量竟与禁书、毁书、改书的数量大致相当,还有高出近一倍的书目被宣判为无价值。"入典"可能将一个时代的局限甚至选择者个人的局限放大为历史的文化局限,也可能由此扼杀文化多样性而产生文化专断。另一个更为潜在和深刻的风险,是对待传统的文化态度。文献整理,尤其是地域典籍的整理,在理念和战略上面临的最大考验,是以何种心态对待文化传统。当今之世,无论对个体还是社会,传统已经不仅是文化根源,而且是文化和经济发展的资源甚至资本。然而一旦传统成为资源和资本,邂逅市场逻辑的推波助澜,就面临沦为消费和运作对象的风险,从而以一种消费主义和工具主义的文化态度对待文化传统和文献整理。当传统成为消费和运作的对象,其文化价值不仅可能被误读误用,而且也可能在对传统的消费中使文化坐吃山空,造就出文化上的纨绔子弟,更可能在市场运作中使文化不断被糟蹋。"江苏文脉整理与研究工程"的"整理工程"以全面系统的整理的战略应对可能存在的第一种风险,即入典选择的风险;以"研究工程"应对第二种可能的风险,即消费主义与工具主义的风险。我们不仅是既往传统的继承者,更应当是未来传统的创造者;现代人的使命,不仅是继承优秀传统,更应当创造新的优秀传统,这便是传统的创造性转化与创新性发展的真义。诚然,创造传统任重道远,需要经过坚忍不拔的卓越努力和大浪淘沙般的历史积淀,但对"江苏文脉整理与研究工程"而言,无论如何必须在"整理"的同时开启"研究"的千里之行,在研究中继承和发展传统。这便是"研究编"的价值和使命所在,也是"江苏文脉整理与研究工程"在"文库热"中于顶层设计层面的拔群之处。

一 倾听来自历史深处的文化脉动

20 世纪是文化大发现的世纪,20 世纪以来西方世界最重要的战略,就是文化战略。20 世纪 20 年代,德国社会学家马克斯·韦伯的《新教伦理与资本主义精神》,揭示了西方资本主义文明的文化密码,这就是"新教伦理"及其所造就的"资本主义精神",由此建构"新教伦理+资本主义"的所谓"理想类型",为西方资本主义进行了文化论证尤其是伦理论证,奠定了 20 世纪以后西方中心论的文化基础。20 世纪 70 年代,哈佛大学教授丹尼尔·贝尔的《资本主义文化矛盾》,揭示了当代资本主义最深刻的矛盾不是经济矛盾,也不是政治矛盾,而是"文化矛盾",其集中表现是宗教释放的伦理冲动与市场释放的经济冲动分离与背离,进而对现代西方文明发出文化预警。20 世纪 70 年代之后,亨廷顿的《文明的冲突与世界秩序的重建》将当今世界的一切冲突归结为文明冲突、文化冲突,将文化上升为西方世界尤其是美国国家战略的高度。以上三部曲构成西方世界尤其是美国文化帝国主义的国家文化战略,正如一些西方学者所发现的那样,时至今日,文化帝国主义被另一个概念代替——"全球化",显而易见,全球化不仅是一种浪潮,更是一种思潮,是西方世界的国家文化战略。文化虽然受经济发展制约甚至被经济发展水平所决定,但回顾从传统到现代的中国文明史,文化问题不仅逻辑地而且历史地成为文明发展的最高最难的问题,正因为如此,文化自信才成为比理论自信、道路自信、制度自信更具基础意义的最重要的自信。

在全球化背景下,文脉整理与研究具有重大的国家文化战略意义,不仅必要,而且急迫。文化遵循与经济社会不同的规律,全球化在造就广泛的全球市场并使全球成为一个"地球村"的同时,内在的最大文明风险和文化风险便是同质性。全球化催生的是一个文化上的独生子女,其可能的镜像是:一种文化风险将是整个世界的风险,一次文化失败将是整个人类的文化失败。文化的本质是什么? 梁漱溟先生说,文化就是人的生活的根本样法,文化就是"人化"。丹尼尔·贝尔指出,文化是为人的生命过程提供解释系统,以对付生存困境的一种努力。据此,文化的同质化,最终导致的将是人的同质化,将是民族文化或西方学者所说地方性知识的消解和消失;同时,由于文化是人类应对生存困境的大智慧,或治疗生活世界痼疾的抗体,它所建构的是与自然世界相对应的精神世界和意义世界,文化的同质性将导致人类在面临重大生存困境时智慧资源的贫乏和生命力的苍白,从而将整个人类文明推向空前的高风险。应对全球化的挑战和西方文化帝国主义的国家战略,"江苏文脉整理与研究工程"是整个中华民族浩大文化工程的一部分和具体落实,其战略意义决不止于保存文化记忆的自持和自赏,在这个全球化的高风险正日益逼近的时代,完整地保存地方文化物种,认同文化血脉,畅通文化命脉,不仅可以让我们在遭遇全球化的滔滔洪水之时可以于故乡文化的山脉之巅"一览众山小"地建设自己的精神家园和文化根据地,而且可以在患上全球化的文化感冒甚至某种文化瘟疫之后,不致乞求"西方药"来治"中国病",而是根据自己的文化基因和文化命理,寻找强化自身的文化抗体和文化免疫力之道,其深远意义,犹如在今天经过独生子女时代穿越时光隧道,回首当年我们的"兄弟姐妹那么多"

一脉千古成江河

和父辈们儿孙满堂的那种天伦风光,不只是因为寂寞,而且是为了中华民族大家庭的文化安全和对未来文化风险的抗击能力。

"江苏文脉整理与研究工程"是以江苏这一特殊地域文化为对象的一次集体文化自觉和文化自信,与其他同类文化工程相比,其最具标识意义的是"文脉"理念。"文脉"是什么? 它与"文献"和文化传统的关系到底如何? 这是"文脉工程"必须解决的基本问题。

庞朴先生曾对"文化传统"与"传统文化"两个概念进行了审慎而严格的区分,认为"传统文化"可能是历史上曾经存在过的一切文化现象,而"文化传统"则是一以贯之的文化道统。在逻辑和历史两个维度,文化成为传统都必须同时具备三个条件:历史上发生的,一以贯之的,在现实生活中依然发挥作用的。传统当然发生于历史,但历史上发生的一切,从《道德经》《论语》到女人裹小脚,并不都成为传统,即便当今被考古或历史研究所不断发现的现象,也只能说是"文化遗存",文化成为传统必须在历史长河中一以贯之而成为道统或法统,孔子提供的儒家学说,老子提供的道家智慧,之所以成为传统,就是因为它们始终与中国人的生活世界和精神世界相伴随,并成为人的生命和生活的文化指引。然而,文化并不只存在于文献典籍之中,否则它只是精英们的特权,作为"人的生活的根本样法"和"对付生存困境"的解释系统,它必定存在于芸芸众生的生命和生活之中,由此才可能,也才真正成为传统。《论语》与《道德经》之所以成为传统,不只是因为它们作为经典至今还为人们所学习和研究,而且因为在中国人精神的深层结构中,即便在未读过它们的田夫村妇身上,也存在同样的文化基因。中国人在得意时是儒家,"明知不可为而偏为之";在失意时是道家,"后退一步天地宽";在绝望时是佛家,"四大皆空",从而建立了与自给自足的自然经济结构相匹合的自给自足的文化精神结构,在任何境遇下都不会丧失安身立命的精神基地,这就是传统。文化传统必须也必定是"活"的,是在现实中依然发挥作用的,是构成现代人的文化基因的生命因子。这种与人的生活和生命同在的文化传统就是"脉",就是"文脉"。

文脉以文献、典籍为载体,但又不止于文献和典籍,而是与负载它的生命及其现实生活息息相关。"文脉"是什么?"文脉"对历史而言是

"血脉",对未来而言是"命脉",对当下而言是"山脉"。"江苏文脉"就是江苏人的文化血脉、文化命脉、文化山脉,是历史、现在、未来江苏人特殊的文化生命、文化标识、文化家园,以及生生不息的文化记忆和文化动力。虽然它们可能以诸种文化典籍和文化传统的方式呈现和延续,但"文脉工程"致力探寻和发现的则是跃动于这些典籍和传统,也跃动于江苏人生命之中的那种文化脉动。"江苏文脉整理与研究工程"的最大特点就在于它是"文脉工程"而不是一般的"文化工程",更不是"文库工程"。"文化工程""文库工程"可能只是一般的文化挖掘与整理,而"文脉工程"则是与地域的文化生命深切相通,贯穿地域的历史、现在与未来的生命工程。

　　"江苏文脉整理与研究工程"是"整理"与"研究"的璧合,在"研究工程"中能否、如何倾听到来自历史深处的文化脉动,关键是处理好"文献"与"文脉"的关系。"整理工程"是对文脉的客观呈现,而"研究工程"则是对文脉的自觉揭示,若想取得成功,必须学会在"文献"中倾听和发现"文脉"。"文献"如何呈现"文脉"? 文献是人类文明尤其是人类文化记忆的特殊形态,也是人类信息交换和信息传播的特殊方式。回首人类文明史,到目前为止,大致经历了三种信息方式。最基本也是最原初的是口口交流的信息方式,在这种信息方式中,信息发布者和信息传播者都同时在场,它是人的生命直接和整体在场并对话的信息传播方式,是从语言到身体、情感的全息参与,是生命与生命之间的直接沟通,但具有很大的时空局限。印刷术的产生大大扩展了人类信息交换的广度和深度,不仅可以以文字的方式与不在场的对象交换信息,而且可以以文献的方式与不同时代、不同时空的人们交换信息,这便是第二种信息方式,即以印刷为媒介的信息方式或印刷信息方式。第三种信息方式便是现代社会以电子网络技术为媒介的信息方式,即电子信息方式。文献与典籍是印刷信息方式的特殊形态,它将人类文化史和文明史上具有特殊价值的信息以印刷媒介的方式保存下来,供后人学习和研究,从而积淀为传统。文字本质上是人的生命的表达符号,所谓"诗言志"便是指向生命本身。然而由于它以文字为中介,一旦成为文献,便离开原有的时空背景,并与创作它的生命个体相分离,于是便需要解读,在解读中便可能发生误读,但无论如何,解读的对象并不只是文字本身,而是文字背后的生命现象。

文献尤其是典籍是不同时代人们对于文化精华的集体记忆,它们不仅经受过不同时代人们的共同选择,而且经受过大浪淘沙的历史洗礼,因而其中不仅有创造它的那个个体或文化英雄如老子、孔子的生命表达,而且有传播和接受它的那个民族的文化脉动,是负载它的那个民族的文化生命,这种文化生命一言以蔽之便是文化传统。正因为如此,作为集体记忆的精华,文献和典籍是个体和集体的文化脉动的客观形态,关键在于,必须学会倾听和揭示来自远方的生命旋律。由于它们巨大的时空跨度,往往不能直接把脉,而需要具有一种"悬丝诊脉"的卓越倾听能力。同时,为了把握真实的文化脉动,不仅需要对文献和典籍即"文本"进行研究,而且需要对创造它们的主体包括创作的个体和传播接受的集体的生命即"人物"进行研究。正如席勒所说,每个人都是时代的产儿,那些卓越的哲学家和有抱负的文学家却可能成为一切时代的同代人。文字一旦成为文献或典籍,便意味着创作它的个体成为一切时代的同代人,但无论如何,文献和它们的创造者首先是某个时代的产儿,因而要在浩如烟海的文献和典籍中倾听到来自传统深处的文化脉动,还需要将它们还原到民族的文化生命之中,形成文化发展的"精神的历史"。由此,文本研究、人物研究、学派流派研究、历史研究,便成为"文脉研究工程"的学术构造和逻辑结构。

二　中国文化传统中的江苏文脉

江苏文脉是中国文化传统的一部分,二者之间的关系并不只是部分与整体的关系,借助宋明理学的话语,是"理一"与"分殊"的关系。文脉与文化传统是民族生命的文化表达和自觉体现,如果只将它们理解为部分与整体的关系,那么江苏文脉只是中国文化传统或整个中华文化脉统中的一个构造,只是中华文化生命体中的一个器官。朱熹曾以佛家的"月映万川"诠释"理一分殊"。朗月高照,江河湖泊中水月熠熠,此番景象的哲学本真便是"一月普现一切水，一切水月一月摄"。天空中的"一月"与江河中的"一切水月"之间的关系是"分享"关系，不是分享了"一月"的某一部分，而是全部。江苏文脉与中国文化传统之间的关系便是"理一分殊"，中国文化传统是"理一"，江苏文脉是"分殊"，正因为如此，关于江苏文脉的研究必须在与整个中国文化传统的关系中整体性地把握和展开。其中，文化与地域的关系、江苏文化在中华文化发展中的贡献和地位，是两个基本课题。

到目前为止的一切人类文明的大格局基本上都是由以山河为标志的地理环境造就的，从轴心文明时代的四大文明古国，到"五大洲四大洋"的地理区隔，再到中国山东—山西、广东—广西、河南—河北，江苏的苏南—苏北的文化与经济差异，山河在其中具有基础性意义。在这个意义上，可以将在此以前的一切文明称为"山河文明"。如今，科技经济发展迎来一个"高"时代：高铁、高速公路、电子高速公路……正在并将继续推倒由山河造就的一切文明界碑，即将造就甚至正在造就一个"后山河时代"。"后山河时代"的最后一道屏障，"山河时代"遗赠给"后山河时代"的最宝贵的文明资源，便是地域文化。在这个意义上，江苏文脉的整理与研究，不仅可以为经过全球化席卷之后的同质化世界留下弥足珍贵的"文化大熊猫"，而且可以在未来的芸芸众生饱尝"独上高楼，望尽天涯路"的孤独之后，缔造一个"蓦然回首"的文化故乡，从中可以鸟瞰文化与世界关系的真谛。江苏独特的地域环境与江苏文化、江苏文脉之间的关系，已经不是所谓"一方水土一方人"所能表达，可以说，地脉、水脉、山脉与江苏文脉之间的关系，已经是一脉相承。

我们通过考察和反思发现，水系，地势，山势，大海，是对江苏文脉尤其是文化性格产生重大影响的地理因素。露水不显山，大江大河入大海，低平而辽阔，黄河改道，这一切的一切与其说是自然画卷和自然事件，不如说是江苏文脉的大地摇篮和文化宿命的历史必然，它们孕生和哺育了江苏文明，延绵了江苏文脉。历史学家发现，江苏是中国唯一同时拥有大海、大江、大湖、大平原的省份，有全国第一大河长江，第二大河黄河（故道），第三大河淮河，世界第一大人工河大运河，全国第三大淡水湖太湖，全国第四大淡水湖洪泽湖。江苏也是全国地势最低平的一个省区,绝大部分地区在海拔 50 米以下,少量低山丘陵大多分布于省际边缘,最高峰即连云港云台山的玉女峰也只有 625 米。丰沛而开放的水系和低平而辽阔的地势馈赠给江苏的不只是得天独厚的宜居,更沉潜、更深刻的是独特的文化性格和文脉传统,它们是对江苏地域文化产生重大影响的两个基本自然元素。

不少学者指证江苏文化具有水文化特性,而在众多水系中又具长江文化的特性。"水"的文化特性是什么?"老聃贵柔",老子尚水,以水演绎世界真谛和人生大智慧。"天下莫柔弱于水,而攻坚强者莫之能胜。"柔弱胜刚强,是水的品质和力量。西方文明史上第一个哲学家和科学家泰勒斯向全世界宣告的第一个大智慧便是:水是万物的始基。辽阔的平原在中国也许还有很多,却没有像江苏这样"处下"。老子也曾以大海揭示"处下"的智慧:"江海所以能为百谷王者,以其善下之,故能为百谷王。"历史上江苏的文化作品、江苏人的文化性格,相当程度上演绎了这种"水性"与"处下"的气质与智慧。历史上相当时期黄河曾经从江苏入海,然而黄河改道、黄河夺淮,几番自然力量或人力所为,最终黄河在江苏留下的只是一个"故道"的背影。黄河在江苏的改道当然是一个自然事件或历史事件,但我们也可能甚至毋宁将它当作一个文化事件,数次改道,偶然之中有必然,从中可以发现和佐证江苏文脉的"长江"守望和江南气质。不仅江苏的地脉"露水不显山",而且江苏的文化作品,江苏人的文化性格,一句话,江苏文脉,也是"露水不显山",虽不是"壁立千仞",却是"有容乃大"。一般说来,充沛的水系,广阔的平原,往往造就自给自足的自我封闭,然而,江苏东临大海,无论长江、淮河,还是历史上的黄河,都从这里入大海,归大海,不只昭示江苏的开放,而且演绎江苏文化、江苏文脉、江苏人海纳百川的博大和静水深流的仁厚。

黄河与长江好似中华文脉的动脉与静脉,也好似人的身体中的任督二脉,以长江文化为基色的江苏文化在中华文脉的缔造和绵延中作出了杰出贡献。有学者指出,在中国文明史上,长江文化每每在黄河文化衰弱之后承担起"救亡图存"的重任。人们常说南京古都不少为小朝廷,其实这正是"救亡图存"的反证,"天下兴亡,匹夫有责"的口号首先由江苏人顾炎武喊出，偶然之中有必然。学界关于江苏文化有三次高峰或三次大贡献，与两次大贡献之说。第一次高峰是开启于秦汉之际的汉文化，第二次高峰是六朝文化，第三次高峰是明清文化。人们已对六朝文化与明清文化两大高峰对中国文化的贡献基本达成共识，但江苏的汉文化高峰及其贡献也应当得到承认，而且三次文化高峰都发生于中国社会的大转折时期，对中国文化的承续作出了重大贡献。在秦汉之际的大变革和大一统国家的建构中，不仅在江苏大地上曾经演绎了波澜壮阔的对后来中国文明产生深远影响的历史史诗，而且演绎这些历史史诗的主角刘邦、项羽、韩信等都是江苏人，他们虽然自身不是文化人，但无疑对中国文化产生了深远影响。董仲舒提出"罢黜百家，独尊儒术"的主张，奠定了大一统的思想和文化基础，他本人虽不是江苏人，却在江苏留下印迹十多年。江苏的汉文化高峰对中国文化的最大贡献，一言概之即"大一统"，包括政治上的大一统和思想文化上的大一统。六朝被公认为中国文化发展的高峰，不少学者将它与古罗马文明相提并论，而六朝文化的中心在江苏、在南京。以南京为核心的六朝文化发生于三国之后的大动乱，它接纳大量流入南方的北方士族，使南北方文化合流，为保存和发展中国文化作出了杰出贡献。明朝是中国历史上第一次在南京，也是第一次在江苏建立统一的帝国都城，江苏的经济文化在全国处于举足轻重的地位，扬州学派、泰州学派、常州学派，形成明清时代中国文化的江苏气象，形成江苏文化对中国文化的第三次重大贡献。三大高峰是江苏的文化贡献，在重大历史转折关头或者民族国家危难之际挺身而出，海纳百川，则是江苏文化的精神和品质，这就是江苏文脉。也正因为如此，江苏文化和江苏文脉在"匹夫有责"的担当精神中总是透逸出某种深沉的忧患意识。

江苏文脉对中国文化的独特贡献及其特殊精神气质在文化经典中得到充分体现。中国四大文学名著，其中三大名著的作者都来自江苏，这就是《西游记》《红楼梦》《水浒》，其实《三国演义》也与江苏深切相关，虽然罗贯中不是江苏人，但却以江苏为重要的时空背景之一。四大名著中不仅有明显的江苏文化的元素，甚至有深刻的江苏地域文化的基因。《西游记》到底是悲剧还是喜剧？仔细反思便会发现，《西游记》就是文学版的《清明上河图》。《清明上河图》表面呈现一幅盛世生活画卷,实际却是一幅"盛世危情图",空虚的城防,懈怠的守城士兵……被繁华遗忘的是正在悄悄到来的深刻危机。《西游记》以唐僧西天取经渲染大唐的繁盛和开放,然而在经济的极盛之巅,中国人的精神世界却空前贫乏,贫乏得需要派一个和尚不远万里,请来印度的佛教,坐上中国意识形态的宝座,入主中国人的精神世界。口袋富了,脑袋空了,这是不折不扣的悲剧。然而,《西游记》的智慧,江苏文化的智慧,是将悲剧当作喜剧写,在喜剧的形式中潜隐悲剧的主题,就像《清明上河图》将空虚的城防和懈怠的士兵淹没于繁华的海洋一样。《西游记》喜剧与悲剧的二重性,隐喻了江苏文脉的忧患意识,而在对大唐盛世,对唐僧取经的一片颂歌中,深藏悲剧的潜主题,正是江苏文脉"匹夫有责"的担当精神和文化智慧的体现。鲁迅说,悲剧将人生的有价值的东西毁灭给人看。《西游记》是在喜剧形式的背后撕碎了大唐时代人的精神世界的深刻悲剧。把悲剧当作喜剧写,喜剧当作悲剧读,正是江苏文化、江苏文脉的大智慧和特殊气质所在,也是当今江苏文脉转化发展的重要创新点所在。正因为如此,"江苏文脉研究"必须以深刻的哲学洞察力和深厚的文化功力,倾听来自历史深处的江苏文化的脉动,读懂江苏,触摸江苏文脉。

三 通血脉,知命脉,仰望山脉

江苏文化的巨大魅力和强大生命力,是在数千年发展中已经形成一种传统、一种脉动,不仅是一种客观呈现的文化,而且是一种深植个体生命和集体记忆的生生不息的文脉。这种文化和文脉不仅成为共同的价值认同,而且已经成为一种地域文化胎记。在精神领域,在文化领域,江苏不仅有灿若星河的文学家,而且有彪炳史册的思想家、学问家,更有数不尽的才子骚客。长江在这片土地上流连,黄河在这片土地上改道,淮河在这片土地上滋润,太湖在这片土地上一展胸怀。一代代中国人,一代代江苏人,在这里缔造了文化长江、文化黄河、文化淮河、文化太湖,演绎了波澜壮阔的历史诗篇,这便是江苏文脉。

为了在全球化时代完整地保存江苏文脉这一独特地域文化的集体记忆,以在"后山河时代"为人类缔造精神家园提供根源与资源,为了继承弘扬并创造性转化、创新性发展中国优秀传统文化,2016 年江苏启动了"江苏文脉整理与研究工程"。根据"文脉"的理念,我们将研究工程或"研究编"的顶层设计以一句话表达:"通血脉,知命脉,仰望山脉。"由此将整个工程分为五个结构:江苏文化通史,江苏历代文化名人传,江苏文化专门史,江苏地方文化史,江苏文化史专题。

"江苏文化通史"的要义是"通血脉",关键词是"通"。"通"的要义,首先是江苏文化与中国文明的息息相通,与人类文明的息息相通,由此才能有民族感或"中国感",也才有世界眼光,因而必须进行关于"中国文化传统中的江苏文脉"的整体性研究;其次是江苏文脉中诸文化结构之间的"通",由此才是"江苏",才有"江苏味";再次是历史上各个重要历史时期文化发展之间的"通",由此才能构成"史",才有历史感;最后是与江苏人的生命与生活的"通",由此"江苏文脉"才能真正成为江苏人的文化血脉、文化命脉和文化山脉。达到以上"四通","江苏文化通史"才是真正的"通"史。

"江苏文化专门史"和"江苏文化史专题"的要义是"知命脉",关键词是"专",即"专门"与"专题"。"江苏文化专门史"在框架上分为物质文化史、精神文化史、制度文化史、特色文化史等,深入研究各类专门史,总体思路是系统研究和特色研究相结合,系统研究整体性地呈现江苏历史上的重要文化史,如哲学史、文学史、艺术史等,为了保证基本的完整性,我们根据国务院学科分类目录进行选择;特色研究着力研究历史上具有江苏特色的历史,如民间工艺史、昆曲史等。"江苏文化史专题"着力研究江苏历史上具有全国性影响的各种学派、流派,如扬州学派、泰州学派、常州学派等。

"江苏地方文化史"的要义是"血脉延伸和勾连",关键词是"地方"。"江苏地方文化史"以现省辖市区域划分为界,13 市各市一卷。每卷上编为地方文化通史,讲述地方整体历史脉络中的文化历史分期演化和内在结构流变,注重把握文化运动规律和发展脉络,定位于地方文化总体性研究；下编为地方文化专题史，按照科学技术、教育科举、文学语言、宗教文化等专题划分，以一定逻辑结构聚焦对地方文化板块加以具体呈现，定位于凸显文化专题特色。每卷都是对一个地方文化的总结和梳理，这是江苏文化血脉的伸展和渗入，是江苏文化多样性、丰富性的生动呈现和重要载体。

"江苏历代文化名人传"的要义是"仰望山脉"，关键词是"文化"。它不是一般性地为江苏历朝历代的"名人"作传，而只是为文化意义上的名人作传。为此，传主或者自身就是文化人并为中国文化的发展、为江苏文脉的积累积淀作出了重要贡献；或者虽然自身主要不是文化人而是政治家、社会活动家等，但对中国文化发展具有重大影响。如何对历史人物进行文化倾听、文化诠释、文化理解，是"文化名人传"的最大难点，也是其最有意义的方面。江苏历史上的文化名人汗牛充栋，"文化名人传"计划为100位江苏文化名人作传，为呈现江苏文化名人的整体画卷，同时编辑出版一部"江苏文化名人辞典"，集中介绍历史上的江苏文化名人1000位左右。

一脉千古成江河，"茫茫九派流中国"。江苏文脉研究的千里之行已经迈出第一步，历史馈赠我们一次千载难逢的宝贵机遇，让我们巡天遥看，一览江苏数千年文化银河的无限风光，对创造江苏文化、缔造江苏文脉的先行者们献上心灵的鞠躬。面对奔涌如黄河、悠远如长江的江苏文脉，我们惟有以跋涉探索之心，怵惕敬畏之情，且行且进，循着爱因斯坦的"引力波"，不断走近并播放来自江苏文脉深处的或澎湃，或激越，或温婉静穆的天籁之音。

我们一直在努力；

我们将一直努力！

目　录

引 言

　　四十年来家国，三千里地山河。凤阁龙楼连霄汉，玉树琼枝作烟萝。几曾识干戈。　　一旦归为臣虏，沈腰潘鬓消磨。最是仓皇辞庙日，教坊犹奏别离歌。垂泪对宫娥。

这是南唐亡国之君李煜的《破阵子》词，追念南唐故国的历史、疆域，皇宫之内的繁华景象，以及浮靡绮丽的生活；也流露出国家沦亡之后的追悔沉痛、恋恋不舍。

　　南唐（937—975），是五代十国时期割据江淮地带的一个小王朝，历烈祖李昪、元宗李璟、后主李煜三世，享国39年。南唐继承唐朝礼仪典章制度，依托江淮自然、人文条件，吸纳北方中原英杰豪士，发展生产，富甲东南，在五代十国的政治、经济、文化等方面都占有非常重要的地位；并且对北宋的经济恢复、政权建构、文化繁兴提供了大量的资金保障和人才资源，发挥了极大的作用。

　　南唐昇元元年（937），烈祖李昪即位后，以保境安民为基本国策，休兵罢战，敦睦邻国，同时结好契丹以牵制中原政权，江南地区因此保持了较长时期的和平安定，社会生产逐渐复苏并迅速发展。与同时代的割据诸国相比，南唐地大力强，其领域"东暨衢、婺，南及五岭，西至湖湘，北据长淮，凡三十余州，广袤数千里，尽为其所有"[1]；由于兴科举、建学校，文化也较别国昌盛。南唐虽偏安于淮河以南，却是五代十国时期经济文化繁荣、科技进步、对外开放程度最高的国家，盛时辖境35州，

---

[1]（五代）薛居正等：《旧五代史》卷一三四，第2册，北京：中华书局2000年版，第1242页。

大约地跨今江西、安徽、江苏、福建、湖北和湖南等省的一部分,人口约500万。

昇元七年(943),烈祖李昇驾崩,子景通继位,改名李璟,即南唐元宗。保大三年(945),南唐乘闽内乱,出兵灭闽,俘王延政,后吴越国乘势出兵,与南唐争夺闽地,并夺得福州。九年(951),南唐乘楚内乱,派兵灭楚,马希崇降。然而不久之后,楚国故地为周行逢所据,南唐未能巩固所占之地。两度得而复失的征伐,导致南唐元气大伤,即如《钓矶立谈》所云:"其后闽土判涣,竟成迁延之兵,湖湘既定而复变,地不加辟,财乏而不振。"①保大十三年(955)至交泰元年(958),北方后周政权三度攻打南唐,周世宗柴荣御驾亲征,唐军一溃千里,淮河水师全军覆没。李璟上表周世宗,自请传位于太子弘冀,请划江为界,南唐尽献江北之地,包括淮南14州及鄂州在江北的2县;同时奉周正朔,用其纪年,去除国号,改称"江南国主"。南唐自此一蹶不振,为避后周锋芒,李璟迁都洪州,称南昌府。

北宋建隆二年(961),李璟驾崩,其第六子李煜继位,即南唐后主,复都金陵(今江苏南京)。此时的南唐国内政治、社会矛盾积重难返。开宝八年(975),宋军攻占金陵,后主李煜出降,南唐覆灭。

李煜(937—978),字重光,初名从嘉,自号钟隐,又称钟山隐士、钟峰隐者、钟峰白莲居士等,徐州(今属江苏)人。南唐中主李璟之第六子。初封安定郡公,进郑王。显德六年(959)改封吴王,以尚书令知政事,居东宫。建隆二年(961)初,立为太子,留金陵监国。同年六月中主病逝后,继南唐国主位,史称"南唐后主"。南唐灭亡后,被俘至汴京(今河南开封),封为右千牛卫上将军、违命侯。太平兴国三年(978)七月,被宋太宗用牵机药毒杀。

李煜聪颖过人,多才多艺,擅书画,精音律,尤工词。其词大体以南唐亡国为界,分为前、后两期。前期词多写宫廷生活及男女爱情,风情旖旎,婉转缠绵。后期词则多追忆往事,伤怀故国,表现幽囚生活中的

---

① (宋)史温:《钓矶立谈》,傅璇琮、徐海荣、徐吉军主编:《五代史书汇编》第9册,杭州:杭州出版社2004年版,第5012页。

愁苦之情,风格沉郁凄怆。李煜的词不但语言自然精练,而且境界开阔,格调疏朗,在词史上具有重要的地位。王国维《人间词话》指出:"词至李后主而眼界始大,感慨遂深,遂变伶工之词为士大夫之词。"①唐圭璋在《李后主评传》中非常精辟地揭示了李煜词独特的审美境界:

> 中国讲性灵的文学,在诗一方面,第一要算十五《国风》。儿女喁喁,真情流露,并没有丝毫寄托,也并没有丝毫虚伪。在词一方面,第一就要推到李后主了。他的词也是直言本事,一往情深;既不像《花间集》的浓艳隐秀,蠡金结绣;也没有什么香草美人,言此意彼的寄托。加之他身为国主,富贵繁华到了极点;而身经亡国,繁华消歇,不堪回首,悲哀也到了极点,正因为他一人经过这种极端的悲乐,遂使他在文学上的收成,也格外光荣而伟大。在欢乐的词里,我们看见一朵朵美丽之花;在悲哀的词里,我们看见一缕缕的血痕泪痕。……后来词人,或刻意音律,或卖弄典故,或堆垛色彩,像后主这样纯任性灵的作品,真是万中无一。②

① 王国维:《人间词话》,北京:中华书局2014年版,第22页。
② 唐圭璋:《李后主评传》,《词学论丛》,上海:上海古籍出版社1986年版,第905、914页。

第一章　南唐基业

第一节　南唐代吴

南唐烈祖李昪(888—943),字正伦,小名彭奴,彭城(今江苏徐州)人。他出身微贱,幼年失怙,遭遇战乱,贫困流离。据清人吴任臣《十国春秋》卷十五记载,李昪"世本微贱。父荣,性谨厚,喜从浮屠游,多晦迹精舍,时号李道者。彭奴(即李昪)以唐光启四年十二月二日生于彭城。六岁而孤,遇乱,伯父球携之濠州(今安徽凤阳)。未几,母刘氏卒,遂托迹于濠之开元寺"①。

唐昭宗乾宁二年(895),五代时期吴国的缔造者杨行密率军攻破濠州,于俘获的人群中陡然发现年仅7岁的李昪,"见而奇之,养以为子"。岂料李昪不见容于杨行密的长子渥,行密不得已,遂将其送与心腹大将徐温,并且语重心长地对徐温说:"是儿状貌非常,吾度渥终不能容,故以乞汝。"②于是李昪改为徐姓,取名知诰。

徐知诰天资聪颖,据清人王士禛、郑方坤《五代诗话》卷一记载,他9岁时写咏灯诗即云:"一点分明直万金,开时惟怕冷风侵。主人若也勤

---

① (清)吴任臣:《十国春秋》卷十五,傅璇琮、徐海荣、徐吉军主编:《五代史书汇编》第7册,杭州:杭州出版社2004年版,第3602页。
② (宋)陆游:《南唐书》卷一,傅璇琮、徐海荣、徐吉军主编:《五代史书汇编》第9册,杭州:杭州出版社2004年版,第5463页。

挑拨,敢向尊前不尽心。"①语意双关,微露心迹,深得徐温器重;长大成人之后,越发表现出超群非凡的气度:"身长七尺,坦额隆准,神彩鉴物。虽缓行,从者阔步追之不及,相者曰:'正所谓龙行虎步也。'瞻视明灿,其音如钟。尝泛舟渡淮,暴浪中起,舟人合噪,喧号无制。主举声指画,响出数百夫外,两岸皆闻"②。宋人龙衮《江南野史》卷一也说:"先主身长七尺,资貌瑰特,目瞬如电,语音厚重,望之慑人,与语可爱。"③

　　早年漂泊流离的磨难和此后寄人篱下的处境,使得徐知诰深知:他不能像杨行密、徐温诸子那样,仰仗父辈的功业和地位,呼风唤雨,骄奢淫逸;只有依靠自己的努力奋斗,才可能立住脚跟,求得好的出路。因此其性格很早就显现出内向、审慎、沉稳的特征。龙衮《江南野史》卷一曰:"先主(李昇)虽少,而天性颖悟,夙敦子道,朝夕起居,温清左右,承颜侍膳,迥若成人","温之嫡子皆好骋田猎,先主惟习书计,暇则肄射,所志必精。"④他在徐温家处处显得格外谦卑和勤谨,宋人马令《南唐书》卷一记载:"知诰奉温以孝闻,从温出,不如意,杖而逐之。及归,拜迎门,温惊曰:'尔在此也?'知诰泣曰:'为人子,舍父母,何适?父怒而归母,子之常也。'温由是爱之。"⑤徐温让知诰负责管理繁杂的家务,以考验其才干。结果徐知诰将家务管理得井井有条,初步展露出处理政事游刃有余的能力,使得徐家上上下下皆无间言。"温有疾,与其妇晨夜侍旁不去,温益爱之"。徐温赞赏知诰的孝顺与才能,感叹自己的亲子皆无法相比,他曾对诸子说:"汝辈事我能如知诰乎?"⑥独具慧眼的杨行密也对徐温感叹道:"知诰隽杰,诸将子皆不逮也。"⑦

① (清)王士禛、(清)郑方坤:《五代诗话》卷一,北京:人民文学出版社1998年版,第4—5页。
② (宋)释文莹:《玉壶清话》卷九,上海师范大学古籍整理研究所编:《全宋笔记》第一编第6册,郑州:大象出版社2003年版,第164—165页。
③ (宋)龙衮:《江南野史》卷一,上海师范大学古籍整理研究所编:《全宋笔记》第一编第3册,郑州:大象出版社2003年版,第157页。
④ (宋)龙衮:《江南野史》卷一,上海师范大学古籍整理研究所编:《全宋笔记》第一编第3册,郑州:大象出版社2003年版,第154页。
⑤ (宋)马令:《南唐书》卷一,傅璇琮、徐海荣、徐吉军主编:《五代史书汇编》第9册,杭州:杭州出版社2004年版,第5257页。
⑥ (宋)司马光:《资治通鉴》卷二六八,第18册,北京:中华书局2011年版,第8877页。
⑦ (宋)陆游:《南唐书》卷一,傅璇琮、徐海荣、徐吉军主编:《五代史书汇编》第9册,杭州:杭州出版社2004年版,第5463页。

然而,吴国太祖杨行密却万万没有料到,最终取代吴国政权的正是这位隽杰之士。当时即有民谣唱道:"江北杨花作雪飞,江南李树玉团枝。李花结子可怜在,不似杨花无了期。"①

庐州(今安徽合肥)人杨行密(852—905),崛起于唐末淮南的军阀混战之中。他"为人长大有力,能手举百斤,日行三百里",并且头脑灵活,作战勇敢,经过无数次的厮杀征战,形成了以扬州为中心、占有东南一隅的割据势力,至唐昭宗乾宁三年(896),"自淮以南、江以东诸州皆下之,于是始全有淮南之地"②。天复二年(902),唐昭宗李晔封杨行密为东面行营都统、检校太师、中书令,晋爵吴王。

唐哀帝天祐二年(905),杨行密病逝,由其长子杨渥继任吴王。杨渥继续开疆拓土,占有岳州、洪州之地。四年(907),朱温取唐而代之,在开封建立后梁政权,改年号为"开平"。而杨吴政权仍奉天祐为正朔,表示对李唐王朝的臣属关系。但是就在此时,权臣徐温逐渐暴露出篡位夺权的野心。

海州(今江苏连云港附近)人徐温(862—927)曾以贩运私盐为生,在军阀混战之中,投靠杨行密,与刘威、陶雅等号称"三十六英雄"。他由于精于筹谋,被杨行密引为心腹,参与谋议军机大事,执掌右牙军大权。天祐五年(908),杨渥被徐温、张颢设计所杀,其弟杨隆演接替吴王之位,徐温由于拥立有功,而以大丞相秉吴实权。十二年(915),徐温晋爵齐国公,并领有江南富裕的昇、润、常、宣、歙、池 6 州之地。执掌实权的徐温逐渐萌生了觊觎王位的企图。为了控制江南,与杨吴政权分庭抗礼,徐温派谋士陈彦谦营建隋唐时期早已废弃的金陵城,并于天祐十四年(917)迁居于此,而由长子徐知训驻守扬州,代其处理朝中日常事务,军政大事则向其禀报,由己决断;另遣养子徐知诰驻守润州,父子三人形成鼎足之势,从此吴国政事决策尽归徐氏手中,为其代吴自立作好了准备。

天祐十五年(918),谋臣严可求向徐温建议,"当先建吴国以自立,

---

① (清)王士禛、(清)郑方坤:《五代诗话》卷一,北京:人民文学出版社 1998 年版,第 4 页。
② (清)吴任臣:《十国春秋》卷一,傅璇琮、徐海荣、徐吉军主编:《五代史书汇编》第 7 册,杭州:杭州出版社 2004 年版,第 3445、3456 页。

温深然之"①,于是逼迫杨隆演改正朔,建吴国。公元919年,杨隆演改天祐十六年为武义元年,吴国正式建立。由于他年少继位,国家大权尽落徐温手中,加之"建国称制,非其意,常怏怏,酗饮,稀复进食"②,于武义二年(920)抑郁而死。杨隆演死后,其弟杨溥继位,乃拜徐温为金陵尹、太师之职。

在徐温操秉杨吴实权的过程中,徐知诰显示出非凡的才干。天祐六年(909),徐知诰刚满22岁,被徐温任命为昇州(今江苏南京)防遏使兼楼船副使,前去修整金陵城并操练水军。九年(912),徐知诰协助大将柴再用平定李遇叛乱,建立了功勋,升任为昇州刺史。当时军阀混战,武夫悍将侵扰百姓,致使民不聊生,鸡犬不宁。徐知诰上任后,即着力扭转这样的局面。当时"州县吏务赋敛为战守,知诰独褒廉能,课农桑,求遗书,招延宾客,倾身下之。虽以节俭自励,而轻财好施,无所系吝"。他励精图治,招纳贤才,故而治绩斐然,声名鹊起。大批儒士闻风向慕,纷纷投奔到其门下,"以宋齐丘、王令谋、王翃、曾禹、张洽、徐融为宾客,马仁裕、周宗、曹悰为亲吏"③。这就为徐知诰赢得民心,进而建立南唐政权奠定了基础。

徐知诰在金陵"六朝古都"遗址的基础上,南移了都城位置并扩大了城周,周长约35里。据宋人周应合《景定建康志》卷五记载:"伪吴时,徐知诰大城昇州,拓旧址二十里,跨秦淮南北之地尽入城中,北距钟山甚远,而南距雨华、长干诸山则甚迫矣。知诰据此以为南唐之伪都。"④城墙用巨型砖石垒砌,高五丈五尺,上阔二丈五尺,下阔三丈五尺,呈梯形,墙外挖沟注水,用以护城。"当时(城)南门外有新凿城壕,内旁还有秦淮河作为内壕,防御之牢固、之独特,不仅为其他城门所无,也为我国古代都城所罕见"⑤。全城设8个城门,除东、西、南、北4门

① (清)吴任臣:《十国春秋》卷二,傅璇琮、徐海荣、徐吉军主编:《五代史书汇编》第7册,杭州:杭州出版社2004年版,第3488页。
② (宋)欧阳修:《新五代史》卷六一,北京:中华书局2000年版,第496页。
③ (清)吴任臣:《十国春秋》卷十五,傅璇琮、徐海荣、徐吉军主编:《五代史书汇编》第7册,杭州:杭州出版社2004年版,第3604页。
④ (宋)周应合:《景定建康志》卷五,第1册,南京:南京出版社2009年版,第91页。
⑤ 杨国庆、王志高:《南京城墙志》,南京:凤凰出版社2008年版,第116页。

外,另有上水门、下水门、栅寨门、龙光门。短短3年时间,他将金陵建设成为城垣雄伟、府署齐整、街市井然的繁华都市。

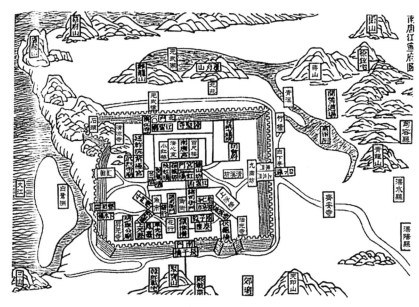

《金陵古今图考》中的《南唐江宁府图》

徐温闻其治政名声,亲自巡察金陵,"见其城隍浚整,楼堞完固,府署中外肃肃,咸有条理",心里十分满意,干脆将自己的治所迁至金陵,而将知诰调任润州。"时金陵之民,顾怀其惠,莫不心折气沮,但逼迫义祖(徐温)之威,而无敢建白者"①,但是人心的向背已判然分明。起初,徐知诰不愿就任润州,而屡次请求调任宣州,未获允许,故而闷闷不乐。门客宋齐丘为他出谋划策,当时徐温的长子知训以内外马步都军副使的身份驻守扬州,为人专制蛮横,骄奢淫逸,颇失民心。宋齐丘判断道:"三郎(指徐知训)骄纵,败在朝夕。润州去广陵隔一水耳,此天授也。"②

果不其然,天祐十五年(918),骄纵狂妄的徐知训被大将朱瑾所杀。徐知诰的心腹马仁裕此时镇守扬州城附近的蒜山渡,闻讯后连夜策马报告。知诰抓住这一天赐良机,"即日以州兵入广陵定乱,遂代知训为

① (宋)史温:《钓矶立谈》,傅璇琮、徐海荣、徐吉军主编:《五代史书汇编》第9册,杭州:杭州出版社2004年版,第5003页。

② (宋)司马光:《资治通鉴》卷二六九,第19册,北京:中华书局2011年版,第8936页。

淮南节度行军副使、内外马步都军副使"①。徐温赶到时，已为时晚矣。徐温认为徐知训死于非命，似乎出自徐知诰的预谋，直到他视察完徐知训的府邸密室，方才打消了这种疑虑。密室里面"绘画温像，身被五木，诸弟皆执缚受刑，而画知训衮冕正座，皆署其名"，徐知训逼宫篡弑、残害至亲的罪恶昭然若揭。徐温气得咬牙切齿，"唾曰：'狗死迟矣！'"②徐温考虑到自己其余诸子尚处年幼，无力担当辅助国政的重任，只得承认既成的事实，命令徐知诰留镇扬州，完全取代徐知训的官职。

　　徐知诰成功地把握住难得的机遇，积极施展自己的政治才干，积聚起强大的权势声望。徐温"还镇金陵，总吴朝大纲，自余庶政，皆决于知诰"③。徐知诰"虽至仁长厚，犹以为非老成无以弹压，遂服药变其髭鬓，一夕成霜"④。他"悉反知训所为，事吴王尽恭，接士大夫以谦，御众以宽，约身以俭。以吴王之命，悉蠲天祐十三年（916）以前逋税，余俟丰年乃输之。求贤才，纳规谏，除奸猾，杜请托。于是士民翕然归心，虽宿将悍夫无不悦服"⑤。他在扬州多为善政，体察民瘼，惠及百姓；积极地笼络吴王、诸将之心，赢得了广泛的支持，在不知不觉之中架空了徐温的威势，由此出现了"温虽遥执国政，而人情颇已归属于帝（李昇）"⑥的情形。杨吴武义元年（919），徐知诰为左仆射、知政事，整顿朝纲，以抑强暴，中外谓之政事仆射。他的次子景迁为吴王女婿，女儿则嫁给吴王之子杨琏为妻，与王室的紧密联姻，更加巩固了其政治地位。

　　伴随着政权势力的壮大，徐知诰开始不露声色地遏制和打压徐温的权势。他拉起"尊王"的大旗，来震慑徐温的篡权图谋。徐温平日喜穿白袍，知诰每逢徐温生辰必献一袭白袍。一日，徐知诰照例向徐温献

① （清）吴任臣：《十国春秋》卷十五，傅璇琮、徐海荣、徐吉军主编：《五代史书汇编》第 7 册，杭州：杭州出版社 2004 年版，第 3604 页。

② （宋）马令：《南唐书》卷一，傅璇琮、徐海荣、徐吉军主编：《五代史书汇编》第 9 册，杭州：杭州出版社 2004 年版，第 5258 页。

③ （宋）司马光：《资治通鉴》卷二七〇，第 19 册，北京：中华书局 2011 年版，第 8953 页。

④ （宋）郑文宝：《南唐近事》卷一，上海师范大学古籍整理研究所编：《全宋笔记》第一编第 2 册，郑州：大象出版社 2003 年版，第 209 页。

⑤ （宋）司马光：《资治通鉴》卷二七〇，第 19 册，北京：中华书局 2011 年版，第 8953 页。

⑥ （宋）陆游：《南唐书》卷一，傅璇琮、徐海荣、徐吉军主编：《五代史书汇编》第 9 册，杭州：杭州出版社 2004 年版，第 5464 页。

袍祝寿,相府的一名座客借题发挥,一语双关地向徐温献媚:"白袍不如黄袍好。"敏感的徐知诰反应迅速,立刻予以训斥,并且对徐温说:"令公忠孝之德朝野所仰,一旦惑谗佞之说,闻于中外,无乃玷煊赫之名,愿令公无听其邪言。"①对此,徐温只得点头称许。徐温入觐,徐知诰密报吴主说:"温虽臣之父,忠孝有素。而节镇入觐,无以兵仗自从之例,请以臣父为始。""乃命温悉去兵仗而入"②。徐温当然感受到来自知诰的强大威胁,他身边的谋士徐玠劝说道:"居中辅政,岂宜假之它姓?"③严可求、陈彦谦等人也屡劝徐温以亲子知询替代知诰。

杨吴乾贞元年(927),徐温借率诸藩镇入朝、劝吴王即帝位之机,以徐知询代替自己赴扬州奉表劝进,进而留镇江都,取代徐知诰。徐知诰自感虽然费尽心机,仍然无法扭转大局,只得准备上表,退而求为洪州节度使。但是就在他准备上表的前一夜,徐温于金陵突然病逝。消息传至扬州,徐知询赶回奔丧。徐知诰借机夺回辅政大权,挟天子以令境内。

徐温死后,徐知诰自恃羽翼已丰,加快了政治上的篡代步伐。一日,他"临镜理白须,太息曰:'功业成而吾老矣,奈何?'"④随侍身旁的周宗等谋臣心领神会,纷纷为及早实现他的"功业"而四处奔忙。他们通过流传民歌《东海鲤鱼飞上天》,在民间散布舆论,意即徐州李氏(指徐知诰)坐拥天下,为他登临皇帝宝座鸣锣开道。据龙衮《江南野史》卷一记载:"(徐知诰)初有禅代之志,忽夜半寺僧撞钟,满城皆惊。逮旦召问,将斩之,云:'夜来偶得月诗。'先主(即徐知诰)令白,乃曰:'徐徐东海出,渐渐入天衢。此夕一轮满,清光何处无。'先主闻之,私喜而释

---

① 佚名:《五国故事》卷上,上海师范大学古籍整理研究所编:《全宋笔记》第一编第3册,郑州:大象出版社2003年版,第238页。

② 佚名:《五国故事》卷上,上海师范大学古籍整理研究所编:《全宋笔记》第一编第3册,郑州:大象出版社2003年版,第238页。

③ (宋)陆游:《南唐书》卷一,傅璇琮、徐海荣、徐吉军主编:《五代史书汇编》第9册,杭州:杭州出版社2004年版,第5464页。

④ (宋)陆游:《南唐书》卷五,傅璇琮、徐海荣、徐吉军主编:《五代史书汇编》第9册,杭州:杭州出版社2004年版,第5499页。

之。"①僧人所咏,暗示了来自东海的徐知诰即将登临大位。

为了实现自己的政治欲望,徐知诰逼迫杨溥称帝,自己领都督中外诸军事之职,封浔阳公,旋改封豫章公。杨溥虽然号称皇帝,却毫无权力,只是权臣徐知诰手中的一个傀儡而已。徐知诰效法养父徐温,让长子景通任司徒、平章事,驻守扬州,内辅朝政,自己则出镇金陵,遥秉杨吴政权。杨吴天祚元年(935),他升任太师、天下兵马大元帅,加封齐王,并据有昇、润等10州之地。次年又于金陵建大元帅府,加九锡,建天子旌旗,升金陵为西都,命宋齐丘、徐玠为左右丞相,比照杨吴制度设置官署,完成了政权更替的关键步骤。三年(937),徐知诰逼宫废吴,建立齐国,在金陵即皇帝位,改元"昇元",任命百官,追封义父徐温为"义祖",封杨溥为"让皇"。

昇元三年(939),在朝廷诸多大臣的一片"恳请"声中,徐知诰复姓李,改名为"昇"。为了抬高自己的出身门第,为篡夺帝位寻找合适的依据,他宣称自己是唐朝李氏皇族的后裔,乃唐宪宗李纯的五世孙,并且改国号为"唐"。为了区别于李渊建立的大唐王朝,史称以江淮为中心的李昇建立的唐政权为"南唐"。

李昇担心杨吴政权复辟,早于昇元二年(938)即改润州牙城为丹阳宫,将杨溥一族迁居于内,派兵严加看守。杨溥在乘舟南行时百感交集,吟咏出一首凄惨悲戚的七律《渡江》:

> 江南江北旧家乡,三十年来梦一场。
>
> 吴苑宫闱今冷落,广陵台殿已荒凉。
>
> 云笼远岫愁千点,雨打归舟泪万行。
>
> 兄弟四人三百口,不堪回首细思量。

同年十一月,杨溥在怨愤中死去。次年,李昇将杨溥遗族迁至泰州永宁宫,继续对其严密看管,"每有枯杨生枝叶,延及五载,即有中使赐

---

① (宋)龙衮:《江南野史》卷一,上海师范大学古籍整理研究所编:《全宋笔记》第一编第3册,郑州:大象出版社2003年版,第158页。

袍笏加冠,即日而终"①。杨吴太子杨琏乃李昪之婿,"性淳谨好学,骨清神浅,唇缩齿露,风鉴者所不许"②,南唐建立后,任为康化节度使兼中书令。昇元四年(940)正月,杨琏在拜祭杨溥的归途中,暴卒于船上。此前,李昪还设计逼杀了心怀忿恨的吴太祖杨行密之子临川王杨濛。杨吴大和六年(934)六月甲戌,"吴徐知诰将受禅,忌昭武节度使兼中书令临川王濛,遣人告濛藏匿亡命,擅造兵器;丙子,降封历阳公,幽于和州,命控鹤军使王宏将兵二百卫之"③。杨濛逃出,被杀于采石(在今安徽省马鞍山市境内)。通过采取这些措施,李昪除去了心腹之患。

第二节　烈祖功绩

李昪自幼饱尝战乱之苦,懂得广大百姓热切盼望和平安宁生活的心愿,南唐建立之后,他便采取了一系列有效的措施,保境息民,发展生产,革除弊政,推行文治,促使南唐的经济很快得以恢复,文化也出现了繁兴的局面。

首先,保境息民,睦邻共处

五代十国时期,各国之间以邻为壑,攻伐不息。南唐建国之初,许多文臣武将为求立功扬名,屡屡建议开疆拓土,李昪却告诫那些逞强耀武的谋臣武将:"百姓皆父母所生,安用争城广地,使之肝脑异处,膏涂草野。"他对主战之臣试图利用南唐国力强盛攻伐四邻的主张严加拒绝:"知足不辱,道祖之至诚;……讨伐之议,愿勿复关白也。"④李昪针对朝廷当中北伐复唐的呼声,冷静地分析形势,认为南唐建国之初,百废待兴,开疆拓土的时机尚未成熟;当前最重要的任务是保境安民、发展

---

① (宋)郑文宝:《江表志》卷上,上海师范大学古籍整理研究所编:《全宋笔记》第一编第2册,郑州:大象出版社2003年版,第262页。
② (宋)释文莹:《玉壶清话》卷九,上海师范大学古籍整理研究所编:《全宋笔记》第一编第6册,郑州:大象出版社2003年版,第167页。
③ (宋)司马光:《资治通鉴》卷二七九,第19册,北京:中华书局2011年版,第9248页。
④ (宋)史温:《钓矶立谈》,傅璇琮、徐海荣、徐吉军主编:《五代史书汇编》第9册,杭州:杭州出版社2004年版,第5007页。

生产、休养生息。只有社会安定,百姓丰衣足食,才能为巩固国力、北伐复唐奠定丰厚的经济、政治基础。那么,李昪是否具有统一天下的雄心壮志呢?许多史家表示怀疑,欧阳修即评其"志在守吴旧地而已,无复经营之略也,然吴人亦赖以休息"①。吴任臣《十国春秋》卷二六传论中亦云:"区区江南,不务远略。"邹劲风在《南唐国史》中也认为李昪"仅仅将自己定位于一个偏霸小国之君"②。对于这个问题,我们还是要联系当时的时代背景,作出客观评价。李昪代吴建唐,根基未稳,深知依靠现有的实力根本无法与中原抗衡,而且在当时各派军事力量割据自立的形势下,能够保住一方安宁已属不易。所以不管从客观可能性还是主观能动性来看,他虽有北伐复唐的心愿,但是贸然出击只会心有余而力不足,眼前最为现实的目标,就是坐稳南唐国君的位置,同时令"吴人亦赖以休息"。

对南方吴越、闽、楚诸国,李昪也采取了和睦共处的外交政策。他清醒地分析了南唐所处的地理位置和发动战争所造成的后果:"钱氏父子,动以奉事中国为辞,卒然犯之,其名不祥。闽土险瘠,若连之以兵,必半岁乃能下,恐所得不能当所失也。况其俗怙强喜乱,既平之后,弥烦经防。唯诸马在湖湘间,恣为不法,兵若南指,易如拾芥。孟子谓齐人取燕,恐动四邻之兵。徒得尺寸地,而享天下之恶名,我不愿也。"他认为劳师袭远,必定靡费大量资财,拖垮国家单薄的经济基础;即便南下能够灭国掠土,也很难在那里长期立足统治;况且主要兵力南下征伐,北方强敌势必乘机来袭,这样就会陷入腹背受敌的极度危险的境地。所以李昪告诫部下:"孰若悉舆税之入,君臣共为节俭,惟是不腆之圭币,以奉四邻之欢,结之以盟诅,要之以神明,四对之外,俾人自为守。是我之存三国,乃外以为蔽障者也。疆场之虞不警于外廷,则宽刑平政得以施之于统内。男不失秉耒,女无废机织,如此数年,国必殷足。兵旅训练,积日而不试,则其气必倍。"③只有主动做出睦邻相处的姿态,充

① (宋)欧阳修:《新五代史》卷六二,北京:中华书局 2000 年版,第 503 页。
② 邹劲风:《南唐国史》,南京:南京大学出版社 2000 年版,第 75 页。
③ (宋)史温:《钓矶立谈》,傅璇琮、徐海荣、徐吉军主编:《五代史书汇编》第 9 册,杭州:杭州出版社 2004 年版,第 5011 页。

分利用和平稳定的外交环境,积聚国力、发展经济,才是巩固政权的根本。

据吴任臣《十国春秋》卷一记载:"先是,王(指杨行密)与钱氏不相能,常命以大索为钱贯,号曰'穿钱眼',两浙亦岁以大斧科柳,谓之'斫杨头'。"①昇元五年(941),吴越都城杭州发生大火灾,宫室器械为之一空,吴越王钱元瓘受惊惧发狂而死。南唐大司徒宋齐丘认为此乃出兵的绝好机会,他说:"夫越与我,唇齿之国也。我有大施,而越人背之,虔刘我边陲,污浊我原泉。股不附髀,终非我用。今天实弃之,我师晨出而暮践其庭。愿勿失机,为后世忧。"对此,"烈祖愀然久之,曰:'疆域虽分,生齿理一。人各为主,其心未离。横生屠戮,朕所弗忍。且救灾睦邻,治古之道。朕誓以后世子孙付之于天,不愿以力营也。大司徒其勿复以为言。'"非但如此,他还遣使前往吊唁,"特命行人,厚遗之金粟缯绮,盖车马相望于道焉"②。同年,吴越再次发生了水灾,"民就食境内,(烈祖)遣使赈恤安集之"③。因此,吴任臣在《十国春秋》卷十五中非常形象地剖析了烈祖李昇的外交思想及其取得的实际效果:"帝生长兵间,知民厌乱,诸臣多言:'陛下中兴,宜出兵恢拓旧土。'帝叹息曰:'兵为民害深矣,诚不忍复言。使彼民安,吾民亦安矣,又何求焉。'由是在位七年,兵不妄动,东与吴越连和,归其所执将士,钱氏亦归我败将,遂通好不绝,境内赖以休息。"④同年春,南汉王刘龑派特使前往南唐,相约联兵灭楚,瓜分其地,遭到李昇的断然拒绝,同样反映了其保境安民、不轻启战端的为政原则。

据史籍记载,当时的高丽、新罗、契丹、于阗等国都派遣使者到南唐致聘,将其视为大唐王朝的延续。昇元二年(938),南唐建国伊始,"高丽使正朝广评侍郎柳勋律贡方物。帝御武功殿,设细仗受之,命学士承

---

① (清)吴任臣:《十国春秋》卷一,傅璇琮、徐海荣、徐吉军主编:《五代史书汇编》第 7 册,杭州:杭州出版社 2004 年版,第 3466 页。

② (宋)史温:《钓矶立谈》,傅璇琮、徐海荣、徐吉军主编:《五代史书汇编》第 9 册,杭州:杭州出版社 2004 年版,第 5007 页。

③ (清)吴任臣:《十国春秋》卷十五,傅璇琮、徐海荣、徐吉军主编:《五代史书汇编》第 7 册,杭州:杭州出版社 2004 年版,第 3616 页。

④ (清)吴任臣:《十国春秋》卷十五,傅璇琮、徐海荣、徐吉军主编:《五代史书汇编》第 7 册,杭州:杭州出版社 2004 年版,第 3619 页。

旨孙晟宴其使于崇英殿,奏龟兹乐,作番戏以为乐"①。同年,契丹主耶律德光及其兄东丹王分别遣使至金陵,"以羊马入贡,别持羊三万口、马二百匹来鬻,以其价市罗纨、茶药"。昇元四年(940),耶律德光又"遣使献马百匹"②。此后契丹还多次遣使送羊马于南唐,以交易江淮物品。南唐也遣使入契丹,还派遣专门主持贸易与政治事务的"长直官"驻在契丹。南唐屡屡利用契丹的军事存在,有效地牵制中原政权,实现了力量的相对制衡。

正是由于南唐烈祖李昇采取了保境息民、睦邻共处的军事、外交国策,在与南方诸国的和平交往中获得了休养生息、发展经济的良好外在环境,由此出现了南唐建国初期清明稳定的国家形势,百姓安心生产,丰衣足食,社会文化逐渐显露出繁兴昌盛的气象。

其次,整顿吏法,倡导文治

自从汉唐以来,外戚干政和宦官专权一直是造成朝政腐朽、吏治败坏的两大毒瘤。李昇有鉴于此,明确作出了"不以外戚辅政,宦官不得干预政事"的规定,消除这两大毒瘤生存的空间。他在皇宫内只用老弱用事太监数十人,并且严禁后宫御政,他指出:"妇人预政,乱之本也。"③据史籍记载,李昇幼子景遏的生母种氏得宠,太子齐王李璟的母亲宋皇后因之被疏远。一次,李昇遇李璟亲调乐器,不由勃然大怒。种氏乘机离间,进言欲以自己之子景遏取代李璟的太子位。李昇怒道:"子之过,父戒之,常理也。国家大计,女子何预!"④并"叱下殿,去簪珥,幽于别宫。数月,命度为尼,景遏爱亦弛"⑤。

烈祖执政时期,利用时人久乱思治的心理,推行"安民"措施,即如

① (清)吴任臣:《十国春秋》卷十五,傅璇琮、徐海荣、徐吉军主编:《五代史书汇编》第7册,杭州:杭州出版社2004年版,第3608页。

② (宋)陆游:《南唐书》卷十八,傅璇琮、徐海荣、徐吉军主编:《五代史书汇编》第9册,杭州:杭州出版社2004年版,第5605—5606页。

③ (宋)陆游:《南唐书》卷十五,傅璇琮、徐海荣、徐吉军主编:《五代史书汇编》第9册,杭州:杭州出版社2004年版,第5579页。

④ (宋)马令:《南唐书》卷六,傅璇琮、徐海荣、徐吉军主编:《五代史书汇编》第9册,杭州:杭州出版社2004年版,第5300页。

⑤ (宋)陆游:《南唐书》卷十六,傅璇琮、徐海荣、徐吉军主编:《五代史书汇编》第9册,杭州:杭州出版社2004年版,第5587—5588页。

欧阳修所云:"欲收人心,乃宽刑法,推恩信"①,着力整顿吏治,打击贪残之徒。昇元三年(939),李昇采纳大臣常梦锡"人主亲决细事,烦碎失大体,宜修复旧典,以示后代"②的建议,诏令修订南唐自己的法律《昇元格》,与《吴令》并行使用。经过实践检验和不断修正,3年后正式颁行了《昇元删定条》30卷,完备了南唐的法律制度。这一法典的推行,扭转了长期以来法制混乱、无法可依的局面,在一定程度上限制和打击了地方官吏的残暴劣行,保护了广大人民的切身利益。泰州刺史褚仁规晚年"掊克无度,率入私门,驱掠妇女,刑法横滥",被"收付大理,数日赐死"③。从《昇元格》到《昇元删定条》,南唐的立法也完成了从琐碎到简易的变化。其后,还编修了《江南刑律统类》10卷、《江南格令条》80卷等。

这些法律制度强调官吏审案必须依法行事,切不可随意放纵、酷暴滥杀;为了避免地方官吏治民酷虐,规定凡决死刑,须依"三覆五奏之法"④。鄂州节度使张宣自恃立有军功,为政强横残暴,发现有人用较轻的秤卖炭,立即抓来枭首示众。李昇得知后,认为"小人衡斛为欺,古今皆然,宣置刑太过",为了维护法律的严肃性,罢免了张宣的官职,此事使"民始知有邦宪,物情归之"⑤。李昇还严令禁止豪强官吏压良为贱,禁止买卖奴婢,以保证农业生产所需的劳动力,民间有鬻男女者,"出府金以赎民子,故得天下归心"⑥。

杨行密建吴后,"其牧守多武夫悍人,类以威骜相高,平居斋几之间,往往以斩伐为事,至有位居侯伯,而目不识点画、手不能捉笔者"⑦。

---

① (宋)欧阳修:《新五代史》卷六二,北京:中华书局2000年版,第501页。

② (宋)陆游:《南唐书》卷七,傅璇琮、徐海荣、徐吉军主编:《五代史书汇编》第9册,杭州:杭州出版社2004年版,第5518页。

③ (宋)释文莹:《玉壶清话》卷九,上海师范大学古籍整理研究所编:《全宋笔记》第一编第6册,郑州:大象出版社2003年版,第170页。

④ (宋)释文莹:《玉壶清话》卷九,上海师范大学古籍整理研究所编:《全宋笔记》第一编第6册,郑州:大象出版社2003年版,第168页。

⑤ (宋)释文莹:《玉壶清话》卷九,上海师范大学古籍整理研究所编:《全宋笔记》第一编第6册,郑州:大象出版社2003年版,第168页。

⑥ (宋)马令:《南唐书》卷二二,傅璇琮、徐海荣、徐吉军主编:《五代史书汇编》第9册,杭州:杭州出版社2004年版,第5399页。

⑦ (宋)史温:《钓矶立谈》,傅璇琮、徐海荣、徐吉军主编:《五代史书汇编》第9册,杭州:杭州出版社2004年版,第5003页。

由于地方官"专以军旅为务,不恤民事"①,造成地方政治的极度黑暗和混乱。烈祖李昪则"独好文,招儒素,督廉吏,德望著立,物情归美"②。他认为"或有意于息民者,尚以武人用事,不能宣流德化。其宿学巨儒,察民之故者,嵌岩之下,往往有之"③,因此,建立南唐之初,他就大力推行文人政治,将招揽贤俊作为改革政治、稳定民心、巩固政权的重大措施。

《资治通鉴》卷二六八称:"知诰在昇州,独选用廉吏,修明政教,招延四方士大夫,倾家赀无所爱。"④李昪早在杨吴时期,就善于重用文人才士为其出谋划策,"以文艺自好,招徕儒俊,共论治体,总督廉吏,勤恤民隐"⑤。他在听政之暇,常与文士谈宴赋诗,必定尽欢而罢,了无上下贵贱之隔。宋齐丘常对他"讲典礼,明赏罚,礼贤能,宽征赋,多见听用";烈祖对其十分信任,曾"筑小亭池中,以桥度,至则撤之,独与齐丘议事,率至夜分。……齐丘资躁褊,或议不合,则拂衣径起,烈祖谢之而已"⑥。正是得力于宋齐丘等人的密谋襄助,李昪才逐渐壮大了自己的声威,操纵起吴国的朝政。杨吴武义元年(919),烈祖任吴左仆射,进一步大力招揽四方贤俊,在府署内设置"延宾亭",一时"豪杰翕然归之"。"是时中原多故,名贤耆旧皆拔身南来,知诰豫使人于淮上赍以厚币,既至,縻之爵禄,故北土士人闻风至者无虚日"⑦。孙晟、韩熙载、江文蔚、常梦锡、高越、史虚白、陈陶等著名文士纷纷从中原南下,进入吴国,他们对此后南唐典章制度的建设、文化的发展都起到了重要作用。

南唐建国之后,李昪更加大力地重用儒雅文人主政。他在昇元六年(942)十月颁布的诏令中指出:"前朝失御,四方崛起者众。武人用

① (清)吴任臣:《十国春秋》卷二,傅璇琮、徐海荣、徐吉军主编:《五代史书汇编》第7册,杭州:杭州出版社2004年版,第3482页。
② (宋)释文莹:《玉壶清话》卷九,上海师范大学古籍整理研究所编:《全宋笔记》第一编第6册,郑州:大象出版社2003年版,第165页。
③ (南唐)李昪:《举用儒吏诏》,《全唐文》卷一二八,北京:中华书局1983年版,第1279页。
④ (宋)司马光:《资治通鉴》卷二六八,第18册,北京:中华书局2011年版,第8877页。
⑤ (宋)史温:《钓矶立谈》,傅璇琮、徐海荣、徐吉军主编:《五代史书汇编》第9册,杭州:杭州出版社2004年版,第5003页。
⑥ (宋)陆游:《南唐书》卷四,傅璇琮、徐海荣、徐吉军主编:《五代史书汇编》第9册,杭州:杭州出版社2004年版,第5494页。
⑦ (清)吴任臣:《十国春秋》卷十五,傅璇琮、徐海荣、徐吉军主编:《五代史书汇编》第7册,杭州:杭州出版社2004年版,第3605页。

事,德化壅而不宣,朕甚悼焉。三事大夫其为朕举用儒者,罢去苛政,与吾民更始。"①烈祖还从组织制度上整顿官僚队伍,命张延翰为礼部尚书,赋予其选拔各级官员的重任,"士有献书论事者,第其优劣选用,烈祖悉以委延翰,号为精效称职。兼选事,务进孤贫,吏不敢为奸利"②。李昪所任用的人才多半经过严格挑选,凡是做事认真、敢于直言极谏的,他必定给予奖赏。其《旌张义方直言诏》即云:"孤始受禅,任义方以风宪,乃能力振朝纲,词皆说切。可宣示朝野。"并且赐义方衣一袭,以旌直言。③

而对于那些个性放浪不羁的,纵有文才,他也不予重用。当时的北方士人深感中原遭受蹂躏、大唐王朝覆灭的痛苦,普遍具有积极进取的政治热望。虽然烈祖李昪以恢复大唐江山自任,但是他能够审时度势,始终保持清醒的头脑,认识到南唐建立之初的现实境况尚不足以与北方诸强抗衡,所以采取保境息民的国策。韩熙载、史虚白等人遂痛感自己才无所用,或沉迷于酒色歌舞,或退避于山乡水泽。但是不管怎样,他们都形成了重要的文化资源,造就了南唐文风繁盛的局面。

南唐烈祖重用文臣,因而很大程度上改善了朝廷官员的素质和结构,初步形成了文官统治的政治模式,对此后北宋政权组织形式产生了直接的影响;而且儒雅文士的秉政,也促进了地方稳定和社会发展,赢得了广泛的民心。

南唐烈祖还十分重视发展文化事业,于昇元二年(938)在金陵秦淮河畔设置国子监,并下令"删定礼乐",恢复传统的儒学教育,昌明教化。四年(940),烈祖诏令"建学馆于白鹿洞,置田供给诸生,以李善道为洞主,掌其教,号曰'庐山国学'"④。

李昪即位后,非常重视征集文献图籍。他下诏州县,或悬重金购买,或置书吏抄写。据吴任臣《十国春秋》卷二九记载,庐陵儒生鲁崇

---

① (宋)陆游:《南唐书》卷一,傅璇琮、徐海荣、徐吉军主编:《五代史书汇编》第9册,杭州:杭州出版社2004年版,第5470页。

② (宋)陆游:《南唐书》卷六,傅璇琮、徐海荣、徐吉军主编:《五代史书汇编》第9册,杭州:杭州出版社2004年版,第5511页。

③ (宋)陆游:《南唐书》卷十,傅璇琮、徐海荣、徐吉军主编:《五代史书汇编》第9册,杭州:杭州出版社2004年版,第5542页。

④ (清)吴任臣:《十国春秋》卷十五,傅璇琮、徐海荣、徐吉军主编:《五代史书汇编》第7册,杭州:杭州出版社2004年版,第3615页。

范,家境贫寒,柴米不继,却安贫乐道,读书自若,"九经子史,广贮一室,皆手自校定"。当他得知烈祖初建学校,典籍残阙,下诏征集图书时,慷慨地无偿捐献自己的所有藏书,并且表示:"坟典,天下公器,世乱藏于家,世治藏于国,其实一也。吾非书肆,何酬价为?"[1]他的义举得到了表彰,被授予太子洗马的官职。李昪将从各地征集的3 000卷图书,收藏于他治理昇州时设置的"建业书房",并且盖上"金陵图书院"的藏书印章。这些典籍为南唐日后"六经臻备,诸史条集,古今名画,辐辏绛帷"[2],成为文献荟萃之地奠定了基础。

烈祖李昪加强内政改革和整顿,修明法制,推行仁政,着力招揽儒雅贤俊、复兴文教、收集典籍,使得南唐的文化事业有了很大的发展,成为五代十国时期的人文胜地、才俊渊薮。南唐境内呈现出清明和谐的社会局面,即如《钓矶立谈》所云:"江表五十年间,父不哭子,兄不丧弟,四封之内,安恬舒嬉,虽流离侨寓之人,亦获案堵,弗夭弗横,以得及真人之期。吁!烈祖为有大造于斯土也明矣!"[3]

第三,提倡节俭,劝课农桑

烈祖自幼遭遇战乱,遍尝民生疾苦,当政后即着力改变奢靡腐朽的社会风气,提倡节俭,减轻人民的社会负担。李昪建国后,"不以富贵自处,唯务节俭"[4],"常蹑蒲履,用铁盆盎。暑月寝殿施青葛帷,左右宫婢才数人,服饰朴陋"[5]。南唐建国之后,他仍以金陵原有的治所为宫室,只是稍加鸱尾、设栏槛而已,"其余女伎、音乐、园苑、器玩之属,一无增加,故宋齐丘为其挽辞曰:'宫砌无新树,宫衣无组绣,宫乐尽尘埃。'皆

① (清)吴任臣:《十国春秋》卷二九,傅璇琮、徐海荣、徐吉军主编:《五代史书汇编》第7册,杭州:杭州出版社2004年版,第3798页。

② (南唐)刘崇远:《金华子杂编》卷上,《唐五代笔记小说大观》下册,上海:上海古籍出版社2000年版,第1750页。

③ (宋)史温:《钓矶立谈》,傅璇琮、徐海荣、徐吉军主编:《五代史书汇编》第9册,杭州:杭州出版社2004年版,第5008页。

④ (宋)马令:《南唐书》卷一,傅璇琮、徐海荣、徐吉军主编:《五代史书汇编》第9册,杭州:杭州出版社2004年版,第5265页。

⑤ (宋)陆游:《南唐书》卷一,傅璇琮、徐海荣、徐吉军主编:《五代史书汇编》第9册,杭州:杭州出版社2004年版,第5470页。

其实也"①。太子李璟曾想用杉木修筑宫苑围栏,烈祖说:"杉木固有之,但欲作战舰,以竹作障可也"。昇元三年(939),李昇诏令"放诸州所献珍禽奇兽于钟山";次年又诏令"罢营造力役,毋妨农时","罢宣州岁贡木瓜杂果"②。

他不允许朝廷官员在表奏当中使用"圣""睿"二字,违者以大不敬论。当州郡纷纷进献"符瑞"向烈祖取媚时,李昇非常清醒地指出,所谓祥瑞之说都是虚幻而不足凭信的:"谴告在天,聪明自民,鲁以麟削,莽以符亡。常谨天戒,犹惧或失之,符瑞何为哉!"③因此,陆游在《南唐书》中称赞烈祖李昇"仁厚恭俭,务在养民,有古贤主之风焉"④。

在发展经济方面,李昇采取了一系列有效的措施。他重视水利工程建设,修葺陂塘,保护和灌溉农田。丹阳县境内的练湖,原先可以灌溉农田近万亩;但是自从唐末丧乱以来,近湖人家围湖造田,致使湖面急剧缩小,农家田地得不到灌溉。南唐昇元初,丹阳县令吕延祯主持重修练湖,周围四县均受其利。李昇称帝后,着手改革税制。龙衮《江南野史》卷一载:"(李昇)自登位之后,遣官大定检校民田,高下肥硗,皆获允当,人绝怨咨,输赋不稽。"⑤郑文宝《南唐近事》"佚文"记载了一则故事:"金陵建国之初,军储未实,关市之利,苛悉农桑商贾。时亢旱日久,上曰:'近京皆报雨足,独京城不雨,何也?'申渐高对曰:'雨惧抽税,不敢入城。'上即下诏停额外税,俄雨沾足。"⑥为了招揽北方劳动力,让其安心生产,李昇宣布免除其赋税三年,对于那些生产大户给予实质性的奖励:"民三年艺桑及三千本者,赐帛五十匹;每丁垦田及八十亩者,赐

① 佚名:《五国故事》卷上,上海师范大学古籍整理研究所编:《全宋笔记》第一编第3册,郑州:大象出版社2003年版,第239—240页。

② (宋)陆游:《南唐书》卷一,傅璇琮、徐海荣、徐吉军主编:《五代史书汇编》第9册,杭州:杭州出版社2004年版,第5468、5470页。

③ (宋)马令:《南唐书》卷一,傅璇琮、徐海荣、徐吉军主编:《五代史书汇编》第9册,杭州:杭州出版社2004年版,第5261—5262页。

④ (宋)陆游:《南唐书》卷一,傅璇琮、徐海荣、徐吉军主编:《五代史书汇编》第9册,杭州:杭州出版社2004年版,第5471页。

⑤ (宋)龙衮:《江南野史》卷一,上海师范大学古籍整理研究所编:《全宋笔记》第一编第3册,郑州:大象出版社2003年版,第157页。

⑥ (宋)郑文宝:《南唐近事》"佚文",上海师范大学古籍整理研究所编:《全宋笔记》第一编第2册,郑州:大象出版社2003年版,第231页。

钱二万,皆五年勿收租税"①。他还下令大幅度提高农副产品和丝绢的折纳价格,从而刺激了人民垦荒和从事农桑的积极性。昇元五年(941),他诏令再次调整赋税,"分遣使者按行民田,以肥瘠定其税,民间称为平允。自是江、淮调兵兴役及他赋敛,皆以税钱为率"②。这些改革措施的实行,进一步减轻了农民的负担。

南唐烈祖以身作则,力倡节俭,引导出相对清明的社会环境;积极劝课农桑,改善了广大农民的生产和生活条件,促进了南唐经济的迅速恢复和发展,"由是江、淮间旷土尽辟,桑柘遍野,国以富强"③,出现了"不十年间,野无闲田,桑无隙地"④的兴盛繁荣景象。

长期艰难斗争环境的磨炼,导致烈祖李昪的性格中具有非常刚烈、暴躁的一面。郑文宝在《江表志》中一再提到"烈祖性多猜忌"。当他对下属不信任时,会动用严刑:"以竹笼盛之,沉于江口"。当他震怒时,更是雷霆万钧,无人敢犯:"烈祖矜严峻整,有难犯之色。尝作怒数声,金铺振动"⑤。

南唐建国后,李昪出于政治上教化世人的需要,开始在金陵大力提倡道教。他在金陵修建道教宫观,还以紫极宫为道士炼丹的场所,并在宫内增建司命真君殿,以延英殿为道士的飞炼之所。王栖霞、史守冲、孙智永、潘扆等著名道士均深受烈祖信任。他晚年希冀长生不老,欲求成仙之术,下令访求仙人,服食金石丹药,更加助长了急躁刚烈的脾气。《资治通鉴》卷二八三载:"唐主(指李昪)尝梦吞灵丹,旦而方士史守冲献丹方,以为神而饵之,浸成躁急。左右谏,不听。……群臣奏事,往往暴怒;然或有正色论辩中理者,亦敛容慰谢而从之。"⑥虽然他竭力克制自己暴怒的情绪,终因中毒太深,疽发于背,于昇元七年二月二十二日

---

① (宋)陆游:《南唐书》卷一,傅璇琮、徐海荣、徐吉军主编:《五代史书汇编》第 9 册,杭州:杭州出版社 2004 年版,第 5467 页。
② (宋)司马光:《资治通鉴》卷二八二,第 19 册,北京:中华书局 2011 年版,第 9358 页。
③ (宋)司马光:《资治通鉴》卷二七〇,第 19 册,北京:中华书局 2011 年版,第 8954 页。
④ (宋)洪迈:《容斋续笔》卷十六,上海师范大学古籍整理研究所编:《全宋笔记》第五编第 5 册,郑州:大象出版社 2012 年版,第 411 页。
⑤ (宋)郑文宝:《江表志》卷上,上海师范大学古籍整理研究所编:《全宋笔记》第一编第 2 册,郑州:大象出版社 2003 年版,第 261—262 页。
⑥ (宋)司马光:《资治通鉴》卷二八三,第 19 册,北京:中华书局 2011 年版,第 9372 页。

(943 年 3 月 30 日)崩殂。临终前,他告诫李璟:"吾服金石求长生,今反若此,汝宜以为戒也。"①死后葬永陵,谥"光文肃武孝高皇帝",庙号烈祖。

综观南唐烈祖李昪的一生,可谓历经身世的坎坷、政治的磨难,终于在云谲波诡的时代风浪中脱颖而出,凭借非凡胆识和过人才智,取代杨吴,建立了南唐政权,并且在外交、军事、政治、经济等方面取得了突出的成就。吴任臣《十国春秋》卷十五对他的一生评价道:"烈祖茕茕一身,不阶尺土,托名徐氏,遂霸江南。挟莒人灭鄫之谋,创化家为国之事,凡其巧于曲成者,皆天也。然息兵以养民,得贤以辟土,盖实有君德焉。"

李昪在临终之际,谆谆告诫太子李璟:"德昌宫储戎器金帛七百余万,汝守成业,宜善交邻国,以保社稷。"当时他心中唯一挂虑的是来自北方的威胁,因此"啮齐王(即李璟)指,至血出,属之曰:'他日北方当有事,勿忘吾言。'"②李昪确实为后代继承者留下了非常殷实的"家底",希望李璟能够延续已有的国策,使国家得到进一步的发展和繁荣。但是他的期望最终没有能够实现。

南唐烈祖李昪之墓

① (宋)陆游:《南唐书》卷十七,傅璇琮、徐海荣、徐吉军主编:《五代史书汇编》第 9 册,杭州:杭州出版社 2004 年版,第 5600 页。

② (清)吴任臣:《十国春秋》卷十五,傅璇琮、徐海荣、徐吉军主编:《五代史书汇编》第 7 册,杭州:杭州出版社 2004 年版,第 3618—3620 页。

第二章　中主时代

第一节　元宗性情

李璟(916—961),初名景通,改名"瑶",又改"璟",字伯玉,徐州(今属江苏)人,南唐烈祖李昪的长子。他"美容止,器宇高迈,性宽仁"①,"风度高秀,幼工属文"②,年仅 10 岁即作有《新竹》诗:"栖凤枝梢犹软弱,化龙形状已依稀。"人皆奇之。早年在庐山瀑布前修筑书堂,潜心埋头读书,倾慕林泉高士而志在栖隐,"盖将终焉,迫于绍袭而止"③。烈祖受禅,封吴王,后改封齐王。先主昪元四年(940),李璟被立为太子,多所辞让。烈祖下诏,称其"守廉退之风,师忠贞之节,有子如此,予复何忧"④。

但是事实上,李昪更偏爱次子景迁,不料景迁 19 岁夭折,这才除去了李璟继位的一大威胁。此后,李昪又属意于四子景达,意欲传位给他。当李昪病重时,曾秘密写信召回景达,托付后事。多亏有一位忠于李璟的御医吴廷绍将此事密告于李璟,这才将信截留,从而避免了一场

---

① (宋)马令:《南唐书》卷二,傅璇琮、徐海荣、徐吉军主编:《五代史书汇编》第 9 册,杭州:杭州出版社 2004 年版,第 5267 页。

② (宋)陆游:《南唐书》卷二,傅璇琮、徐海荣、徐吉军主编:《五代史书汇编》第 9 册,杭州:杭州出版社 2004 年版,第 5472 页。

③ (宋)陆游:《南唐书》卷二,傅璇琮、徐海荣、徐吉军主编:《五代史书汇编》第 9 册,杭州:杭州出版社 2004 年版,第 5484 页。

④ (宋)陆游:《南唐书》卷二,傅璇琮、徐海荣、徐吉军主编:《五代史书汇编》第 9 册,杭州:杭州出版社 2004 年版,第 5472 页。

宫廷内部的夺位之争,李璟也便成了南唐第二代君王。李昪在临终之际再三叮嘱中主:"不可袭炀皇之迹,恃食阻兵,自取亡覆。苟能守吾言,汝为孝子,百姓谓汝为贤君矣。"①他希望李璟成为一个能够得到百姓拥戴的守成贤君。

李璟继位之初,正值南唐国力最强盛的时期。经过烈祖李昪多年的经营,南唐经济繁荣,财富聚集,社会安定,文化昌盛,睦邻共处,干戈不兴。其疆域"东暨衢、婺,南及五岭,西至湖湘,北据长淮,凡三十余州,广袤数千里,尽为其所有,近代僭窃之地,最为强盛"②。其时,"中外寝兵,耕织岁滋,文物彬焕,渐有中朝之风采"③。

李璟继位之后,即将年号改为"保大"("大"即为太),就是希冀对内、对外都能止息干戈和保持太平,史温《钓矶立谈》也特别指出:"元宗之初,尚守先训,改元保大,盖有止戈之旨。三四年间,皆以为守文之良主。"④中主"音容闲雅,眉目若画。趣尚清洁,好学而能诗。然天性儒懦,素昧威武"⑤,虽然没有先主那样的才智和胆识,但是毕竟在性格上显得比较宽容和温厚,在位近 20 年,基本上能够执行先主的既定国策。即位之后,他大赦境内,"百官进位二等,将士皆有赐。蠲民逋负租税,赐鳏寡孤独粟帛"⑥。但是这样的局面没有维持多久,就出现了南唐政治的动荡。

李璟崇儒好佛,以身作则,诚如马令《南唐书》卷二三指出:"方是时,废君如吴越,弑主如南汉,叛亲如闽、楚,乱臣贼子,无国无之。唯南

---

① (清)吴任臣:《十国春秋》卷十五,傅璇琮、徐海荣、徐吉军主编:《五代史书汇编》第 7 册,杭州:杭州出版社 2004 年版,第 3618 页。

② (宋)薛居正等:《旧五代史》卷一三四,第 2 册,北京:中华书局 2000 年版,第 1242 页。

③ (宋)史温:《钓矶立谈》,傅璇琮、徐海荣、徐吉军主编:《五代史书汇编》第 9 册,杭州:杭州出版社 2004 年版,第 5007 页。

④ (宋)史温:《钓矶立谈》,傅璇琮、徐海荣、徐吉军主编:《五代史书汇编》第 9 册,杭州:杭州出版社 2004 年版,第 5007 页。

⑤ (宋)龙衮:《江南野史》卷二,上海师范大学古籍整理研究所编:《全宋笔记》第一编第 3 册,郑州:大象出版社 2003 年版,第 169 页。

⑥ (宋)陆游:《南唐书》卷二,傅璇琮、徐海荣、徐吉军主编:《五代史书汇编》第 9 册,杭州:杭州出版社 2004 年版,第 5472 页。

唐兄弟辑睦，君臣奠位，监于他国，最为无事，此亦好儒之效也。"①是书卷十三又云："五代之乱也，礼乐崩坏，文献俱亡，而儒衣书服，盛于南唐。岂斯文之未丧，而天将有所寓欤？不然，则圣王之大典，扫地尽矣。南唐累世好儒，而儒者之盛，见于载籍，灿然可观。如韩熙载之不羁，江文蔚之高才，徐锴之典赡，高越之华藻，潘佑之清逸，皆能擅价于一时。而徐铉、汤悦、张洎之徒，又足以争名于天下。其余落落，不可胜数。故曰：江左三十年间，文物有元和之风，岂虚言乎？"②

南唐崇儒风气所及，使得李璟兄弟皆富气度和雅的君子之风。郑文宝《江表志》卷中载："(中主)友爱之分，备极天伦。登位之初，太弟景遂、江王景遏、齐王景达出处游宴，未尝相舍，军国之政，同为参决。"③在君王崇尚文雅的风气引导下，卿相百官也都温文尔雅、学识渊博；即便像陈海、王崇文这样的武将，也都精通经史，颇富儒雅风度。又如刁彦能，"喜读书，委任文史，郡政修理。亦好篇咏，尝与李建勋赠答。建勋奏之，元宗笑曰：'吾不知彦能乃西班学士也。'"④

南唐文官政治的兴盛，也与当时恢复贡举制度密切相关。李昇建国之初，因"宪度草创，言事遇合，即随才进用，不复设礼部贡举"⑤。保大十年(952)，中主李璟正式下诏设科举，由翰林学士江文蔚知礼部贡举，放进士王克贞等3人及第。南唐贡举将儒家经典列为考试的主要内容，吴任臣《十国春秋》卷三一详细记载了发生在元宗保大十三年(955)贡举中的一则趣事："及试《画八卦赋》《霁后望钟山诗》。故事，中选者主司必延之升堂置酒。时有宋贞观者，首就坐，张洎续至，主司贤洎文，揖贞观南坐，引洎坐于西。酒数行，(伍)乔始上卷，主司叹为杰

① (宋)马令：《南唐书》卷二三，傅璇琮、徐海荣、徐吉军主编：《五代史书汇编》第9册，杭州：杭州出版社2004年版，第5406页。
② (宋)马令：《南唐书》卷十三，傅璇琮、徐海荣、徐吉军主编：《五代史书汇编》第9册，杭州：杭州出版社2004年版，第5347页。
③ (宋)郑文宝：《江表志》卷中，上海师范大学古籍整理研究所编：《全宋笔记》第一编第2册，郑州：大象出版社2003年版，第265页。
④ (宋)马令：《南唐书》卷十一，傅璇琮、徐海荣、徐吉军主编：《五代史书汇编》第9册，杭州：杭州出版社2004年版，第5335—5336页。
⑤ (宋)陆游：《南唐书》卷十，傅璇琮、徐海荣、徐吉军主编：《五代史书汇编》第9册，杭州：杭州出版社2004年版，第5547页。

作,乃徙贞观处席北,洎处席南,而以乔居宾席。无何,覆考榜出,乔得第一,洎、贞观次之,时称主司精衡鉴焉。元宗大爱乔文,命勒石,以为永式。"①通过这则趣事,我们同样可以感知南唐贡举制度的选人之明,以及君王对优秀人才的由衷欣赏、大力褒奖。

南唐礼佛始于先主李昇时代,即如马令《南唐书》卷二六《浮屠传》所云:"南唐有国,兰若精舍,渐盛于烈祖、元宗之世。"②据陆游《南唐书》卷十八所载:"初,烈祖辅吴,吴都广陵,而烈祖居建业,大筑其居,穷极土木之工。既成,用浮屠说,作无遮大斋七会,为工匠役夫死者荐福。俄有胡僧自身毒中印土来,以贝叶旁行及所谓舍利者为贽。烈祖召豫章龙兴寺僧智玄译其旁行之书,又命文房书《华严论》四十部,衾帙副焉,并图写制论李长者像,班之境内,此事佛之权舆也。然烈祖未甚惑。后胡僧为奸利,遂出之,国人则寖已成俗矣。"③"溧水天兴寺桑生木人,长六寸,如僧状,右袒而左跪,衣袯皆备,其色纯漆可鉴,谓之须菩提。县掇置龛中,以仁寿节日来献"。李昇见到木人,"始大惊异,迎置宫中,奉事甚谨"④。这表明李昇对佛教已经较为虔信。

中主李璟时期,崇佛之风更甚。他早年施舍读书台为开先寺,即位后又大造佛寺及僧房。他希图以佛教思想作为儒家的补充,"始乎正法,终乎象教","菩提之教,与政通焉"⑤。他曾命释玄寂入宫讲《华严经》,又命擅于书法的释应之抄录自己喜读的《楞严经》,再命冯延巳作序云:"首《楞严经》者,自为菩萨密因,始破阿难之迷,终证菩提之悟。然则阿难,古佛也,岂有迷哉?迷者,悟之对也。迷苟不立,悟亦何取?是故因迷以设问,凭悟而明解。皇上聪明文思,探赜索隐,云散日朗,尘开镜明,以为大赉四方,未为盛德,普济一世,始曰至仁。或启佛乘,必

① (清)吴任臣:《十国春秋》卷三一,傅璇琮、徐海荣、徐吉军主编:《五代史书汇编》第7册,杭州:杭州出版社2004年版,第3829页。

② (宋)马令:《南唐书》卷二六,傅璇琮、徐海荣、徐吉军主编:《五代史书汇编》第9册,杭州:杭州出版社2004年版,第5423页。

③ (宋)陆游:《南唐书》卷十八,傅璇琮、徐海荣、徐吉军主编:《五代史书汇编》第9册,杭州:杭州出版社2004年版,第5604页。

④ (宋)陆游:《南唐书》卷十八,傅璇琮、徐海荣、徐吉军主编:《五代史书汇编》第9册,杭州:杭州出版社2004年版,第5604页。

⑤ (南唐)冯延巳:《开先禅院碑记》,《全唐文》卷八七六,北京:中华书局1983年版,第9165页。

归法要。"①序文探究了迷与悟对立转化的机理,将中主李璟的崇佛心理表现得淋漓尽致。据宋人江少虞《皇朝类苑》卷六五记载:"徐铉不信佛,而酷好鬼神之说。江南中主常语铉以'佛经有深义,卿颇阅之否?'铉曰:'臣性所不及,不能留意。'中主以《楞严经》一帙授之,令看读,可见其精理。经旬余,铉表纳所借经求见,言曰:'臣读之数过,见其谈空之说,似一器中倾出,复入一器中,此绝难晓,臣都不能省其义。'因再拜,中主哂之。后尝与近臣通佛理者说以为笑。"②

清凉寺

他还在金陵广开道场,招延僧侣,并专门设立僧官。当时比较著名的寺庙有报恩寺、大报慈寺和清凉寺等。其中值得特别注意的是清凉寺。清凉寺位于金陵石头山,本为烈祖义父徐温执掌吴国大权时创建,原名兴教寺,中主保大二年(944)改为石头清凉大道场。清凉寺是南唐皇室最重要的宗教活动场所,寺内曾建有李氏避暑宫及德庆堂,堂匾为元宗李璟所书,又有名画家董羽画龙及李霄远草书,合称"三绝"。中主常赴清凉道场聆听法会,并礼敬住持休复悟空和文益法眼两位禅师。

① (宋)马令:《南唐书》卷二六,傅璇琮、徐海荣、徐吉军主编:《五代史书汇编》第9册,杭州:杭州出版社2004年版,第5425页。
② (宋)江少虞:《皇朝类苑》卷六五,台湾:文海出版社1981年版,第1575页。

四十二世法眼文益禅师

文益禅师(885—958)

这两位高僧并为禅宗六祖慧能的嫡传弟子青原行思的第八代法嗣。休复禅师圆寂后，李璟"登高台遥礼，深加哀慕。仍致祭、荼毗，收舍利建塔"①。文益禅师擅长诗文，释赞宁《宋高僧传》称其"好为文笔，特慕支、汤之体，时作偈颂真赞，别行纂录"②。中主闻其名，邀请他到金陵传法，住报恩禅院，赐法号"净慧禅师"，后入住清凉道场，后世称"清凉文益"。禅宗本自慧能之后，强调不立文字，然至清凉文益，提倡重文重教，并自己著书立说，有"三处法集及著偈颂、真赞、铭记、诠注等，凡数万言，学者缮写，传布天下"③。文益禅师在当时的声望颇高，甚至有异域求法者慕名而来。《五灯会元》卷十有载："师缘被于金陵，三坐大道场，朝夕演旨。时诸方丛林，咸遵风化；异域有慕其法者，涉远而至。玄沙正宗，中兴于江表。师调机顺物，斥滞磨昏，凡举诸方三昧，或入室呈解，或叩激请益，皆应病与药，随根悟入者，不可胜纪。"④他常与中主谈禅论道，深受君王礼遇，据传曾以《牡丹诗》"何须待零落，然后始知空"讽喻中主万法皆空的道理。文益于中兴元年(958)圆寂，南唐公卿皆"素服奉全身于江宁县丹阳起塔，谥'大法眼禅师'，塔曰'无相'"⑤；中主后又谥"大智藏大导师"之号。李璟也曾一度亲近金陵证圣寺的木平和尚，报恩院的清护禅师和匡逸禅师，以及报慈道场的玄觉禅师等，这些行为都显示出他礼佛的诚心与笃行。

① (宋)释普济：《五灯会元》卷八，北京：中华书局 1984 年版，第 502 页。

② (宋)释赞宁：《宋高僧传》卷十三，北京：中华书局 1987 年版，第 314 页。

③ (明)葛寅亮：《金陵梵刹志》卷十九，南京：南京出版社 2011 年版，第 376 页。

④ (宋)释普济：《五灯会元》卷十，北京：中华书局 1984 年版，第 565—566 页。

⑤ (宋)释普济：《五灯会元》卷十，北京：中华书局 1984 年版，第 566 页。

在中主影响下,文臣武将崇佛茹素,蔚为风气。"朝中大臣多蔬食,月为十斋,至明日,大官具晚膳,始复常珍,谓之'半堂食'"①。比较有名的如孙晟、李建勋、宋齐丘、陈觉、韩熙载等人,都曾有诗文碑记留于佛寺。中主朝的重要战将边镐曾带兵伐楚攻闽,但是他"性柔懦,御下无法。初平建州,民所克获,唯以全活为务,闽人德之,号'边罗汉';及克湘潭,市不改肆,楚人益喜,号'边菩萨'。既而政出多门,荏苒无断,人皆失望,遂号为'边和尚'"②。

　　李璟对道教也颇有兴趣。当时有名的术士包括庐山的杨保宗,太医吴廷绍,以及李冠、谭紫霄、潘扆等人。他和女术士"耿先生"的关系则充满着暧昧的味道。据马令《南唐书》卷二四记载:"女冠耿先生,鸟爪玉貌,宛然神仙。保大中,游金陵,以道术修炼为事。元宗召见,悦之,常止于卧内。……尝搦雪为铤,爇之成金,指痕隐然犹在。又因宫人扫除,取箕中粪壤,烧为白银。……未几有孕,将诞,谓左右曰:'我子非常,产夕当有异。'倏忽雷电绕室,大雨倾澍;诘旦俨然空腹,人莫见其所生。元宗殂,先生不复入宫,往来江淮,竟不知其所之。"③

　　李璟幼承其父儒雅之风,"多才艺,好读书,便骑善射"④。他精通诗词,书学羊欣,尤善八分,尽显清雅的韵致;还妙解音律,对乐器颇有研究,年轻时就曾因亲理乐器,而被烈祖怒责。李璟珍藏了一把名为"烧槽琴"或"焦尾琴"的琵琶。所谓"烧槽",即东汉"蔡邕焦桐之义,或谓焰材而斫之,或谓因爇而存之"。后因后主的大周后"通书史,善音律,尤工琵琶。元宗赏其艺,取所御琵琶时谓之'烧槽'者赐焉"⑤。

① (宋)吴处厚:《青箱杂记》卷七,上海师范大学古籍整理研究所编:《全宋笔记》第一编第10册,郑州:大象出版社2003年版,第231页。

② (宋)马令:《南唐书》卷十一,傅璇琮、徐海荣、徐吉军主编:《五代史书汇编》第9册,杭州:杭州出版社2004年版,第5340页。

③ (宋)马令:《南唐书》卷二四,傅璇琮、徐海荣、徐吉军主编:《五代史书汇编》第9册,杭州:杭州出版社2004年版,第5417页。

④ (宋)陆游:《南唐书》卷二,傅璇琮、徐海荣、徐吉军主编:《五代史书汇编》第9册,杭州:杭州出版社2004年版,第5484页。

⑤ (宋)马令:《南唐书》卷六,傅璇琮、徐海荣、徐吉军主编:《五代史书汇编》第9册,杭州:杭州出版社2004年版,第5301页。

第二章　中主时代

史温《钓矶立谈》云："元宗神采精粹,词旨清畅,临朝之际,曲尽姿致。湖南尝遣廖法正将聘,既还,语人曰:'汝未识东朝(指南唐)官家,其为人粹若琢玉。南岳真君恐未如也。'……天性雅好古道,被服朴素,宛同儒者。时时作为歌诗,皆出入风骚,士人传以为玩,服其新丽。"①中主朝内有韩熙载、冯延巳、李建勋、徐铉等饱学之士侍奉左右,相与谈论文艺,更加营造了浓郁的学术文化气氛。徐铉《徐公文集》卷十八《御制春雪诗序》中即记载了中主李璟与群臣登楼饮酒赋诗的盛况:"笔落天波,言成帝典。七言四韵,宣示群臣。乃命太弟太傅建勋,翰林学士、给事中朱巩、常梦锡,翰林学士、中书舍人殷崇义、游简言,吏部尚书、毗陵郡公景运,工部尚书、上饶郡公景逊,左常侍、勤政殿学士张义方,谏议大夫、勤政殿学士潘处常、魏岑,驾部员外郎、知制诰乔(匡)舜,主客员外郎、知制诰徐铉,膳部员外郎、知制诰张纬,光禄卿、临汝郡公景辽,鸿胪卿、文安郡公景游,太府少卿、陈留郡公景道,左卫将军、乐安郡公弘茂,驾部郎中李瞻等,或赓元首之歌,或和阳春之曲。"②

李璟现存的文学作品不多,仅有 17 篇书、表、小札,《全唐诗》存诗 2 首、断句 3 联。他的七言古诗《游后湖赏莲花》描写夏日观赏莲花的景致,末句"孙武已斩吴宫女,琉璃池上佳人头",化用春秋时期孙武练兵时斩杀吴王阖闾后宫美女的典故,以被杀宫女的面容来比喻湖中娇美的荷花,显得杀气太重,使人读之有毛骨悚然之感,甚至有人引以为不祥之兆。另一首七律《赏雪诗》则描写中主兄弟雪中同登高楼、饮酒赏梅的风雅韵事:"坐有宾朋尊有酒,可怜清味属侬家。"遣词清雅,流露出舒畅的心情。

宋人陈振孙《直斋书录解题》卷二一录有《南唐二主词》1 卷,并加以注明:"(其)卷首四阕:《应天长》《望远行》各一,《浣溪沙》二,中主所作,重光(李煜)尝书之。"③李璟虽然存世的词作只有 4 首,却首首精致,

---

① (宋)史温:《钓矶立谈》,傅璇琮、徐海荣、徐吉军主编:《五代史书汇编》第 9 册,杭州:杭州出版社 2004 年版,第 5013—5014 页。

② (南唐)徐铉:《御制春雪诗序》,《徐铉集校注》卷十八,北京:中华书局 2016 年版,第 528 页。

③ (宋)陈振孙:《直斋书录解题》卷二一,《南唐二主词笺注》附录三,北京:中华书局 2013 年版,第 219 页。

充分体现出词人独特的艺术风格。

《晨风阁丛书》王国维辑南词本《南唐二主词》

李璟这 4 首词具备较为统一的抒情模式,即以一位女性主人公的视角,通过或彻夜难寐、或午夜梦回、或登楼远眺的情节画面,流露出伤怀念远、春愁春恨的意绪,字里行间又隐约展露出某种沉痛的政治忧患。例如《浣溪沙》写道:

> 菡萏香销翠叶残,西风愁起绿波间。还与韶光共憔悴,不堪看! 细雨梦回鸡塞远,小楼吹彻玉笙寒。多少泪珠何限恨,倚栏干。

据马令《南唐书》卷二五记载:"王感化,善讴歌,声韵悠扬,清振林木。系乐部,为'歌板色'。元宗嗣位,宴乐击鞠不辍。尝乘醉命感化奏《水调》词,感化唯歌'南朝天子爱风流'一句,如是者数四。元宗辄悟,覆杯叹曰:'使孙、陈二主得此一句,不当有衔璧之辱也!'感化由是有宠。元宗尝作《浣溪沙》二阕,手写赐感化,曰:'菡萏香销翠叶残(略)。'后主即位,感化以其词札上之。后主感动,赏赐感化甚优。"①由此可见,这首看似纯属悲秋怀人的词作,可能隐含着政治的感怀。

此词上片开头两句描绘萧瑟凄寂的荷塘景象:荷花早已凋谢,清香早已消散,只剩下断梗残叶在西风绿波间飒飒作响。晚唐诗人杜牧在《齐安郡中偶题》诗中写道:"两竿落日溪桥上,半缕轻烟柳影中。多少绿荷相倚恨,一时回首背西风。"萧瑟的秋风吹过荷塘的绿波,亭亭玉立的绿荷纷纷翻转荷叶,渲染出一片凄凉、哀怨的愁绪,在这样的景物描摹当中,也渗透着诗人自身美人迟暮的感伤。李璟词中也由这衰败的景象,引逗着观荷思妇内心的悲怨:"还与韶光共憔悴"。她联想到自身的如花美貌、青春年华也会像那秋风中的残荷一样黯然憔悴、无情消逝,由此抒发出沉痛无比的悲慨:"不堪看!"清人陈廷焯读到这里,不禁感叹道:"沉之至,郁之至,凄然欲绝。后主虽善言情,卒不能出其右也。"②上片即是通过触景生情的手法,抒写出深浓沉至的悲秋之意。

下片转写思妇的凄苦怀人之态:她在睡梦中见到了远在边塞(鸡塞,即鸡鹿塞,在今内蒙古自治区)从军的丈夫。在清冷的夜雨之中,她从缱绻的梦境中醒来,更觉孤寂难耐、愁绪万端;于是独上小楼,轻吹起玉笙,排遣自己无限的幽思。然而一曲吹罢,思妇却愈觉心境凄凉寒瑟,不由得潸然泪下;最后只有独自倚靠着栏干,形影相吊的寂寞、无所依傍的愁苦,都蕴含在这无言静态的画面之中。下片通过细雨梦回后的行动描摹,细腻地表达出了思妇雨夜怀人的怅惘情思和哀怨心态。

关于这一首词作的评赏,曾经引起前人的分歧和争议。宋人胡仔《苕溪渔隐丛话》前集卷五九引《雪浪斋日记》曾记载王安石与黄庭坚的一段论词对话:"荆公问山谷云:'作小词曾看李后主词否?'云:'曾看。'荆公云:'何处最好?'山谷以'一江春水向东流'为对。荆公云:'未若"细雨梦回鸡塞远,小楼吹彻玉笙寒",又"细雨湿流光"最好。'"③(按:文

---

① (宋)马令:《南唐书》卷二五,傅璇琮、徐海荣、徐吉军主编:《五代史书汇编》第9册,杭州:杭州出版社2004年版,第5420页。

② (清)陈廷焯:《白雨斋词话》卷一,北京:人民文学出版社1959年版,第7页。

③ (宋)胡仔:《苕溪渔隐丛话》前集卷五九引《雪浪斋日记》,清乾隆刻本。

中所举"细雨梦回鸡塞远"两句,出自南唐中主李璟《浣溪沙》"菡萏香销翠叶残","细雨湿流光"则为冯延巳《南乡子》词的首句,皆非李后主词,当是王氏误记。)王安石赞赏的是李璟词中的"细雨梦回鸡塞远,小楼吹彻玉笙寒"两句。但是近人王国维则颇不以为然,他说:"南唐中主词'菡萏香销翠叶残,西风愁起绿波间',大有众芳芜秽、美人迟暮之感。乃古今独赏其'细雨梦回鸡塞远,小楼吹彻玉笙寒',故知解人正不易得。"①王安石与王国维对李璟此词的品赏,是站在不同的层面和视角展开议论,故而得出不同的结论。

王安石是立足文本自身的评价,着眼于挖掘出词作文雅幽细的艺术美感。"细雨"两句恰正透过极其幽约飘忽的画面描绘,抒写出惝恍迷离的情感境界,将思妇孤寂难耐、酸楚难诉的悲绪表露得深细幽婉、典雅蕴藉。此一名句在当时引起了很大反响,据马令《南唐书》卷二一记载:"元宗乐府辞云'小楼吹彻玉笙寒',延巳有'风乍起,吹皱一池春水'之句,皆为警策。元宗尝戏延巳曰:'"吹皱一池春水",干卿何事?'延巳曰:'未如陛下"小楼吹彻玉笙寒"。'元宗悦。"②由此可见,李璟对这一名句是颇为得意的。

王国维对李璟词则进行了"借题发挥"式的评论。他抛开了原词抒写秋思怀人的本意,单独从中摘取体现人生感悟的词句来加以品赏。"菡萏"两句的描写,令人联想起屈原《离骚》中的名句"惟草木之零落兮,恐美人之迟暮"和"虽萎绝其亦何伤兮,哀众芳之芜秽",故此王国维能够从中挖掘出更为深邃的哲学思想底蕴。尽管李璟并没有刻意表现这样的思想,但作为一个身处敌国威胁之下的小国之君,同时又是一位多愁善感的柔情词人,其内心的危苦可想而知。他是在填制小词之时,不知不觉地将自己的身世感触融入思妇的愁绪中去,给予广大读者多向理解的意旨内涵和美感特质。正如况周颐所云:"词贵有寄托。所贵者流露于不自知,触发于弗克自已。身世之感,通于性灵,即性灵,即寄

① 王国维:《人间词话》,北京:中华书局 2014 年版,第 30—31 页。
② (宋)马令:《南唐书》卷二一,傅璇琮、徐海荣、徐吉军主编:《五代史书汇编》第 9 册,杭州:杭州出版社 2004 年版,第 5394 页。

托,非二物相比附也。"①李璟正是藉由这样的词作体现出感慨遥深、哀婉沉至的内涵特色。

他的另一首《浣溪沙》词写道:

> 手卷真珠上玉钩,依前春恨锁重楼。风里落花谁是主? 思悠悠。　　青鸟不传云外信,丁香空结雨中愁。回首绿波三峡暮,接天流。

上片首句描写重楼中的女主人公手卷珠帘,凭栏眺望。这里的画面非常精美,可以显示出词中女子典雅华贵的气质。接下来一句并没有直接写景,却是一声无奈的叹息:"依前春恨锁重楼。""春恨"两字点出了

全词的主旨,流露出女子无限惆怅郁塞的悲绪;"依前"二字则表明这份春恨由来已久,无时无刻不在深深地折磨着眼前的痴情怨妇。"风里"两句又把意境进一步拓宽:思妇触目所见,落花狼藉,随风飘荡,如此衰残的景象不由得使她产生出浓烈的美人迟暮之感。如果说"风里"句是深情叹问,造成语句表达上的一顿,那么"思悠悠"三字又宕开一笔,则将思绪引向更为绵邈悠远的境界。

下片开头"青鸟不传云外信",具体补写"思悠悠"的内容,同时也联系"谁是主"的叹问。它化用了《山海经·大荒西经》和《汉武故事》中西王母派青鸟给汉武帝捎信的典故,意在表达情人长期不归、音信全无的愁闷。"丁香空结雨中愁",则与上片"风里落花"相映衬,画面瑟缩凄迷。它在李商隐"芭蕉不展丁香结,同向春风各自愁"(《代赠二首》之一)的基础上加以变化,用丁香花蕾在雨中愁蹙不展的形象,来映衬思妇那如同丁香般郁结难舒的愁心;而且一个"空"字更加显示出人生凄苦空幻的悲凉。最后两句再次宕开词境,将视角从凝视楼前拓展为纵目骋望:但见浩荡江流正从三峡奔流而下,而暮色苍茫,又将这浑天一色的绿波全部笼罩在黯淡之中。这里的境界格外阔大而深远,也将思妇的一腔春恨充斥于茫茫天地之间。清人黄苏在《蓼园词评》中对此词的情感意脉加以细致梳理:"'手卷珠帘',似可旷日舒怀矣。谁知依然'恨锁重楼',所以恨者何也?见落花无主,不觉心共悠悠耳。且远信不来,幽愁空结。第见三峡波接

---

① (清)况周颐:《蕙风词话》卷五,唐圭璋编:《词话丛编》第 5 册,北京:中华书局 1986 年版,第 4526 页。

天流,此恨何能自已乎! 清和婉转,词旨秀颖。"①

专从艺术的角度出发,李璟这首词含蕴之深厚,风发之闳远,堂庑之阔大,大有屏除《花间》、开启宋调之功绩。唐圭璋《唐宋词简释》评价曰:"通首一气蝉联,刀挥不断,而清空舒卷,跌宕昭彰,洵可称词中神品。"②

李璟词语言一扫浮艳,自然清雅,语句间很少修饰,彻底摆脱了花间词"镂玉雕琼"的习气。吴梅《词学通论》指出:"余尝谓二主词,中主能哀而不伤,后主则近于伤矣。"③这主要表现在其词意象的选择方面,于传统小词题材的创作中,有意识地采用了相对典雅的词汇,甚至给人造成香草美人、比兴寄托的联想。李璟在中唐"诗客曲子词"的基础上,在传统闺怨、相思、春愁、秋恨的题材创作中,融入了时代的悲感、清雅的格调,给人以优雅而伤感的艺术美感。他的作品在五代词坛别具个性,为扭转花间习气、开启宋词风韵起到了重要作用。

自从南唐建国以来,对外扩张的呼声甚嚣尘上,经历了一段时间休养生息之后,更是国富民丰、兵强马壮,"跨据江、淮三十余州,擅鱼盐之利,即山铸钱,物力富盛"④。许多谋臣武将越发信心满满,积极鼓动君王开疆拓土,甚至北伐中原,恢复大唐基业。烈祖始终保持清醒的头脑,用手中的铁腕压制住这股狂热躁动的情绪。他也希望继承者李璟善交邻国,切不可擅启兵戎。然而,李璟却不能审时度势,轻信手下一批奸佞小人的鼓噪,屡屡对外用兵,不仅耗费了大量国库资财,而且遭受了战争的惨败,导致南唐由强盛转为衰微。

李璟风度儒雅,"天性谦谨,每接臣下,恭慎威仪,动循礼法,虽布素僚友无以加也"⑤。明人陈霆《唐余纪传》记载:"中主接群臣如布衣交,间御小殿,以燕服见学士,必先遣中使谢曰:'小疾,不能著帻,欲冠褐可

---

① (清)黄苏:《蓼园词评》,唐圭璋编:《词话丛编》第4册,北京:中华书局1986年版,第3029页。

② 唐圭璋:《唐宋词简释》,上海:上海古籍出版社1981年版,第28页。

③ 吴梅:《词学通论》,北京:中华书局2010年版,第54页。

④ (元)脱脱等:《宋史》卷四七八,第11册,北京:中华书局2000年版,第10711页。

⑤ (宋)郑文宝:《南唐近事》卷一,上海师范大学古籍整理研究所编:《全宋笔记》第一编第2册,郑州:大象出版社2003年版,第212页。

乎?'其待士有礼如此。"①他谨守礼仪规范,却处处显得优柔寡断,缺乏先主的果敢坚毅,缺乏一国之君所应具的雄才大略。

中主继位后,重用自己原先太子府内的一班臣僚,如冯延巳、魏岑、查文徽等人。他们想在朝廷中站稳脚跟,急欲通过对外用兵,"锐于进取,常欲用事四方,以要功名"②,"新进后生用事,争以事业自许,以谓荡定天下,可以指日而就"③。冯延巳竟然讥嘲不愿轻启兵戎的烈祖李昪为"田舍翁",魏岑甚至向李璟预约:"臣少游元城,好其风物。陛下平中原日,臣独乞任魏州。"④在一片狂热的鼓噪声中,李璟也显得飘飘然,"自以唐子孙,慨然有定中原、复旧都之意"⑤;《宋史》卷四七八也称其"尝试贡士《高祖入关诗》,颇有窥觎中土之意"⑥。

第二节 内忧外患

昇元七年(943),中主刚刚即位,南唐边境虔州发生张遇贤农民起义,李璟派严思礼、边镐率兵一举剿灭。初次用兵告捷,南唐君臣信心倍增。此后邻国闽、楚相继发生了兄弟争国的危机,又给南唐提供了出兵拓土的良机。

保大三年(945),南唐乘闽内乱,出兵灭闽,从此开始了一连串结怨四邻的战争。伐闽之役历时7年,起先节节胜利,破建州、剑州、汀州、漳州和泉州,俘王延政,并在建州设永安军,在泉州设清源军。但是保大五年(947)后,情势逆转,吴越出兵助闽,联合反击,冯延鲁、陈觉、查

① (清)吴任臣:《十国春秋》卷十六引,傅璇琮、徐海荣、徐吉军主编:《五代史书汇编》第7册,杭州:杭州出版社2004年版,第3648页。

② (宋)马令:《南唐书》卷二一,傅璇琮、徐海荣、徐吉军主编:《五代史书汇编》第9册,杭州:杭州出版社2004年版,第5395页。

③ (宋)史温:《钓矶立谈》,傅璇琮、徐海荣、徐吉军主编:《五代史书汇编》第9册,杭州:杭州出版社2004年版,第5007页。

④ (宋)马令:《南唐书》卷二一,傅璇琮、徐海荣、徐吉军主编:《五代史书汇编》第9册,杭州:杭州出版社2004年版,第5397页。

⑤ (宋)陆游:《南唐书》卷十五,傅璇琮、徐海荣、徐吉军主编:《五代史书汇编》第9册,杭州:杭州出版社2004年版,第5586页。

⑥ (元)脱脱等:《宋史》卷四七八,第11册,北京:中华书局2000年版,第10711页。

文徽等人又急于建功,不请诏命,迎击失利,大败而回。李璟不得不下《恤民诏》:"日食地震,星孛木冰,感召靡爽。比灾异频仍,岂人君不德以致之耶? 抑亦天心仁爱而谴告之也? 朕甚惕焉。曩者兵连闽越,武夫悍将,不喻朕意,务为穷黩,以至父征子饷,上违天意,下夺农时,咎将谁执? 在予一人。其大赦境内,穷民无告者,咸赐粟帛。"①言语之间,以天谴自惕,似乎颇有悔意。可是,贪婪的欲念是难以抑制的。保大九年(951),南唐乘楚内乱,派兵灭楚,马希崇降。然而随后不久,楚国故地为周行逢所据,南唐未能巩固所占之地。

两度得而复失的征伐,导致南唐元气大伤,即如《钓矶立谈》所云:"其后闽土叛涣,竟成迁延之兵,湖湘既定而复变,地不加辟,财乏而不振","未及十年,国用耗半"②。其间又于保大七年(949)伐河中,与北方后汉发生冲突;十年(952)向南伐南汉桂州、全州,再遭失利,南唐都为此付出了惨痛的代价。多场战事的失败,成为南唐国势的转折点,使得李璟终于清醒过来,开始认真地回忆先主临终之际的谆谆告诫,考虑休兵息民,这时有臣子劝他:"愿陛下十数年勿复用兵。"李璟发自肺腑地厉声叹道:"兵可终身不用,何十数年之有!"③

南唐朝廷当中关于统一中国的方略,一直存在着两种意见,即先定南方还是先定北方。早在烈祖时代,冯延巳等人就认为闽、楚、吴越已衰弱不堪,故"兴王之功,当先事于三国"。烈祖颇不以为然,发表了长篇论说,阐述了自己的统一战略。他首先驳斥冯延巳之徒骄躁冒进的情绪,指出如果南唐对南方三国用兵,必定促使这些南方诸国联合对抗,使南唐陷入旷日持久的消耗战中,从而丧失了统一国家的机会和实力;现在要做的就是睦邻息兵,发展经济,积蓄财富,增强国力,积极备战,将来一旦"中原忽有变故,朕将投袂而起,为天下倡"。这就充分显露出烈祖李昪韬光养晦、深谋远虑的战略思想。对此,诸位大臣不由得

① (南唐)李璟:《恤民诏》,《全唐文》卷一二八,北京:中华书局 1983 年版,第 1279 页。

② (宋)史温:《钓矶立谈》,傅璇琮、徐海荣、徐吉军主编:《五代史书汇编》第 9 册,杭州:杭州出版社 2004 年版,第 5012、5007 页。

③ (明)陈霆:《唐余纪传》卷二,傅璇琮、徐海荣、徐吉军主编:《五代史书汇编》第 9 册,杭州:杭州出版社 2004 年版,第 5648 页。

叹服:"圣志远大,诚非愚臣等所及也。"①马令《南唐书》卷一亦载其言曰:"今大敌在北,北方平,则诸国可尺书召之,何以兵为?"②纵观李昪的军事战略思想,他是意在北伐、收复中原的。

保大五年(947),契丹大军南下,俘走了后晋皇帝,一直关注中原局势的知制诰韩熙载立即上疏中主李璟,敦促他不要放过这一千载难逢的机遇:"陛下恢复祖业,今也其时。若虏主北归,中原有主,则未易图也。"③然而此时南唐却兵陷福建,无力北顾,白白浪费了大好战机。等到李璟于保大九年(951)再议北伐征讨后周时,军力形势早已今非昔比。韩熙载上疏指出:"郭氏奸雄,虽有国日浅,而为理已固。兵若轻举,非独无成,亦且有害。"④应该说,韩熙载前后不同的政局分析是比较审时度势的,正是由于南唐大量的军力和财力葬送进劳而无功的南方战场中,导致国库空虚,国力衰颓。

元气大伤的南唐甚至无法与北方的后周维持均衡对峙的局面。司马光在《资治通鉴》中评论道:"唐主(指李璟)性和柔,好文章,而喜人佞己,由是谄谀之臣多进用,政事日乱。既克建州,破湖南,益骄,有吞天下之志。李守贞、慕容彦超之叛,皆为之出师,遥为声援,又遣使自海道通契丹及北汉,约共图中国,值中国多事,未暇与之校。"⑤史温《钓矶立谈》也感叹道:"(中主)是时承烈祖勤俭之后,国家富给,群臣操觚管小技,侍从左右,乘间纳说,多自谓国势崇盛,如举太山以压朽壤,荡定之期,指日可俟。会闽、荆兄弟争国,有衅可乘,上亦昧于几先,荧惑利口。于是连兵十许年,国削民乏,渺然视太平之象,更若捕风系影。"⑥

南唐国力的衰颓,除了军事上轻启边衅、深陷泥潭的原因之外,还

---

① (宋)史温:《钓矶立谈》,傅璇琮、徐海荣、徐吉军主编:《五代史书汇编》第9册,杭州:杭州出版社2004年版,第5011页。

② (宋)马令:《南唐书》卷一,傅璇琮、徐海荣、徐吉军主编:《五代史书汇编》第9册,杭州:杭州出版社2004年版,第5264页。

③ (宋)司马光:《资治通鉴》卷二八六,第20册,北京:中华书局2011年版,第9466页。

④ (清)吴任臣:《十国春秋》卷十六,傅璇琮、徐海荣、徐吉军主编:《五代史书汇编》第7册,杭州:杭州出版社2004年版,第3631页。

⑤ (宋)司马光:《资治通鉴》卷二九二,第20册,北京:中华书局2011年版,第9664页。

⑥ (宋)史温:《钓矶立谈》,傅璇琮、徐海荣、徐吉军主编:《五代史书汇编》第9册,杭州:杭州出版社2004年版,第5014页。

应归咎于中主个性犹疑懦弱,缺乏主见;重用奸佞宠臣,导致朝政污浊不堪,党争持续不断。

南唐建国之后,李昪打击横暴武将,推行文官体制;杜绝宦官干政和外戚专权,实现了政治的清明。但是,文人势力的膨胀、以及文人相轻所导致的诸多矛盾,埋下了南唐党争的恶果。

烈祖时期的文人党争,一方面表现为统治者李昪所采取的保境息民的国策,与南下士人积极北伐的强烈意愿之间,形成了很大的反差。杨吴及南唐初期南下的北方士人,深感中原遭受蹂躏、大唐王朝覆灭的痛苦,普遍具有积极进取的政治热望。韩熙载素称"钓巨鳌者,不投取鱼之饵;断长鲸者,非用割鸡之刀"①。他与李穀少同砚席,分携结约于河梁曰,"各以才命选其主"。韩熙载曾经书寄时任后周中书侍郎、平章事的李穀,声称:"江南果相我,长驱以定中原。"②史虚白则持伊、吕、汤、武之论来劝说李昪:"今君据有江淮,摘煮山海,人庶丰阜。京洛之地,君家先业,今且乱离,人思旧德,君苟复之,易若屈指。"③凡此等等,都表明北方志士渴望依靠江淮的军事力量,来实现收复中原、统一国家的理想。

烈祖李昪虽然以恢复大唐江山自任,但是他能够审时度势,始终采取保境息民的国策。陆游《南唐书》卷一记载,"群臣多请恢拓境土,帝叹息曰:'吾少在军旅,见兵之为民害深矣,诚不忍复言。使彼民安,吾民亦安矣。'"李昪临终之时还谆谆告诫李璟:"汝守成业,宜善交邻国,以保社稷。"④保境息民的政治策略,看似偏安无为、消极避让,其实是韬光养晦、放眼长远的正确选择。

如果南唐政权的后继者能够秉承这样的国策,继续埋头发展经济、休养生息,南唐有希望成为五代时期国力强盛的大邦,进而可能实现一

---

① (宋)郑文宝:《江表志》卷中,上海师范大学古籍整理研究所编:《全宋笔记》第一编第 2 册,郑州:大象出版社 2003 年版,第 268 页。

② (宋)释文莹:《玉壶清话》卷四,上海师范大学古籍整理研究所编:《全宋笔记》第一编第 6 册,郑州:大象出版社 2003 年版,第 123—124 页。

③ (宋)龙衮:《江南野史》,上海师范大学古籍整理研究所编:《全宋笔记》第一编第 3 册,郑州:大象出版社 2003 年版,第 209 页。

④ (宋)陆游:《南唐书》卷一,傅璇琮、徐海荣、徐吉军主编:《五代史书汇编》第 9 册,杭州:杭州出版社 2004 年版,第 5470—5471 页。

统天下的宏愿。但是,如此长远的国家发展计划,却不可避免地令许多客居江南、时刻准备北伐中原的士人心灰意懒。如果说,北方士人希望通过北伐来实现国家统一;那么,以宋齐丘为代表的南方本地士人则屡屡企图南下,来邀功请赏。对此,烈祖李昇多次给予了无情的斥责,北方士人也表示了明确的反对。南北士人的矛盾,在北伐与南下的军事选择上形成了鲜明的分野。

南唐中主时期,党争的形势呈现出白热化的激烈态势。马令《南唐书》卷二〇云:"汉以党锢衰,唐以朋党灭。汉、唐之乱,虽愚者与知焉。迨乎利害相攻,则为之而不知其非,盖亦蔽于好恶之情而已。南唐之士,亦各有党,智者观之,君子、小人见矣。或曰:宋齐丘,陈觉,李征古,冯延巳、延鲁、魏岑,查文徽为一党,孙晟、常梦锡、萧俨、韩熙载、江文蔚、钟谟、李德明为一党,而或列为党与,或各叙于传者,何哉?盖世衰道丧,小人阿附,以消君子,而君子、小人,反类不合。故自小人观之,因谓之党与,而君子未尝有党也。"①以孙晟为代表的士人,大多是侨寓江南的北方儒生;以宋齐丘为代表的一派,则为南唐本土人士。他们之间展开了非常尖锐、复杂的政治纷争。两派党争的形势变化,都与君王的好恶态度密切相关。如果说烈祖李昇尚能在任用人才方面秉持公正、博采众长的话,那么到了中主李璟乃至后主李煜,就显得偏听偏信、用人失察。

李璟继位之后,其亲信查文徽、冯延巳、魏岑等人成为新贵,进入南唐最高权力机构。他们为了巩固自己的政治地位,结交老牌政客宋齐丘;宋齐丘也利用这帮皇帝身边的近臣,进一步发挥自己在朝廷当中举足轻重的作用。马令《南唐书》卷二〇称:"俗说江南坚甲精兵,虽数十万,而长江天堑,险过汤池,可当十万;国老宋齐丘,机变如神,可当十万。"②可见宋齐丘在当时百姓心目中已经被神化。该书另载:"凡文武百司,皆布朋党,每国家有善政,其党辄但言'宋公之为也';事有不合群

---

① (宋)马令:《南唐书》卷二〇,傅璇琮、徐海荣、徐吉军主编:《五代史书汇编》第9册,杭州:杭州出版社2004年版,第5387页。

② (宋)马令:《南唐书》卷二〇,傅璇琮、徐海荣、徐吉军主编:《五代史书汇编》第9册,杭州:杭州出版社2004年版,第5391页。

望者,则曰'不用宋公之言也'。每举一事,必知物议不可,则群党竞以巧词先为之地,及有论议者,皆以堕其计中。"①当时宋齐丘为相,陈觉为枢密使,冯延巳、游简言为翰林学士,土著人士"在外者握兵,居中者当国"②,在朝廷中占据了绝对的优势地位。"元宗即位,延巳喜形于色,未听政,屡入白事,一日数见。元宗不悦,曰:'书记自有常职,此各有所司,何其繁也。'由是少止,遂与宋齐丘更相推唱。拜谏议大夫、翰林学士。复与其弟延鲁交结魏岑、陈觉、查文徽,侵损时政,时人谓之'五鬼'"③。由这帮谄佞小人来把持朝政,致使南唐政坛乌烟瘴气,令无数才智之士灰心齿冷。江西观察使杜昌业一针见血地指出:"国家所以驱驾群臣,在官爵而已。若一言称旨,遽跻通显,后有立功者,何以赏之!"④

一介文士冯延巳,不懂军事谋划,却喜好空谈,大话连篇。他对于烈祖李昪生前提出的休养生息、保境安民的国策非常不屑,竟然嘲笑李昪不思进取,鼠目寸光,龌龊无大略:"安陆之役,丧兵数千,辍食咨嗟者旬日。此田舍翁,安能成天下事?"由此再谄誉中主李璟:"今上暴师数万于外,宴乐击鞠未尝少辍,此真英雄主也。"⑤对此,中主李璟颇为自得。

就在冯延巳等人在耳边不断的怂恿、鼓噪之下,李璟自我感觉越来越好,很快便忘却了烈祖的临终遗言,轻启边衅,先后对闽、楚大肆用兵,导致国力耗尽,战果不保。后周大军乘机南下,南唐无力抵御,最终换来了割地纳贡、屈辱求和的结局,长江以北的大片土地沦落他国之手,李璟不得不接受轻信小人谗言的惨痛教训。尽管如此,他对这些奸佞小人仍然怀有旧情,据宋代佚名《江南余载》卷上记载:"延鲁之败,御史中丞江文蔚上疏请黜延巳,上曰:'相从二十年,宾客故寮独此人在中

① (宋)马令:《南唐书》卷二〇,傅璇琮、徐海荣、徐吉军主编:《五代史书汇编》第9册,杭州:杭州出版社2004年版,第5390页。
② (宋)陆游:《南唐书》卷十,傅璇琮、徐海荣、徐吉军主编:《五代史书汇编》第9册,杭州:杭州出版社2004年版,第5546页。
③ (宋)马令:《南唐书》卷二一,傅璇琮、徐海荣、徐吉军主编:《五代史书汇编》第9册,杭州:杭州出版社2004年版,第5394页。
④ (宋)司马光:《资治通鉴》卷二八三,第19册,北京:中华书局2011年版,第9377页。
⑤ (宋)陆游:《南唐书》卷十一,傅璇琮、徐海荣、徐吉军主编:《五代史书汇编》第9册,杭州:杭州出版社2004年版,第5550页。

书,亦何足怪! 云龙风虎,自古有之,且厚于旧人,则于斯人亦不得薄矣。'"①朝廷大计受到裙带关系的左右,必然带来污浊和衰乱的时世。因此史温《钓矶立谈》即曰:"冯延巳之为人,亦有可喜处。其学问渊博,文章颖发,辩说纵横,如倾悬河,暴而听之,不觉膝席之屡前,使人忘寝与食。但所养不厚,急于功名,持颐竖颊,先意希旨,有如脂腻,其入人肌理也,习久而不自觉。卒使烈祖之业,委靡而不立。"②

在宋齐丘党风光无限的同时,以孙晟为代表的北方士人则保持着清正刚烈的品节。他们素习儒学,行君子之道,气格儒雅,胸怀大志,希望在南唐施展政治抱负,与宋齐丘之流格格不入。史虚白来到金陵后,听说宋齐丘当政,当即对人宣称:"彼可代而相矣!"③韩熙载以书法闻名遐迩,宋齐丘拟撰碑文,常求其代为书写,韩熙载每每"以纸塞鼻。或问之,对曰:'文臭而秽'"④。同为宰相的孙晟和萧俨都耻于与有才而无行的冯延巳为伍,公然讥刺他:"金碗玉杯而盛狗屎,可乎?"⑤江文蔚、常梦锡、萧俨等人则多次在朝堂之上与宋齐丘党人针锋相对,分庭抗礼。"给事中常梦锡屡言陈觉、冯延巳、魏岑皆奸邪小人,不宜侍东宫;司门郎中判大理寺萧俨表称陈觉奸回乱政。唐主颇感悟。"⑥他们斥责宋党"阴狡弄权,壅蔽聪明,排斥忠良,引用群小,谏争者逐,窃议者刑,上下相蒙,道路以目"⑦,并且屡屡弹劾冯延巳、魏岑等"五鬼"的败国恶行,体现出诤臣义士的凛然气节。但是他们在南唐中主时代却始终怀才不遇。

据郑文宝《江表志》记载,中主、后主时期先后担任宰相者,有宋齐丘、李建勋、冯延巳、徐游、孙晟、严续、游简言及汤悦8人,除了孙晟于

① 佚名:《江南余载》卷上,上海师范大学古籍整理研究所编:《全宋笔记》第一编第2册,郑州:大象出版社2003年版,第242页。

② (宋)史温:《钓矶立谈》,傅璇琮、徐海荣、徐吉军主编:《五代史书汇编》第9册,杭州:杭州出版社2004年版,第5013页。

③ (宋)马令:《南唐书》卷十四,傅璇琮、徐海荣、徐吉军主编:《五代史书汇编》第9册,杭州:杭州出版社2004年版,第5354页。

④ (宋)马令:《南唐书》卷十三,傅璇琮、徐海荣、徐吉军主编:《五代史书汇编》第9册,杭州:杭州出版社2004年版,第5349页。

⑤ (宋)马令:《南唐书》卷十六,傅璇琮、徐海荣、徐吉军主编:《五代史书汇编》第9册,杭州:杭州出版社2004年版,第5367—5368页。

⑥ (宋)司马光:《资治通鉴》卷二八三,第19册,北京:中华书局2011年版,第9373页。

⑦ (宋)司马光:《资治通鉴》卷二八六,第20册,北京:中华书局2011年版,第9483页。

保大初年曾继烈祖之恩而暂居相职之外,其余7人均为南方人。吴任臣《十国春秋》卷二三云:"王仲连,北方人也。仕烈祖为御史,元宗时改左散骑常侍。元宗常谓曰:'自古及今,江北文人不及江南之盛。'仲连对曰:'诚如圣谕,陛下圣祖元元皇帝降于亳州真源县,文宣王生于兖州曲阜县,亦不为少矣。'元宗有愧色。"①通过这则君臣闲谈的对话,不难看出中主李璟狭隘的地域观念,以及重南轻北的文化倾向。他已缺乏了乃父海纳百川的恢宏气度,以及收复中原的雄心壮志,所以在此后的执政过程中,对于北方人才采取了轻视鄙薄的态度。

君王的好恶令宋齐丘等人气势更焰,对孙晟党人屡屡飞语相攻、无端打击。陆游《南唐书·常梦锡传》云:"宋齐丘党恶其不附己,坐封驳制书,贬池州判官。"②《钓矶立谈》亦云:"常梦锡性犷直。……上表历指权要朋私卖国,及发宰执狼藉数事。朝廷不能加察,以其语大忤,夺官流徙。梦锡因忽忽不得志以卒。"③伐闽败绩之后,皇帝诏斩陈觉、冯延鲁以谢国人,而冯延巳、魏岑竟置皇命于不顾。耿直忠臣江文蔚挺身而出,上疏怒责冯延巳诸人的奸谋诡计,大胆地批评君主是非不分、赏罚不明,造成人心涣散、君臣离心。结果却引得李璟勃然大怒,将其贬为江州司士参军,而陈觉、冯延鲁则因宋齐丘出面解救,得以保全了性命;冯延巳虽然暂时罢官,旋即又官复原职。对此,孙晟曾经满含忧愤地面责冯延巳:"君常轻我,我知之矣。文章不如君也,技艺不如君也,谈谐不如君也。然上置君于亲贤门下,期以道义相辅,不可以误国朝大计也。"对此,"延巳失色,不对而起"④。

朝中清浊之辨判然相别,许多清正刚直的大臣难以立足于朝廷,于是带着满腔失落的愁绪,纷纷走上退居山林的道路。李建勋为相十余年,政见超乎流俗,却不能被充分采纳,并且中主对其心存猜忌。怀着

---

① (清)吴任臣:《十国春秋》卷二三,傅璇琮、徐海荣、徐吉军主编:《五代史书汇编》第 7 册,杭州:杭州出版社 2004 年版,第 3729 页。

② (宋)陆游:《南唐书》卷七,傅璇琮、徐海荣、徐吉军主编:《五代史书汇编》第 9 册,杭州:杭州出版社 2004 年版,第 5518 页。

③ (宋)史温:《钓矶立谈》,傅璇琮、徐海荣、徐吉军主编:《五代史书汇编》第 9 册,杭州:杭州出版社 2004 年版,第 5023 页。

④ (宋)史温:《钓矶立谈》,傅璇琮、徐海荣、徐吉军主编:《五代史书汇编》第 9 册,杭州:杭州出版社 2004 年版,第 5012 页。

前途失望的无奈情绪,李建勋归隐九华山。临终前,他留下遗言:"时事如此,吾得全归,幸矣。"①

在国家危急关头,宋齐丘党人畏缩避祸,纷纷推卸罪责;孙晟党人则尽显出北方志士高尚坚贞的节操。后周大兵压境,孙晟奉命出使,面对淫威盛怒的周世宗,不卑不亢,从容应对。周世宗柴荣本想凭借孙晟的声望劝降南唐寿州守将刘仁赡,孙晟视死如归,到寿州城下突然"改其辞,呼曰:'无堕臣节,援兵即至矣!'"。面对周世宗的诘怒,孙晟义正词严地对答:"臣备员唐宰相,岂可教节度使叛邪!"②然后慷慨就义。

李璟对宋齐丘党人无原则的宠信和偏袒,对孙晟等北方士人的鄙薄和排斥,导致了朝政的荒弛,以及南唐国势的衰颓。淮南战争之后,南唐政权遭到了致命的打击,其统治集团的庸碌无能暴露无遗。军事上的惨败促使李璟痛下决心,革除党争。中兴元年(958),李璟下诏暴宋齐丘、陈觉、李征古之罪,贬陈觉为国子博士,削夺李征古官爵,二人都死于流放途中,宋齐丘被迫"归隐"九华山,次年春正月自缢于当地旧宅之中。困扰南唐中主一朝的朋党之争至此暂告消歇。陆游在《南唐书》卷二中,对中主李璟因为用人失当所造成的国势衰颓进行了深刻的剖析:

> 唐有江淮,比同时割据诸国,地大力强,人材众多,且据长江之险,隐然大邦也。若用得其人,乘闽、楚昏乱,一举而平之。然后东取吴越,南下五岭,成南北之势,中原虽欲睥睨,岂易动哉!不幸诸将失律,贪功轻举,大事弗成,国势遂弱,非始谋之失,所以行之者非也。③

---

① (宋)陆游:《南唐书》卷九,傅璇琮、徐海荣、徐吉军主编:《五代史书汇编》第9册,杭州:杭州出版社2004年版,第5540页。

② (清)吴任臣:《十国春秋》卷二七,傅璇琮、徐海荣、徐吉军主编:《五代史书汇编》第7册,杭州:杭州出版社2004年版,第3774页。

③ (宋)陆游:《南唐书》卷二,傅璇琮、徐海荣、徐吉军主编:《五代史书汇编》第9册,杭州:杭州出版社2004年版,第5484页。

第三节　奉表称臣

北方中原地区经过连年征战，广顺元年（951），郭威正式登上皇帝宝座，国号周，史称"后周"，郭威即后周太祖皇帝。后周共立国9年，传3帝，即太祖郭威、世宗柴荣和恭帝柴宗训，辖境118州。

周太祖郭威登基后，开始进行一系列改革。他躬行节俭，又下诏奖励耕织，招抚流亡，平均赋役，恢复农业生产，发展经济，兴修水利，治理黄河，使得北方的社会经济在其统治的数年中有了一定程度的恢复和发展。此外，他针对当时轻视文化的现象，采取了一些积极措施，力图改变当时的不良风气；重用文士，推行科举选士，表现出与五代诸帝不同的风范。郭威减轻和免除了许多徭役，同时整顿军纪和管理机构内部的腐败。针对敢于反叛的藩镇，郭威采取坚决镇压的措施，限制藩镇对州县的权力控制，实行民政、军事分工管理。为了改变吏风，他对贪渎官吏实行严厉惩治的政策，处死了一批贪赃枉法、残酷暴虐的地方官员，在一定程度上扭转了当时的吏风。

广顺元年（951），南唐遭遇连续三年的大旱，江淮百姓民不聊生，纷纷渡过淮河至后周境内乞食。郭威对南唐逃入的饥民采取安抚政策，下诏："朝廷与唐本无仇怨，缘淮军镇，各守疆域，无得纵兵民擅入唐境；商旅往来，无得禁止。"[1]并下令准许饥民入境就食。但是南唐朝廷却不顾百姓所需，派兵阻止饥民渡淮，还截留了来自后周的粮食，以供给军队。负责修筑渠塘的官吏趁机大肆抢占民田，辟为屯田，令百姓雪上加霜。大臣徐铉建议李璟下令制止此类不法行为，李璟却说："吾国兵数十万，安肯不食捍边由！事有大利，则举国排之，奈何？"在徐铉的再三恳求下，李璟才派遣他前去楚州视察利害，将所夺土地归还与民，"百姓感悦"[2]。但是徐铉的善举却引起了贪渎官员的不满，他们向李璟恶意诋毁，徐铉遂被流放舒州。

---

[1] （宋）司马光：《资治通鉴》卷二九〇，第20册，北京：中华书局2011年版，第9590页。

[2] （宋）陆游：《南唐书》卷二，傅璇琮、徐海荣、徐吉军主编：《五代史书汇编》第9册，杭州：杭州出版社2004年版，第5479页。

后周世宗柴荣(921—959)

显德元年(954)正月,周太祖郭威病逝。养子柴荣继位,即周世宗。柴荣"慨然有削平天下之志"①,继位后不久,亲自领兵抵抗北汉的进攻。在"高平之战"中他亲临战场,于出师不利、己方右翼溃退的情况下扭转战势,击败北汉军队;随后乘胜追击,一直攻到太原。为了解决骄兵悍将难以驾驭的问题,周世宗决意改变五代诸朝对其纵容姑息的政策,将战争当中败坏军纪的将校斩首,并且选拔人才,整顿禁军,为日后的统一战争奠定了基础。他又从平均赋税、发展生产、整顿吏风等方面入手,进行了比较彻底的改革。

显德二年(955),周世宗命朝臣二十余人各撰策论 1 篇,探讨统一中国的策略。比部郎中王朴献《平边策》,系统地阐述了"先易后难"的战略方针。世宗览之,深重其器识。其中有云:

> 攻取之道,从易者始。当今吴国(指南唐),东至海,南至江,可挠之地二千里。从少备处先挠之,备东则挠西,备西则挠东,必奔走以救其弊。奔走之间,可以知彼之虚实、众之强弱,攻虚击弱,则所向无前矣。勿大举,但以轻兵挠之。彼人怯,知我师入其地,必大发以来应,数大发则必民困而国竭,一不大发则我获其利,彼竭我利,则江北诸州,乃国家之所有也。既得江北,则用彼之民,扬我之兵,江之南亦不难而平之也。如此,则用力少而收功多,得吴,则桂、广皆为内臣,岷、蜀可飞书而召之;如不至,则四面并进,席卷而蜀平矣。吴、蜀平,幽可望风而至。唯并必死之寇,不可以恩信诱,必须以强兵攻之,但亦不足以为边患,可为后图,候其便则一削以

---

① (宋)司马光:《资治通鉴》卷二九二,第 20 册,北京:中华书局 2011 年版,第 9656 页。

平之。①

王朴所论,分析透彻,富有远见卓识,成为此后北宋统一中国的策略。周世宗即依此谋略,积极筹划进军江淮,并于十一月下诏出师南征。柴荣在讨敌诏书中,详述了攻伐南唐的理由——攻闽伐越,涂炭湘变,接纳叛臣,勾结契丹,"罪恶难名,人神共愤"②。随即调兵遣将,带领浩浩荡荡的大军直指南唐北疆的门户寿州。此后,又连续两次御驾亲征,深入江淮腹地。吴越也乘机出兵常州、宣州,对南唐开战。

北方政治格局的重大变化以及南征的意图,没有引起南唐君臣的充分注意,他们依然沉醉在文恬武嬉的歌舞升平之中。早在保大十一年(953)正月,草泽小民邵棠即上书南唐朝廷:"北朝恭俭修德,恐其南征,宜为备。"③但是这个重要的信息并没能引起君臣的关注,他们对即将到来的战争毫无准备。

以往每逢冬季淮水浅涸,南唐照例发兵戍守,称为"把浅"。寿州监军吴廷绍却"以为疆场无事,坐费资粮,悉罢之"④。宿将清淮军节度使刘仁赡上表力争,无效。南唐重臣周宗贪财好货,"赀产巨亿,俭啬愈甚,论者鄙之"⑤。国难当头,他仍事贩易,"每自淮上通商,以市中国羊马";及至周军将渡淮,"乃使军中人蒙一羊皮,人执一马,伪为商旅,以渡浮桥而守,继以兵甲,遂入临淮。虽金陵弛于边防,亦周宗务为贪渎。破国之衅有若此者,为臣之咎,不亦深乎"⑥。面对敌方咄咄逼人的攻势,南唐手忙脚乱,只得仓促应战,立刻陷入了腹背受敌的危险境地。南唐匆忙派人携带蜡丸密书出使辽朝,请求辽穆宗耶律璟出兵尾追后周兵马南下,双方形成合力夹击之势。不料,南唐使者途中被后周截获。后周又采取挑拨离间的计策,致使契丹与南唐交恶,双方断绝来

---

① (宋)薛居正等:《旧五代史》卷一二八,第2册,北京:中华书局2000年版,第1170页。

② (后周)柴荣:《征淮南敕》,《全唐文》卷一二五,北京:中华书局1983年版,第1263页。

③ (清)吴任臣:《十国春秋》卷十六,傅璇琮、徐海荣、徐吉军主编:《五代史书汇编》第7册,杭州:杭州出版社2004年版,第3634页。

④ (宋)司马光:《资治通鉴》卷二九二,第20册,北京:中华书局2011年版,第9664页。

⑤ (宋)马令:《南唐书》卷十一,傅璇琮、徐海荣、徐吉军主编:《五代史书汇编》第9册,杭州:杭州出版社2004年版,第5336页。

⑥ 佚名:《五国故事》卷上,上海师范大学古籍整理研究所编:《全宋笔记》第一编第3册,郑州:大象出版社2003年版,第241页。

往。其实,契丹虽然早年曾与南唐有往来,而实则双方关系比较疏远,所谓"相结约,挠中原,皆虚辞,非能为南唐助也"①。即便南唐使者抵达契丹,对方也不会为一个行将灭亡的南方小国出兵援救。

南唐将领刘仁赡坚守寿州数载,最终为国捐躯,英雄事迹可歌可泣。柴克宏率领数千老弱残兵,驰骋疆场,解救常州之难。江淮人民操农器为兵、积纸为甲,组织"白甲军",抵抗后周的侵略,但是这些壮举都难以挽救南唐整体军事的颓败。

经过数年征战,后周占据了淮南,南唐数次派出使臣,卑躬屈膝地乞求停战,均遭拒绝。后周显德五年(958)三月,世宗柴荣亲临扬州,直逼南唐都城金陵。李璟惊慌失措,急遣兵部侍郎陈觉赴扬州迎銮镇上表,自请传位于太子弘冀,请划江为界,南唐尽献江北土地。五月,南唐改用后周显德年号,奉周正朔,李璟削去帝号,改称"江南国主",而且为避周讳,更名为"景"。

南唐在十多年得不偿失的征战中,不但割地称臣,丧失了一半国土,而且因巨额的军费支出,以及数度以大量金银财物入贡后周,加之李璟及群臣的豪奢生活所费甚巨,致使国库耗竭一空,铜钱大量流失。"乾德二年,始用铁钱,民间多藏匿旧钱,旧钱益少,商贾多以十铁钱易一铜钱出境,官不可禁"②。后周显德五年(958),钟谟请铸大钱,以一当十,文曰"永通钱货"。为了维持朝廷开支,又向百姓强征赋税,使得民不聊生、民怨鼎沸。

李家明,南唐中主李璟时为乐部头,有学能诗,性滑稽,深得君王宠幸。他关心民生疾苦,善于利用自己的特殊身份,相机向君王讽谏,颇为时人所推崇。当时南唐赋税繁杂,百姓苦不堪言,李家明即借机进谏。据龙衮《江南野史》卷七记载,"嗣主游后苑,登于台观,盛望钟山雨,曰:'其势即至矣。'家明对曰:'雨虽来,必不敢入城。'嗣主怪而问之,家明曰:'惧陛下重税。'嗣主曰:'不因卿言,朕不知之。'遂令榷务降半而征之"。李家明等人尝陪伴中主于苑内游观,见一牛晚卧树阴下,

---

① (宋)陆游:《南唐书》卷十八,傅璇琮、徐海荣、徐吉军主编:《五代史书汇编》第9册,杭州:杭州出版社2004年版,第5607页。
② (宋)欧阳修:《新五代史》卷六二,北京:中华书局2000年版,第509页。

李璟云："牛且热矣。"家明乘机赋诗一首："曾遭宁戚鞭敲角,又被田单火燎身。闲背斜阳嚼枯草,近来问喘更无人。"①言语之间讥刺左右宰臣对百姓的盘剥、压榨,致使那些中主身边的大臣俱皆羞惭,免冠谢罪。

经历了淮南战事的沉重打击,南唐君臣遍尝丧师失地、割土求和、奉表称臣的屈辱,整个国家的形势江河日下,不可收拾。

北宋建隆元年(960),后周殿前都点检赵匡胤发动陈桥驿兵变,篡夺了后周政权,建立宋朝。次年,宋太祖赵匡胤下诏亲自征讨拥兵叛乱的淮南节度使李重进;平叛之后,又命参战众将在扬州迎銮镇长江水域演练战舰,威慑南唐。在此前后,南唐一位颇有才学的小臣杜著假扮成商人,"由建安渡来归;而彭泽令薛良,坐事责池州文学,亦挺身来奔,且献平南策。唐主闻之,益惧。上命斩著于下蜀市,良配隶庐州牙校,唐主乃少安。终以国境蹙弱,逐决还都之计"②。当年三月十二日,李璟"进贺登极绢二万匹、银一万两;长春节御服、金带、金器一千两、银器五千两、绫罗锦绮一千匹";七月二十九日,李璟遣礼部郎中龚慎仪"来贡乘舆服御物。又贡贺平泽潞金器五百两、银器三千两、罗纨千匹、绢五千匹"。二年(961)正月二十二日,李璟又"贡长春节御衣、金带、金银器皿"③。

欧阳修《新五代史》卷六二《南唐世家》载,周世宗征伐南唐,尽得江北之地后,曾经告诫李璟:"吾与江南,大义已定,然虑后世不能容汝,可及吾世修城隍、治要害为子孙计。"④此话言犹在耳,北方已改换门庭,南唐面临着更大的威胁。由于南唐与宋朝划江为界,都城金陵紧临边境,直接受到来自北方的强大军事威胁,安全缺乏保障,中主紧急召集群臣廷议迁都之事,打算将都城迁至洪州(今江西南昌)。群臣对李璟的主张大都反对,只有枢密使唐镐一人极力附和。于是,李璟一意孤行,决定立吴王李从嘉为太子,留金陵监国,自己则率文武百官沿长江上溯,前往洪州。

① (宋)龙衮:《江南野史》卷七,上海师范大学古籍整理研究所编:《全宋笔记》第一编第3册,郑州:大象出版社2003年版,第202—203页。

② (宋)李焘:《资治通鉴长编》卷一,清文渊阁《四库全书》本。

③ (清)徐松撰,刘琳、刁忠民等校点:《宋会要辑稿·蕃夷七》,第16册,上海:上海古籍出版社2014年版,第9933页。

④ (宋)欧阳修:《新五代史》卷六二,北京:中华书局2000年版,第509页。

当迁都船队驶近皖公山，李璟询问身边的宫廷俳优李家明："好青峭数峰，不知何名耶？"家明应声以诗对曰："龙舟轻飐锦帆风，正值宸游望远空。回首皖公山色翠，影斜不到寿杯中。"①当时长江以北已割让给了后周政权，李家明此诗自然包含着对于山河破碎、国势危殆的深切喟叹。中主亦因此顿感凄凉，叹息良久，为自己的昏聩失国而深自愧责。当船队行经落星湾时，复召见隐士史虚白，问其有何新作。虚白对曰："臣得《渔父》一联云：'风雨掇却屋，全家醉不知。'"②实则蕴含着南唐国祚衰颓的喟叹。中主因此变色久之，赐粟帛、美酒遣还。

迁都的船队经过长途航行后，终于抵达洪州。新都建筑虽然仿造金陵，但是城池狭小，偏远寂寥，殿宇简陋，起居行止多有不便。在无可奈何之下，李璟悔意丛生，只得不时地向故都金陵的方向深情回望，不禁潸然泪下，思归回迁之意油然而生，并且写诗歌咏道："灵槎思浩渺，老鹤忆崆峒。"澄心堂承旨秦承裕怕他触景伤情，只好用屏风来遮挡金陵的方向。满朝大臣因家眷滞留在金陵，也都恋旧思归、怨声不断，纷纷把怨怒指向阿谀媚上的唐镐，令其惊悸成疾而死。建隆二年（961）六月，李璟在战败的屈辱和忧郁中黯然逝去。次年正月，葬于顺陵，庙号"元宗"。

从人品角度来看，李璟确实可以称得上是一个性情温和、勤政爱民的贤达之士；但是他由于缺乏作为贤明君主所应有的雄才大略，处处显得优柔寡断、偏听偏信，受到周围奸佞小人的蒙蔽，最终导致决策上的重大失误，断送先主李昪留下的大好基业，使得南唐国势由鼎盛而骤衰。马令《南唐书》卷四在评价李璟历史功过时，首先感叹道："呜呼，甚哉！守成之难也。"接下来指出："元宗即位，一十九年，有经营四方之志，约己慎刑，勤政如一。向非任用群小，屏弃忠良，国用不殚于闽楚，师旅不弊于淮甸，则庶几完成之君也。"③吴任臣《十国春秋》卷十六也对

---

① （宋）龙衮：《江南野史》卷七，上海师范大学古籍整理研究所编：《全宋笔记》第一编第 3 册，郑州：大象出版社 2003 年版，第 204 页。

② （宋）马令：《南唐书》卷十四，傅璇琮、徐海荣、徐吉军主编：《五代史书汇编》第 9 册，杭州：杭州出版社 2004 年版，第 5355 页。

③ （宋）马令：《南唐书》卷四，傅璇琮、徐海荣、徐吉军主编：《五代史书汇编》第 9 册，杭州：杭州出版社 2004 年版，第 5287 页。

他作出了较为客观的评价："元宗在位几二十年,史称其慈仁恭俭,礼贤爱民,裕然有人君之度。然兵气方张,旋经败衂,国威损矣。卒之淮南震惊,奉表削号,岂运会有固然与? 抑任寄非才,以至此也。治乱顾不系于人哉!"①

---

① (清)吴任臣:《十国春秋》卷十六,傅璇琮、徐海荣、徐吉军主编:《五代史书汇编》第7册,杭州:杭州出版社2004年版,第3649页。

第三章　从嘉时期

第一节　聪慧恬淡

从治政能力来评价南唐前后三位君王，真可谓一代不如一代。如果说中主是"任寄非才"的话，那么到了后主那里，就更是碌碌无为、难负其任，最终导致了南唐小朝廷的灭亡。

李煜（937—978），字重光，初名从嘉，号钟隐、莲峰居士等，徐州（今属江苏）人。他是中主李璟的第六子，也是五代时南唐的末代君王，被称为"李后主"。他天资聪慧，喜好读书，精通音乐、诗文、书画，尤其擅长填词，可以说是一位全面发展的艺术天才。

李从嘉诞生于其祖父烈祖李昇代吴建唐那年的七夕节晚上，为整个家族增添了格外的喜气。他相貌俊朗，"广颡隆准，风神洒落，居然自有尘外意"①，而且天生异禀："广额丰颊，骈齿，一目重瞳子。"②历史当中生有"重瞳"异相的，包括上古传说中的虞舜和秦末西楚霸王项羽。在南唐开国之年吉日降生并且天赋异禀的这位皇子，得到了祖父李昇和父亲李璟的宠爱。

---

① （宋）史温：《钓矶立谈》，傅璇琮、徐海荣、徐吉军主编：《五代史书汇编》第9册，杭州：杭州出版社2004年版，第5019页。

② （宋）陆游：《南唐书》卷三，傅璇琮、徐海荣、徐吉军主编：《五代史书汇编》第9册，杭州：杭州出版社2004年版，第5486页。

但是也正因为这个缘故,李从嘉遭到了年长6岁的长兄弘冀的妒忌。李弘冀原本是中主李璟的第三子,由于前面两个哥哥先后夭折,便成了家中的嫡长子。李璟有10个儿子,按照嫡长子继承的原则,皇位继承人应当是李璟与钟皇后所生的儿子,其序列为:长子李弘冀、六子李从嘉、七子李从善、九子李从谦。李从嘉的非凡相貌,被心胸狭窄的长兄视为项羽再世,"恶其有奇表",看作是将来皇位的有力竞争者,因而处处对他多加防备。

李弘冀16岁受封为燕王,平日沉默寡言,城府很深,遇事当机立断。南唐保大十四年(956),后周进攻南唐,吴越趁机兵发常州。当此危难时刻,镇守润州的李弘冀与前来迎战吴越兵的大将柴克宏密切配合,奋力杀敌,大获全胜。因此他被李璟立为太子,调回金陵,参决政事。可是,李弘冀在决策施政时常常一意孤行,违背李璟的旨意,令中主非常恼怒,并且扬言将来皇位要由"兄弟相传",将军国之政交给弘冀的三叔父、外镇洪州的晋王李景遂。

保大元年(943),中主李璟即位之初,以其弟景遂为兵马大元帅,景达为副元帅,并且在南唐烈祖李昪梓宫前盟誓,相约兄弟相传。他封景遂为齐王,居东宫;又在保大五年(947)正式册立景遂为"太弟"。李景遂在东宫13年后请求归藩,李弘冀才被立为太子,但是李景遂始终是弘冀争夺皇位的巨大障碍。李弘冀对此耿耿于怀,暗起杀机,派人买通景遂身边的侍从袁从范,趁其击鞠口渴索浆之机,用毒药将他杀害。李景遂暴毙之状,惨不忍睹,未曾入殓,通体已经溃烂。这桩骨肉相残的宫廷血案,在李从嘉的脑海里打下了深深的烙印,令其每每想起,不禁毛骨悚然。

为了躲避来自李弘冀的杀身之祸,李从嘉从少年时代起,就自甘寂寞,"惟覃思经籍"①。《资治通鉴》卷二九四亦载:"(三月)立弘冀为太子,参决庶政。弘冀为人猜忌严刻,景遂左右有未出东宫者,立斥逐之。其弟安定公从嘉畏之,不敢预事,专以经籍自娱。"②《京口耆旧传》卷一

---

① (宋)陆游:《南唐书》卷三,傅璇琮、徐海荣、徐吉军主编:《五代史书汇编》第9册,杭州:杭州出版社2004年版,第5486页。

② (宋)司马光:《资治通鉴》卷二九四,第20册,北京:中华书局2011年版,第9712页。

记载:"李后主少时,遣人于庐山择爽垲地为精舍,极一时林泉之胜。既成,命宫苑使董源以澄心堂纸写其图来上。既即位,以精舍为开先寺,以图画赐刁衎,藏于家。"①郑文宝称后主"孜孜儒学"②,陈彭年《江南别录》也说其"幼而好古,为文有汉魏风。母兄冀为太子,性严忌。后主独以典籍自娱,未尝干预时政"③。他将功名利禄视为身外之物,对于军国大事,尤其退避三舍。"思追巢(父)许(由)之余尘,远慕(伯)夷(叔)齐之高义"④,成为他青少年时期的生活理想和信条。为此,他自号钟隐、莲峰居士、钟峰隐者等,以明心志。

这一时期,他写有两首《渔父》词,是为南唐名画家卫贤绘制的《春江钓叟图》所题。词云:

> 浪花有意千重雪,桃李无言一队春。一壶酒,一竿身,世上如侬有几人。

> 一棹春风一叶舟,一纶茧缕一轻钩。花满渚,酒满瓯,万顷波中得自由。

作者在这里借鉴中唐张志和以来隐逸词的创作传统,描写烟波江上,春风和美,举酒垂钓,逍遥自在。词人俨然成为忘却尘世的高雅隐士,通过对自然美景的由衷赞赏,流露出内心当中的潇洒情韵。苏轼对此评析道:"李主好书神仙隐遁之词,岂非遭罹多故,欲脱世网而不得者耶?"⑤其七律《病起题山舍壁》也表达出自己远离尘嚣的闲情逸致:

> 山舍初成病乍轻,杖藜巾褐称闲情。
> 炉开小火深回暖,沟引新流几曲声。
> 暂约彭涓安朽质,终期宗远问无生。
> 谁能役役尘中累,贪合鱼龙构强名。

---

① (宋)佚名撰,王勇、李金坤校证:《京口耆旧传校证》卷一,镇江:江苏大学出版社2016年版,第24页。

② (宋)郑文宝:《江表志》卷下,上海师范大学古籍整理研究所编:《全宋笔记》第一编第2册,郑州:大象出版社2003年版,第271页。

③ (宋)陈彭年:《江南别录》,上海师范大学古籍整理研究所编:《全宋笔记》第一编第4册,郑州:大象出版社2003年版,第206页。

④ (南唐)李煜:《即位上宋太祖表》,《全唐文》卷一二八,北京:中华书局1983年版,第1284页。

⑤ (宋)苏轼:《书李主诗》,孔凡礼点校:《苏轼文集》卷六七,第5册,北京:中华书局1986年版,第2108页。

身染疾病的诗人闲居在远离尘嚣的山舍当中,顿时感觉空气清新、神清气爽、病痛乍轻。他欣赏山间炉火的温煦、流水的潺潺,显得分外惬意。在这里,他可以与古代传说中的仙人彭祖、涓子对话,学习长生不老之术;也可以向东晋隐士宗炳、高僧慧远请教无生的玄理。最后他表达自己的人生追求:谁能舍弃这样自由自在的生活而为了世俗的利益去争逐奔走,混迹于奸诈与丑恶的尘世,以求取虚妄不实的名声? 这正是李从嘉早年鄙弃俗世名利、安享避世闲情的生活写照。

第二节　爱情美满

在感情生活方面,李从嘉可以说是一个"痴情的种子"。保大十二年(954),他 18 岁时纳大司徒周宗长女周蔷(字娥皇)为妻,即为此后的昭惠皇后,史称"大周后"。

周宗是南唐开国元老,为李昪代吴建唐立下了功勋,元宗时官至宰相。他具备政客与富商的双重身份,商品交易规模巨大;晚年功成身退,回到故乡扬州赋闲养老。李璟与周宗结为儿女亲家,属于典型的政治联姻。但是儒雅多才的李从嘉与秀外慧中的周娥皇却是郎才女貌、一见钟情,共同的涵养和志趣使他们心有灵犀、珠联璧合。

婚后,两人沉浸在甜蜜美满的爱情之中。马令《南唐书》卷六记载:"后主昭惠后周氏,小字娥皇,大司徒宗之女。甫十九岁,归于王宫。通书史,善音律,尤工琵琶。元宗赏其艺,取所御琵琶时谓之'烧槽'者赐焉。……唐之盛时,《霓裳羽衣》最为大曲,罹乱,瞽师旷职,其音遂绝。后主独得其谱,乐工曹生亦善琵琶,按谱粗得其声,而未尽善也。后辄变易讹谬,颇去洼淫,繁手新音,清越可听。"[1]多才多艺的周娥皇深得李从嘉的宠爱,夫妻之间情深意笃。

周娥皇年长从嘉一岁,容貌端庄秀丽,颇有顾恺之画笔下洛神的风

---

① (宋)马令:《南唐书》卷六,傅璇琮、徐海荣、徐吉军主编:《五代史书汇编》第 9 册,杭州:杭州出版社 2004 年版,第 5301 页。

姿,在李从嘉眼里,就是倾国倾城的绝代美人西施转世。他在《长相思》词中细致描摹、深情想象娥皇秀美面容的情态:

> 云一缃,玉一梭。淡淡衫儿薄薄罗,轻颦双黛螺。　　秋风多,雨相和。帘外芭蕉三两窠,夜长人奈何。

陆游《南唐书》卷十六载:"(大周后)创为高髻纤裳及首翘鬓朵之妆,人皆效之。"[①]李从嘉这首词描写在更深人静、风雨交加的秋夜,自己深情地想象挥之不去的娥皇的倩影:她秀髻如云、梭簪如玉,薄罗淡衫衬托出轻盈、窈窕的身姿,双眉微蹙,传递出一段难以明言的幽怨。此番情景恰如曹植笔下《洛神赋》中洛神的形貌:"其形也,翩若惊鸿,婉若游龙。荣曜秋菊,华茂春松。髣髴兮若轻云之蔽月,飘飖兮若流风之回雪。远而望之,皎若太阳升朝霞;迫而察之,灼若芙蕖出渌波。纤秾得衷,修短合度。"李白《怨情》诗亦云:"美人卷珠帘,深坐颦蛾眉。但见泪痕湿,不知心恨谁。"如此含蓄幽渺的情韵,令人玩味不尽。唐圭璋《李后主评传》评析此词云:"上叠写出美人的颜色服饰,轻盈袅娜,正是一个'梨花一枝春带雨'的美人。而后叠拿风雨的愁境,衬出人的心情,浓淡相间,深刻无匹。"[②]

俗话说:"小别胜新婚。"短暂的离别,会令卿卿我我的小夫妻朝思暮想,更增如胶似漆的千般柔情。南唐保大十三年(955),李从嘉以安定郡公为沿江巡抚使;累迁诸卫大将军、诸道副元帅,封郑王。次年,后周发兵南侵,李从嘉忙于日夜巡江,令周娥皇空房独守,倍感寂寞。他的《谢新恩》词即采用"从对面着笔"的手法,描摹爱妻相思愁怨之情:

> 樱花落尽阶前月,象床愁倚熏笼。远似去年今日恨还同。　　双鬟不整云憔悴,泪沾红抹胸。何处相思苦,纱窗醉梦中。

作品上片描摹在樱花满地、皓月当空的深夜中,妻子独守空帏。她躺卧在象牙床上,痴痴地凝望着熏笼里轻烟袅袅飘出,苦挨着慢慢长夜。下

---

① (宋)陆游:《南唐书》卷十六,傅璇琮、徐海荣、徐吉军主编:《五代史书汇编》第9册,杭州:杭州出版社2004年版,第5588页。
② 唐圭璋:《李后主评传》,《词学论丛》,上海:上海古籍出版社1986年版,第910页。

片转写妻子的姿容:她云鬟不整,身形憔悴,热泪沾衣。最后两句直抒胸臆,揭示出梦醒难眠的相思苦境。唐人白居易《后宫词》有云:"泪尽罗巾梦不成,夜深前殿按歌声。红颜未老恩先断,斜倚熏笼坐到明。"白诗是描写失宠宫女的怨叹,李词则借此抒写出妻子空房独守的寂寞,字里行间又充溢着作者本人对爱妻的关情和思念。其《采桑子》词同样描写女子的闺怨:

> 庭前春逐红英尽,舞态徘徊。细雨霏微,不放双眉时暂开。　　绿窗冷静芳音断,香印成灰。可奈情怀,欲睡朦胧入梦来。

作品上片写伤春。暮春时节,落英缤纷,细雨霏微,女子流连徘徊,双眉紧蹙,内心充满忧愁。下片写怀人。女子躲进深闺,独自忍受着漫漫长夜难耐的孤寂。情人音信杳无,只能寄情于梦,期待在朦胧的梦境中能够与情郎相遇。这样的词境清冷孤寂,凄楚感人,尽显出词人的细腻感受和真挚情思。陈廷焯《词则·别调集》卷一评之曰:"幽怨。"①

周娥皇偶尔回扬州省亲,则让李从嘉整日愁眉苦脸、坐卧不宁;直到爱妻回到宫里,他才嘘寒问暖、笑逐颜开。在此期间,他也填制出许多相思词作,例如《喜迁莺》:

> 晓月坠,宿云微,无语枕频欹。梦回芳草思依依,天远雁声稀。　　啼莺散,余花乱,寂寞画堂深院。片红休扫尽从伊,留待舞人归。

作品上片描写黎明时分词人坐卧不宁,连做梦都在思念身在异地的爱妻。下片以户外的黄莺啼鸣、百花开放,反衬画堂深院的寂寞,由此更加突显男性主人公的孤寂难耐。最后他说:满院的落花索性不扫,一直等到思念之人踏着舞步,翩然归来!如此的痴语,天真而可爱,尽显出他对娥皇的耿耿相思和深挚情意。詹安泰《李璟李煜词》对此词加以详细释读:"这是抒写怀念一个欢爱的女子的小词。前半是说通宵梦想,消息沉沉,很觉难过。后半更从冷静堂院,同时又是满地艳红的极不调

---

① (清)陈廷焯:《词则·别调集》卷一,葛渭君编:《词话丛编补编》第 4 册,北京:中华书局 2013 年版,第 2318 页。

和的氛围中描绘出矛盾冲突的心境。这样,尽管有触目伤心的落花(过去的人是把花象征美人,落花象征美人的遭遇的)也就索性不扫了。为什么不扫落花呢? 第一,要留给欢爱的人看看,好花到了这个地步是多么可惜,来引起她的警惕;第二,要让欢爱的人明白,惜花的人对此又是多么难堪,来引起她的怜惜。总之,希望从这里来感动她,以后不再远离。说来虽很简单,意义却很深长的。"①另如《谢新恩》(秦楼不见吹箫女)中"粉英金蕊自低昂。东风恼我,才发一衿香",同样通过物是人非的感慨,抒写出佳人不在身边的惆怅;最后又纵身入梦,寄托无尽的思念:"暂时相见,如梦懒思量。"

李煜像,选自《中国历代名人图册》,
原载明代《三才图会》"人物"卷三

与周娥皇的婚配,不仅令心情孤独、苦闷的李从嘉寻觅到可以倾诉衷肠的红颜知己,而且在此期间,他的生活出现了转机。后周显德六年(959),毒杀叔父景遂的李弘冀成天疑神疑鬼,多次看到李景遂的鬼魂前来索命,最终受惊吓而死。李弘冀死后,李璟迁郑王李从嘉为吴王,以尚书令知政事,居东宫。次年二月,立为太子,留金陵监国。

建隆二年(961)六月,中主李璟逝世。七月二十九日,李从嘉在金陵嗣位,更名为李煜,史称"南唐后主"。

---

① 詹安泰:《李璟李煜词》,北京:人民文学出版社 1958 年版,第 34 页。

第四章　后主岁月

第一节　宋朝威逼

北宋建隆二年(961),25岁的李煜在风雨飘摇中登上了南唐君主的宝座。他起初也曾试图有所作为,但是从上台伊始,就直接面临着内外交困的残破局面。

南唐国内财政窘迫,经历了中主时代连年用兵,经济一蹶不振,并且出现了严重的钱荒。早在即位前一年,李煜为了纾解货币的短缺,命韩熙载铸造铁钱。《宋会要辑稿·食货三十四》即载:"李煜尝因唐旧制,于饶州永平监岁铸钱六万贯。"[①]但是民间纷纷藏匿铜钱,商人们用十枚铢钱换一铜钱,出现劣币驱逐良币的现象。陆游《南唐书》即记载:"乾德二年春三月,行铁钱,每十钱以铁钱六权铜钱四而行,其后铜钱遂废,民间止用铁钱。末年,铜钱一直铁钱十。比国亡,诸郡所积铜钱六十七万缗。"[②]礼部侍郎汤悦上书指出:"泉布屡变,乱之招也。且豪民富商不保其赀,则日益思乱。"[③]面临财政入不敷出的困境,百姓承担着繁重的苛捐杂税。直到北宋统一之后许多年,南唐辖境之内的百姓还在

---

① (清)徐松撰,刘琳、刁忠民等校点:《宋会要辑稿·食货三十四》,第11册,上海:上海古籍出版社2014年版,第6750页。

② (宋)陆游:《南唐书》卷三,傅璇琮、徐海荣、徐吉军主编:《五代史书汇编》第9册,杭州:杭州出版社2004年版,第5487页。

③ (宋)马令:《南唐书》卷五,傅璇琮、徐海荣、徐吉军主编:《五代史书汇编》第9册,杭州:杭州出版社2004年版,第5290页。

提及当年的南唐连鹅生双子、柳树结絮都要课税的事实。虽然李煜曾经接受大臣潘佑的建议，采取过一些轻赋宽刑的仁政措施，却因国家积弊难返和群臣怠弛、胥吏为奸而全部废止了。

史温《钓矶立谈》记载："后主天性喜学问，尝命两省丞郎，给谏词掖，集贤、勤政殿学士，分夕于光政殿赐之对坐，与相剧谈，至夜分乃罢。其论国事，每以富民为务。好生戒杀，本其天性。承蹙国之后，群臣又皆寻常充位之人，议论率不如旨。尝一日叹曰：'周公仲尼，忽去人远。吾道芜塞，其谁与明？'乃著为《杂说》数千万言，曰：'特垂此空文，庶几百世之下，有以知吾心耳。'"①徐铉《御制杂说序》中夸赞后主"讨论坟典，昧旦而兴，口无择言，手不释卷"，并且曾经告诫身边近臣："卿辈从公之暇，莫若为学为文。为学为文，莫若讨论六籍，游先王之道义，不成，不失为古儒也。今之为学，所宗者小说，所尚者刀笔，故发言奋藻，则在古人之下风，以是故也。"对此，徐铉不由慨叹道："其高识远量又如此焉。"②

李煜性宽恕，富有恻隐之心，好生戒杀。释文莹《湘山野录》中记载其"（开宝二年）十一月，猎于青龙山，一牝狙触网于谷，见主雨泪，稽颡搏膺，屡指其腹。主大怪，戒虞人保以守之。是夕，果诞二子，因感之。还幸大理寺，亲录囚系，多所原贷。一大辟妇以孕在狱，产期满则伏诛，未几亦诞二子。煜感牝狙之事，止流于远，吏议短之"③。陆游《南唐书》卷三也称："宪司章疏，有绳纠过讦者，皆寝不下。论决死刑，多从末减，有司固争，乃得少正，犹垂泣而后许之。尝猎于青山，还，如大理寺亲录系囚，多所原释。中书侍郎韩熙载奏：'狱讼有司之事，囹圄非车驾所宜临幸，请罚内库钱三百万以资国用。'虽不听，亦不怒也。"④《江南余载》卷上亦载："赵绮困于场屋，将自三江北渡，以归梁京，为逻者所得，遂下

① （宋）史温：《钓矶立谈》，傅璇琮、徐海荣、徐吉军主编：《五代史书汇编》第9册，杭州：杭州出版社2004年版，第5018—5019页。
② （南唐）徐铉：《御制杂说序》，《徐铉集校注》卷十八，北京：中华书局2016年版，第533—534页。
③ （宋）释文莹：《湘山野录》卷中，上海师范大学古籍整理研究所编：《全宋笔记》第一编第6册，郑州：大象出版社2003年版，第39页。
④ （宋）陆游：《南唐书》卷三，傅璇琮、徐海荣、徐吉军主编：《五代史书汇编》第9册，杭州：杭州出版社2004年版，第5492页。

廷尉。从狱中上书曰:'初至江干,觉天网之难漏;及归棘寺,知狱吏之可尊。'后主览之,批其末曰:'陵虽孤恩,汉亦负德。'乃释其罪。明年,绮状元及第。"[1]他化用李陵叛汉的故事,反思自己的施政疏失,不仅没有加罪于叛逃者,反而赦免其罪,让其状元及第。李煜不惜违背法治规范,以此体现自己的宽宥性情和仁政思想,因此钟谟称其"器轻志放,无人君之度"[2]。

李煜曾经也想在军事上有所振作,一洗中主丧师失地的屈辱,但是他直接面对的,却是较之后周政权更为强悍的大宋王朝的崛起,承受着宋军南下所带来的严重威胁。恰如五代诗人罗隐《筹笔驿》诗中所云:"时来天地皆同力,运去英雄不自由。"在天下分久必合的历史大势面前,李煜的努力纷纷化为泡影,只得在风雨如磐的时代阴影下无可奈何地打发自己的帝王生活。

建隆二年(961)七月二十九日,南唐举行新皇登基大典。依照皇帝登基的礼仪,在皇宫的五凤楼前竖立起一根数丈高的金鸡衔绛幡的朱红色高杆。李煜登临大宝,颁布诏书,接受后妃王公和文武百官朝贺,并封王晋爵,宣谕大赦,搞得排场很大,非常热闹。李煜尊奉生母钟氏为圣尊后,立妃周氏为国后;封弟从善为韩王、从镒为郑王、从谦为宜春王,从度为昭平郡公、从信为文阳郡公。

李煜举行嗣位庆典的消息传至汴梁,宋太祖赵匡胤大发雷霆,怪罪他不甘俯首称臣。宋太祖怒不可遏地责问南唐常驻汴梁的进奏使陆昭符,李煜为何如此胆大妄

宋太祖赵匡胤(927—976)

① 佚名:《江南余载》卷上,上海师范大学古籍整理研究所编:《全宋笔记》第一编第 2 册,郑州:大象出版社 2003 年版,第 244 页。
② (宋)陆游:《南唐书》卷七,傅璇琮、徐海荣、徐吉军主编:《五代史书汇编》第 9 册,杭州:杭州出版社 2004 年版,第 5518 页。

为,竟然蓄意僭用金鸡竿的天子礼仪。幸亏陆昭符急中生智,以鄙语对曰:"此非金鸡,乃怪鸟耳。"①宋太祖这才转怒为笑,化解了一场风波。当年九月,宋太祖颁下《答江南李煜手表》,曰:"朕以江南旧邦,世有令德,承袭基业,保乂黎元。而能远奉中朝,克遵礼命,备见奉先之志,用嘉述职之诚,言念忠纯,方深延纳,载披手翰,弥慰朕怀。"②

　　太祖责问的消息传回金陵,使得刚刚即位的李煜的神经骤然紧张起来。他整日如履薄冰,生怕赵匡胤日后以此为借口兴师问罪。九月一日,李煜"遣其臣户部尚书冯谧来贡金器二千两、银器二万两、绫罗缯彩三万匹,仍上手表陈叙袭位之意"③。李煜亲自草拟并缮写《即位上宋太祖表》,语辞恭敬,工整得体。全文如下:

李煜《即位上宋太祖表》,《全唐文》卷一二八

　　臣本于诸子,实愧非才,自出胶庠,心疏利禄。被父兄之荫育,乐日月以优游,思追巢、许之余尘,远慕夷、齐之高义。既倾恳悃,

---

① 佚名:《五国故事》卷上,上海师范大学古籍整理研究所编:《全宋笔记》第一编第 3 册,郑州:大象出版社 2003 年版,第 241 页。

② (宋)赵匡胤:《答江南李煜手表》,曾枣庄、刘琳主编:《全宋文》第 1 册,成都:巴蜀书社 1988 年版,第 19—20 页。

③ (清)徐松撰,刘琳、刁忠民等点校:《宋会要辑稿·蕃夷七》,第 16 册,上海:上海古籍出版社 2014 年版,第 9933 页。

上告先君，固非虚词，人多知者。徒以伯仲继没，次第推迁，先世谓臣克习义方，既长且嫡，俾司国事。遽易年华，及乎暂赴豫章，留居建业，正储副之位，分监抚之权。惧弗克堪，常深自励，不谓奄丁艰罚，遂玷缵承，因顾肯堂，不敢灭性。然念先世君临江表，垂二十年，中间务在倦勤，将思释负。臣亡兄文献太子弘冀，将从内禅，已决宿心，而世宗敦劝既深，议言因息。

及陛下显膺帝箓，弥笃睿情，方誓子孙，仰酬临照。则臣向于脱屣，亦匪邀名，既嗣宗祊，敢忘负荷？惟坚臣节，上奉天朝。若曰稍易初心，辄萌异志，岂独不遵于祖祢，实当受谴于神明。方主一国之生灵，遐赖九天之覆焘。况陛下怀柔义广，煦妪仁深，必假清光，更逾曩日。远凭帝力，下抚旧邦，克获宴安，得从康泰。

然所虑者，吴越国邻于敝土，近似深仇，犹恐辄向封疆，或生纷扰。臣即自严部曲，终不先有侵渔，免结衅嫌，挠干旒扆。仍虑巧肆如簧之舌，仰成投杼之疑；曲构异端，潜行诡道。愿回鉴烛，显谕是非，庶使远臣，得安危恳。[1]

李煜的这篇《即位上宋太祖表》，第一段介绍自己的履历，自陈从未有觊觎权位之想，只是天意使然，把自己推到了这个位置上；同时也表明南唐历代君主都没有什么政治野心。第二段着力夸赞大宋皇帝英明，一定会更加呵护天下的子民；微臣的袭位，一定会恪守先君遗训，竭尽为臣之道，不敢有任何异心。第三段则交代邻国吴越常在边境挑衅，并且谗言离间天朝与南唐的亲密关系，希望陛下明察秋毫，始终相信南唐对天朝的忠诚。

李煜是在深切揣摩了宋太祖赵匡胤的心理之后精心修撰这篇表文的，既歌颂了太祖的英明，也交代了自己的淡泊利禄，南唐君主的谨奉天朝、绝无二心，同时又介绍了南唐与吴越的矛盾，期望得到天朝的支持，可谓精雕细琢、用心良苦。赵匡胤收到表文和诸多贡奉后，非常满意，消除了之前的种种猜疑，并且同意赐予已故的李璟谥号"明道崇德文宣孝皇帝"，庙号"元宗"，陵号"顺陵"。

---

① （南唐）李煜：《即位上宋太祖表》，《全唐文》卷一二八，北京：中华书局1983年版，第1284页。

南唐中主李璟陵寝

待李璟安葬之日,赵匡胤为了笼络李煜,派遣鞍辔库使梁义专程赴金陵吊唁,并赠绢三千匹资助丧葬。几乎与此同时,赵匡胤的母亲昭宪皇太后逝世。李煜特派户部侍郎韩熙载等南唐重臣携带厚礼,前往汴梁吊丧助葬。以进贡金帛和珠宝来换取苟延残喘的太平,已成为李煜对北宋的基本国策。建隆三年(962)冬,"有商人上密事,请窃往江陵焚烧北朝所造楼船战舰数千艘,乞割符验。后主惧事泄,不敢听。于是商人遁去"①。李煜不敢在军事上采取积极的行动,只是消极地作些防御准备。

南唐对北宋无休止的献纳,几乎到了无事不贡、无时不贡的地步:"煜每闻朝廷出师克捷及嘉庆之事,必遣使犒师修贡。其大庆,即更以买宴为名,别奉珍玩为献。吉凶大礼,皆别修贡助。"②例如:

建隆三年(962)七月二日,李煜遣客省使翟如璧"谢赐生辰国信,贡

① (宋)龙衮:《江南野史》卷三,上海师范大学古籍整理研究所编:《全宋笔记》第一编第 3 册,郑州:大象出版社 2003 年版,第 171 页。
② (元)脱脱等:《宋史》卷四七八,第 11 册,北京:中华书局 2000 年版,第 10712 页。

金器二千两、银器一万两、胡锦绮罗绫计一万疋"①。

乾德元年(963)十一月十八日,李煜"贡贺南郊礼毕银一万两、绢一万疋,贺册尊号绢万疋"②。

乾德二年(964)二月十八日,李煜"贡助改葬安陵银一万两、绫绢各万疋,别贡银二万两,金银、龙凤茶、酒器数百事"③。

乾德三年(965)二月二日,李煜"贡长春节御衣二袭、金酒器千两、锦绮罗縠各千疋、银器五千两";四月十四日,又"贡贺收复西川银五万两、绢五万疋"④。

乾德四年(966)七月,李煜奏禀宋太祖:"占城国使入贡,道出臣国,遗臣犀角一株、象牙二株、白龙脑三十两、苍龙脑十斤、乳香三十斤、沉香三十斤、煎香七十斤、石亭脂五十斤、白檀香百斤、紫矿五十斤、豆蔻二万颗、龙脑后三片、槟榔五十斤、藤花簟四领、占城孤班古缦二段、阇婆马礼偓鸾国古缦一段、阇婆沙剃古缦一段、阇婆绣古缦一段、大食绣古缦一段、大食缦锦古缦一段、占城绣水织布五疋、阇婆沙剃锦绣古缦一段。"⑤他将这些馈赠礼品全部上贡宋朝。

开宝二年(968)六月二十一日,李煜"遣其弟从谦贡茶、药、器、币,以助车驾北征"。⑥

下表是对《续资治通鉴长编》《宋史》中所载南唐与宋交好的统计:

① (清)徐松撰,刘琳、刁忠民等校点:《宋会要辑稿·蕃夷七》,上海:上海古籍出版社2014年版,第16册,第9933页。
② (清)徐松撰,刘琳、刁忠民等校点:《宋会要辑稿·蕃夷七》,上海:上海古籍出版社2014年版,第16册,第9934页。
③ (清)徐松撰,刘琳、刁忠民等校点:《宋会要辑稿·蕃夷七》,上海:上海古籍出版社2014年版,第16册,第9934页。
④ (清)徐松撰,刘琳、刁忠民等校点:《宋会要辑稿·蕃夷七》,上海:上海古籍出版社2014年版,第16册,第9934页。
⑤ (清)徐松撰,刘琳、刁忠民等校点:《宋会要辑稿·蕃夷四》,上海:上海古籍出版社2014年版,第16册,第9807页。
⑥ (清)徐松撰,刘琳、刁忠民等校点:《宋会要辑稿·蕃夷七》,上海:上海古籍出版社2014年版,第16册,第9934页。

宋灭南唐以前南唐与宋礼贺往来表①

时　　间	公元	内　　容	资料来源
建隆元年正月戊申	960	赐李主李璟诏,谕以受禅意	《长编》卷一
建隆元年正月戊申	960	释放周显德中江南降将周成等34人复归于唐	《长编》卷一
建隆元年正月丙辰	960	唐主璟遣使来贺登极	《长编》卷一
建隆元年正月	960	唐主璟复遣使来贺长春节	《长编》卷一
建隆元年正月乙丑	960	唐主璟遣使贺平泽、潞	《长编》卷一
建隆元年正月丁卯	960	唐主璟遣其礼部郎中龚谨仪来贡乘舆服御物	《长编》卷一
建隆元年正月庚午	960	江南、吴越使来朝,即宴如例	《长编》卷一
建隆元年正月乙未	960	唐主璟又遣使来贺太祖还京	《长编》卷一
建隆元年正月乙卯	960	因攻破扬州,唐主璟遣左仆射江都严续来犒师	《长编》卷一
建隆元年正月庚申	960	唐主遣其子蒋国公与大臣冯延鲁来买宴	《长编》卷一
建隆元年正月庚申	960	太祖斩杀自南唐来投奔并献策破江南者杜著	《长编》卷一
建隆元年正月己酉	960	太祖宴从臣及江南、吴越使并观灯	《长编》卷一
建隆二年正月己卯	961	遣通事舍人王守正使江南,劳唐主之迁都也	《长编》卷二
建隆二年正月壬申	961	唐主遣使贡金器二千两、银器万两、锦绮二千段,谢生辰之赐也	《长编》卷二
建隆二年三月戊寅	961	赐大臣钱各十万,令与两浙、江南进。奉使饮博	《长编》卷二
建隆二年五月丁巳	961	唐将士降者,其家属犹在江南,诏唐主寻访发遣	《长编》卷二
建隆二年八月	961	南唐桂阳郡公徐邈奉其主璟遗表来上	《长编》卷二

① 转引自李天石、潘清主编《江苏通史·宋元卷》,南京:凤凰出版社2012年版,第51—52页。

时　间	公元	内　容	资料来源
建隆二年十月	961	南唐主遣户部侍郎北海韩熙载、太府卿田霖来助葬宋皇太后山陵	《长编》卷二
建隆二年十月	961	太祖命枢密承旨方城王仁赡使江南贺唐主新立	《长编》卷二
建隆二年十月	961	太祖遣使江南,赐唐主生辰国信物	《长编》卷二
建隆三年七月	962	唐主遣客省使翟如璧来贡,谢生辰之赐也	《长编》卷三
建隆三年十一月壬午	962	初颁历于江南	《长编》卷三
乾德元年正月	963	赐江南及吴越战马、驼、羊有差	《长编》卷四
乾德元年十一月丙寅	963	唐主遣使来助祭南郊及贺册尊号	《长编》卷四
乾德元年十二月癸卯	963	宋赐陈洪进旌钺,唐主上表反对,乞寝其旌钺。上复以诏谕之,唐主乃听命	《长编》卷四
乾德元年十二元乙巳	963	唐主上表乞呼名	《长编》卷四
乾德二年一月	964	唐主上表谢示谕陈洪进事,诏答之	《长编》卷五
乾德二年二月	964	唐主遣使修贡,助安陵改卜也	《长编》卷五
乾德二年十一月	964	南唐昭惠后殂。宋遣作坊副使魏丕如江南吊祭	《长编》卷五
乾德三年二月	965	南唐主煜遣使修贡,贺长春节	《长编》卷六
乾德四年正月	966	唐主遣使来贡,贺文明殿成也	《长编》卷六
乾德四年七月	966	唐主遣使来贡,助修乾元殿	《长编》卷六
开宝元年正月	967	宋朝赐江南米十万斛,民饥故也	《长编》卷八
开宝二年六月	968	唐主遣其弟吉王从谦来贡	《长编》卷一〇
开宝三年八月	969	唐主复令知制诰潘佑作书数千言谕南汉主以归	《长编》卷一一
开宝三年十一月	969	江南国主煜遣其弟郑王从善来朝贡。于是始去唐号,改印文为"江南国印",赐诏乞呼名,从之	《长编》卷一二
开宝五年一月	971	长春节别贡钱三十万,遂以为常	《宋史》卷四七八

时　间	公元	内　容	资料来源
开宝五年	971	煜贡米麦二十万石	《宋史》卷四七八
开宝六年四月	972	遣卢多逊为江南生辰国信使	《长编》卷一四
开宝六年四月	972	江南饥,漕湖南米麦以赈之,国主遣使修贡谢恩	《长编》卷一四
开宝七年十月	973	江南国主遣其弟江国公从镒、水部郎中龚慎修重币入贡且买宴	《长编》卷一五
开宝八年六月	974	江南国主复遣使入贡,求缓兵	《长编》卷一六

然而,再多的金帛、珠宝献贡也难填赵匡胤的欲壑。宋太祖梦寐以求的是开疆拓土、统一中国。北宋乾德二年(964),他在崇德殿设宴为出征后蜀的将帅饯行时,就毫不掩饰地表露出此番心愿:"凡克城寨,止籍其器甲、刍粮,悉以财帛分给战士。吾欲所得者,其土地耳。"[1]

李煜即位之初,南唐朝野普遍弥漫着悲观颓丧的气氛。他希望借助老臣的威望来重振人心,确立自己的威信。例如授予"以病足乞解官"的著名战将何敬洙右卫上将军之衔,封芮国公;致仕后,"给全俸,第门列戟"。何敬洙去世时,李煜"废朝三日,命枢密使、中书侍郎朱巩持节,策赠鄂州大都督、左卫上将军,谥威烈"[2]。由此,他得到了老臣的尊重和拥护,稳定了统治局面。

他还"大赦境内","罢诸路屯田使,委所属令佐,与常赋俱征"[3],以此来打击贪官,减免赋税,"由是公无遗利,而屯田佃民绝公吏之挠刻,获安业焉"[4]。为了改善经济状况,他也作出了种种努力。内史舍人潘佑"请复井田法,深抑豪民。有买贫户田者,使即还之;又依《周礼》,造民籍,复造牛籍,旷土尽令种桑",后主本好古务农,甚悦其言,遂任命李

---

① (明)陈邦瞻:《宋史纪事本末》卷四,北京:中华书局 2015 年版,第 18 页。

② (宋)陆游:《南唐书》卷六,傅璇琮、徐海荣、徐吉军主编:《五代史书汇编》第 9 册,杭州:杭州出版社 2004 年版,第 5510 页。

③ (宋)马令:《南唐书》卷五,傅璇琮、徐海荣、徐吉军主编:《五代史书汇编》第 9 册,杭州:杭州出版社 2004 年版,第 5289 页。

④ (宋)龙衮:《江南野史》卷三,上海师范大学古籍整理研究所编:《全宋笔记》第一编第 3 册,郑州:大象出版社 2003 年版,第 170 页。

平判司农寺,主持改革。此项恢复井田法的初衷,是要抑制土地兼并,打击豪强地主的势力,但是且不说这种复古式的土地政策不符合社会发展的客观潮流;而且在其推行过程中,出现了强迫买田者归还土地、制止土地买卖等一系列现象,这样就直接触犯了官僚地主的切身利益,遭到了激烈的抵制和反对。于是,"命行于下,急如火星,州县吏胥因以为奸,百姓大扰,聚而为乱",后主"知立法之病,即罢之"①。

宋朝建立之初,北边有契丹建立的辽国和辽控制下的北汉,南方有吴越、南唐、荆南、南汉、后蜀等许多割据政权。赵匡胤心中念念不忘的,是统一天下的战略部署。"太祖数微行过功臣家,(赵)普每退朝,不敢便衣冠。一日,大雪向夜,普意帝不出。久之,闻叩门声,普亟出,帝立风雪中。普惶惧迎拜。帝曰:'已约晋王矣。'已而太宗至,设重裀地坐堂中,炽炭烧肉。普妻行酒,帝以嫂呼之。因与普计下太原。普曰:'太原当西北二面,太原既下,则独当之,不如姑俟削平诸国,则弹丸黑子之地,将安逃乎?'帝笑曰:'吾意正如此,特试卿尔。'"②他们分析当时北方辽国兵力强盛,南方割据小国经济富庶而兵力疲弱的局面,最终确定了"先南后北"的战略方针。这就是历史上著名的"太祖雪夜访赵普"的故事。

在"先南后北"的战略方针指导下,赵匡胤从建隆三年(962)开始,发动了声势浩大的统一战争。他首先于乾德元年(963)以"假道"出师平定湖南军乱为由,一举夺取长江中游位居要冲的荆南,既割断了南唐与后蜀这两个江南大国之间的联系,又为下一步南征开辟了通道。

此后,赵匡胤由于截获了后蜀联络北汉共同对抗宋朝的蜡丸帛书,找到了"出师有名"的借口,于乾德二年(964)攻伐后蜀,仅用两个月时间,就征服了这个"天府之国"。

开宝三年(969)八月,赵匡胤以南汉用兵道州为由,准备加以征伐。发兵前,他诏令李煜致书南汉后主刘鋹,要他现身说法,规劝刘鋹对宋罢兵称臣。李煜接到赵匡胤的御旨,左右为难。他深知南唐与南汉唇

---

① (宋)马令:《南唐书》卷十九,傅璇琮、徐海荣、徐吉军主编:《五代史书汇编》第 9 册,杭州:杭州出版社 2004 年版,第 5386 页。

② (元)脱脱等:《宋史》卷二五六,第 8 册,北京:中华书局 2000 年版,第 7372 页。

亡齿寒、生死与共,但是又慑于北宋大军的重兵威胁,只得传令近臣共商对策,最后议定了先公后私的行动方案。

首先,他责成知制诰潘佑执笔,修一封加盖南唐御玺的国书,派特使送达南汉,提醒南汉君臣深思慎行,尽早化干戈为玉帛,以免生灵涂炭。岂料刘鋹断然拒绝南唐国主的忠告,特使无功而返。

随后,李煜又以朋友的身份再给刘鋹送去了一封动之以情、晓之以理的私人信函,初稿仍由潘佑起草。该信函畅叙李煜和刘鋹往昔"情若弟兄"的"累世之睦",追叙历次会面抵掌纵论天下的欢洽,恳请刘鋹"听其言,如交友谏诤之言;视其心,如亲戚急难之心。然后三复其言,三思其心,则忠乎不忠,斯可见矣;从乎不从,斯可决矣"。接着陈述南汉用兵道州,实为不智之举,无异于以卵击石;于是他规劝刘鋹,不要轻信那些坐而论道的"说士孟浪之谈,谋臣捭阖之策",企图凭借五岭天险与大宋争雄;尤其指出:南汉与大宋"封疆接畛,水陆同途",宋军一旦"缘边悉举,诸道进攻",南汉则将全线崩溃,一败涂地。吴越水师还会协助宋军,自泉州出海直趋广州。有鉴于此,还是尽早对大宋休兵讲和,行"玉帛朝聘之礼"①。李煜对这封书信的谋篇立意非常满意,亲自在文字上稍加润色后,特派精通闽粤方言的知制诰龚慎义父子持书出使南汉。

刘鋹读罢劝降书后勃然大怒,痛斥李煜厚颜无耻,助纣为虐,当即写了一封措辞强硬的绝交信令龚慎义之子带回,又恼羞成怒地将南唐知制诰龚慎义囚禁下狱。李煜只得将他们与南汉来往的书信一并送往汴梁。赵匡胤阅后火冒三丈,遂命大军南征,于开宝四年(971)灭掉了饶山泽之利、多商贾之税的南汉。

南汉亡国,使得李煜有兔死狐悲之感,心头笼罩上一重不祥的阴影。据宋人曾敏行《独醒杂志》卷一云:"李氏建国,国中无马,岁与刘鋹市易。太祖既下岭南,市易遂罢,马益艰得。惟每岁入贡,得赐马百余匹耳。朝廷未悉其有无也。王师南伐,煜遣兵出战,骑兵才三百。至瓜

---

① (南唐)潘佑:《代李煜遗刘鋹书》,(宋)吕祖谦编:《宋文鉴》卷一一二,北京:中华书局1992年版,第1549、1551页。

洲,尽为曹彬之裨将所获。验其马,尚有印文,然后知其为朝廷所赐也。"①失去了战马这一重要军事工具,南唐抗衡宋廷已毫无胜算。

李煜非但不敢与宋军交战,就连实力弱于自己的紧邻吴越,他也避让三分。沿江巡检卢绛曾经密奏李后主:"吴越仇雠,腹心之疾也,他日必为北兵向导以攻我。臣屡与之角,知其易与,不如先事出不意灭之。"李煜听罢非常恐慌,说:"然则大朝(指宋朝)且见讨,奈何?"卢绛曰:"臣请诈以宣、歙叛,陛下声言伐叛,且赂吴越乞兵。吴越之兵势不得不出,俟其来,拒击之,而臣蹑其后,国可覆也。灭吴越,则国威大振,北兵不敢动矣。"②谨小慎微的李后主对此大胆的谋略当然不予接受。

早在建隆元年(960),中主李璟派遣其子蒋国公李从镒与户部尚书冯延鲁来汴京买宴时,宋太祖赵匡胤就曾经威胁说:诸将皆劝我渡江灭唐,你们以为如何?冯延鲁不卑不亢地回答道:"陛下神武,御六师以临小国,蕞尔江南,安敢抗天威?然国主有侍卫数万,皆先主亲兵,誓同生死。陛下能弃数万之众与之血战,则可矣。且大江风涛,苟进未克城,退乏粮道,亦大国之忧也。"③他不仅表达了南唐君臣誓死卫国的决心,而且点出了宋朝用兵江南的条件尚不成熟,这恰恰是赵匡胤所担心的。因此,太祖听后笑着说道:我不过是开个玩笑而已。但是,等到消灭了荆南、后蜀、南汉等南方小国后,用兵江南的经验和条件皆已具备,宋太祖赵匡胤开始着手对付南唐。他见李煜软弱可欺,便继续对他施压,让他完成一件对于南唐来讲非常羞辱、极具挑衅的任务:派官员礼送内奸樊知古母亲、妻子渡江北上。

樊知古,原名樊若水(一作若冰),是南唐池州(今属安徽)境内的一个落魄书生,因在金陵屡试进士不第,遂怀恨在心,蓄意叛逃。他来到金陵西南的采石矶,花了几个月时间,借垂钓之名,行侦察之实。他乘着小船装载丝绳,把其系在南岸,迅速地划到北岸,按照固定方位,反复

---

① (宋)曾敏行:《独醒杂志》卷一,上海师范大学古籍整理研究所编:《全宋笔记》第四编第5册,郑州:大象出版社2008年版,第124页。

② (宋)陆游:《南唐书》卷十四,傅璇琮、徐海荣、徐吉军主编:《五代史书汇编》第9册,杭州:杭州出版社2004年版,第5574页。

③ (宋)李焘:《资治通鉴长编》卷一,北京:中华书局2004年版,第28—29页。

探测江面宽窄和水流缓急，然后获取准确数据，绘制成图。

开宝三年（970），樊知古赶到汴梁上书朝廷，向赵匡胤献策造浮桥，越过长江天堑，一举攻灭南唐，以期求得提拔任用。宋太祖令人将其送到学士院考试，赐予本科及第，授官舒州军事推官。樊知古曾向皇帝陈述：自己的老母、亲属几十人尚在江南，担心被李煜所害，希望迎接他们来自己的治所。

早在樊知古叛逃阴谋败露后，南唐群臣义愤填膺，纷纷上书李煜，要求严惩奸细家属，以息众怒。李煜惧怕赵匡胤的淫威，迟迟不敢动手，只是下令将樊氏婆媳就地软禁。接到宋太祖诏令李煜护送樊氏家眷北上的御旨后，李煜不敢怠慢，将严重危害自己国家安全的奸细家属奉为上宾加以款待，然后派遣特使携带厚礼专程护送。这样的事例，令人深信南唐在这样一位软弱君主的统治下，举国灭亡是迟早到来的必然结局！

北宋开宝六年（973）四月，赵匡胤派遣翰林学士卢多逊出使南唐，以所谓"朝廷重修天下图经，史馆独缺江东诸州"[①]资料为由，向李煜强行"借用"江南现存州、军的山川形势图。李煜明知赵匡胤此举意在刺探南唐的山川关隘和屯戍布防，以为日后进军江南作准备，但是为了苟延时日，竟然背离了"国之利器不可示于人"的古训，令人复制了一份南唐舆图，拱手送给卢多逊带回汴梁。宋廷因得 19 州屯戍远近、户口多寡等数据，更为发兵南唐作足了准备。

面对赵匡胤的软硬兼施，李煜为了委曲求全，步步退让，不仅在经济上频频进贡，而且在政治上主动自我降格，彻底奉行藩臣的一切礼仪。

中主李璟当初臣服后周，仅仅是削去帝号，自称"南唐国主"，对所辖臣民仍然行天子礼仪。李煜则取消国名，改"南唐国主"为"江南国主"，改南唐国印为江南国印。同时下令贬损制度，改中书、门下省为左、右内史府，尚书省为司会府，御史台为司宪府，翰林为文馆，枢密院为光政院；对他当初登基时封王的李氏子弟，一律降为国公，如韩王从善改称南楚国公,邓王从镒改称江国公,吉王从谦改称鄂国公。李煜本人也自贬一等,他下书不再称"诏"而称"教";每逢会见北宋来使,一定要备藩臣礼,脱去天子独享的黄袍,换上臣子的着装紫袍;还要事先拆除皇家宫殿屋脊上象征消灾祛祸的飞鱼形尾部上翘的"鸱吻",等到使臣离去再行复原。李煜为了尽量延长国祚,如此地自我贬损,使得南唐长期处于被侮辱、被损害的可悲境地。

开宝二年(969)六月,李煜遣弟吉王从谦"奉币入贡诞节"。宋太祖赵匡胤"嘉其占对,厚膺蕃锡,迎劳甚渥,休舍未遣"。李后主"尝因置酒,恻然有勤望之劳",赋《青青河畔草》一篇,章末有"王孙归不归,翠色和春老"之句,当时士人莫不传讽①。

李煜即位后,对自己的诸位弟弟非常关爱。据马令《南唐书》卷七记载:"邓王从镒,元宗第八子也。警敏有文。初封舒公,进王邓。开宝初,出镇宣州。后主率近臣饯绮霞阁,自为诗序以送之。"②李煜所作《送邓王二十弟牧宣城序》写道:

> 秋山敛翠,秋江澄空;扬帆迅征,不远千里;之子于迈,我劳如何?夫树德无穷,太上之宏规也;立言不朽,君子之常道也。今子藉父兄之资,享钟鼎之贵,吴姬赵璧,岂吉人之攸宝?矧子皆有之矣。哀泪甘言,实妇女之常调,又我所不取也。临歧赠别,其唯言乎,在原之心,于是而见。
>
> 噫,俗无犷顺,爱之则归怀;吏无贞污,化之可彼此。刑唯政本,不可以不穷不亲;政乃民中,不可以不清不正。执至公而御下,则憸佞自除;察熏荥之禀心,则妍媸何惑?武惟时习,知五材之难忘;学以润身,虽三余而忍舍?无酣觞而败度,无荒乐以荡神,此言勉从,庶几寡悔。苟行之而愿益,则有先王之明谟,具在于湘帙也。
>
> 呜呼,老兄盛年壮思,犹言不成文,况岁晚心衰,则词岂逮意?方今凉秋八月,鸣榔长川;爱君此行,高兴可尽。况彼敬亭溪山,畅

① (宋)胡宿:《宋故左龙武卫大将军李公墓志铭》,曾枣庄、刘琳主编《全宋文》卷四六七,第11册,成都:巴蜀书社1990年版,第562页。
② (宋)马令:《南唐书》卷七,傅璇琮、徐海荣、徐吉军主编:《五代史书汇编》第9册,杭州:杭州出版社2004年版,第5313页。

乎遐览，正此时也。①

这篇诗序首先强调人生"立德、立功、立言"这三不朽的重要；然后谆谆告诫弟弟要勤政爱民、文武兼修、认真学习，不要纵酒而败坏法度，不要耽于享乐而动摇本性；最后鼓励弟弟趁着大好时光击桨中流，畅游宣州山水，字里行间充满着仁爱兄长的关怀和教诲。李煜送别的诗作云：

> 且维轻舸更迟迟，别酒重倾惜解携。
> 浩浪侵愁光荡漾，乱山凝恨色高低。
> 君驰桧楫情何极，我凭栏杆日向西。
> 咫尺烟江几多地，不须怀抱重凄凄。

诗歌首联描写李煜与李从镒临别之际依依难舍的情态。中间两联寓情于景，通过江流荡漾、山色凝碧、烟波浩渺的景象，寄寓着诗人凭栏远眺的愁绪满怀、黯然销魂。最后两句振起全篇，忽作高昂、放达之笔，一扫此前的抑郁、感伤，与王勃《送杜少府之任蜀川》"海内存知己，天涯若比邻。无为在歧路，儿女共沾巾"堪称同调。当时参加送行的徐铉也创作了一首七律《御筵送邓王》，令人想见当时的盛况：

> 禁里秋光似水清，林烟池影共离情。
> 暂移黄阁只三载，却望紫垣都数程。
> 满坐清风天子送，随车甘雨郡人迎。
> 绮霞阁上诗题在，从此还应有颂声。

更使李煜伤心懊悔的是，赵匡胤又将他的特使、胞弟李从善当作人质扣押在汴梁。北宋开宝四年（971）南汉灭国之后，宋军屯兵于汉阳，令李煜非常惊惧。"有商人来告，中朝造战舰数千艘在荆南，请密往焚之。国主惧，不敢从"②。李煜慑于大宋的声威，害怕祸及南唐，特派七弟韩王李从善为进奉使，北上汴梁朝贡祝捷，奉珍宝、器用、金帛为贡，且买宴，其数皆倍于前。赵匡胤趁势再向李煜施压，将从善扣留，当作

① （南唐）李煜：《送邓王二十弟牧宣城序》，《全唐文》卷一二八，北京：中华书局1983年版，第1285页。
② （宋）陆游：《南唐书》卷三，傅璇琮、徐海荣、徐吉军主编：《五代史书汇编》第9册，杭州：杭州出版社2004年版，第5489页。

人质。开宝五年(972)六月,宋太祖"赐江南国主李煜弟、兖州节度使从善在京宅一区。煜进银五千两、钱五百万为谢"①。赵匡胤以此作为向李煜施加压力、要挟其投降就范的重要砝码。宋太祖"留授(李从善)泰宁军节度使,锡赍颇优。因命从善贻书后主,督之入觐。从善曰:'臣兄非庸菲之才,嗣守宗庙。陛下垂覆载之恩,许其入朝,实千载一遇,敢不奉诏。'从善遂为书,喻以上意,而后主不从。……从善奉使不返,其妻泣,诣后主。后主无以为辞,每闻其至,辄避之。妻忧思卒,国人哀之"②。

李煜宽怀仁厚、手足情深。其七弟李从善早年曾联络大臣钟谟,在中主李璟面前贬抑李煜,意欲篡夺王位。"元宗殂,未御梓宫,从善辄从徐游求遗诏。游历色拒之,至金陵,具以事闻。后主素友爱,略不以介意,愈加辑睦,进封韩王"③。李煜不计前嫌,"手疏求从善归国。太祖不许,以疏示从善,加恩慰抚,幕府将吏皆授常参官以宠之。而后主愈悲思,每凭高北望,泣下沾襟,左右不敢仰视。由是岁时游宴,多罢不讲"④。开宝七年(974)五月,李煜上表宋太祖,请求放从善归国,不许。李后主在无法驱遣的愁苦缠绕中,创作了《却登高文》,表达出对远方胞弟的深切思念:

> 玉罍澄醪,金盘绣糕,茱房气烈,菊蕊香豪。左右进而言曰:"维芳时之令月,可藉野以登高。矧上林之伺幸,而秋光之待襄乎?"

> 余告之曰:"昔时之壮也,情槃乐恣,欢赏忘劳。悁心志于金石,泥花月于诗骚。轻五陵之得侣,陋三秦之选曹。量珠聘伎,纫彩维艘。被墙宇以耗帛,论邱山而委糟。岂知忘长夜之靡靡,累大

① (清)徐松撰,刘琳、刁忠民等校点:《宋会要辑稿·方域四》,第15册,上海:上海古籍出版社2014年版,第9340页。

② (宋)马令:《南唐书》卷七,傅璇琮、徐海荣、徐吉军主编:《五代史书汇编》第9册,杭州:杭州出版社2004年版,第5313页。

③ (宋)陆游:《南唐书》卷十六,傅璇琮、徐海荣、徐吉军主编:《五代史书汇编》第9册,杭州:杭州出版社2004年版,第5595页。

④ (宋)陆游:《南唐书》卷十六,傅璇琮、徐海荣、徐吉军主编:《五代史书汇编》第9册,杭州:杭州出版社2004年版,第5595页。

德于滔滔,怆家艰之如毁,萦离绪之郁陶。陟彼冈矣企予足,望复关兮睇予目。原有翎兮相从飞,嗟予季兮不来归。空苍苍兮风凄凄,心踯躅兮泪涟洏。无一欢之可作,有万绪以缠悲。於戏噫嘻!尔之告我,曾非所宜。"①

这篇《却登高文》采取主客问答的形式,追述自己年轻时兄弟们"悄心志于金石,泥花月于诗骚"的情志相投的美好生活,然而如今手足分离,更加突显出深挚的悲伤。后面反复化用了《诗经》中的诗句,例如"陟彼冈矣企予足",化用自《诗·魏风·陟岵》"陟彼冈兮,瞻望兄兮",表明他登上山冈踮起脚盼望兄弟归来;"望复关兮睇予目",化用自《诗·卫风·氓》"乘彼垝垣,以望复关。不见复关,泣涕涟涟。既见复关,载笑载言",意谓他纵目远望兄弟所在的地方;而"原有翎兮相从飞",则化用自《诗·小雅·棠棣》"鹡鸰在原,兄弟急难",表达对无法相见的七弟李从善的思念。文章写得凄恻酸楚,家国之感并为一体,流露出无比深切真挚的感伤之情。

李煜经受着生离死别的痛苦,于是创作了一些感伤怀人的词作。例如《清平乐》:

> 别来春半,触目柔肠断。砌下落梅如雪乱,拂了一身还满。　　雁来音信无凭,路遥归梦难成。离恨恰如春草,更行更远还生。

这首词不假雕琢,纯粹是触目伤怀、触景生情,表达出对于羁留汴梁、久无音信的胞弟李从善的思念之情。唐圭璋《唐宋词简释》评曰:"此首即景生情,妙在无一字一句之雕琢,纯是自然流露,丰神秀绝。"②作品所取之景,例如台阶下乱落如雪和袭满一身的梅花,天上飞过的大雁,以及举目望去无边无际的春草,都是"就地取材"的常见景物,然而在这里,却统统变成了表达离愁别绪的绝好"道具"。作者不着力写愁,只说落梅"拂了一身还满",可见他伫立在花下时间很久,透露出伤春伤别的情绪。特别是下片最后两句:"离恨恰如春草,更行更远还生。"比喻非常

（南唐）李煜:《却登高文》,《全唐文》卷一二八,北京:中华书局1983年版,第1285页。
② 唐圭璋:《唐宋词简释》,上海:上海古籍出版社1981年版,第34页。

巧妙,把那割舍不断的离恨愁思,比喻为绵延不尽的春草,化抽象为具体,化情感为物象,写得非常成功;而且这里特别使用了两个"更"字和一个"还"字,构成了一种层层递进的关系,有力地衬托了离恨的绵绵不尽、愈转愈深。宋人范仲淹《苏幕遮》"山映斜阳天接水,芳草无情,更在斜阳外",欧阳修《踏莎行》"平芜尽处是春山,行人更在春山外",同样采用此种翻进一层的写法,产生出加倍的抒情效果;秦观《八六子》"恨如芳草,萋萋划尽还生",更加直接脱胎于此。这里的形象比喻,也与李煜后来创作的《虞美人》词中"问君能有几多愁? 恰似一江春水向东流",具有异曲同工之妙。

在此期间,他的词作也染上了许多感伤的愁绪,例如《捣练子令》:

> 深院静,小庭空,断续寒砧断续风。无奈夜长人不寐,数声和月到帘栊。

月夜捣衣是魏晋以来诗歌中表达男女相思感情的典型意象,例如萧纲《秋闺夜思》"欲知妾不寐,城外捣衣声"、李白《子夜吴歌》"长安一片月,万户捣衣声"等。此词则是表现夜闻砧声的不眠之人的内心凄楚。词人在凄凉的环境中,辗转难寐,通过夜中庭院与风传寒砧、月上帘栊三种物象的勾勒,传递出难以排遣的清苦愁思。唐圭璋《唐宋词简释》评曰:"此首闻砧而作。起两句,叙夜间庭院之寂静。'断续'句,叙风送砧声,庭愈空,砧愈响,长夜迢迢,人自难眠,其中心之悲哀,亦可揣知。'无奈'二字,曲笔径转,贯下十二字,四层含意。夜既长,人又不寐,而砧声、月影,复并赴目前,此境凄迷,此情难堪矣。"[1]他在《屈原与李后主》一文中还分析道:"后主始无奋斗之志,后亦不思奋斗,平居贪欢作乐,国危则日夜感伤。其《捣练子》云'无奈夜长人不寐',《相见欢》云'无奈朝来寒雨晚来风',朝朝暮暮,只觉无奈。"[2]

但是,李煜的步步退让更加被赵匡胤抓住软肋、得寸进尺,逼使其尽早纳土归朝。宋太祖赵匡胤原本希望通过优厚礼遇,促使李煜主动前来归降。为了使李煜及其妃嫔归降后生活舒适、乐不思蜀,赵匡胤诏

---

① 唐圭璋:《唐宋词简释》,上海:上海古籍出版社 1981 年版,第 38 页。
② 唐圭璋:《屈原与李后主》,《词学论丛》,上海:上海古籍出版社 1986 年版,第 919 页。

令工部在薰风门外皇城南、汴水滨大兴土木,营建了一幢类似皇家宫苑的花园式府第,赐名"礼贤宅"。据宋人叶梦得《石林燕语》卷一记载:"太祖英武大度,初取僭伪诸国,皆无甚难之意。……召李煜入朝,复命作礼贤宅于州南,略与昶等。尝亲幸视役,以煜江南嘉山水,令大作园池,导惠民河水注之。会煜称疾,钱俶先请觐,即以赐俶。二居壮丽,制度略侔宫室。是时,诸国皆如在掌握间矣。"①礼贤宅竣工后,赵匡胤遂命李从善连续修书,规劝李煜尽早纳土入朝。李煜对"入朝"之事,始终怀有抵触情绪,总是绞尽脑汁,想出各种理由拖延"不朝"。

赵匡胤见一计不成,再生一计。开宝七年(974),赵匡胤遣使两下江南,敦促李煜前往汴梁观礼。第一次是派遣阁门使梁迥口传圣谕:"天子今冬行柴燎之礼,国主宜往助祭。"②这里所说的"助祭",就是要李煜以降王的身份亲赴汴梁,陪同大宋天子前往南郊参加祭天大典,并借此机会强迫李煜对天盟誓,献土纳国。对此圣谕,李煜沉默不语。梁迥准备乘机将他挟持,逼其投降。李煜借口身体抱恙再三推辞,送别时竟然死活不敢登上宋朝使者的船只。

第二次是派遣知制诰李穆为国信使,持诏书再赴金陵,曰:"朕将以仲冬有事圜丘,思与卿同阅牺牲。"并且告诫他大宋即将出师征伐南唐,国主为免生灵涂炭,还是趁早纳土入朝。李煜再次称疾以辞,并且回答道:"臣事大朝,冀全宗祀,不意如是,今有死而已。"③言外之意是说,我李煜对大宋称臣纳贡,唯命是从,无非是要保住江南仅有的半壁江山和李家的社稷宗庙,倘若你们还是苦苦相逼,我们也只好横下心来跟你们以死相抗了。

当年十月,李煜遣江国公李从镒重币入贡,帛二十万匹,白银二十万两;又遣潘慎修贡买宴,帛万匹,钱五百万。与此同时,他也开始筑城聚粮,进行抵御宋军南征的准备。据《宋史》卷四七八称:李煜"虽外示

---

① (宋)叶梦得:《石林燕语》卷一,上海师范大学古籍整理研究所编:《全宋笔记》第二编第 10 册,郑州:大象出版社 2006 年版,第 6 页。

② (宋)陆游:《南唐书》卷三,傅璇琮、徐海荣、徐吉军主编:《五代史书汇编》第 9 册,杭州:杭州出版社 2004 年版,第 5490 页。

③ (宋)陆游:《南唐书》卷三,傅璇琮、徐海荣、徐吉军主编:《五代史书汇编》第 9 册,杭州:杭州出版社 2004 年版,第 5490 页。

畏服，修藩臣之礼，而内实缮甲募兵，潜为战备"①。宋人王应麟《玉海》亦载："先是，李煜外示恭俭，内怀观望。太祖虑其难制，遣李穆谕旨召赴阙。果称病不朝，而全葺城垒，教习战棹，为自固之计。帝怒，命彬等进讨。"②其实，早在李穆出使南唐的同时，"太祖已遣颍州团练使曹翰率师先出江陵，宣徽南院使曹彬、侍卫马军都虞候李汉琼、贺州刺史田钦祚率舟师继发。及是，又命山南东道节度使潘美、侍卫步军都虞候刘遇、东上阁门使梁迥率师，水陆并进，与国信使李穆同日行"③，大宋消灭南唐的大幕已经拉开。

第二节　家庭变故

　　李煜担任江南国主的 15 年间，其家庭生活发生了很大变故，令人产生人生空幻的无限悲慨。

　　即位之初，他与昭惠皇后（即大周后）周娥皇的夫妻生活琴瑟相和、美满幸福。大周后通书史、能歌舞、工琵琶，采戏、弈棋，靡不妙绝，与李煜志同道合，深得后主宠爱。

　　昭惠皇后容貌端庄秀美，"创为高髻纤裳及首翘鬓朵之妆，人皆效之"；善弹琵琶，"元宗叹其工，以烧槽琵琶赐之"；精通音律，擅长歌舞，更有编曲才能，"尝雪夜酣燕，举杯请后主起舞。后主曰：'汝能创为新声，则可矣。'后即命笺缀谱，喉无滞音，笔无停思。俄顷谱成，所谓《邀醉舞破》也。又有《恨来迟破》，亦后所制"④。这两支新曲，前者高亢激越，后者舒缓抒情。曲成之后，大周后用烧槽琵琶将两曲分别为李煜弹奏一遍。李煜在旁闭目聆听，击节品评，最后觉得还是《恨来迟破》更适合独舞。于是大周后开始重弹这支新曲，李煜便和着曲调翩然起舞。

① （元）脱脱等：《宋史》卷四七八，第 11 册，北京：中华书局 2000 年版，第 10713 页。
② （宋）王应麟：《玉海》卷一九三上，清文渊阁《四库全书》本。
③ （宋）陆游：《南唐书》卷三，傅璇琮、徐海荣、徐吉军主编：《五代史书汇编》第 9 册，杭州：杭州出版社 2004 年版，第 5490—5491 页。
④ （宋）陆游：《南唐书》卷十六，傅璇琮、徐海荣、徐吉军主编：《五代史书汇编》第 9 册，杭州：杭州出版社 2004 年版，第 5588 页。

最能展现娥皇编曲过人才艺的，是她凭借残谱复原了失传已久的大型舞曲《霓裳羽衣曲》。《霓裳羽衣曲》是盛唐时期流行的一支大型舞乐。关于它的由来众说纷纭，其中比较富有传奇色彩的说法是，开元年间的一个中秋之夜，唐玄宗李隆基偕道士罗公远梦游月宫，见到天上有许多身穿霓裳羽衣的仙女伴随着婉曲动人的仙乐翩翩起舞，乐曲美妙，舞姿婆娑。他为之沉迷不已，遂向仙女询问此曲为何名，答曰《霓裳羽衣曲》。李隆基梦醒后，对梦中的月宫情景记忆犹新。洞晓音律的唐玄宗赶紧召集宫中乐工，依据自己的记忆整理成谱，交由梨园宫娥排演，并且请杨玉环设计舞蹈动作，然后带领众多宫娥在皇宫内隆重演出，取得了巨大成功。中唐诗人白居易在长诗《霓裳羽衣舞歌》中对此曲的结构、舞姿和演出盛况作了细致的描摹，并且由衷赞叹道："千歌万舞不可数，就中最爱《霓裳舞》。"诗人张祜《华清宫四首》其二亦云："天阙沉沉夜未央，碧云仙曲舞霓裳。一生玉笛向空尽，月满骊山宫漏长。"安史之乱爆发后，此曲寂然不传，几成绝响。

昭惠皇后偶然从南唐澄心堂所藏书籍中发现了几册《霓裳羽衣曲》残谱。她根据自己对曲谱的理解，悉心构思，动手加以整理补缀，谱成了新的《霓裳羽衣曲》。即如陆游《南唐书》卷十六所载："故唐盛时，《霓裳羽衣》最为大曲，乱离之后，绝不复传。后得残谱，以琵琶奏之，于是开元、天宝之遗音复传于世。"①王灼《碧鸡漫志》卷三亦称："《霓裳羽衣曲》，经兹丧乱，世罕闻者。获其旧谱，残缺颇甚。暇日与后详定，去彼淫繁，定其缺坠。"②

后主李煜非常兴奋，立刻令宫廷乐工依曲排练，特邀擅长音律的中书舍人徐铉、教坊乐师曹生和太常博士陈致雍一同欣赏。大周后参照残谱对此曲的结尾作了改动：原曲尾声舒缓渐慢，如游丝飘然远去；现曲临终则急转直下，戛然而止。众人对此改动颇有疑议，徐铉询问曹生："法曲终则缓，此声乃反急，何也？"曹生回答道："旧谱实缓，宫中有

① (宋)陆游：《南唐书》卷十六，傅璇琮、徐海荣、徐吉军主编：《五代史书汇编》第 9 册，杭州：杭州出版社 2004 年版，第 5588—5589 页。
② (宋)王灼：《碧鸡漫志》卷三，上海师范大学古籍整理研究所编：《全宋笔记》第四编第 2 册，郑州：大象出版社 2008 年版，第 192 页。

人(即指昭惠皇后)易之,非吉征也。"①当晚,陈致雍前往桃叶渡访友,徐铉月夜相送,两人谈起听曲之事。徐铉还特地写作了一首七绝《又听〈霓裳羽衣曲〉送陈君》:"清商一曲远人行,桃叶津头月正明。此是开元太平曲,莫教偏作别离声。"他们都从这支新曲中听出了国运的隐忧。

此外,陈彭年《江南别录》亦载:"后主妙于音律,乐曲有《念家山》,亲演其声为《念家山破》,识者知其不祥。"②马令《南唐书》称"其声噍杀,而其名不祥,乃败征也"③。此曲"宫中民间日夜奏之,未及两月,传满江南"④。对此,清人李柱国"故国江南空有梦,一声肠断《念家山》"(《读〈五代诗话〉题南唐后主二绝句》)、谭莹"《念家山破》了南唐,亡国音哀事可伤"(《论后主词绝句》)等,皆揭示出亡国之音的实质。

在昭惠皇后的陪伴下,李煜暂时忘却大宋进逼的焦虑,醉心于后宫宴饮、歌舞的欢乐生活,他的许多词作都形象展现了清歌、妙舞、酣醉的情景。例如《玉楼春》词写道:

> 晚妆初了明肌雪,春殿嫔娥鱼贯列。笙箫吹断水云间,重按《霓裳》歌遍彻。　　临风谁更飘香屑?醉拍栏干情味切。归时休放烛花红,待踏马蹄清夜月。

这首词是描写皇宫内夜晚歌舞升平的景象。上片展现宫廷排演歌舞的实况:明艳动人、肌肤如雪的妃嫔宫女们鱼贯而入,伴随着悠扬缥缈的笙箫之声,演唱《霓裳羽衣曲》。下片描写曲终之后的情景,最后两句尤为精彩。一场酒宴结束之后,君王就要回后宫歇息了。他不让侍从们点上蜡烛在前面引路,破坏那美丽朦胧的月色,原来他还想骑马踏月,尽情地享受清夜之下潇洒清幽的情趣。由此可见,李煜宫庭生活对优雅奢华情调的追求。宋人李清照在《词论》一文中,即对南唐词作的文

---

① (宋)陆游:《南唐书》卷十六,傅璇琮、徐海荣、徐吉军主编:《五代史书汇编》第9册,杭州:杭州出版社2004年版,第5589页。

② (宋)陈彭年:《江南别录》,上海师范大学古籍整理研究所编:《全宋笔记》第一编第4册,郑州:大象出版社2003年版,第209页。

③ (宋)马令:《南唐书》卷五,傅璇琮、徐海荣、徐吉军主编:《五代史书汇编》第9册,杭州:杭州出版社2004年版,第5296页。

④ (清)王士禛、(清)郑方坤:《五代诗话》卷一引(宋)邵思《雁门野说》,北京:人民文学出版社1998年版,第16页。

雅格调表示出格外的称赞:"五代干戈,四海瓜分豆剖,斯文道熄。独江南李氏君臣尚文雅。"①明人茅暎《词的》卷二则评之曰:"风流帝子。"②杨慎《批点草堂诗余》卷二云:"何等富丽侈纵,观此那得不失江山?"③清人陈廷焯《云韶集辑评》卷二四亦批评道:"风雅疏狂,失人君之度矣。"④

李煜的《浣溪沙》词则表现他日以继夜的欢乐:

> 红日已高三丈透,金炉次第添香兽,红锦地衣随步皱。　　佳人舞点金钗溜,酒恶时拈花蕊嗅,别殿遥闻箫鼓奏。

作品上片开头"红日已高三丈透",首先点明时间,皇宫之内昨天夜里已经进行了通宵达旦的狂欢,现在刚刚酣睡起床。皇帝意犹未尽,命令"金炉次第添香兽",再度添香温酒,尽快准备接下来的歌舞宴乐。于是各位宫女赶紧忙活了起来,大家在皇宫内走来走去,弄得这些织锦地毯都被纷至沓来的凌乱脚步踏得起皱了。这两句非常形象地刻画了华贵、奢靡的宫廷生活。

下片写君王、后妃的醉舞狂欢。"佳人舞点金钗溜",跳舞的后妃按照舞曲的节拍,翩翩起舞,跳到节奏欢快的时候,头发松散,一枝金钗滑落了下来,这是写歌舞之乐。"酒恶时拈花蕊嗅",酒恶:酒醉。宋人赵令畤《侯鲭录》卷八云:"金陵人谓中酒曰酒恶,则知李后主诗云'酒恶时拈花蕊嗅',用乡人语也。"⑤此句描写喝醉酒的君王醉眼朦胧,顺手摘下一朵花,放在鼻子上闻着,希望解些酒气,这是写纵酒狂欢之乐。最后一句又添上了重要一笔:"别殿遥闻箫鼓奏。"别的宫殿内箫鼓管弦也演奏了起来,那边的嫔妃宫娥又在演出什么新鲜花样的歌舞来讨皇上的欢心呢?他当然要即刻起驾,前去观赏一番。这样就显示了一个时空的延展,表明这种纵情欢乐是无休无止的。唐圭璋《唐宋词简释》评析曰:"此首写江南盛时宫中歌舞情况。起言红日已高,点外景。次言金

---

① (宋)魏庆之:《魏庆之词话》,唐圭璋编:《词话丛编》第1册,北京:中华书局1986年版,第202页。

② (明)茅暎:《词的》卷二,邓子勉编:《明词话全编》,南京:凤凰出版社2012年版,第3844页。

③ (明)杨慎:《批点草堂诗余》卷二,葛渭君编:《词话丛编补编》第1册,北京:中华书局2013年版,第282页。

④ (清)陈廷焯:《云韶集辑评》卷二四,葛渭君编:《词话丛编补编》第3册,北京:中华书局2013年版,第2000页。

⑤ (宋)赵令畤:《侯鲭录》卷八,北京:中华书局2002年版,第192页。

炉添香,地衣舞皱,皆宫中事。换头承上,极写宴乐。金钗舞溜,其舞之盛可知;花蕊频嗅,其醉之甚可知。末句,映带别殿箫鼓,写足处处繁华景象。"①欧阳修《论李氏诗》指出:"诗源乎心,贫富愁乐皆系其情。江南李氏宫中诗曰:'帘日已高三丈透(后略)'与夫'时挑野菜和根煮,乱斫生柴带叶烧'异矣。"②

李煜的《一斛珠》词则细致描摹大周后的妆容之美、清歌之妙和酣醉之媚:

> 晓妆初过,沉檀轻注些儿个。向人微露丁香颗,一曲清歌,暂引樱桃破。　　罗袖裛残殷色可,杯深旋被香醪涴。绣床斜凭娇无那,烂嚼红茸,笑向檀郎唾。

这首词上片先写大周后早晨梳妆完毕,小巧精致的嘴唇上还抹上了一层深红色的唇膏,显得分外妖媚。接着又写她先向人微露一下像丁香花蕾那样的尖尖舌头,然后轻启樱桃小口,唱出美妙的清歌。"向人"三句写得非常细致形象,尽显出女性的娇嫩和性感;而且这种性感用"丁香""樱桃"这些美好的植物意象曲折地加以暗示,又能给人以美好的艺术想象。

下片写大周后唱歌以后饮酒的情形:由于酒喝了很多,喝的时候又不当心,所以罗袖就被酒渍所玷污,染上深红的酒色和扑鼻的酒香。最后三句就更加生动和富有戏剧性了:她酒醉之后,斜靠着绣床,显得异常地娇媚,先是把红茸(即红绒)盘在小嘴里烂嚼,然后又笑着把它向心上人身上唾去,作品便在这男女调笑的欢乐气氛中结束。

全词诸多场景,均以"红唇"为运笔焦点:"沉檀轻注"见其化妆的专注;"向人微露丁香颗"见其微吐小舌的娇嫩;"一曲清歌,暂引樱桃破"见其轻启朱唇的清歌美妙;最后写她"烂嚼红茸,笑向檀郎唾",更加显出其恃宠撒娇的妩媚。唐圭璋《唐宋词简释》云:"此首咏佳人口。起两句,写佳人口注沉檀。'向人'三句,写佳人口引清歌。换头,写佳人口饮香醪。末三句,写佳人口唾红茸。通首自佳人之颜色服饰,以及声音

---

① 唐圭璋:《唐宋词简释》,上海:上海古籍出版社1981年版,第31页。
② (宋)欧阳修撰,李逸安点校:《欧阳修全集》卷一五五,第6册,北京:中华书局2001年版,第2583页。

笑貌,无不描画精细,如见如闻。"①

关于这首词,清人贺裳《皱水轩词筌》激赏其情态入神,李佳《左庵词话》评之"酷肖小儿女情态"②,但是李渔则在《窥词管见》中对此进行了激烈的批评:

> 此娼妇倚门腔,梨园献丑态也。嚼红绒以唾郎,与倚市门而大嚼,唾枣核、瓜子以调路人者,其间不能以寸。优人演剧,每作此状,以发笑端,是深知其丑,而故意为之者也。不料填词之家,竟以此事谤美人,而后之读词者,又止重情趣,不问妍媸,复相传为韵事,谬乎不谬乎! 无论情节难堪,即就字句之浅者论之,烂嚼打人诸腔口,几于俗杀,岂雅人词内所宜。③

由此体现出李渔尚雅黜俗、扭转明词淫鄙流弊的努力。清人陈廷焯虽然肯定此词"画所不到,风流秀曼",但是也批评其"失人君之度矣"④。不过,我们还是必须充分肯定李煜这首作品,它极为生动形象地展示了李后主与大周后婚后生活中甜蜜温馨的一幕。

在醇酒美人、饮酒赋诗的闲适生活中,李煜也流露出及时行乐、手足情深的欢乐,如其《子夜歌》词写道:

> 寻春须是先春早,看花莫待花枝老。缥色玉柔擎,醅浮盏面清。　　何妨频笑粲,禁苑春归晚。同醉与闲评,诗随羯鼓成。

此词开头化用唐人杜秋娘《金缕衣》诗:"劝君莫惜金缕衣,劝君惜取少年时。花开堪折直须折,莫待无花空折枝。"流露出词人及时行乐之意。他在酒美、人美的温柔环境中纵情享受,流连忘返。下片最后化用唐玄宗李隆基敲击羯鼓、与兄弟们共享太平的故事。据唐人南卓《羯鼓录》记载:"汝南王琎,宁王长子也。姿容妍美,秀出藩邸,玄宗特钟爱焉,自传授之。又以其聪悟敏慧,妙达音旨,每随游幸,顷刻不舍。……玄宗

① 唐圭璋:《唐宋词简释》,上海:上海古籍出版社1981年版,第30页。
② (清)李佳:《左庵词话》卷下,唐圭璋编:《词话丛编》第4册,北京:中华书局1986年版,第3168页。
③ (清)李渔:《窥词管见》,唐圭璋编:《词话丛编》第1册,北京:中华书局1986年版,第551页。
④ (清)陈廷焯:《云韶集辑评》卷一,葛渭君编:《词话丛编补编》第3册,北京:中华书局2013年版,第1405页。

江苏历代文化名人传·李煜

性俊迈,酷不好琴,曾听弹正弄,未及毕,叱琴者曰:'待诏出去!'谓内官曰:'速召花奴将羯鼓来,为我解秽!'"①李煜也在与兄弟觥筹交错、羯鼓频奏、诗歌唱和的欢宴中,得到了超尘脱俗的闲适和畅快。

俗话说:"天下没有不散的筵席。"繁华易逝,人生无常,北宋乾德二年(964),大周后突然病倒在床,久治不愈。起初,李煜对她牵肠挂肚,关怀备至,"朝夕视食,药非亲尝不进,衣不解带者累夕"②,急切地盼望娥皇早日康复。可是,大周后的病情非但不见好转,反而日益加重,病魔折磨得她身形枯槁、干瘦如柴。李煜忧心忡忡,情绪也随着娥皇的病情而日益恶化。就在此时,一位美艳少女身影的闯入,激起了李煜内心情感的涟漪,令他做出了移情别恋的举动。

这位少女就是大周后的亲妹妹周薇(字嘉敏),也就是后来的小周后。她比大周后小 14 岁,自幼曾随母亲入宫会亲,因为生得俊俏聪慧,深得李煜生母圣尊后钟氏喜爱,后来便不时派人将她接到宫中小住;随着年纪逐渐长大,出落成一位清纯美丽、体态袅娜的少女,引起了李煜的特别关注。大周后生病后,周薇专程从扬州前来金陵探视。李煜命有司特意将她下榻的住处安排在瑶光殿别院的一座幽静画堂里。

一日中午,李煜便装前往画堂探望妻妹,恰逢周薇正在午睡。当他悄然踏入香闺,细看躺卧在床榻之上美人精美绝伦的青春丽质,不禁心驰神荡。其《菩萨蛮》词写道:

> 蓬莱院闭天台女,画堂昼寝人无语。抛枕翠云光,绣衣闻异香。　　潜来珠锁动,惊觉银屏梦。脸慢笑盈盈,相看无限情。

作品上片开头两句渲染幽深、寂静的环境。"抛枕"两句细腻描摹周薇乌云翠玉般的秀发抛散在玉枕之上,绣衣上散发出的异香沁人心脾。李煜端详着熟睡中的美人,内心充满着甜蜜。下片描写轻微的声响使得周薇从梦中惊醒。她对眼前出现的姐夫并不惊讶,而是秀靥如花、笑语盈盈,含情脉脉地相互对视。此番情态恰如李煜同调词中所云:"眼

---

① (宋)李昉:《太平广记》卷二○五引《羯鼓录》,北京:中华书局 1961 年版,第 1560 页。
② (宋)马令:《南唐书》卷六,傅璇琮、徐海荣、徐吉军主编:《五代史书汇编》第 9 册,杭州:杭州出版社 2004 年版,第 5301 页。

色暗相钩,秋波横欲流。"由此也就暗示着两人开始了偷偷摸摸的恋爱进程。詹安泰《李璟李煜词》分析道:"这是描写在深院里和一个美貌的女子调情的情况。前段描写在一个深静的环境中是如何缠绵,如何沉醉。后段写'潜来',写'惊觉',写'笑',写'相看',精细刻划,生动活泼。通首都是真切生活的体现。"①

他的另一首《菩萨蛮》则刻画他与周薇偷期密约的情景:

> 花明月暗笼轻雾,今宵好向郎边去。刬袜步香阶,手提金缕鞋。 画堂南畔见,一晌偎人颤。"奴为出来难,教君恣意怜。"

作品以周薇的身份和口吻来描写:在一个花明月暗、轻雾笼罩的夜里,自己偷偷地与情郎幽会,因为害怕惊动别人,所以只穿着袜子,手提着绣鞋向画堂南畔走去;一见到了情郎就猛地扑进他的怀中,激动得身子连连颤抖。她向情郎说道:"想想奴家出来一趟真不容易,所以请您千万珍惜这一机会,尽情地爱怜我吧。""结语极俚极真"②。这首词不仅真实描摹出年轻的周薇面对偷偷约会的紧张、害羞,更传神地表现了她的内心像火苗一样窜涌而起的激动情绪。陈廷焯评之曰:"荒淫语,十分沉至。"③并称:"'刬袜'二语细丽。'一晌'妙。香奁词有此,真乃工绝,后人着力描写,细按之总不逮古人也。"④然而,跟花间词人牛峤《菩萨蛮》"柳阴烟漠漠,低鬓蝉钗落。须作一生拚,尽君今日欢"、顾夐《荷叶杯》"记得那时相见,胆战。鬓乱四肢柔,泥人无语不抬头。羞么羞,羞么羞"的露骨色情相比,李煜所写则显得比较文雅和婉约。因此,唐圭璋《李后主评传》云:"'脸慢笑盈盈,相看无限情'(《菩萨蛮》);'眼色暗相钩,秋波横欲流'(《菩萨蛮》);'奴为出来难,教郎恣意怜'(《菩萨蛮》),所写也都缱绻缠绵,婉约多情。"⑤

---

① 詹安泰:《李璟李煜词》,北京:人民文学出版社1958年版,第30页。

② (明)潘游龙:《古今诗余醉》卷十,王兆鹏主编:《唐宋词汇评(唐五代卷)》,杭州:浙江教育出版社2004年版,第547页。

③ (清)陈廷焯:《词则·闲情集》卷一,葛渭君编:《词话丛编补编》第4册,北京:中华书局2013年版,第2442页。

④ (清)陈廷焯:《云韶集辑评》卷一,葛渭君编:《词话丛编补编》第3册,北京:中华书局2013年版,第1404页。

⑤ 唐圭璋:《李后主评传》,《词学论丛》,上海:上海古籍出版社1986年版,第912—913页。

但是，他们的偷情纸里包不住火，终究还是被大周后知晓了。李煜和周薇忘情于爱河之中，竟忽略了重病中的周蔷。周薇入宫多日，都没有当面问候姐姐；当姐姐洞悉他们的奸情时，内心的痛苦何其沉重！据马令《南唐书》卷六记载："后主继室周氏，昭惠之母弟也。警敏有才思，神采端静。昭惠感疾，后常出入卧内，而昭惠未之知也。一日，因立帐前，昭惠惊曰：'妹在此耶？'后幼，未识嫌疑，即以实告曰：'既数日矣。'昭惠恶之，返卧不复顾。"①大周后万万没有想到，在病重危难、无力自拔之际，不仅丈夫在情感上背叛了自己，胞妹竟然鸠占鹊巢、夺人所爱。然而让她更没有想到的是，自己的爱子仲宣又先她一步不幸夭折！

李煜与大周后育有两子。长子仲寓，字叔章，中兴元年（958）生，初封清源郡公，南唐灭亡后随后主入宋，宋授左千牛卫大将军，官至郢州刺史。次子仲宣，字瑞保，建隆二年（961）生，自幼"敏慧特异，眉目神采若图画。三岁能诵《孝经》及古杂文。煜置膝上，授之以数万言。闻作乐，尽别其节。宫中宴侍，自然知事亲之礼。见士大夫，揖让进退，皆如成人"②。可是乾德二年（964）十月，仲宣时年4岁，"一日，戏佛像前，有大琉璃灯为猫触堕地，划然作声，仲宣因惊痫得疾，竟薨"③。这样的打击令李煜悲痛欲绝，他怕大周后得知噩耗会加重病情，只得在其面前强颜欢笑、刻意隐瞒，背地里却默坐饮泣，痛苦万分。李煜追封仲宣为岐王，亲自撰写《悼仲宣铭》寄托哀思，文曰：

> 呜呼！庭兰伊何？方春而零；掌珠伊何？在玩而倾。珠沉媚泽，兰陨芳馨。人犹沮恨，我若为情。萧萧极野，寂寂重扃。与子长诀，挥涕吞声。噫嘻哀哉！④

这篇铭文写得字字血泪，声声悲泣。首先用庭兰、掌珠比喻自己的爱

① （宋）马令：《南唐书》卷六，傅璇琮、徐海荣、徐吉军主编：《五代史书汇编》第9册，杭州：杭州出版社2004年版，第5304页。
② （宋）释文莹：《玉壶清话》卷十，上海师范大学古籍整理研究所编：《全宋笔记》第一编第6册，郑州：大象出版社2003年版，第182页。
③ （清）吴任臣：《十国春秋》卷十九，傅璇琮、徐海荣、徐吉军主编：《五代史书汇编》第7册，杭州：杭州出版社2004年版，第3690页。
④ （南唐）李煜：《岐王墓志铭》，陈尚君辑校：《全唐文补编》卷一一二，北京：中华书局2005年版，第1397页。

子,以庭兰的凋零、掌上明珠失去光泽,来比喻爱子的夭折。最后描写埋葬仲宣的凄惨景况:冬日白杨萧萧的原野,冰冷空旷、门户重重的坟墓,最终掩埋了聪颖可爱的仲宣幼小的身躯。李煜悲痛欲绝,挥泪而别。他又撰写《悼诗》寄托哀思:

> 永念难消释,孤怀痛自嗟。雨深秋寂寞,愁引病增加。咽绝风前思,昏朦眼上花。空王应念我,穷子正迷家。

马令《南唐书》卷七载:"初,仲宣卒,后主哀甚,然恐重伤昭惠,常默坐饮泣而已,因为诗以写志云云。"[1]在深秋的萧瑟景物当中,28岁的李煜既满怀失去幼子的悲痛,又时刻感受到即将失去爱妻的隐忧。这份愁苦永难消释,只能独自体味锥心之痛,突如其来的种种不幸令其身心憔悴、头昏眼花。尾联中"空王"是佛教信徒对佛祖的尊称,因佛说世界是一切皆空。"穷子"指走投无路的人。"迷家",据《艺文类聚》卷七八引《搜神记》记载,相传汉初辽东人丁令威学道成仙,归来而无相识者,化身为鹤止息于城头华表柱上,有少年举弓欲射之,鹤乃吟曰:"去家千岁今来归,城郭如故人民非。"此事常用以表示物是人非之感。诗人在无尽的苦难中,只得祈求佛祖保佑和指引,给予自己一个安放心灵的地方。

没过多久,昭惠皇后得知仲宣死于非命的噩耗,怜子如命的周娥皇无法承受如此沉重的打击,病情急剧恶化,于乾德二年(964)十一月二日溘然长逝,死时年仅29岁。大周后临终前,放下了内心的无限怨怼,"爽迈如常",平静地对李煜说:"婢子多幸,托质君门,冒宠乘华,凡十载矣。女子之荣,莫过于此。所不足者,子殇身殁,无以报德。"她将中主赏赐的烧槽琵琶以及常臂玉环交还给后主,以作永诀;并且留下一纸遗书,请求薄葬。"越三日,沐浴正衣妆,自内含玉,殂于瑶光殿之西室"[2]。

---

① (宋)马令:《南唐书》卷七,傅璇琮、徐海荣、徐吉军主编:《五代史书汇编》第9册,杭州:杭州出版社2004年版,第5314页。

② (宋)马令:《南唐书》卷六,傅璇琮、徐海荣、徐吉军主编:《五代史书汇编》第9册,杭州:杭州出版社2004年版,第5301—5302页。

就这样,昭惠皇后满怀着对与后主 10 年婚姻的美好回忆,也带着痛失爱子的悲恸,以及种种难言的无奈,怅惘地离开了人世。

昭惠皇后的病逝,使李煜悲痛不已。据释文莹《玉壶清话》卷十记载,李煜丧子亡妻后,"悼痛伤悲,哽擗几绝者数四,将赴井,救之获免"①。他带着无限的愧疚和悲伤,不顾大周后"请薄葬"的遗言,诏令为其举行厚葬。皇宫之内一片缟素,众多僧侣、道士入宫,分别为昭惠皇后诵经超度。李煜多次亲临灵堂哭祭,悲痛欲绝,依依难舍。大殓之日,李煜所作两首悼念娇妻与爱子的《挽辞》,一并焚化在周氏灵前:

其一

珠碎眼前珍,花凋世外春。

未销心里恨,又失掌中身。

玉笥犹残药,香奁已染尘。

前哀将后感,无泪可沾巾。

其二

艳质同芳树,浮危道略同。

正悲春落实,又苦雨伤丛。

秾丽今何在,飘零事已空。

沉沉无问处,千载谢东风。

《挽词》其一开头,诗人首先以"珠碎""花凋"分别喻指次子仲宣夭折、爱妻早亡,这两次打击接踵而至,令诗人哀痛万分。他目睹玉笥中还残留着当日治病的药物,可惜妻、子皆已不在;当日的香奁犹在,可惜美人已逝,轻落灰尘。诗人睹物思人,想到接连不断的人生打击,伤心至极,已经无泪可流!

其二开头用春天的艳质和芳树来比喻逝去的妻、子,同时慨叹这些美好事物是多么脆弱,多么容易遭到伤害毁灭!他刚刚为春日陨落爱子而伤心不已,紧接着又为风雨中爱妻的凋零而悲痛欲绝。这无尽的哀愁无处消解,只能在诗人的内心留下永恒的悲伤!

① (宋)释文莹:《玉壶清话》卷十,上海师范大学古籍整理研究所编:《全宋笔记》第一编第 6 册,郑州:大象出版社 2003 年版,第 182 页。

乾德三年(965)正月,李煜葬昭惠后于懿陵。据马令《南唐书》卷六记载:"明年正月壬午,迁灵柩于园寝。后主哀苦骨立,杖而后起。"①他"自制诔,刻之石,与后所爱金屑檀槽琵琶同葬。又作书燔之与诀,自称'鳏夫煜',其辞数千言,皆极酸楚"②。

李煜的这篇《昭惠周后诔》首先慨叹天道无情、尘世纷扰,在此基础上,叙述了大周后之香消玉殒:"窈窕难追,不禄于世。玉润珠融,殒然破碎。"他深情地回顾娥皇所具备的美丽、贤惠、端庄、能干等种种美德,引发了自己对其无限依恋之情:"茫茫独逝,舍我何乡?"

接着,李煜回忆两人当年幸福的结合:"昔我新昏,燕尔情好。媒无劳辞,筮无违报。归妹邀终,咸爻协兆。"也回忆了大周后的多才多艺:"采戏传能,弈棋逞妙。媚动占相,歌萦柔调。"恋恋不忘她歌舞、音律上的才能:"翠虬一举,红袖飞花。情驰天际,思栖云涯。发扬掩抑,纤紧洪奢","制革常调,法移往度。翦遏繁态,蔼成新矩。"在他的脑海中,始终萦绕着一年四季当中大周后的动人姿态:春日里"接辇穷欢,是宴是息",夏日里"辑柔尔颜,何乐靡从",秋日里"弦尔清商,艳尔醉盼",冬日里"丽尔渥丹,婉尔清扬"。作者在每一部分的描写回忆之后,总会直抒无限哀伤的感叹,具有长歌当哭的功效,例如"今也如何?不终往告。呜呼哀哉!""如何一旦,同心旷世。呜呼哀哉!""今也则亡,永从遐逝。呜呼哀哉!""如何倏然,已为畴曩。呜呼哀哉!"整篇诔文一连14个"呜呼哀哉"贯穿其中,使作者的感情在文字的表述之外,更有一种痛彻心扉的哀苦。最后一段写道:

> 杳杳香魂,茫茫天步。抆血抚榇,邀子何所?苟云路之可穷,冀传情于方士。呜呼哀哉!③

李煜在深情地追寻爱妻的亡魂,于一唱三叹之中流露出自己的无穷思念。

---

① (宋)马令:《南唐书》卷六,傅璇琮、徐海荣、徐吉军主编:《五代史书汇编》第9册,杭州:杭州出版社2004年版,第5302页。

② (宋)陆游:《南唐书》卷十六,傅璇琮、徐海荣、徐吉军主编:《五代史书汇编》第9册,杭州:杭州出版社2004年版,第5589页。

③ (南唐)李煜:《昭惠周后诔》,《全唐文》卷一二八,北京:中华书局1983年版,第1285—1287页。

在守灵期间,李煜触物伤怀,写作了五绝《书灵筵手巾》:

　　　　浮生共憔悴,壮岁失婵娟。汗手遗香渍,痕眉染黛烟。

灵筵:供奉亡灵的几筵,即灵座或灵床。手巾:拭面或揩手用的巾。这首诗由李煜书写在大周后灵床的手巾之上。开头两句追忆两人结婚后共同承担人生的烦恼,共度如梦浮生;可叹就在壮年之际,自己痛失相濡以沫的爱妻。后面两句注目于手巾,诗人痴情地想象:手巾之上尚存当年娥皇擦拭汗手留下的香渍,还有她描画秀眉所染上的如烟黛痕,他们夫妻当年共同生活的点点滴滴一时之间都涌上心头。整首诗歌仿佛是李后主在跟亡妻絮絮对话,字里行间充满着无限深情。他的五绝《书琵琶背》同样寄托了无限哀思:

　　　　侁自肩如削,难胜数缕绦。天香留凤尾,余暖在檀槽。

琵琶圆体修颈,形如美女,"肩如削"既是描摹琵琶的形状,更是描写女子的袅娜身姿,即如曹植《洛神赋》所云:"肩若削成,腰如约素。延颈秀项,皓质呈露。"李煜此诗首句一语双关,俨然就是善弹琵琶的大周后的化身。"难胜数缕绦",以琵琶的纤袅细腰仿佛承受不了丝弦的勾勒,来比喻美人纤细柔弱的体态。后面两句,诗人追忆往日欣赏大周后弹奏琵琶的美好,好像爱妻刚刚一曲奏完,琵琶上仍残留着她的香气,琵琶槽上还散发着她的余温。睹物思人,情何以堪!

　　昭惠皇后逝去后,李煜带着满腔幽怨,始终难以从伤怀恋旧的情绪中解脱出来。他每于花朝月夕,目睹皇宫内的花花草草,总能触发起往日夫妻生活的美好回忆,更加突显了形单影只的凄凉。在大周后逝世后的第二年春天,李煜写作了《感怀二首》:

其一

又见桐花发旧枝,一楼烟雨暮凄凄。

凭栏惆怅人谁会,不觉潸然泪眼低。

其二

层城无复见娇姿,佳节缠哀不自持。

空有当年旧烟月,芙蓉城上哭蛾眉。

诗作其一触物伤情。冬去春来,春雨潇潇,诗人又见桐花盛开于旧枝之上,顿然产生了物是人非之感。昔日佳人拈花而笑的楼阁上早已是人逝楼空、烟雨凄凄。李煜独自凭栏,满腔惆怅无处诉说,在春雨暮色中不由得黯然神伤,潸然泪下。其二触景生情。面对着京城车水马龙的景象,诗人却再也见不到娥皇的绰约风姿。风景依旧,人事沧桑,在一轮冷月的映照下,诗人为之伤情挥泪。

据马令《南唐书》卷六记载,李煜"尝与后移植梅花于瑶光殿之西,及花时而后已殂,因成诗见意"①。他的《梅花二首》写道:

其一

殷勤移植地,曲槛小栏边。
共约重芳日,还忧不盛妍。
阻风开步障,乘月溉寒泉。
谁料花前后,蛾眉却不全。

其二

失却烟花主,东君自不知。
清香更何用,犹发去年枝。

诗作其一情意绵绵地回忆当日与大周后悉心种梅、期盼花开的情景。他们认真地选择移植梅花的地方,把它种在小栏干的旁边;然后憧憬着花开之际的美好景象,以及夫妻赏花的欢乐。他们对梅花精心养护,因为担心其遭受风雨、干旱的侵害,而张设遮蔽风尘的步障,并且在月光之下为梅树灌溉。一切的精心培植,只等来年梅花开放。可是天有不测风云,如今梅花已嫣然开放,而悉心种梅、呵护的爱妻却无从欣赏。前面的劳作写得越详细、越丰满,后面的期盼顿然成空的悲伤和幻灭就越发沉痛。

其二续接前作,纯写诗人的情感反应。面对着大好春光,诗人却怨叹道:春天的烟花主人不在了,春天之神(东君)竟自不知! 竟自照旧鲜花盛开! 梅花醉人的清香又有什么用呢? 尽管今年的梅花在旧枝上嫣然绽放,然而去年的赏花人却已凄然逝去! 这样的怨叹,无理而有情,

---

① (宋)马令:《南唐书》卷六,傅璇琮、徐海荣、徐吉军主编:《五代史书汇编》第9册,杭州:杭州出版社 2004年版,第5304页。

更加彰显出李煜作为纯情诗人的人性之真,以及追悼亡妻的深挚之情。

昭惠皇后病卒后,宋太祖赵匡胤派遣作坊副使魏丕前来悼唁。"魏丕字齐物,相州人,颇涉学问。……南唐主李煜妻卒,遣丕充吊祭使,且使观其意趣。煜邀丕登昇元阁赋诗,有'朝宗海浪拱星辰'句,以风动之"①。陆游《入蜀记》卷二亦载:"戒坛额曰崇胜戒坛寺,古谓之瓦棺寺。……南唐后主时,朝廷遣武人魏丕来使,南唐意其不能文,即宴于是阁,因求赋诗。丕揽笔成篇,末句云'莫教雷雨损基扃',后主君臣皆失色。"②瓦棺阁即昇元阁。这两则故事皆表明,南唐君臣自负文雅,意欲让武人出身的魏丕赋诗出洋相,以此来给对方一个下马威,赢得心理上的优势。然而魏丕所赋之诗又直戳南唐的软肋,令他们自讨没趣、哑然失色。这些惯于吟诗作赋的文人,非得在军事强盛的宋廷面前争得一个口舌之胜,其结果必然是自取其辱。

在李煜国祚衰败、痛失亲人的愁苦之际,陪伴在其身边、与他共担风雨的,是周薇。她虽然年纪比李煜小 13 岁,稚气未脱,涉世不深,但是天性善良活泼、清纯可爱,总能给心情抑郁的李后主带来些许宽慰,李煜的母亲圣尊后钟氏对她也颇为喜爱,宠爱过于昭惠。一些善于察言观色的近臣便鼓动李煜尽早续弦,并册封周薇为南唐国后,以统摄六宫。但是碍于昭惠皇后尸骨未寒,宫中不宜举行大婚典礼,只好先定名分,宣谕"四德"俱佳的周薇居中宫之位,"待年"成礼。

可是天不作美,李煜的生母圣尊后钟氏偏偏在此时病殂,他必须依循古礼尽孝守制三年,遂将婚事拖延了下来。北宋开宝元年(968),李煜守制限期一满,便赶紧张罗举行完婚仪式。为了让周薇名正言顺地入居中宫,李煜命掌管宗庙礼仪的太常博士陈致雍查阅典籍,详考历代帝王大婚礼仪,草拟婚礼程序,并命中书令徐铉、知制诰潘佑参与议定,示意臣下要将大婚办得体面风光。

李煜的心腹们明知君王与周薇早已同床共枕,但是为了向世人显示皇家明媒正娶的神圣与庄严,还得假戏真做,严格依照古代婚礼的成

---

① (元)脱脱等:《宋史》卷二七〇,第 8 册,北京:中华书局 2000 年版,第 7602—7603 页。

② (宋)陆游:《入蜀记》卷二,上海师范大学古籍整理研究所编:《全宋笔记》第五编第 8 册,郑州:大象出版社 2012 年版,第 173 页。

规,补办纳采、问名、纳吉、纳征、请期、亲迎六道手续。婚礼前,周薇不得不暂时离开后宫,回到周家在金陵购置的私宅小住几日。

按照《礼记·昏义》规定的结婚六礼,男家首先要请人带着礼物向女家提亲,这个礼物就是大雁,俗称"奠雁"。传说当中雁属于随阳之鸟,是和美、忠贞的象征。不巧的是,李煜派人纳采之时,正值深秋,大雁早已北归,在江南无法寻觅,最后只好以鹅代雁。于是,南唐提亲的官员怀抱着口衔黄绫聘帖的大白鹅,乘坐彩绘一新的官船,直奔周薇的家乡扬州。

等到李煜迎娶小周后的"亲迎"大典,整座金陵城人山人海、热闹非凡。人们都在争睹皇家迎亲的浩荡仪仗,以及李煜、小周后銮驾、凤辇的风采。"及亲迎,民庶观者,或登屋极,至有坠瓦而毙者"①。

婚礼之后,李煜接连数日举行庆贺仪式,不仅赐宴群臣,还不惜动用府库钱财,另赐"天下大酺",令民众欢宴。李煜此前所填与小周后偷情的"划袜步香阶,手提金缕鞋"(《菩萨蛮》)之类词作早已传于宫外,如今值此国家内外交困之时,又极尽铺张奢靡地操办婚礼,使得韩熙载等大臣颇为不满,纷纷作诗以讽。其中,徐铉《纳后夕侍宴》诗咏道:

> 汉主承乾帝道光,天家花烛宴昭阳。
> 六衣盛礼如金屋,彩笔分题似柏梁。

诗歌当中,"六衣盛礼如金屋",是说汉武帝年幼时曾向姑母许诺,待表妹阿娇长大后,自己不但要以盛大的礼仪迎娶,而且要以"金屋"藏之。"彩笔分题似柏梁",则是说汉武帝不惜花费巨资,在未央宫北修建柏梁台,纪念妙龄早逝的美妾王夫人。这里都是化用了当年汉武帝的两个典故,以古讽今,不但讽谏李后主要力戒奢靡,同时似乎也对他的移情别恋给予了暗讽。对于这些讽喻诗作,李煜既不采纳,也不责备。吴任臣《十国春秋》卷十八引《古今风谣》曰:"后主时,江南童谣曰:'索得娘来忘却家,后园桃李不生花。猪儿狗儿都死尽,养得猫儿患赤瘕。''娘来',谓再娶周后也。'猪狗死',谓尽戌亥年也。'赤瘕',目病,猫有目

---

① (宋)马令:《南唐书》卷六,傅璇琮、徐海荣、徐吉军主编:《五代史书汇编》第 9 册,杭州:杭州出版社 2004 年版,第 5305 页。

病,则不能捕鼠,谓不见丙子之年也。"①

　　小周后与李煜成婚后,沉迷在甜美的温柔乡中,"被宠过于昭惠后"②。小周后下达懿旨,命人在自己与李煜昔日多次月夜幽会的移风殿建造一座花房,内设剔透玲珑,装饰着无数奇形异状的隔筒,放置栽有名贵花卉的陶盆,外面套以越州"秘色窑"烧制的瓷盆。小周后令人将这种名贵瓷器装点的盆花摆满花房,青翠欲滴,缤纷艳丽,香气四溢,犹如一片锦绣。李煜观赏后赞不绝口,挥毫题榜,赐名"锦洞天"。又"尝于宫中以销金红罗幂其壁,以白银钉玳瑁而押之,又以绿钿刷隔眼,中糊以红罗,种梅花于其外。又以花间设彩画小木亭子,才容二座,煜与爱姬周氏对酌于其中,如是数处。每七夕延巧,必命红白罗百匹以为月宫天河之状,一夕而罢,乃散之"③。宋人江休复《江邻几杂志》载,李后主"作红罗亭子,四面栽红梅花,作艳曲歌之。韩熙载和云:'桃李不须夸烂漫,已输了春风一半。'时已割淮南与周矣。"④

　　小周后跟大周后相比,年龄相差很大,诗书才华不及乃姐,音乐歌舞也自愧不如,但是她酷爱下棋,于是经常拉着李后主对弈取乐,消磨时光。李煜因为耽于弈棋,荒废了朝廷政务,惹来大臣的纷纷议论。大理寺卿萧俨怒不可遏,做出了令人震惊的举动。

　　萧俨是三朝元老,一向以直言敢谏著称。保大二年(944)正月,中主李璟在宫中兴建百尺楼、绮霞阁,并召集群臣观之,众人皆赞美不已。唯独萧俨冷冷说道:"恨楼下无井耳。"李璟问其故,萧俨答曰:"恨不及景阳楼耳。"⑤原来他是援引陈后主奢靡亡国的故事来讽谏南唐中主。李璟听后心生怨怒,遂将萧俨贬为舒州刺史,逐出京城;后来觉得此举欠妥,又传旨将他召回。

① (清)吴任臣:《十国春秋》卷十八,傅璇琮、徐海荣、徐吉军主编:《五代史书汇编》第7册,杭州:杭州出版社2004年版,第3675页。
② (清)吴任臣:《十国春秋》卷十八,傅璇琮、徐海荣、徐吉军主编:《五代史书汇编》第7册,杭州:杭州出版社2004年版,第3675页。
③ 佚名:《五国故事》卷上,上海师范大学古籍整理研究所编:《全宋笔记》第一编第3册,郑州:大象出版社2003年版,第241页。
④ (宋)江休复:《江邻几杂志》,上海师范大学古籍整理研究所编:《全宋笔记》第一编第5册,郑州:大象出版社2003年版,第139页。
⑤ (宋)王象之:《舆地纪胜》卷十七,北京:中华书局1992年版,第741页。

如今,萧俨闻知李煜沉迷于后宫弈棋,荒怠朝政,奋不顾身,径直闯入后宫。他见李煜正与小周后专心弈棋,漫不经心地应付他的面奏,便直冲上去,一下将棋盘掀翻,黑白棋子落了一地。小周后见此情状,惊恐万分,赶紧躲进寝宫。李后主极其尴尬,不知所措,从来没有见过哪位大臣敢于如此造次。随后,他厉声责问:"汝欲效魏征耶?"

萧俨毫不示弱,针锋相对地回答道:"臣非魏征,则陛下亦非太宗矣。"①言外之意,就是批评李后主不听劝谏、贪恋后宫、贻误国事。对此,李煜无言以对,只好忍气吞声,颓然收场。

李煜性尚奢侈,"大展教坊,广开第宅。下条制则教人廉隅,处宫苑则多方奇巧"②。他颇留情乐府,宋太祖开宝元年(968),监察御史张宪上疏曰:"道路皆言以户部侍郎孟拱宸宅与教坊使袁承进。昔高祖欲拜舞人安叱奴为散骑侍郎,举朝皆笑。今虽不拜承进为侍郎,而赐以侍郎居宅,事亦相类矣。"对此,"南唐主赐帛,旌其敢言,然终不能改"③。他还"微行倡家,遇一僧张席,煜遂为不速之客。僧酒令、讴吟、吹弹莫不高了,见煜明俊蕴藉,契合相爱重。煜乘醉大书右壁,曰:'浅斟低唱,偎红依翠,大师鸳鸯寺主,传持风流教法。'久之,僧拥妓入屏帏,煜徐步而出,僧、妓竟不知煜为谁也"④。作为一代风流情种,他缺乏令人畏惧的君威,却对身边女性善解人意,遂使后宫各展所长,取宠邀幸蔚然成风。

宫娥流珠,秀外慧中,心灵手巧,尤工琵琶,深得昭惠皇后所作《邀醉舞破》和《恨来迟破》二曲的神髓。可是自从大周后病殁,教坊久不排练,此曲逐渐为人淡忘。"后主追念昭惠,问左右,无知者,流珠独能追忆,无所忘失,后主大喜"⑤。流珠弹奏琵琶,以曲传情,意欲唤起李煜对大周后的思念,进而宠幸自己。此举果然奏效,李煜每逢闻曲思人,便传旨召幸流珠。

---

① (宋)陆游:《南唐书》卷十五,傅璇琮、徐海荣、徐吉军主编:《五代史书汇编》第9册,杭州:杭州出版社2004年版,第5583页。

② (南唐)张宪:《谏后主书》,《全唐文·唐文拾遗》卷四七,北京:中华书局1983年版,第10912页。

③ (清)毕沅:《续资治通鉴》卷五,第1册,长沙:岳麓书社2008年版,第62页。

④ (宋)陶谷:《清异录》卷上,上海师范大学古籍整理研究所编:《全宋笔记》第一编第2册,郑州:大象出版社2003年版,第31页。

⑤ (宋)陆游:《南唐书》卷十六,傅璇琮、徐海荣、徐吉军主编:《五代史书汇编》第9册,杭州:杭州出版社2004年版,第5590页。

宫娥薛九，江南富家子，学舞于钟离氏，得幸于后主，常侍宫中，善歌李煜依曲填制的《嵇康曲》。南唐灭亡后，流落到洛阳，加盟福善坊赵春舍。饮酣，乃演唱李后主所制《嵇康曲》，满座为之动容。据宋人王铚《补侍儿小名录》记载："春举酒请舞，(薛九)谢曰：'老矣，腰腕衰硬，无复旧态。'乃强起小舞，终曲而罢。座有王生者，请为《嵇康小舞词》，曰：'薛九三十侍中郎，兰香花态生春堂。龙盘王气变秋雾，淮声哭月浮秋霜。宜城酒烟湿鞨腹，与君强舞当时曲。《玉树》遗辞莫重听，黄尘染鬓无前绿。我闻襄阳《白铜鞮》，荒城古艳传幽悲。凄凉不抵亡国恨，座中苦泪飞柔丝。洛阳公子擎银筯，跪奴和曲生辉光。茂陵旅梦无春草，彤管含羞裁短章。'"①

宫娥庆奴，早年姿色倾国，与李煜真诚相恋；然而她倾心多年却未能受宠，终至人老珠黄、黯然落寞。李煜感慨有负庆奴的遗憾，以一柄绘有垂柳的黄罗扇相赠，并在扇面上题了一首《柳枝》词：

> 风情渐老见春羞，到处销魂感旧游。多谢长条似相识，强垂烟穗拂人头。

李后主以柳枝喻人，面对眼前年老落魄的庆奴，人生衰残之感油然而生。据宋人张邦基《墨庄漫录》卷二记载："江南李后主尝于黄罗扇上书诗，以赐宫人庆奴云：'(略)。'想见其风流也。扇至今传在贵人家。"②

宫娥宵娘，自幼天生丽质，腰肢纤细，手臂柔软，尤善清歌妙舞。据清人毛先舒《南唐拾遗记》载，"后主作金莲，高六尺，饰以宝物，细带璎珞，莲中作品色瑞莲，令宵娘以帛绕脚，令纤小屈上，作新月状，素袜舞莲花中，回旋有凌云之态。……由是人皆效之，妇人足以纤弓为妙。以此知扎脚自五代以来方为之。"③中国古代有不少宫妃皆因体态轻盈、舞姿美妙而得到君王宠爱。早在西汉成帝时期，皇后赵飞燕不仅美艳绝伦，而且体态瘦弱轻盈、擅长舞蹈。据宋人刘斧《青琐高议》前集卷七所

---

① (清)厉鹗：《宋诗纪事》卷七引王铚《补侍儿小名录》，清文渊阁《四库全书》本。
② (宋)张邦基：《墨庄漫录》卷二，上海师范大学古籍整理研究所编：《全宋笔记》第三编第9册，郑州：大象出版社2008年版，第23页。
③ (清)毛先舒：《南唐拾遗记》，傅璇琮、徐海荣、徐吉军主编：《五代史书汇编》第9册，杭州：杭州出版社2004年版，第5791页。

引《赵飞燕别传》记载："赵后腰骨尤纤细，善踽步行，若人手持花枝，颤颤然，他人莫可学也"[1]。赵飞燕独创"踽步"舞态，其手如拈花颤动，身形似风轻移，可见其舞蹈功底深厚。她还自创"掌上舞"，又称"掌中舞"，因舞蹈体态轻盈，仿佛可以置于掌中。南朝齐废帝东昏侯萧宝卷荒淫狂悖，极尽奢靡。他宠幸潘妃，专为她修建永寿、玉寿、神仙等豪华宫殿；又凿金为莲花，遍贴地面，令潘妃行其上，赞曰："此步步生莲花也。"[2]而真正最早主动将自己的脚裹束成三寸金莲的，还是南唐这位标新立异的窅娘。她不惜忍受撕心裂肺的缠足剧痛，就是要在窄小的金莲之上腾挪跳荡，展现自己精湛的舞技，令人目眩神迷，最终得到李后主的宠幸。当时文臣纷纷写诗赞美，唐镐诗曰："莲中花更好，云里月长新。"对窅娘的金莲妙舞极尽赞叹。宋人罗必元《金莲步》诗则云："金陵佳丽不虚传，浦上荷花水上仙。未会与民同乐意，却与宫里看金莲。"虽然夸赞了窅娘舞蹈的轻盈美艳，但是更多的笔力却用来讽刺李后主沉迷于宫中的歌舞之乐，却罔顾天下百姓的命运。

宫娥秋水，天真烂漫，清纯可人，可惜有色而无艺，未得后主宠幸。一日，她在后苑内玩耍，只见一种奇花散发着沁人心脾的幽香，引得无数蝴蝶、蜜蜂在它周围翩翩飞舞。秋水立刻受到启发，悟出了取悦君王的妙招。她采来几朵刚刚开放的奇花，将其插到自己的发髻上，走在皇宫当中，一路上香气飘洒，成群的蜂蝶围绕着她翩翩飞舞，扑之不去。这种别出心裁的举动果然引起了李后主的注意，于是秋水得到了召幸。

宫娥乔氏，年长李煜几岁，因一个偶然的机会得到了李煜的垂青。她性格内向，举止沉稳，自幼练习书法，写得一笔好字。她深知李煜礼佛成癖，于是经常到皇宫内的僧尼精舍中与尼姑交谈，并且跪在神佛前闭目祈祷。她长年闭门伏案，聚精会神地帮着僧尼缮写佛经，由此引起了李煜的注意。

乔氏每抄完一卷佛经，就精心装裱成册，呈现给后主御览。李煜深为其虔诚所感动，亲手书写金字《心经》一卷回赠，乔氏视为至宝，悉心

---

[1] (宋)刘斧:《青琐高议》前集卷七,上海师范大学古籍整理研究所编:《全宋笔记》第二编第 2 册,郑州:大象出版社 2006 年版,第 79 页。

[2] (宋)张敦颐:《六朝事迹编类》卷一,北京:中华书局 2012 年版,第 16 页。

珍藏。此后，李煜常召乔氏谈论佛经，彼此得到了精神和情感的共鸣。据吴任臣《十国春秋》卷十八记载，南唐灭亡后，乔氏随李煜入宋，她把后主恩赐的《心经》一直带在身边。等到李煜死后，她才恋恋不舍地将其捐赠给相国寺，以此来为后主求取冥福，并且在卷后题跋曰："故李氏国主宫嫔乔氏，伏遇国主百日，谨舍昔时赐妾所书《般若心经》在相国寺塔院。伏愿弥勒尊前持一花而见佛。"字迹整洁而言词怆惋。"后江南僧持归故国，置天禧寺塔相轮中，见者悲之"①。

宫人臧氏，虽然没有得到李后主的宠信，但是归宋后却成为宋太宗的贵妃。据《宋会要辑稿·后妃三》记载："太宗贵妃臧氏。江南李煜宫人。煜卒，入宫中。太平兴国八年九月自御侍为县君，端拱二年四月为美人，至道三年七月进昭容，大中祥符六年三月进顺仪，天禧二年九月进淑仪，乾兴元年四月进贵仪。卒年月缺。明道二年十二月赠婕妤，庆历四年九月赠贵妃。生舒王元偁，晋国、申国大长公主。"②

保仪黄氏，乃将门之女，世居汉水与长江交汇处的江夏。其父黄守忠，遇乱流徙湖湘，在马氏楚国做了一员偏将，不幸在与南唐军队交战中丧生。年幼的黄氏为南唐大将边镐所得，因其容貌十分出色，即被带回金陵献于后宫。中主李璟惊讶于其美貌，可是见其年龄尚幼，不便即刻纳为嫔妃，于是特地请人教她琴、棋、书、画。黄氏在皇宫中长大，姿色更加出众，兼有很高的艺术才华。

后主即位后，选黄氏为保仪，容态冠绝一时，顾盼鬘笑，无不妍姣，但是由于"二周后相继专房燕昵，故保仪虽见赏识，终不得数御幸也"③。小周后善妒，后宫女子多有遇害者。马令《南唐书》卷六记载："黄氏服勤降体，以事小周后，故同时美女率多遇害，而黄氏独不遭谴，以其事之尽也。"④黄氏专门掌管宫中书籍文物。李煜和他的父亲李璟都酷爱书

① （清）吴任臣：《十国春秋》卷十八，傅璇琮、徐海荣、徐吉军主编：《五代史书汇编》第 7 册，杭州：杭州出版社 2004 年版，第 3676—3677 页。
② （清）徐松撰，刘琳、刁忠民等校点：《宋会要辑稿·后妃三》，第 1 册，上海：上海古籍出版社 2014 年版，第 303 页。
③ （宋）陆游：《南唐书》卷十六，傅璇琮、徐海荣、徐吉军主编：《五代史书汇编》第 9 册，杭州：杭州出版社 2004 年版，第 5590 页。
④ （宋）马令：《南唐书》卷六，傅璇琮、徐海荣、徐吉军主编：《五代史书汇编》第 9 册，杭州：杭州出版社 2004 年版，第 5305 页。

法,父子两人陆续搜罗、收藏了汉魏六朝以来钟繇、王羲之等名家碑帖,总数有几百种,还有各种图籍上万种。黄氏对历代碑帖逐一临摹得惟妙惟肖,深得李煜的赏识和器重。

据宋人无名氏《枫窗小牍》所云:"余尝见内库书《金楼子》,有李后主手题曰:'梁孝元谓:"王仲宣昔在荆州,著书数十篇。荆州坏,尽焚其书。今在者一篇,知名之士咸重之。见虎一毛,不知其斑。"后西魏破江陵,帝亦尽焚其书,曰:"文武之道,尽今夜矣!"何荆州坏、焚书二语,先后一辙也。诗以慨之曰:"(略)"。'书卷皆薛涛纸所抄,惟'今朝'字误作'金朝'。徽庙恶之,以笔抹去,后书竟如谶入金也。"①这则材料交代了中国文化史上令人无限感慨的悲剧。据姚思廉《梁书·元帝纪》所载,南朝梁代元帝萧绎(508—554)自幼颖悟俊朗,天才英发,"既长好学,博总群书,下笔成章,出言为论,才辩敏速,冠绝一时"②,著有《孝德传》《忠臣传》《周易讲疏》《内典博要》等著作,合计超过 400 卷。他酷爱收藏古籍图书,作为皇子,先后在会稽、建康、江州和荆州任职期间,收罗了 7万卷图书;天正元年(552),他在江陵即位称帝后,加之在江陵的旧藏,最终藏书达到前所未有的 14 万卷。

萧绎的《金楼子》是其重要子部书籍,寄寓了自己克己、忠君、尽孝、纳言、俭约等理想人格,呈现出一个独立人格的多层面貌。该书卷六《杂记篇上》中记载了三国文士王粲在荆州焚书的故事,萧绎为之痛惜不已。谁曾想,承圣三年(554)九月,西魏 5 万大军南攻江陵;十一月,江陵城陷。萧绎"入东阁竹殿,命舍人高善宝焚古今图书十四万卷,将自赴火,宫人左右共止之。又以宝剑斫柱令折,叹曰:'文武之道,今夜尽矣!'""或问:'何意焚书?'帝曰:'读书万卷,犹有今日,故焚之!'"③这固然说明他至死也未能认识到亡国的真正原因,或者知道了而不愿意承认,但也证明了他一生爱读书、爱藏书,由极度的钟爱突变为极端的愤恨,要让这些书成为他国家沦亡的替罪羊或殉葬品。如此自私、残暴

---

① 佚名:《枫窗小牍》,上海师范大学古籍整理研究所编:《全宋笔记》第四编第 5 册,郑州:大象出版社 2008 年版,第 222—223 页。

② (唐)姚思廉:《梁书》卷五,北京:中华书局 2000 年版,第 90 页。

③ (宋)司马光:《资治通鉴》卷一六五,第 11 册,北京:中华书局 2011 年版,第 5218、5220 页。

之举,造成了中国文化的一大浩劫。

李煜见到这本战火劫余的《金楼子》,产生了无限感慨,写诗咏叹道:

> 牙签万轴裹红绡,王粲书同付火烧。
>
> 不是祖龙留面目,遗篇那得到今朝。

牙签是系在书卷上作为标识以便翻检的用牙骨等制成的签牌。那些用牙骨作书签、用红绸包裹的精美书籍,都随着王粲、梁元帝的焚烧而灰飞烟灭。祖龙:指秦始皇。《史记·秦始皇本纪》载:"(三十六年)秋,使者从关东夜过华阴平舒道,有人持璧遮使者曰:'为吾遗滈池君。'因言曰:'今年祖龙死。'使者问其故,因忽不见,置其璧去。使者奉璧具以闻。始皇默然良久,曰:'山鬼固不过知一岁事也。'退言曰:'祖龙者,人之先也。'使御府视璧,乃二十八年行渡江所沉璧也。"裴骃《集解》引苏林曰:"祖,始也;龙,人君象。谓始皇也。"①这里是指焚烧梁元帝藏书的大火。诗人触物伤怀、抚今追昔,不由慨叹道:如果不是焚书之时稍有疏忽,这些千古名篇怎么会流传至今?

然而,历史的进程每每惊人地相似,历史的教训总是令人悲恨相续。恰如杜牧《阿房宫赋》最后所写:"秦人不暇自哀,而后人哀之;后人哀之而不鉴之,亦使后人而复哀后人也。"李煜珍爱藏书,叹惜王粲、梁元帝的焚书之难,然而等到南唐国灭之际,他又匆忙命保仪黄氏将皇宫所藏珍贵书籍文物尽数焚毁,中华文化再次遭受到一场不可饶恕的浩劫。

第三节　文人荟萃

南唐时期,教育广泛普及。"学校者,国家之矩范,人伦之大本也。唐末大乱,干戈相寻,而桥门璧水,鞠为茂草。驯至五代,儒风不竞,其

---

① (西汉)司马迁:《史记》卷六,第1册,北京:中华书局2000年版,第184页。

来久矣。南唐跨有江淮,鸠集典坟,特置学官,滨秦淮,开国子监,复有庐山国学,其徒各不下数百,所统州县往往有学"①。当时崇学之风非常兴盛,各类官学或私学书院、学馆遍布今江西、福建、皖南和苏南西部各地。李国钧《中国书院史》指出:这些地方,"在五代隶于吴及其后继者南唐,是南唐与中原'抗衡'的后方,……在天下大乱的年代,倒也相对安定,为书院的发展创造了特殊的条件"②。其中比较著名的有:

庐山国学:昇元四年(940),烈祖李昪于庐山白鹿洞建学馆,置田供给诸生,任命李善道为洞主,掌其教,聚徒授业,培育南唐儒生,从者不下数百,号"庐山国学"。庐山国学是南唐儒学教育中心,后来发展为白鹿洞书院,宋代为全国四大书院之一。

白鹿洞书院

蓝田书院:位于今福建古田杉洋北门外,据《民国古田县志·书院》载,为南唐员外郎徐仁椿所建。

梧桐书院:为南唐罗靖、罗简兄弟所建,在洪州奉新县北60里的罗坊镇。书院"依嵯峨而特秀"的梧桐山建造,又有冯水"环抱而映带",风景极佳,诚为修身养性之地。

---

① (宋)马令:《南唐书》卷二三,傅璇琮、徐海荣、徐吉军主编:《五代史书汇编》第9册,杭州:杭州出版社2004年版,第5406页。

② 李国钧:《中国书院史》,长沙:湖南教育出版社1994年版,第28页。

华林书院:在洪州奉新县华林山元秀峰下,始创于南唐保大四年(946)以前,为邑人胡仲尧所建。据《宋史·胡仲尧传》记载,胡"构学舍于华林山别墅,聚书万卷,大设厨廪,以延四方游学之士。南唐李煜时尝授寺丞"①。清宣统《甘竹胡氏十修族谱》卷一胡逸驾《祭华林始祖侍御史城公祖妣耿氏夫人二墓文》载,其时书院"筑室百区,广纳英豪,藏书万卷,俾咀其葩。出其门者,为相为卿,闻其风者,载褒载嘉"②,确实颇为兴盛。

兴贤书院:在吉州吉水县(今属江西)东鉴湖畔,南唐保大年间(943—957)邑人解皋谟创建。

光禄书院:位于庐陵(今江西吉安境内),建于宋开宝二年(969),南唐邑人刘玉所建。

云阳书院:位于洪州建昌县(今属江西永修),南唐进士吴白建以隐居之所。

除了上述五代时期新建的书院外,南唐还兴复唐代旧院,作为传承文化的机构。例如东佳书院,又名东佳书堂、义门书院,为唐代江州陈氏所建,杨吴时以五世同居,实力雄厚,仍然聚书讲学,"江南名士皆肄业于其家"③;到了南唐,仍然弦歌不绝,成为江南士人向往的著名学府。开宝二年(969),徐锴应陈氏家人陈恭及肄业生章谷之请,撰写《陈氏书堂记》,以纪其绵延办学、聚书育人之盛。其中有云:书院有"书楼堂庑数十间,聚书数千卷,田二十顷,以为游学之资",晚唐以来,陈氏子孙多所成就,"四方游学者,自是宦成而名立,盖有之"。徐锴于是感叹道:"於戏!文如麻菽,求焉斯至;道如江海,酌焉满腹;学如不及,仁远乎哉!昔北海有邴郑之风,《离骚》有江山之助者,皆古也。"④对东佳师生维系斯文于乱世之中,既大加赞扬,又寄予殷切期望。

南唐继承唐统,科举制度在五代十国的偏安政权中处于领先地位。

---

① (元)脱脱等:《宋史》卷四五六,第 11 册,北京:中华书局 2000 年版,第 10394 页。
② 《甘竹胡氏十修族谱》卷一,清宣统刊本。
③ (宋)释文莹:《湘山野录》卷上,上海师范大学古籍整理研究所编:《全宋笔记》第一编第 6 册,郑州:大象出版社 2003 年版,第 21 页。
④ (南唐)徐锴:《陈氏书堂记》,《全唐文》卷八八八,北京:中华书局 1983 年版,第 9279—9280 页。

据清人王士禛《香祖笔记》卷五所云:"五代时中原丧乱,文献放阙,惟南唐文物甲于诸邦。"①李昇立国之初,便行贡举,将儒家经典列为考试的主要内容。"议者以文人浮薄,多用经义、法律取士,(徐)锴耻之,杜门不求仕进"②。徐锴以文学见长,然而南唐初年取士的标准多经义、法律,因此耻于应试,不愿仕进。而那些熟读儒家经典的文士则得以顺利入仕。据吴任臣《十国春秋》卷三一记载,南昌人罗颖于"开宝中谒金陵,试《销刑鼎赋》《儒术之本论》,有司以邓及为第一,颖居末榜。既上,后主迁颖第二,手笔圈其名"③。

李焘《续资治通鉴长编》卷十六于宋开宝八年(975)二月载:"是月,江南知贡举、户部员外郎伍乔放进士张确等三十人。自保大十年开贡举,迄于是岁,凡十七榜,放进士及第者九十三人、九经一人。"④由此可见,南唐真正开设科举考试,始于中主保大十年(952),具体可考的开考年份有 10 个,依次为:

1. 保大十年(952)开考 1 次。陆游《南唐书》卷二载:"保大十年……二月……以翰林学士江文蔚知礼部贡举,放进士王克贞等三人及第。旋复停贡举。"⑤为什么开考了一年就停止呢?原来是主持贡举考试的江文蔚无意中得罪了权贵。据陆游《南唐书·江文蔚传》记载:"南唐建国以来,宪度草创,言事遇合,即随材进用,不复设礼部贡举。至是始命文蔚以翰林学士知举,略用唐故事,放进士庐陵王克贞等三人及第。元宗问文蔚:'卿知举取士,孰与北朝?'文蔚曰:'北朝公荐、私谒相半,臣一以至公取才。'元宗嘉叹。中书舍人张纬,后唐应顺中及第,大衔其言,执政又皆不由科第进,相与排沮,贡举遂复

---

① (清)王士禛:《香祖笔记》卷五,济南:齐鲁书社 2007 年版,第 4562 页。

② (宋)陆游:《南唐书》卷五,傅璇琮、徐海荣、徐吉军主编:《五代史书汇编》第 9 册,杭州:杭州出版社 2004 年版,第 5500—5501 页。

③ (清)吴任臣:《十国春秋》卷三一,傅璇琮、徐海荣、徐吉军主编:《五代史书汇编》第 7 册,杭州:杭州出版社 2004 年版,第 3832 页。

④ (宋)李焘:《续资治通鉴长编》卷十六,北京:中华书局 2004 年版,第 336 页。

⑤ (宋)陆游:《南唐书》卷二,傅璇琮、徐海荣、徐吉军主编:《五代史书汇编》第 9 册,杭州:杭州出版社 2004 年版,第 5477 页。

罢矣。"①

2. 保大十二年(954)二月开考1次。吴任臣《十国春秋》卷十六记载:"十二年……二月,命吏部侍郎朱巩知贡举。"②

3. 保大十三年(955)开考1次,伍乔得中状元。

保大十三年(955)后,南唐遭受后周的大举进犯,国势衰颓,贡举停办了多年。

4. 宋建隆三年(962),后主李煜继位后的首次贡举。吴任臣《十国春秋》卷二五载:"乔匡舜字亚元,……保大中,召为驾部郎中、知制诰、中书舍人。周侵淮南,诸将无功,元宗议亲率六军死之。匡舜切谏,元宗怒,坐以沮国计,动人心,流于抚州,然亦卒不能亲行也。后主嗣位,复起为司农少卿,历侍中、监修国史、给事中,兼献纳使。知贡举,放及第乐史辈五人,多见滞名场者,时称得人;而少年轻薄子嘲之,谓之'陈橘皮榜'。"③

5. 乾德元年(963)开考1次。

6. 乾德二年(964)三月开考1次。陆游《南唐书·本纪三》记载:"乾德二年春三月……命吏部侍郎、修国史韩熙载知贡举,放进士王崇古等九人。国主命中书舍人徐铉覆试舒雅等五人,雅等不就。国主乃自命诗赋题,以中书官莅其事,五人皆见黜。"④

7. 开宝元年(968)开考1次。据《江南余载》卷上记载:"开宝初,举子齐愈及第,缀行至白门,忽于马上大笑不已,遂坠,驭者扶策,良久乃苏。盖其喜成名如此。"⑤材料当中的"白门"乃南唐都城建康的正南门,即宣阳门。齐愈科举及第,内心狂喜,故而做出大笑坠马的举止。

① (宋)陆游:《南唐书》卷十,傅璇琮、徐海荣、徐吉军主编:《五代史书汇编》第9册,杭州:杭州出版社2004年版,第5547页。

② (清)吴任臣:《十国春秋》卷十六,傅璇琮、徐海荣、徐吉军主编:《五代史书汇编》第7册,杭州:杭州出版社2004年版,第3635页。

③ (清)吴任臣:《十国春秋》卷二五,傅璇琮、徐海荣、徐吉军主编:《五代史书汇编》第7册,杭州:杭州出版社2004年版,第3750—3751页。

④ (宋)陆游:《南唐书》卷三,傅璇琮、徐海荣、徐吉军主编:《五代史书汇编》第9册,杭州:杭州出版社2004年版,第5487—5488页。

⑤ 佚名:《江南余载》卷上,上海师范大学古籍整理研究所编:《全宋笔记》第一编第2册,郑州:大象出版社2003年版,第244页。

8. 开宝五年(972)二月开考1次。陆游《南唐书·本纪三》记载："开宝五年春正月……内史舍人张佖知礼部贡举,放进士杨遂等三人。清辉殿学士张洎言佖多遗才,国主命洎考遗不中第者,于是又放王伦等五人。"①

9. 开宝六年(973)开考1次。吴任臣《十国春秋》卷三〇《张佖传》载："张佖,常州人。后主朝仕为考功员外郎,进中书舍人。开宝五年,贬损制度,改内史舍人。后主雅好文事,虽当末运,犹留意于科第,以佖有文,使知礼部贡举。揭榜之前夕,有程员者,梦人报己与王纶等五人及第,员惊喜,诣省门,遇杨遂、张观、曾颢,谓曰:'榜在鸡行街,何忽忽至此?'既寤,则闻遂等三人中选。其夏,后主疑佖颇任私意,命张洎覆试,遂再放王纶等五人。乃知洎虽矫佖之弊,然前定固如此。明年癸酉附榜,则'鸡行'之应也。"②所谓"明年癸酉附榜",即指开宝六年(973年,癸酉年)再设贡举,程员于"附榜"及第。

10. 开宝八年(975)二月,最后一次开贡举。陆游《南唐书·本纪三》记载:"乙亥岁春二月壬戌,王师拔金陵阙城。……长围既合,内外隔绝。……群臣皆知国亡在旦暮,而张洎犹谓北师已老,将自遁去。后主益甘其言,晏然自安,命户部员外郎伍乔于围城中放进士孙确等三十八人及第。"③

唐末天下大乱,文化凋敝,诗、书、礼、乐皆遭摧败。然而南唐却坐拥南北贤才,注重教育与科举,遂使"江左三十年文物,有贞元、元和之风"④,形成了文化繁盛的格局,在五代十国诸多割据政权中,俨有"一览众山小"的优势。这使南唐士人在当时有资格以"一灰堆"之句嘲笑中原风物,使李璟不无自豪地感叹道:"自古及今,江北文人不

① (宋)陆游:《南唐书》卷三,傅璇琮、徐海荣、徐吉军主编:《五代史书汇编》第9册,杭州:杭州出版社2004年版,第5490页。

② (清)吴任臣:《十国春秋》卷三〇,傅璇琮、徐海荣、徐吉军主编:《五代史书汇编》第7册,杭州:杭州出版社2004年版,第3818页。

③ (宋)陆游:《南唐书》卷三,傅璇琮、徐海荣、徐吉军主编:《五代史书汇编》第9册,杭州:杭州出版社2004年版,第5491—5493页。

④ (宋)陈彭年:《江南别录》,上海师范大学古籍整理研究所编:《全宋笔记》第一编第4册,郑州:大象出版社2003年版,第207页。

及江南才子之多。"①江淮地区的文化乃至政治地位也因此得以大幅度提高。

据李焘《续资治通鉴长编》卷十九记载,北宋太祖建隆初年,"三馆所藏书仅一万二千余卷。及平诸国,尽收其图籍,惟蜀、江南最多,凡得蜀书一万三千卷,江南书二万余卷;又下诏开献书之路,于是天下书复集三馆,篇帙稍备。"②马令《南唐书》卷二三亦载:"皇朝(指宋朝)初离五代之后,诏学官训校九经,而祭酒孔维、检讨杜镐苦于讹舛。及得金陵藏书十余万卷,分布三馆及学士、舍人院。其书多雠校精审,编秩完具,与诸国本不类。昔韩宣子适鲁,而知周礼之所在。且周之典礼,固非鲁可存,而鲁果能存其礼,亦为近于道矣。南唐之藏书,何以异此?"③南唐遗臣入宋后,参与了宋代大书的编撰。"太平兴国中,诸降王死,其旧臣或宣怨言,太宗尽收用之,置之馆阁,使修群书,如《册府元龟》《文苑英华》《太平广记》之类,广其卷帙,厚其廪禄赡给,以役其心,多卒老于文字之间云"④。而且南唐文化的普及,促使江西成为宋代人才辈出之地,涌现出晏殊、欧阳修、王安石、曾巩、黄庭坚等大批著名文士,南北地域文化发展的态势呈现出新的转变。因此南宋人洪迈指出:"古者江南不能于中土等。宋受天命,然后七闽二浙,与江之西东,冠带《诗》《书》,翕然大肆,人才之盛,遂甲于天下。"⑤

郑学檬在《五代十国史研究》中指出:"五代十国时期,江南'风流才子'的出现,预示着商品经济的发展,城市物质生活、文化生活繁富之后,文化意识开始新的变化:他们才华横溢,多才多艺,醉心有较高文化价值的艺术天地和精神生活;追求物质享受,标新立异,对所谓'玩物丧志'、'玩人丧德'的圣贤之言,并不遵奉;政治思想上不蹈绳墨,有点儿

① (宋)郑文宝:《江表志》卷中,上海师范大学古籍整理研究所编:《全宋笔记》第一编第 2 册,郑州:大象出版社 2003 年版,第 264 页。

② (宋)李焘:《续资治通鉴长编》卷十九,北京:中华书局 2004 年版,第 422 页。

③ (宋)马令:《南唐书》卷二三,傅璇琮、徐海荣、徐吉军主编:《五代史书汇编》第 9 册,杭州:杭州出版社 2004 年版,第 5406—5407 页。

④ (宋)王明清:《挥麈后录》卷一,上海师范大学古籍整理研究所编:《全宋笔记》第六编第 1 册,郑州:大象出版社 2013 年版,第 73 页。

⑤ (宋)洪迈:《容斋四笔》卷五,上海师范大学古籍整理研究所编:《全宋笔记》第五编第 6 册,郑州:大象出版社 2012 年版,第 252 页。

越轨,为当权卫道士所不悦;富有某种创造力。"①南唐时期涌现了许多著名文士,由于受到时代环境的影响,他们分别呈现出儒雅、隐逸、狂放等不同的精神格调和心志意趣,在文学、艺术等方面也都取得了很大成就。

1. 孙鲂(? —937),字伯鱼,南昌(今属江西)人,一作乐安(今属江西)人。家贫好学。唐末,诗人郑谷避乱归宜春,鲂从之学诗,尽得其诗歌体法。后吴王杨行密据有江淮,鲂遂往依之,曾任郡从事。南唐烈祖时,累迁至宗正郎。

孙鲂与沈彬、李建勋、齐己等人皆卓有诗名,不时举行诗会,互相品诗。他们都崇尚中唐白居易的诗歌风格,"宗白诗风在五代起着主导作用,集中体现着一代诗歌的基本创作倾向和转折特征"②。马令《南唐书》卷十三记载沈彬品评孙鲂的诗作:"彬好评诗,建勋尝与彬议,时鲂不在席,以鲂诗诘之,彬曰:'此非有风雅制度,但得人间烟火气多尔。'鲂遂出,让彬曰:'非有风雅,固然,而谓得人间烟火气,何耶?'彬笑曰:'子《夜坐》句云:'划多灰杂苍虬迹,坐久烟消宝鸭香。'非炉上作而何?'阖座大笑。"③

孙鲂《题金山寺》诗写道:"万古波心寺,金山名目新。天多剩得月,地少不生尘。过橹妨僧定,惊涛溅佛身。谁言张处士,题后更无人。"描摹金山寺屹立江中的超然之态,显得远离尘嚣、清雅空旷。吴任臣称其"与张祜(《金山寺》)诗前后并称,一时以为绝唱"④。元人辛文房亦谓其"骚情风韵,不减张祜"⑤。其《甘露寺》《湖上望庐山》等诗写景雄奇壮伟、空明澄澈,传递出独特的神韵,尽显出诗人旷逸高远的心胸和气魄。他还特别擅长对于植物花草意象的歌咏,如《杨柳枝》《柳》《柳絮咏》《牡丹》《看牡丹》《题未开牡丹》等,从不同侧面表达出作者丰富复杂的人生

---

① 郑学檬:《五代十国史研究》,上海:上海人民出版社 1991 年版,第 226 页。
② 贺中复:《论五代十国的宗白诗风》,载《中国社会科学》1996 年第 5 期。
③ (宋)马令:《南唐书》卷十三,傅璇琮、徐海荣、徐吉军主编:《五代史书汇编》第 9 册,杭州:杭州出版社 2004 年版,第 5351 页。
④ (清)吴任臣:《十国春秋》卷三一,傅璇琮、徐海荣、徐吉军主编:《五代史书汇编》第 7 册,杭州:杭州出版社 2004 年版,第 3827 页。
⑤ (元)辛文房撰,周本淳校正:《唐才子传校正》卷十,南京:江苏古籍出版社 1987 年版,第 324 页。

感怀和品格节操。

2. 李建勋（873？—952），字致尧，广陵（今江苏扬州）人，吴赵王李德诚第四子。初为昇州巡官，后任徐知诰金陵副使，遂预禅代之谋。释文莹《玉壶清话》卷九记载："先主受禅，（德诚）用其子建勋之谋，率诸侯劝进，以推戴之功，卒厚宠遇。"[1]南唐建国后，拜中书侍郎同平章事，加左仆射、监修国史，领滑州节度使。昇元五年（941），因烈祖忌讳而罢相，放还私第。据陆游《南唐书》卷九记载，李建勋"自开国至昇元五年，犹辅政，比他相最久"[2]。正因为如此，他招致烈祖的猜忌。司马光《资治通鉴》卷二八二云："唐主自以专权取吴，尤忌宰相权重，以右仆射兼中书侍郎、同平章事李建勋执政岁久，欲罢之。会建勋上疏言事，意其留中；既而唐主下有司施行。建勋自知事挟爱憎，密取所奏改之；秋七月戊辰，罢建勋归私第。"[3]未几，复入相。

中主立，建勋出为昭武军节度使，后召拜司空。《资治通鉴》卷二八三记载："唐主（指李璟）为人谦谨，初即位，不名大臣，数延公卿论政体。李建勋谓人曰：'主上宽仁大度，优于先帝；但性习未定，苟旁无正人，但恐不能守先帝之业耳。'"[4]未几，罢相，出镇抚州。带着遭受贬谪的失落和苦闷，李建勋开始了纵情山水、及时行乐的放达生活。经历了政坛当中的沉浮起落，李建勋更加怯懦无为、尸位素餐。马令《南唐书》卷十称其一生"博览经史，民情政体，无不详练。惜乎怯而无断，未尝忤旨，故虽有蕴藉，而卒不得行"[5]。李建勋在《寄魏郎中》诗中也自道其仕宦态度："碌碌但随群，蒿兰任不分。未尝矜有道，求遇向吾君。"后以司徒致仕，赐号"钟山公"，营蒋山别墅于山中，放意泉石，并且以诗见志曰："桃

① （宋）释文莹：《玉壶清话》卷九，上海师范大学古籍整理研究所编：《全宋笔记》第一编第 6 册，郑州：大象出版社 2003 年版，第 169 页。

② （宋）陆游：《南唐书》卷九，傅璇琮、徐海荣、徐吉军主编：《五代史书汇编》第 9 册，杭州：杭州出版社 2004 年版，第 5539 页。

③ （宋）司马光：《资治通鉴》卷二八二，第 19 册，北京：中华书局 2011 年版，第 9353 页。

④ （宋）司马光：《资治通鉴》卷二八三，第 19 册，北京：中华书局 2011 年版，第 9376 页。

⑤ （宋）马令：《南唐书》卷十，傅璇琮、徐海荣、徐吉军主编：《五代史书汇编》第 9 册，杭州：杭州出版社 2004 年版，第 5328—5329 页。

花流水须相信,不学刘郎去又来。"①表明自己绝意仕进的心愿。

释文莹《玉壶清话》卷十记载,李建勋致仕后,不甘"劳生纷扰,耗真蠹魂",尽享超脱尘俗的清雅意趣:"尝畜一玉磬,尺余,以沉香节安柄。叩之,声极清越。客有谈及猥俗之语者,则击玉磬数声于耳。客或问之,对曰:'聊代洗耳。'一轩,榜曰'四友轩'。以琴为峄阳友,以磬为泗滨友,《南华经》为心友,湘竹簟为梦友。"②保大九年(951),南唐军队平定湖南,国人纷相道贺,唯独李建勋深以为忧,曰:"祸始于此矣!"次年五月卒,谥曰靖。弥留之际,建勋对南唐国运已深感绝望。他告诫家人:"时事如此,吾得全归,幸矣。勿封树立碑,贻他日毁斫之祸。"③果然南唐亡后,公卿之冢穴鲜不盗发,唯独李建勋坟茔不知所处。

建勋少好学,遍览经史,尤工诗,所作以七律为多。他是吴及南唐时期诗歌活动的中心人物,吴时曾与沈彬、孙鲂结为诗社,南唐时也与许多文人骚客往还酬答。释文莹谓"其为诗,少犹浮靡,晚年方造平淡"④。他的诗歌主要表现身居显贵、悠游自在的闲适生活,展示及时行乐的人生追求。明人田艺蘅《留青日札·诗谈初编》对此评价道:"李建勋虽居极品,然惜花怜酒,解吐婉媚,辞如'预愁多日谢,翻怕十分开','空庭悄悄月如霜,独倚栏干伴花立',如'肺伤徒问药,发落不盈梳','携酒复携筇,朝朝一似忙',足见得花酒风味。"⑤这些诗句也在寻欢作乐的生活背后,隐含着作者对于可悲政治的感怀和无奈。其《惜花》《闲出书怀》《小园》等诗也着力表现平和安逸的心境、向往自然的意绪,笔调清新淡雅、闲逸脱俗,显示出达官显贵特有的富贵

---

① (宋)马令:《南唐书》卷十,傅璇琮、徐海荣、徐吉军主编:《五代史书汇编》第9册,杭州:杭州出版社2004年版,第5328页。

② (宋)释文莹:《玉壶清话》卷十,上海师范大学古籍整理研究所编:《全宋笔记》第一编第6册,郑州:大象出版社2003年版,第174页。

③ (宋)陆游:《南唐书》卷九,傅璇琮、徐海荣、徐吉军主编:《五代史书汇编》第9册,杭州:杭州出版社2004年版,第5540页。

④ (宋)释文莹:《玉壶清话》卷十,上海师范大学古籍整理研究所编:《全宋笔记》第一编第6册,郑州:大象出版社2003年版,第174页。

⑤ (明)田艺蘅:《留青日札》卷五,明万历重刻本。

气象。宋齐丘夸赞其诗曰："李相清谈,不待润色,自成文章。"[1]元人辛文房评其"能文赋诗,琢炼颇工,调既平妥,终少惊人之句也"[2];明人徐献忠《唐诗品》评析其诗"每联必设景象,盖工写之极,流而为俳,亦不自知也"[3]。

3. 宋齐丘(887—959),字子嵩,世为庐陵(今江西吉安)人。后随父举家迁居洪州,遂为豫章(今江西南昌)人。少"好学,有大志,尤喜纵横短长之说。少时梦乘龙上天,颇以此自负"[4]。杨吴权臣徐温得知宋齐丘之名,将其招至自己门下,但是未予充分的信任。天祐九年(912),徐知诰出任昇州刺史,延揽四方宾客,宋齐丘往谒之。他曾经暇日陪徐知诰燕游,托《凤凰台诗》以见志,其中有云:"养花如养贤,去草如去恶。松竹无时衰,蒲柳先秋落。""烈祖奇其志,待以国士"[5]。从此以后,宋齐丘尽心竭力辅佐徐知诰,逐渐成为其心腹谋臣。

三世祖唐太傅齐邱公像

赞曰
美哉齐邱
吴谋王辅弼
於君昭升大
於德漈贤及
於生民瓜陇
绵绵於後世
位莫选帅不
正莫遷帅不
徐知诰题

宋齐丘(887—959)

宋齐丘积极为徐知诰出谋划策,指出"宜颁布六条,以率群吏,定民科制,劝课农桑,薄征轻赋,禁止非徭"。徐知诰依此执行,"在位十余年,民庶丰实,郡邑安堵,律礼修举,庶位公廉,城郭浚固,军器充积,兵

① (宋)陆游:《南唐书》卷九,傅璇琮、徐海荣、徐吉军主编:《五代史书汇编》第9册,杭州:杭州出版社2004年版,第5540页。

② (元)辛文房撰,周本淳校正:《唐才子传校正》卷十,南京:江苏古籍出版社1987年版,第310页。

③ (明)徐献忠:《唐诗品》,陈伯海主编:《唐诗品汇》下册,杭州:浙江教育出版社1995年版,第3000页。

④ (清)吴任臣:《十国春秋》卷二〇,傅璇琮、徐海荣、徐吉军主编:《五代史书汇编》第7册,杭州:杭州出版社2004年版,第3697页。

⑤ (宋)陆游:《南唐书》卷四,傅璇琮、徐海荣、徐吉军主编:《五代史书汇编》第9册,杭州:杭州出版社2004年版,第5494页。

士辑睦,人乐为用"①。宋人洪迈对宋齐丘、徐知诰给予高度评价:"齐丘之事美矣!徐知诰亟听而行之,可谓贤辅相。"并为此感叹道:"今之君子为国,唯知浚民以益利,岂不有愧于偏闾之臣乎。"②乾贞元年(927)徐温病卒后,徐知诰独掌吴政,宋齐丘"始擢右司员外郎,累迁右谏议、兵部侍郎,居中用事,行且为相矣";太和三年(931)又"除中书侍郎,迁右仆射、平章事";烈祖出镇金陵,以长子李璟为大将军,居扬州辅政,"委齐丘左右之"③。

南唐建国,宋齐丘进司徒,以丞相同平章事,后又兼知尚书省事。昇元六年(942)出为镇南军节度使。中主保大元年(943)召拜太保、中书令,与周宗并为宰相。不久,坐其党陈觉、魏岑倾陷周宗,出为镇海军节度使。寻乞归九华旧隐,赐号"九华先生",封青阳公。后又召拜太傅、中书令,赐号"国老"。五年(947)复出为镇南军节度使,后迁太傅。交泰元年(958),钟谟奏其结党危国,遂被放于青阳,囚禁于其第。次年,不堪其辱,自缢死,谥丑缪。对此,吴任臣在《十国春秋·宋齐丘传论》中感叹道:"齐丘任计,数喜机变,故纵横捭阖之士也。乘时干主,化家为国,可不谓有功焉。而躁悖热中,植党自用,迭起迭废,卒以不良死。史谓其狃于要君,闇于知人,其信然哉。"④

宋齐丘能诗,所赋《陪游凤凰台献诗》颇为李昇所称赏。马令评其"为文有天才,而寡学不经,师友议论,词尚诡诞,多违戾先王之旨,自以古今独步。书札不工,亦自矜炫,而嗤鄙欧、虞之徒。冯延巳亦工书,远胜齐丘,而佯为师授以求媚。齐丘谓之曰:'子书非不善,然不能精意,往往似虞世南,其何堪也!'"⑤。宋人龙衮《江南野史》卷四对宋齐丘的

① (宋)龙衮:《江南野史》卷一,上海师范大学古籍整理研究所编:《全宋笔记》第一编第3册,郑州:大象出版社2003年版,第155页。

② (宋)洪迈:《容斋续笔》卷十六,上海师范大学古籍整理研究所编:《全宋笔记》第五编第5册,郑州:大象出版社2012年版,第411页。

③ (清)吴任臣:《十国春秋》卷二〇,傅璇琮、徐海荣、徐吉军主编:《五代史书汇编》第7册,杭州:杭州出版社2004年版,第3697页。

④ (清)吴任臣:《十国春秋》卷二〇,傅璇琮、徐海荣、徐吉军主编:《五代史书汇编》第7册,杭州:杭州出版社2004年版,第3701页。

⑤ (宋)马令:《南唐书》卷二〇,傅璇琮、徐海荣、徐吉军主编:《五代史书汇编》第9册,杭州:杭州出版社2004年版,第5390页。

文学才华则给予了评价："齐丘之学,天才纵逸,颖出群汇,混然而得,非耗蠹前修而为之辞。至《凤凰山亭诗》《延宾亭记》《九华三表》,有古儒之风格;《化书》五十余篇,颇几于道家。凡建碑碣,皆齐丘之文,命韩熙载八分书之。熙载常以纸实其鼻,或问之故,答曰:'其辞秽而且臭。'时见谤诽,多此之类。"①

　　4. 韩熙载(902—970),字叔言,其先为南阳(今属河南)人。父光嗣,任秘书少监、淄青观察支使,徙家于齐,遂为潍州北海(今山东潍坊)人。少隐嵩山,后唐同光中擢进士第。天成元年(926),因其父为明宗所杀,南奔归吴,补校书郎。

韩熙载(902—970)

　　及至杨吴后,韩熙载投书自状曰:"得《麟经》于泗水,授豹略于邳圯。运陈平之六奇,飞鲁连之一箭","失范增而项氏不兴,得吕望而周朝遂霸。"②语多吹嘘夸饰之词。由于年少轻狂,举止失措,出为滁、和、常三州从事。南唐烈祖时,召为秘书郎,命其入东宫辅教太子。韩熙载于东宫谈笑而已,不婴事务。

　　元宗嗣位,拜虞部员外郎、史馆修撰,赐绯。韩熙载慨然叹曰:"先帝知我而不显用,是以我为慕荣绍宗也。"③于是积极参与朝政,所论得到李璟嘉许,寻兼太常博士,权知制诰。他根据当时的国家形势,建议李璟抓住机遇,积极北伐:"陛下恢复祖业,今其时也。若虏主北归,中

① (宋)龙衮:《江南野史》卷四,上海师范大学古籍整理研究所编:《全宋笔记》第一编第3册,郑州:大象出版社2003年版,第183页。

② (清)吴任臣:《十国春秋》卷二八,傅璇琮、徐海荣、徐吉军主编:《五代史书汇编》第7册,杭州:杭州出版社2004年版,第3785页。

③ (清)吴任臣:《十国春秋》卷二八,傅璇琮、徐海荣、徐吉军主编:《五代史书汇编》第7册,杭州:杭州出版社2004年版,第3786页。

原有主,则未易图也。"①可是由于南唐在闽地损兵折将,元气大伤,也就无暇北顾,错失了大好时机。韩熙载立身朝廷,精通礼仪,举正无隐,大为宋齐丘、冯延巳等人忌惮;又因屡言宋齐丘党与必为祸乱,被诬以嗜酒猖狂,贬和州司士参军,"其实熙载酒量,涓滴而已"②。后召为虞部员外郎,迁郎中、史馆修撰,拜中书舍人。

后主即位,改吏部侍郎,后拜兵部尚书,充勤政殿学士承旨。韩熙载目睹南唐国势日蹙,难以挽救,遂蓄女乐四十余人,与客杂居,帷薄不修,彻夜宴饮,放荡嬉戏。萧俨、江文蔚、常梦锡、冯延巳、徐铉、徐锴、潘佑、张泊等人俱集其门,顾闳中所绘传世名画《韩熙载夜宴图》即描绘其豪宅内夜宴之盛景。

后主虽欲用之为相,终因其纵情声色而作罢。坐托疾不朝,谪授太子右庶子,分司南都。韩熙载遂尽斥诸妓,后主复留为秘书监,俄复为兵部尚书,官终中书侍郎、充光政殿学士承旨。所撰《格言》,论述刑政之要、古今之势、灾异之变,深得后主褒誉。宋开宝二年(970),卧疾于城南戚家山。次年卒,赠平章事,谥文靖,葬之梅颐岗谢安墓侧。

韩熙载高才博学,长于剧谈,听者忘倦;又审音能舞,雅擅书法,画笔亦冠绝当时。为文长于碑碣,江表碑碣大手笔,咸出其手,四方之众纷纷载金帛求为文章碑表。释文莹《湘山野录》卷下称其"事江南三主,时谓之神仙中人。风彩照物,每纵辔春城秋苑,人皆随观。谈笑则听者忘倦,审音能舞,善八分及画笔,皆冠绝。简介不屈,举朝未尝拜一人。每献替,多嘉纳,吉凶仪制不如式者,随事稽正,制诰典雅,有元和之风"③。他骨气奇高,从不卑身事贵,对青年后进却热情奖掖、积极举荐,苟有才艺,必延至门下,以舒雅等人为门生;见文有可采者,手自缮写,为播其声名,时号"韩夫子"。卒后,后主命徐锴辑录其遗文,藏之书殿。

5. 史虚白(895?—961?),字畏名,北海(今属山东)人。初隐居嵩

---

① (宋)司马光:《资治通鉴》卷二八六,第 20 册,北京:中华书局 2011 年版,第 9466 页。

② (宋)史温:《钓矶立谈》,傅璇琮、徐海荣、徐吉军主编:《五代史书汇编》第 9 册,杭州:杭州出版社 2004 年版,第 5028 页。

③ (宋)释文莹:《湘山野录》卷下,上海师范大学古籍整理研究所编:《全宋笔记》第一编第 6 册,郑州:大象出版社 2003 年版,第 55 页。

山,与韩熙载友善。五代征伐,中原多事,遂与韩熙载共渡淮河,前往金陵。当时宋齐丘执掌南唐政事,史虚白自许颇高,放言道:"彼可代而相矣!"宋齐丘怀恨于心,酒宴之上命其赓和诗作,并且纵恣女奴于旁多方扰之,然而"虚白谈笑献酬,笔不停辍,众方大惊"①。虚白每言政事,多引汤、武、伊、吕之说,然于具体政局的分析则显得较为迂阔,故此与韩熙载南下已过十载,却仅署为州郡从事,与其胸中的非凡怀抱相差甚远。

史虚白怨愤不平,颇以为耻,遂以病辞,褒衣博带,决意世事,卜居于浔阳落星湾,并与庐山佛老之徒耽玩泉石,以诗酒自娱,常乘黄犊版辕,挂酒壶车上,山童总角负一琴一酒瓢以从。宋人刘涣《骑牛歌后叙》云:"吴顺义中,史虚白先生自北海避地于星子,常乘牛往来山水间,今民间尚存《史先生骑牛图》。"②

中主继位后,史虚白因韩熙载之荐重返金陵。李璟向他咨询国事方略,史虚白以"草野之人,渔钓而已,邦国大计,不敢预知"相辞,并在皇宫便殿的宴饮时醉溺于阶侧。中主知其意不可违,叹道:"真处士也。"③遂赐田五百石,准予复归隐所。

宋建隆二年(961),中主南迁至落星湾,复召见史虚白,问其有何新作,对曰:"臣得《渔父》一联云:'风雨掇却屋,全家醉不知。'"④实则蕴含着南唐国祚衰颓的喟叹。中主因此变色久之,赐粟帛、美酒遣还。徐铉、高越谓之曰:"先生高不可屈,盍使二子仕乎?"史虚白对答道:"野人有子,贤则立功业,以道事明主;愚则负薪捕麋,以养其母。仆未尝介意也,不敢以累公。"⑤徐、高二人为之愧叹。

史虚白容貌恢廓,性情洒脱,世习儒学,长而文思敏捷,郑文宝称其

① (宋)马令:《南唐书》卷十四,傅璇琮、徐海荣、徐吉军主编:《五代史书汇编》第9册,杭州:杭州出版社2004年版,第5354页。
② (宋)刘涣:《骑牛歌后叙》,曾枣庄主编:《宋代序跋全编》卷九七,济南:齐鲁书社2015年版,第2706页。
③ (宋)龙衮:《江南野史》卷八,上海师范大学古籍整理研究所编:《全宋笔记》第一编第3册,郑州:大象出版社2003年版,第209页。
④ (宋)马令:《南唐书》卷十四,傅璇琮、徐海荣、徐吉军主编:《五代史书汇编》第9册,杭州:杭州出版社2004年版,第5355页。
⑤ (明)陈霆:《唐余纪传》卷十六,傅璇琮、徐海荣、徐吉军主编:《五代史书汇编》第9册,杭州:杭州出版社2004年版,第5755页。

"尝对客弈棋,旁令学徒四五辈各秉纸笔,先定题目,或为书启表章,或诗赋碑颂,随口而书,握管者略不停辍。数食之间,众制皆就。虽不精绝,然词彩磊落,旨趣流畅,亦一代不羁之才也"①。宋仁宗喜其诗,追号"冲靖先生"。

6. 沈彬(864?—961),字子文,筠阳高安(今属江西)人。少孤好学,亦喜神仙之术。唐末曾赴进士试,三举下第。当时正值时局动荡,遂南游湖湘,隐云阳山十年许。后归乡里,访名山洞府,学神仙虚无之道。徐知诰镇金陵,素闻其名,沈彬因献《观画山水图》诗云:"须知手笔安排定,不怕山河整顿难。"②预祝徐知诰取吴禅代。徐知诰览之大喜,遂辟为秘书郎,入东宫辅世子。不久,以老乞归,乃以吏部郎中致仕。后绝不求仕进,高安士人多给其粟帛。北宋建隆二年(961),中主迁都南昌,沈彬往见。中主优礼待之,授其子为秘书省正字,赐粟帛遣还,未几卒。

沈彬早有诗名,天才狂逸,下笔成咏,曾与诗僧虚中、齐己、贯休等为诗友,又与诗人韦庄、杜光庭有唱和。其《再过金陵》"《玉树》歌终王气收,雁行高送石城秋。江山不管兴亡事,一任斜阳伴客愁",《都门送客》"岸柳萧疏野荻秋,都门行客莫回头。一条灞水清如剑,不为离人割断愁",意境萧瑟,笔力苍劲,渗透着怀古伤今的感触,在当时广为传诵。宋人陶岳谓其诗"格高逸"③,陆游亦称其诗"句法清美"④。

他还非常擅长描写边塞题材的诗作,诸如《入塞二首》《塞下三首》等诗数量接近其诗作总数的一半,这在南唐诗人中显得尤其突出。《塞下三首》其一写道:"塞叶声悲秋欲霜,寒山数点下牛羊。映霞旅雁随疏雨,向碛行人带夕阳。边骑不来沙路失,国恩深后海城荒。胡儿向化新

---

① (宋)郑文宝:《南唐近事》卷一,上海师范大学古籍整理研究所编:《全宋笔记》第一编第 2 册,郑州:大象出版社 2003 年版,第 210 页。

② (宋)龙衮:《江南野史》卷六,上海师范大学古籍整理研究所编:《全宋笔记》第一编第 3 册,郑州:大象出版社 2003 年版,第 197 页。按:陶岳《五代史补》卷四载"彬献《颂德诗》云:'金翅动身摩日月,银河转浪洗乾坤。'"(宋)马令《南唐书》卷十五则称"(彬)因献画山水诗云:'尺素隐清辉,一毫分险阻。'"

③ (宋)陶岳:《五代史补》卷四,傅璇琮、徐海荣、徐吉军主编:《五代史书汇编》第 5 册,杭州:杭州出版社 2004 年版,第 2519 页。

④ (宋)陆游:《南唐书》卷七,傅璇琮、徐海荣、徐吉军主编:《五代史书汇编》第 9 册,杭州:杭州出版社 2004 年版,第 5520 页。

成长,犹自千回问汉王。"此诗看似和平宁静,实则蕴含着由于中原板荡导致边防荒弛的深沉悲凉。因此清人沈德潜《唐诗别裁集》卷十六评价道:"塞下诗防其粗豪,此首最见品格。下半说武备废弛,胡人窥伺,而措语婉曲,于唐末得之,尤为仅见。"①另如《吊边人》诗云:"杀声沉后野风悲,汉月高时望不归。白骨已枯沙上草,家人犹自寄寒衣。"通过鲜明的对照,揭示出唐朝武备废弛、军事失败给广大征夫及其家人所带来的深重灾难,"仁人君子观此,何忍开边以流毒万姓乎!"②

7. 孙晟(? —956),初名凤,又名忌,密州(今山东诸城)人。少为道士,居庐山简寂观。好为诗,画贾岛像于屋壁,朝夕事之。简寂观道士恶晟,以为妖,以杖驱逐之。后易儒服,至镇州谒后唐庄宗,授著作佐郎。后唐明宗天成间为汴州判官,后亡命陈、宋间。后唐末奔吴,为徐知诰所知,多从其计议。当时徐知诰辅吴,四方豪杰云集。孙晟口吃,"初与人接,不能道寒暄;坐定,辞辩锋起,人多憎嫉之。而烈祖独喜其文词,使出教令,辄合指,遂预禅代秘计。每入见,必移时乃出,尤务谨密,人莫窥其际"③。

孙晟历事南唐烈祖、元宗二十余年,由于其雄才善辩、性情刚烈,为宋齐丘、冯延巳党人所忌惮。他常鄙薄冯延巳之为人,宣称:"金碗玉杯而盛狗屎,可乎?"④保大十年(952),自右仆射同平章事,又进司空。十四年(956),后周大军南侵,南唐危在旦夕。三月,孙晟挺身而出,奉命出使后周,请割地奉正朔以求和。他对怯懦畏祸的宰相冯延巳说:"公今当国,此行当属公。然晟若辞,是负先帝也。"但是他也非常清楚:此番北上必定凶多吉少,因此对身边的副使、礼部尚书王崇质说:"吾行,必不免,然吾终不负永陵一抔土也!"果然,孙晟一行遭到后周羁押,同年十一月被杀害。临刑前,孙晟神态自若,整理衣冠,南望而拜曰:"臣谨以死报国。"然后慷慨就义。孙晟死后,"周世宗怜其忠,颇悔杀之。

① (清)沈德潜:《唐诗别裁集》卷十六,下册,上海:上海古籍出版社 2013 年版,第 541 页。
② (明)杨慎:《升庵诗话》卷五,丁福保辑:《历代诗话续编》中册,北京:中华书局 2006 年版,第 723 页。
③ (宋)陆游:《南唐书》卷十一,傅璇琮、徐海荣、徐吉军主编:《五代史书汇编》第 9 册,杭州:杭州出版社 2004 年版,第 5553 页。
④ (宋)马令:《南唐书》卷十六,傅璇琮、徐海荣、徐吉军主编:《五代史书汇编》第 9 册,杭州:杭州出版社 2004 年版,第 5367—5368 页。

元宗闻晟死,哀甚流涕,赠太傅,追封鲁国公,谥文忠"①。著有《孙晟集》5 卷、《续古阙文》5 卷,今皆已佚。

8. 孟宾于(894?—976?),字国仪,其先居太原,后为连州连上(今广东连县)人。少孤力学,父亲逝后,事母至孝,诗文吟咏,乐而忘倦。后唐长兴末,渡江应进士试,屡举不第。孟宾于尝集所作诗百篇为《金鳌集》,献于李若虚,深得对方称善。李又择集中佳作,使其驰诣洛阳,献诸朝廷,由是名声鹊起,和凝、王易简、李慎仪、李详咸推誉之。开运元年(944)终登进士第,因世乱还乡。不久,为楚文昭王马希范辟为零陵从事,亦不显用。保大九年(951),南唐军队攻陷湖湘,孟宾于随马氏归降,初授丰城簿,寻迁淦阳令,因黩货以赃罪当死,幸为旧日好友、宋翰林学士李昉寄诗援救。后主见诗,遂宽宥之。未几,求致仕,隐居玉笥山中,自号群玉峰叟,与道士相游处。后以水部员外郎起官,分司南都。宋太祖灭南唐后,孟宾于以老病辞归故里,不久遂卒。

孟宾于早富诗名,所咏"松根盘藓石,花影卧沙鸥"(《蟠溪怀古》)、"寒山梦觉一声磬,霜叶满林秋正深"(《湘江亭》)、"仙界路遥云缥缈,古坛风冷叶萧骚"(《题梅仙馆》)等句,饶富幽冷、清空的韵致。李昉赠诗有云"昔日声名喧洛下,近年诗价满江南"(《寄孟宾于》),足见其诗名之盛;陈尧佐序其诗集,称其"如百丈悬流,洒落苍翠间。清雄奔放,望之竖人毛骨,五代诗人未有过之者"②。宋人王禹偁亦称赏其诗具有"雅澹之体,警策之句"③。其诗《公子行》形容特权者轻裘肥马,冶游享乐,多骄纵不法,以残民害物为务,字里行间饱含着对民生疾苦的同情。

孟宾于一生所著诗集颇多,王禹偁《孟水部诗集序》称:"有《金鳌集》者,应举时诗也;《湘东集》者,马氏幕府诗也;《金陵集》者,李氏诗也;《玉笥集》者,吉州诗也;《剑池集》者,丰城诗也。总五百五首,今合为一集,以官为名。"④

① (清)吴任臣:《十国春秋》卷二七,傅璇琮、徐海荣、徐吉军主编:《五代史书汇编》第 7 册,杭州:杭州出版社 2004 年版,第 3773—3774 页。
② (明)李贤:《明一统志》卷七九,清文渊阁《四库全书》本。
③ (宋)王禹偁:《孟水部诗集序》,曾枣庄主编:《宋代序跋全编》卷二,济南:齐鲁书社 2015 年版,第 43 页。
④ (宋)王禹偁:《孟水部诗集序》,曾枣庄主编:《宋代序跋全编》卷二,济南:齐鲁书社 2015 年版,第 43 页。

9. 陈贶（890？—960？），贶一作况，闽（今福建）人。孤贫力学，积书数千卷，隐于庐山白鹿洞三十余年，衣食乏绝，不以动心，学者多师事之。南唐中主闻其名，以币帛往征。陈贶入见，幞巾条带，布裘鹿鞸，进止闲雅有度。当时天气奇寒，元宗见其衣着单薄，特降手札曰："欲以绫绮衣赐卿，卿必不受；今赐朕自服䌷缣衣三十事。"[1]陈贶遂献上《景阳台怀古》诗："景阳六朝地，运极自依依。一会皆同是，到头谁论非。酒浓沉远虑，花好失前机。见此尤宜戒，正当家国肥。"作品通过对南朝陈后主亡国故事的咏叹，表达出以史为鉴、励精图治的美好愿望。元宗读后极为称善，诏授江州士曹掾，陈贶固辞不受。元宗见其言语朴野，性情疏旷，不却其志，乃赐粟帛，遣还旧隐。卒年75岁。

陈贶生性淡泊名利，待人处事质朴淳厚，作诗勤于苦思，每得句未成章，已播远近，一时学者如刘洞、江为等皆师事之。尝为诗数百首，"骨务强梗，出于常态，颇有阆仙之致，脍于人口"[2]。

10. 高越（生卒年不详），字冲远（一作仲远），幽州（今北京）人。少举进士，精警有才思，雅擅词赋，闻名于燕、赵间。卢文进镇上党，具礼币致之。文进徙安州，高越又从之，遂为其掌书记。文进小女貌美能文，有"女学士"的雅号，因以妻越。

天福元年（936），后晋高祖石敬瑭即位。同年十二月，高越随卢文进南奔。初投鄂帅张宣，久不见知，高越遂咏《鹰》诗以诮之。不久即随卢文进至广陵，吴王徐知诰用为秘书郎，凡祷祠燕饯之文，高越多为撰之。南唐烈祖受禅后，迁水部（一说礼部）员外郎，改祠部；出为浙西判官，迁水部郎中。

中主保大年间，南唐兴起伐楚战争，攻取了潭、衡诸州，朝廷上下一片欢腾。高越却能冷静地分析形势："潭、衡一时之凶乱，取之甚易；观诸将之才，善守为难。"[3]战局的发展果然如其所料，招致了重大损失。

① （宋）陆游：《南唐书》卷七，傅璇琮、徐海荣、徐吉军主编：《五代史书汇编》第9册，杭州：杭州出版社2004年版，第5521页。

② （宋）龙衮：《江南野史》卷六，上海师范大学古籍整理研究所编：《全宋笔记》第一编第3册，郑州：大象出版社2003年版，第196页。

③ （宋）马令：《南唐书》卷十三，傅璇琮、徐海荣、徐吉军主编：《五代史书汇编》第9册，杭州：杭州出版社2004年版，第5351页。

保大四年(946),因上书指斥冯延巳兄弟,贬为蕲州司士参军。贬职期间,高越与隐士陈曙结为物外交,淡然不慕荣利。后徙广陵令,历侍御史知杂、起居郎、中书舍人等职。后主立,迁御史中丞、勤政殿学士、左谏议大夫,兼户部侍郎、修国史。卒年62岁,谥穆。"贫不能葬,后主为给葬费,世叹其清"①。

高越好学不倦,儒学淹博。归南唐后,与江文蔚俱以辞赋创作擅名江表,时人谓之"江高",江淮士者品论人物,皆以高越为首称。淮南交兵,书诏多出其手,援笔立成,词采温丽,深为中主所倚重,特赐优渥待遇,等同于徐铉、徐锴兄弟。高越虔信佛教,吴任臣《十国春秋》卷二八载其著有《舍利塔记》1卷,已佚。

11. 江文蔚(901—952),字君章,建安(今福建建瓯)人。早年与何仲举、张杭等人同游秦王李从荣幕府。后唐明宗长兴三年(932)登进士第,除河南馆驿巡官。后因秦王事免官,南奔仕吴,徐知诰厚礼之,为宣州观察巡官,迁水部员外郎,改比部员外郎、知制诰。南唐烈祖时,改主客郎中,拜中书舍人。马令《南唐书》卷十三记载:"自为郎时,南唐礼仪草创,文蔚撰述朝觐、会同、祭祀、宴飨礼仪上之,遂正朝廷纪纲。"②

元宗时,主治烈祖山陵事,除给事中、判太常卿。保大初,迁御史中丞,秉心贞亮,不容阿顺。五年(947),上书弹劾冯延鲁、冯延巳、魏岑、陈觉等奸佞小人。将上疏之前,江文蔚即先具小舟,载老母于其中,以待皇帝降罪。书曰:"陛下践祚以来,所信任者,延巳、延鲁、岑、觉四人而已,皆阴狡弄权,壅蔽聪明,排斥忠良,引用群小,谏争者逐,窃议者刑,上下相蒙,道路以目。今觉、延鲁虽伏辜,而延巳、岑犹在,本根未殄,枝干复生。同罪异诛,人心疑惑","上之视听,惟在数人,虽日接群臣,终成孤立","岑、觉、延鲁,更相违戾。彼前则我却,彼东则我西。天生五材,国之利器,一旦为小人忿争妄动之具。"③奏章呈上后,朝野喧

_____

① (宋)陆游:《南唐书》卷九,傅璇琮、徐海荣、徐吉军主编:《五代史书汇编》第9册,杭州:杭州出版社2004年版,第5535页。
② (宋)马令:《南唐书》卷十三,傅璇琮、徐海荣、徐吉军主编:《五代史书汇编》第9册,杭州:杭州出版社2004年版,第5350页。
③ (宋)司马光:《资治通鉴》卷二八六,第20册,北京:中华书局2011年版,第9483页。

腾,纷相传写,为之纸贵,群僚人心大快,常梦锡感叹道:"白麻虽佳,要不如江文蔚疏耳!"①

然而元宗阅罢却不由大怒,以为江文蔚所言太过,遂贬为江州司士参军。王士祺、郑方坤《五代诗话》卷三引《尚友录》称,江文蔚贬谪道中尝作诗曰:"屈原若幸高堂在,终不怀沙葬汨罗。"②次年,入为卫尉卿,拜右谏议大夫、充翰林学士,权知贡举,进士庐陵王克贞等3人及第。元宗曾问江文蔚:"卿取士何如前朝?"文蔚对答道:"前朝公举、私谒相半,臣专任至公耳!"③元宗由是大悦,对他也给予了特殊的恩遇。据宋佚名《江南余载》卷上记载:"翰林学士江文蔚,侍宴醉而无礼。明日拜表谢罪,上命赐衣一袭以慰之。"④十年(952)八月卒,谥简。

江文蔚素以赋体闻名江表,与高越齐名,时称"江高"。其《天窗赋》云:"一窍初启,如凿开混沌之时;两瓦欹飞,类化作鸳鸯之后。"《土牛赋》云:"饮渚俄临,讶盟津之捧塞;度关倘许,疑函谷之丸封。"皆称一时佳句。有《江简公集》10卷,已佚。

12. 陈陶(877—968?),剑浦(今福建南平)人,或云鄱阳(今江西波阳)人。幼业儒素,长好游学,善解天文,长于雅颂,自负台铉之器,不事干谒。曾游历长安,后前往成都,颇受蜀主王建礼遇,并与释贯休谋面游处,然未仕蜀而归里。南唐烈祖时期,陈陶居处南昌,准备就仕建康,但是当时宋齐丘秉政,重用浮靡奸佞之徒,陈陶鄙其为人,尝自叹曰:"世岂无麟凤,国家自遗之耳。"⑤遂隐于洪州西山,以吟咏自适。

等到宋齐丘出镇南昌,陈陶尝有魏阙之望,作诗自咏道:"一顾成周力有余,白云闲钓五溪鱼。中原莫道无麟凤,自是皇家结网疏"(《闲居杂兴五首》其二)。他自比为麟凤,以及助周灭商的姜尚,满怀报效朝廷的热望。陈陶与水部员外郎任畹为少年挚友,于是写诗相赠,诗中有

① (宋)陆游:《南唐书》卷十,傅璇琮、徐海荣、徐吉军主编:《五代史书汇编》第9册,杭州:杭州出版社2004年版,第5547页。
② (清)王士祺、(清)郑方坤:《五代诗话》卷三引《尚友录》,北京:人民文学出版社1998年版,第147页。
③ (宋)司马光:《资治通鉴》卷二九〇,第20册,北京:中华书局2011年版,第9606页。
④ 佚名:《江南余载》卷上,上海师范大学古籍整理研究所编:《全宋笔记》第一编第2册,郑州:大象出版社2003年版,第241页。
⑤ (明)陈霆:《唐余纪传》卷十六,傅璇琮、徐海荣、徐吉军主编:《五代史书汇编》第9册,杭州:杭州出版社2004年版,第5757页。

云:"好向明时荐遗逸,莫教千古吊灵均"(《寄兵部任畹郎中》)。盼望对方向朝廷引荐自己,仕进之心显得非常急切。元宗虽闻其诗名,但未及召见。会有彗孛昼现,陈陶乃叹曰:"国家其几亡乎!"①其后果有淮南之败。

南唐中主南迁,至落星湾,尝召陈陶询问天文之事,所言深得君主赏识。李璟喟叹道:"真鸿儒矣!"②后主即位后,陈陶预知国势岌岌,已无可挽回,遂绝缙绅之望,专以服食炼气为务。其诗《步虚引》描述修道求仙的生活,浪漫奇峭不减李贺。辛文房《唐才子传》卷八评之曰:"陶工赋诗,无一点尘气,于晚唐诸人中,最得平淡,要非时流所能企及者。"③

北宋初年陈陶犹存世间,或云得道成仙。龙衮《江南野史》卷八记载:"陶所遁西山,先产药物仅数十种。开宝中,尝见一叟角发被褐,与一炼师异药入城鬻之,获赀则市鲊就炉,二人对饮且啖,旁若无人。既醉,且舞而歌曰:'蓝采禾,尘世纷纷事更多。争如卖药沽酒饮,归去深崖拍手歌。'时人见其纵逸,姿貌非常,每饮酒食鲊,疑为陶之夫妇焉。竟不知所终,或云得仙矣。"④马令《南唐书》卷十五亦载此歌谣。后世学者多据此疑陈陶即"八仙"中之蓝采和原型。⑤ 陈陶著述颇与晚唐时期另一位隐居于洪州西山的诗人陈陶相混淆,后人多误为一人,其诗亦多混入唐朝陈陶诗集中,极难分辨。

13. 李中(约 920—974 在世),字有中,郡望陇西,杨吴时期随父南迁至九江之浔城(今属江西)。南唐时,与刘钧共学于庐山国学。元宗时,曾久事陈觉。保大十五年(957),南唐拒周兵败,李中未及撤归,被羁留于淮西,为下蔡县宰。交泰二年(959)以其弟夭亡,上书后周朝廷,获准回到南唐,归家侍奉双亲。后主时,四处请托,得以复仕,出任吉水

---

① (宋)龙衮:《江南野史》卷八,上海师范大学古籍整理研究所编:《全宋笔记》第一编第 3 册,郑州:大象出版社 2003 年版,第 207 页。

② (宋)龙衮:《江南野史》卷八,上海师范大学古籍整理研究所编:《全宋笔记》第一编第 3 册,郑州:大象出版社 2003 年版,第 208 页。

③ (元)辛文房撰,周本淳校正:《唐才子传校正》卷八,南京:江苏古籍出版社 1987 年版,第 234 页。

④ (宋)龙衮:《江南野史》卷八,上海师范大学古籍整理研究所编:《全宋笔记》第一编第 3 册,郑州:大象出版社 2003 年版,第 208 页。

⑤ 浦江清:《浦江清文录·八仙考》,北京:人民文学出版社 1958 年版,第 16—19 页。

县尉。宋乾德二年(964)罢吉水县尉,后历任晋陵、新喻、安福县令。开宝五年(972)又转淦阳县令。

李中工诗,风格清丽,内容多写离愁别绪,如"自是离人魂易断,落花芳草本无情"(《赠别》)、"一声来枕上,孤客在天涯"(《旅夜闻笛》)等。与诗人沈彬、左偃相善,多有酬答之作,"为诗略似元、白,辞旨蕴藉,文采内映"[1],孟宾于称其诗"缘情入妙,丽则可知",可与贾岛、方干相比肩。[2] 辛文房亦称其佳句为"惊人泣鬼之语"[3]。所作诗甚多,开宝六年(973)尝集五、七言兼六言诗二百首为《碧云集》,孟宾于为之作序。

14. 左偃(947—970),南唐时人。性磊落,操守狷介,居金陵(今江苏南京),以赋诗自乐,终生不仕。善诗,与李中多有唱和;与韩熙载亦有交谊,其操守与诗作深为熙载称赏。徐铉《徐公文集》卷二〇《答左偃处士书》云:"足下负磊落之气,畜清丽之才,褐衣韦带,赋诗自释,介然之操,其殆庶乎! 悠悠之人,尚未识其所谓,惟韩君叔言知之。以铉爱奇好古者也,故屡称足下之行,亟诵足下之诗,相视欣然,以为今犹古也","又念昔之隐者,消声物外,迹绝时人;今足下高蹈如彼,自屈若此,得非以吾道久否,思发愤而振起之尔。"[4]由此可知左偃为时人所重。《雅言杂录》谓其有诗千余首。

左偃诗多绘冷落萧瑟之景,如《江上晚泊》:"寒云淡淡天无际,片帆落处沙鸥起。水阔风高日复斜,扁舟独宿芦花里。"字里行间充满着闲散隐逸的情怀;而其诗句"万丈高松古,千寻落水寒"(《寄庐山白上人》),则笔力雄健,富有高古浑茫的气势。他还擅长抒发对友人离别思念的意绪,如"路遥沧海内,人隔此生中"(《怀海上故人》)、"徒令睇望久,不复见王孙"(《郊原晚望怀李秘书》)、"春色江南独未归,今朝又送还乡客"(《送人》)等。其《寄韩侍郎》诗云:"谋身谋隐两无成,拙计深惭负耦耕。渐老可堪怀故国,多愁翻觉厌浮生。言诗幸遇明公许,守朴甘遭俗者轻。今日况闻搜草泽,独悲憔悴卧升平。"韩熙载读罢此诗,因其

① (清)丁仪:《诗学渊源》,陈伯海主编:《唐诗品汇》下册,杭州:浙江教育出版社1995年版,第3018页。
② (南唐)孟宾于:《碧云集序》,《隋唐五代文论选》,北京:人民文学出版社1990年版,第377页。
③ (元)辛文房撰,周本淳校正:《唐才子传校正》卷十,南京:江苏古籍出版社1987年版,第325页。
④ (南唐)徐铉:《答左偃处士书》,《徐铉集校注》卷二〇,北京:中华书局2016年版,第571页。

中"厌浮生"句而颇不欢悦。他似乎预感到左偃命运的可悲,果然不久以后,左偃不幸病卒。王操有诗哭之云:"堂亲垂白日,稚子欲行时。"

15. 伍乔(? —975),庐江(今属安徽)人。少嗜学,曾居庐山国学数年,苦节自励,精通《易经》深微要旨。南唐中主时,入金陵应进士举,试《画八卦赋》《雾后望钟山诗》,得中第一。后曾任歙州司马,颇为失意,遂向翰林学士张洎献诗,备述人生沉沦之苦闷、朋友离散之感伤。张洎为之动容,遂向国君求情,召还为考功员外郎。南唐灭亡之年卒。

伍乔力学工诗,与诗人史虚白多有酬唱,"诗调寒苦,每有'瘦童羸马'之叹"[①]。其所存诗皆为七律,多为送别寄赠、旅游题咏之作,写景自然工美,字里行间渗透着空山寂境中的丝丝凉意。明人周珽评价道:"伍乔晚出,为诗机法迅敏,清景空人。如《晚秋溪上》《宿灊山》二诗,宁让大历诸子?"[②]另如"登阁共看彭蠡水,围炉相忆杜陵秋"(《寄落星史虚白处士》)、"石楼待月横琴久,渔浦经风下钓迟"(《寄史处士》)、"暮烟江口客来绝,寒叶岭头人住稀"(《冬日道中》)、"江城雪尽寒犹在,客舍灯孤夜正深"(《九江旅夜寄山中故人》)、"梦回月夜虫吟壁,病起茅斋药满瓢"(《僻居秋思寄友人》)等诗句,均蕴含着惆怅落寞的意绪格调,给人以格外萧疏凄苦的审美感受。

16. 廖凝(约 936 年前后在世),字熙绩,虔州虔化(今江西赣州)人,诗人廖匡图之弟。廖凝家本为虔州豪族,后梁太祖时,钟章为虔州刺史,打击豪强,廖凝遂举族奔湖南,隐于衡岳。楚马希范时,尝任从事。楚亡,遂至金陵,任南唐水部员外郎,历建昌令;未几,迁江州团练副使。吴任臣《十国春秋》卷二九记载:"元宗习其名,数往聘之。初不赴诏,后江南贼起,凝曰:'与其抱道而死,孰与就义以存吾宗。'遂出为彭泽令,慕陶处士为人,已而笑曰:'渊明不以五斗折腰,吾宁久为人役!'即解印归衡山。久之,复起为连州刺史,与张居咏辈为诗友;未几,复辞归,隐衡山。"[③]其《彭泽解印》诗即咏道:"五斗徒劳谩折腰,三年两

① (明)金圣叹:《金圣叹选批唐诗六百首》,北京:北京联合出版公司 2018 年版,第 340 页。

② (明)周珽:《唐诗选脉会通评林》,明崇祯乙亥(1635)刻本。

③ (清)吴任臣:《十国春秋》卷二九,傅璇琮、徐海荣、徐吉军主编:《五代史书汇编》第 7 册,杭州:杭州出版社 2004 年版,第 3804 页。

鬓为谁焦？今朝官满重归去，还挈来时旧酒瓢。"

廖凝善吟讽，10岁即赋《咏棋》诗云"满汀鸥不散，一局黑全输"，为人所称善。其《中秋月》诗细致地描摹中秋月色的朗润、月下的自然景致以及诗人此刻的复杂心绪。《闻蝉》诗由秋蝉的哀鸣，触发起异乡游子的惆怅，同时也引发出历史沧桑的悲绪。又尝登祝融峰顶，触思成韵语，一时诗人尽屈其下。与李建勋为诗友，江左学诗者多造其门。

17. 孟贯（约957年前后在世），字一之，建阳（今福建建瓯）人。少好学，性疏野，不以荣宦为意，曾入庐山并客游江南，与杨徽之同学友善。杨浚《论次闽诗》赞之曰："徽之巨眼识风尘，野鹤闲云自在身。一例诗穷明主弃，襄阳以后有传人。"后周世宗显德时，征淮南至广陵，孟贯渡江以所作诗集献上。世宗见其卷首《贻栖隐洞谭先生》诗有"不伐有巢树，多移无主花"句，颇不悦，云："朕以元戎问罪，伐叛吊民，非惧强凌弱，何'有巢''无主'之有？然献朕则可，如他人，卿应不免矣。"①故赐其释褐授官，后不知所终。

孟贯善五律，与诗人伍乔、史虚白、江为等人友善，迭相唱和，颇有诗名于当时。其《寄山中高逸人》《寄张山人》等诗格调清新野逸，非常形象地流露出作者远离尘嚣、超凡脱俗的精神追求。清人黄生《唐诗摘钞》指出："晚唐人骨格本不高，若再行枯率之笔，便入打油，不复成诗矣。如此冷隽幽润之篇，亦当亟赏。"②

18. 乔匡舜（898—972），字亚元，广陵高邮（今属江苏）人。弱冠游金陵，以文才为吴徐知诰器重，补秘书省正字。李昪建南唐后，以文名为宋齐丘辟置幕中十余年，历大理评事、屯田员外郎，出为江西、浙西掌书记。宋齐丘性喜诣谀之人，乔匡舜却偏偏耿直真率，不事钻营奉承，故而难得齐丘欢心。宋齐丘虽然欣赏他的文艺才华，却从不向朝廷积极举荐。烈祖李昪非常赏识匡舜之才，尝诏令公卿举荐才智之士，以为宋齐丘肯定会顺水推舟，加以举荐，谁知他却弃之不顾，乔匡舜也就失去了升迁的机遇。对此，烈祖在常梦锡面前喟叹道："吾不意其舍匡舜也。"常梦锡与韩熙载

① （宋）龙衮：《江南野史》卷八，上海师范大学古籍整理研究所编：《全宋笔记》第一编第3册，郑州：大象出版社2003年版，第211页。
② （清）黄生：《唐诗摘钞》，陈伯海主编：《唐诗品汇》下册，杭州：浙江教育出版社1995年版，第3026页。

一向仇视宋齐丘，他们也互相议论："宋公误识亚元，正可怪也。"①直到宋齐丘出镇镇南军节度使，乔匡舜才被他举荐为节度掌书记。

元宗保大时，入为驾部员外郎，旋加知制诰，迁祠部郎中、中书舍人。十五年(957)，后周军队南下淮南，南唐战事屡败，元宗准备亲征周师。乔匡舜上疏切谏，令李璟大怒，坐阻挠军势、沮国计、动人心，流于抚州。后主嗣位，征为水部员外郎，改司农少卿；历殿中监，修国史，拜给事中，兼献纳使。权知贡举，选拔乐史等久滞科场的才士，时称得人；而那些轻薄之徒则放言嘲之，称其为"陈橘皮榜"②。迁刑部侍郎。后因老病致仕，后主悯其贫窭，给俸终身。宋开宝五年(972)卒，谥贞。

乔匡舜少好学，弱冠能属文，以典赡称。在宋齐丘门下，每为文赋诗咏，多为人所称赏，与诗人徐铉、徐锴兄弟为忘年交。其卒后，徐铉作诗哭之，称之为"词赋离骚客"(《哭刑部侍郎乔公诗》)。所作诗文有七十余篇，门人尝为之编集。《宋史·艺文志》著录其《拟谣》10卷，今已佚。

19. 冯延巳(903? —960)，一作延嗣，字正中，先世彭城(今江苏)人，唐末随其父迁居寿春(今安徽寿县)。少聪颖，长而文雅。南唐烈祖李昪时为李璟帅府掌书记。中主李璟保大初，拜谏议大夫、翰林学士，迁户部侍郎、翰林学士承旨，官至左仆射同中书门下平章事。宋建隆元年(960)卒。

冯延巳有辞学，多伎艺，陆游谓其好吟咏，"虽贵且老不废，如'宫瓦数行晓日，龙旗百尺春风'，识者谓有元和词人气格"③。尤擅词，虽如花间词人多写闺阁情事，然借景抒情，取象较为开阔，且语言清新婉转，艺术表现更加深婉含蓄、精致细腻，带有浓厚的文人典雅气质。他的词以愁苦为抒情主调，带有强烈的感伤色彩，集中反映了当时一批生活在衰乱时代的士大夫所共同怀有的对于"人生无常"和"世事难料"的悲哀。他"把自身在风雨飘摇的衰乱时局中体味产生的忧生忧世抑郁彷徨之

---

① (宋)陆游：《南唐书》卷八，傅璇琮、徐海荣、徐吉军主编：《五代史书汇编》第9册，杭州：杭州出版社2004年版，第5530页。

② (清)吴任臣：《十国春秋》卷二五，傅璇琮、徐海荣、徐吉军主编：《五代史书汇编》第7册，杭州：杭州出版社2004年版，第3751页。

③ (宋)陆游：《南唐书》卷十一，傅璇琮、徐海荣、徐吉军主编：《五代史书汇编》第9册，杭州：杭州出版社2004年版，第5550页。

情熔铸而成‘愁苦之辞’,以沉哀入骨的笔调,创立了一种以艳美之表、以感伤哀痛的主观情怀为里的新词风”①。

清人陈廷焯称冯延巳词“极沉郁之致,穷顿挫之妙,缠绵忠厚,与温、韦相伯仲也”②。王国维亦评其词“虽不失五代风格,而堂庑特大,开北宋一代风气。与中、后二主词皆在《花间》范围之外”③。其词对后代影响颇大,冯煦《唐五代词选序》指出:“吾家正中翁,鼓吹南唐,上翼二主,下启晏欧,实正变之枢纽,短长之流别。”④刘熙载亦云:“冯延巳词,晏同叔得其俊,欧阳永叔得其深。”⑤冯延巳词在宋初已散佚。仁宗嘉祐三年(1058),其外孙陈世修辑录得 119 首,名为《阳春集》,并序云:“公薨之后,吴王(指李煜)纳土,旧帙散失,十无一二。今采获所存,勒成一帙,藏之于家。”⑥但其中杂有温庭筠、韦庄、欧阳修等人作品,较为可信者约百首左右。

20. 徐铉(916—991),字鼎臣,原籍会稽(今浙江绍兴),其父迁居广陵(今江苏扬州),遂为广陵人。初仕吴为校书郎,后仕南唐。中主李璟时,累迁祠部郎中、知制诰,历太子右谕德,迁中书舍人。后主时,除礼部侍郎,改尚书右丞、兵部侍郎、翰林学士、御史大夫、吏部尚书。南唐亡,入宋为太子率更令、给事中。太平兴国八年(983)为右散骑常侍,迁左常侍。淳化二年(991)贬静难军行军司马,卒。

徐铉博学多才,文章淹雅,冠绝一时,与其弟徐锴齐名,时号“二徐”;亦与韩熙载

徐铉(916—991)

① 刘扬忠:《唐宋词流派史》,福州:福建人民出版社 1999 年版,第 118 页。

② (清)陈廷焯:《白雨斋词话》卷一,北京:人民文学出版社 1959 年版,第 8 页。

③ 王国维:《人间词话》,北京:中华书局 2014 年版,第 47 页。

④ (清)冯煦:《唐五代词选序》,葛渭君编:《词话丛编补编》,北京:中华书局 2013 年版,第 1129 页。

⑤ (南唐)刘熙载撰,袁津琥校注:《艺概注稿》卷四,下册,北京:中华书局 2009 年版,第 494 页。

⑥ (宋)陈世修:《阳春集序》,曾枣庄主编:《宋代序跋全编》卷十三,济南:齐鲁书社 2015 年版,第 329 页。

齐名江南,时称"韩徐"。文思敏速,凡有撰述,往往执笔立就,未尝沉思,常曰:"文速则意思敏壮,缓则体势疏慢。"①故《四库全书总目》卷一五二谓其诗"流易有余,而深警不足",其文虽"沿溯燕、许,不能嗣韩、柳之音,而就一时体格言之,则亦迥然孤秀"②。所作《李后主墓志铭》"婉微有体"③,颇为人所称赏。又精小篆,好李斯小篆与八分,人称"自(李)阳冰之后,续篆法者惟铉而已",又称其"笔实而字画劲,亦似其文章。至于篆籀,气质高古,几与阳冰并驱争先"④。徐铉著述颇多,仅宋人陈振孙《直斋书录解题》中即记有《徐常侍集》30卷、小说《稽神录》6卷、与汤悦合撰《江南录》10卷等。此外尚有《质论》《金谷圆九局图》《棋图义例》等。

21. 徐锴(920—974),字楚金,广陵(今江苏扬州)人,徐铉弟。4岁而孤,母教兄徐铉就学,无暇顾及徐锴,而锴从旁学习,自能知书,长大后与兄徐铉以文学知名当时。南唐烈祖时期,朝中文风浮薄,多用经义、法律取士,徐锴耻之,遂不求仕进。兄徐铉与常梦锡同直门下省,出徐锴文示之,常梦锡赏爱不已。中主时,为秘书郎,迁齐王李景达记室。因窃议学士殷崇义所草军书用事谬误,触忤权贵,贬为乌江尉;后召授右拾遗、集贤殿直学士。又论冯延鲁多罪无才,举措轻浅,复忤权要,以秘书郎分司东都;后复召为虞部员外郎。

徐锴(920—974)

后主立,迁屯田郎中、知制诰、集贤殿学士,拜右内史舍人;赐金紫,宿直光政殿,兼兵、吏部选事。徐锴尝四知贡举,选拔了不少才智之士。

---

① (清)方东树:《昭昧詹言》卷八,北京:人民文学出版社1961年版,第213页。
② (清)永瑢等:《四库全书总目》卷一五二,北京:中华书局1965年版,第1305页。
③ (宋)马端临:《文献通考》卷二三三,北京:中华书局2011年版,第6374页。
④ 佚名:《宣和书谱》卷二,清文渊阁《四库全书》本。

宋开宝七年(974)七月,徐锴因南唐国事日衰,忧愤得疾而卒,谥文。

徐锴早负文名,词藻尤赡,与其兄徐铉齐名,时号"二徐"。李穆出使南唐,见二徐文章,赞叹道:"二陆(陆机、陆云)之流也。"①年10岁时,令赋《秋声》诗,顷刻而就。诗云:"井梧纷堕砌,塞雁远横空。雨滴莓苔紫,风归薜荔红。"景象萧瑟凄迷,色泽深浓暗淡,释文莹称道此诗"尽见秋声之意"②。徐锴酷嗜读书,隆寒烈暑,未尝少辍。后主尝得周载《齐职仪》,人无知者。询之徐锴,一一条对,无所遗忘。曾著《质论》十余篇,后主为其修改校定;又尝为后主文集作序,士人以此为荣。精于小学,对南唐宫廷藏书的搜罗整理与校对精审多有功劳:"既久处集贤,朱黄不去手,非暮不出。少精小学,故所雠书尤审谛,每指其家语人曰:'吾惟寓宿于此耳。'江南藏书之盛为天下冠,锴力居多。后主尝叹曰:'群臣勤其官,皆如徐锴在集贤,吾何忧哉!'"③著有《说文解字系传》40卷,又撰《说文通释》40卷。徐铉称其"考先贤之微言,畅许氏之玄旨,正阳冰之新义,折流俗之异端,文字之学,善矣尽矣"④。

徐锴著述颇多,晁公武《郡斋读书志》卷五著录其《说文解字韵谱》10卷。陈振孙《直斋书录解题·小学类》记载其《说文解字系传》40卷,评曰:"此书援引精博,小学家未有能及之者。"⑤《宋史·艺文志》录有《徐锴集》15卷、《赋苑》200卷、《广类赋》25卷、《灵仙赋集》2卷、《甲赋》5卷、《赋选》5卷。《宋史》卷四四一尚记其《通释五音》10卷。此外,顾櫰三《补五代史艺文志》著录其《问政先生聂君传》1卷、《岁时广记》120卷、《方舆记》130卷、《五代登科记》1卷、《古今国典》100卷等。以上著述均已散佚。

22. 潘佑(937—973),幽州(今北京)人,生于金陵(今江苏南京)。

① (清)吴任臣:《十国春秋》卷二八,傅璇琮、徐海荣、徐吉军主编:《五代史书汇编》第7册,杭州:杭州出版社2004年版,第3791页。

② (宋)释文莹:《玉壶清话》卷八,上海师范大学古籍整理研究所编:《全宋笔记》第一编第6册,郑州:大象出版社2003年版,第158页。

③ (宋)陆游:《南唐书》卷五,傅璇琮、徐海荣、徐吉军主编:《五代史书汇编》第9册,杭州:杭州出版社2004年版,第5501页。

④ (元)脱脱等:《宋史》卷四四一,第11册,北京:中华书局2000年版,第10163页。

⑤ (宋)陈振孙:《直斋书录解题》卷三,清武英殿聚珍版丛书本。

祖贵,事刘仁恭为将,被仁恭子守光所杀。父处常,南奔事南唐烈祖,为散骑常侍。潘佑生而狷介高洁,气宇孤峻,闭门苦读,敏于议论,颇获时誉。陈乔、韩熙载交荐于南唐中主,任秘书省正字。俄直崇文馆,佐后主于东宫。后主继位,迁虞部员外郎、史馆修撰。宋开宝元年(968),后主纳小周后,潘佑议纳后礼,援据精博,文采可观,为后主所称赏,恩宠日隆。改知制诰,后迁中书舍人。后主每以"潘卿"称之,而不呼其名。

当时南唐国势日渐衰颓,潘佑出于义愤,连上七表,极论时政危殆,历诋朝中权贵昏聩腐朽,言辞非常激切。其中有云:"陛下既不能强,又不能弱,不如以兵十万助收河东,因率官吏朝觐,此亦保国家之良策也。"①直接揭示出李煜既不敢稍事抵抗,又不甘心俯首帖耳前去朝觐,他心里存的还是侥幸心理。后主虽赐手札劝慰,终无所施用,乃命专修国史,实际剥夺了他的议政权力。潘佑复上疏极谏不止,愤激之语引起了后主恼怒。此后潘佑请求致仕,入山避国难,后主深恶其狂傲之态,置之不顾。

宋开宝六年(973)十月,潘佑呈第七表,云:"三军可夺帅也,匹夫不可夺志也。……今陛下取则奸回,败乱国家,不及桀、纣、孙皓远矣。臣终不能与奸臣杂处,事亡国之主。陛下必以臣为罪,则请赐诛戮以谢中外。"②后主终于被其"狂悖谤讪"的言论所激怒,加之张洎乘机设计陷害,遂先逮其好友李平,复收捕潘佑。潘佑闻之,无限悲愤,遂自缢而亡,年仅36岁。

潘佑博通经史,酷喜老庄之言,文思敏捷,词采斐然。宋人晁迥《法藏碎金录》析其《感怀》《独坐》诸诗,吐词精敏,思致深密,皆与李白诗句才思暗合,有异曲同工之妙。潘佑所草《与南汉主书》,文不加点,洋洋数千言,"词理精当,雄富典丽,遂用之。江南莫不传写讽诵,中原士人

① (南唐)潘佑:《上李主表》,(宋)李焘《续资治通鉴长编》卷十四引,北京:中华书局2004年版,第309页。
② (宋)陆游:《南唐书》卷十三,傅璇琮、徐海荣、徐吉军主编:《五代史书汇编》第9册,杭州:杭州出版社2004年版,第5566页。

多藏其本,甚重之,真一时之名笔也"①。晁公武《郡斋读书志》著录其《荥阳集》10 卷,今已佚。顾櫰三《补五代史艺文志》复著录其与徐铉、乔匡舜诸人所撰《吴录》20 卷。复擅行书草帖,《宣和书谱》卷十一称其书"笔迹奕奕,超拔流俗,殆有东晋之遗风焉"②。

23. 江为(?—961?),建阳(今属福建)人。初游庐山白鹿洞,师事处士陈贶。酷好诗句,学诗二十余年,有风雅清丽之态。南唐中主时,至金陵赴进士试,以不善辞赋策论,屡不第。后因与人谋奔吴楚,与同谋者所发,被杀。

江为工诗,颇为时人所称颂。南唐中主南迁,见其《白鹿寺》诗,称善久之。其《送客》诗之"天形围泽国,秋色露人家",《江行》诗之"月寒花露重,江晚水烟微",颇脍炙人口。著有《江为集》1 卷,已佚。其诗擅长锤炼字句,不少写景佳句饶富清新淡远的神韵,在清冷、悠渺的画面之外,带给人们萧散、雅逸的审美感受。尤其是残句"竹影横斜水清浅,桂香浮动月黄昏",非常真切细腻地描摹出水边横斜的婆娑竹影,黄昏月色里的淡淡桂香。宋人林逋《山园小梅》中的咏梅名句"疏影横斜水清浅,暗香浮动月黄昏",由此点化而出,遂成千古绝调。

24. 刘洞(?—975),世居建阳(今属福建),马令《南唐书》谓其庐陵(今江西吉安)人。少游学庐山,学诗于处士陈贶,精思不懈,至浃日不盥。贶卒,犹居庐山 20 年。长于五言诗,自号"五言金城"。顾櫰三《新五代史艺文志》著录《刘洞集》1 卷,已佚。

据马令《南唐书》卷十四记载,建隆二年(961)南唐后主李煜即位,刘洞赶赴金陵献诗百篇。后主览其首篇《石城怀古》云:"石城古岸头,一望思悠悠。几许六朝事,不禁江水流。"此诗触景生情,流露出对于六朝往事的无限怅惘,字里行间又潜藏着诗人对现实政治的隐忧。后主展读后,心里闷闷不乐,不禁掩卷,"为之改容,不复读其

---

① (宋)杨亿:《杨文公谈苑》,上海师范大学古籍整理研究所编:《全宋笔记》第八编第 9 册,郑州:大象出版社 2017 年版,第 98 页。
② 佚名:《宣和书谱》卷十一,清文渊阁《四库全书》本。

余者"①。

刘洞滞留金陵长达两年,一直都在等待后主的恩遇和召见,实现个人的政治理想,但是最终只得失意而归。其师陈贶曾经称自己的诗足埒贾岛,刘洞也宣称自己的诗风已具浪仙之体,恨不得与之同时言诗,所作《夜坐》诗尤为警策,时人称之为"刘夜坐"。龙衮称其诗为"格清而意古,语新而理粹"②。

25. 张洎(933—996),字师黯,后改字偕同,南谯(今安徽全椒)人。少有俊才,博通坟典,南唐时登进士第,授上元尉。后周显德六年(959),中主长子李弘冀卒,有司谥"武宣"。张洎议以为世子之礼,但当问安视膳,不宜以"武"为称。中主旋命改谥,并以论事称旨,擢升张洎为监察御史。

张洎身受恩遇,得意扬扬,朝政弹劾,肆无忌惮,遭到了游简言等群臣的嫉恨。恰逢中主迁都洪州,立李从嘉为太子,留金陵监国,朝臣即荐张洎为其记室,不得跟从中主南迁,意在将他排挤出朝廷权力的中央。

岂料不久以后中主晏驾,后主继位,留在新君身边的张洎也因祸得福,擢升为工部员外郎、试知制诰,后又为礼部员外郎、知制诰,中书舍人、清辉殿学士。李煜建南唐统治中枢澄心堂,张洎得以参预朝廷最高机密,逐渐成为后主最倚重的亲信。他善于揣摩后主心理,一俟机会便与其谈论佛理,更加得到君王的赏识和信赖。李煜兄弟每逢宴饮游乐,亦必召张洎参与。后主还在宫城的东北角为其筑建宅第,赐书万余卷。张洎经常故意称疾,后主必手札慰谕之,足见其地位宠贵。

《宋史》本传评价张洎曰:"尤险诐,好攻人之短。"③作为朝廷当中的新贵代表,张洎时时处心积虑地排除异己,巩固自己的地位。他与潘佑原先同为中书舍人,交情颇厚,后来却逐渐交恶,遂与徐铉联手,最终除

① (宋)马令:《南唐书》卷十四,傅璇琮、徐海荣、徐吉军主编:《五代史书汇编》第9册,杭州:杭州出版社2004年版,第5353页。
② (宋)龙衮:《江南野史》卷九,上海师范大学古籍整理研究所编:《全宋笔记》第一编第3册,郑州:大象出版社2003年版,第215页。
③ (元)脱脱等:《宋史》卷二六七,第8册,北京:中华书局2000年版,第7561页。

掉了潘佑、李平等人。等到南唐国势危殆之际，张洎担心一旦国亡，自己以降臣身份，再无可能拥有既得之荣华富贵，因而鼓动后主誓死不降，还经常引符命云："玄象无变，金汤之固，未易取也。"他赶制蜡丸书，遣人间道北上，求援于契丹；还和光政院使陈乔商议：一旦金陵城破，两人共同以身殉国。

及至城陷之际，陈乔自缢于政事堂，以死来证明自己的报国忠诚。张洎则临阵退缩，带着一家老小躲进皇宫，并向后主开脱道："臣与乔同掌枢务，国亡当俱死。又念主在，谁能为主白其事？不死，将有以报也。"[1]入宋以后，张洎凭藉自身的精明圆滑、老于世故，仍然得到了宋主的重用。

张洎工诗文，辞采清丽，又通释道之书，其《题越台》诗流露缥缈超尘之想，"举手拂烟虹，吹笙弄松月"二句写景颇佳。有《张洎集》50卷，今佚。晁公武《郡斋读书志》卷三下载录《贾氏谈录》1卷，注云："右伪唐张洎奉使来朝，录典客贾黄中所谈三十余事，归献其主。"[2]书内所记牛李党争诸事、谓《周秦行记》为韦瓘所作，颇为后世学者所重视。

26. 张佖（930—？），佖一作泌，字子澄，淮南（今安徽寿县）人。仕南唐，后主时为句容县尉。宋建隆三年（962），愤国事日非，上书后主言为政之要，词甚激切。后主手诏慰谕，征为监察御史。历考功员外郎、内史舍人，开宝五年（972）以内史舍人知礼部贡举。入宋后，官至谏议大夫。

张佖为宦清廉，生活极其简朴。据吴任臣《十国春秋》卷三〇记载："佖随后主入宋，以故臣见叙。太宗朝，佖在史馆，一日，问曰：'卿家每食多客，叙谈何事？'佖曰：'臣之亲旧，多客都下，困穷乏食。臣累轻而俸优，故常过臣饭，臣不得拒焉；然止菜羹而已。'明日，太宗遣快行者伺其馈客，即坐间取食以进，果止糁饭菜羹，仍皆陶器。太宗喜其不隐，迁官郎中。佖第宅在故里，人称'菜羹张家'云。佖为人长者，后官河南，

① （清）吴任臣：《十国春秋》卷三〇，傅璇琮、徐海荣、徐吉军主编：《五代史书汇编》第7册，杭州：杭州出版社2004年版，第3820—3821页。
② （宋）晁公武：《郡斋读书志》卷三下，《四部丛刊》三编景宋淳祐本。

每寒食，必亲拜后主墓，哭之甚哀。李氏子孙陵替，常分俸赡给焉。"①泌擅诗词，所作多为七言近体，诗风婉丽，时有佳句。其《寄人》诗之"多情只有春庭月，犹为离人照落花"、《洞庭阻风》诗之"青草浪高三月渡，绿杨花扑一溪烟"、《春日旅泊桂州》诗之"弱柳未胜寒食雨，好花争奈夕阳天"等句，颇为脍炙人口。

27. 钟蒨（？—975），字德林，家于豫章（今江西南昌）。属辞敦行，卓有时誉。初为藩镇从事，后仕南唐，为员外郎、集贤殿学士。中主保大九年（951），迁东都少尹。交泰年间，齐王李景达都督抚州，朝廷慎选僚佐，授钟蒨为观察判官、检校屯田郎中。后主时，官勤政殿学士。宋开宝八年（975），宋师入金陵，钟蒨朝服坐于家，举族为乱兵所杀。

钟蒨与徐铉、徐锴、乔匡舜等人友善，颇多唱和，所作诗歌尤为人所称赏。其《赋山别知己》诗通过对暮色当中云山苍茫景象的描绘，渲染出亲朋相别之际的依依难舍之情。《得新鸿别诸同志》诗借对空中形单影只的新鸿姿态的描摹，渲染出悲凉的情境氛围，由此描述出诗人自身漂泊不定、离群索居的悲惨命运和酸楚心绪。

28. 周文矩（917—975 前后），建康句容（今属江苏镇江）人。郭若虚《图画见闻志》卷三载其"事江南李后主为翰林待诏，工画人物车马、屋木山川，尤精仕女，大约体近周昉，而更增纤丽。有《贵戚游春》《捣衣》《熨帛》《绣女》等图传于世"。其《重屏会棋图》描绘南唐中主李璟与其弟景遂、景达、景逷会棋的情景，人物刻画细腻传神，展现出李氏兄弟的情感十分融洽。作品线描细劲有力，多转折顿挫，具有古拙风采。《宫中图》则是描绘宫中妇女生活的长卷，

周文矩《重屏会棋图》（局部）

① （清）吴任臣：《十国春秋》卷三〇，傅璇琮、徐海荣、徐吉军主编：《五代史书汇编》第 7 册，杭州：杭州出版社 2004 年版，第 3818—3819 页。

表现她们懒散、忧郁的神情,画面富于结构感,人物形象丰肌高髻,一如唐人风韵。

29. 顾闳中(910—980),江南人,南唐画院待诏,善绘人物,传世名作为《韩熙载夜宴图》。韩熙载晚年生活颓放不羁,经常招客于府第夜宴,竭尽声色歌舞之娱。李煜遣顾闳中与周文矩前去察看,二人回宫后,以绘画的形式向李煜汇报了在韩府的所见情景。现存《夜宴图》出自顾闳中手笔,是一幅多卷本设色长卷,由5个场景组成,即"听乐""观舞""歇息""清吹""散宴"。各段以屏风等相间隔,前后连续又各自独立,表现在时间序列中展开的事件。画面中心人物韩熙载的性格与心

顾闳中《韩熙载夜宴图》(局部)

理刻画极为深入:超然自适,气度轩然,却又郁郁沉闷。这不仅展现了画家惊人的观察力,也显示了他对主人公命运与思想矛盾的深刻理解。这幅《韩熙载夜宴图》历经千余年仍然色泽艳丽,堪称我国绘画史上的珍品。

30. 徐熙(? —975),钟陵(今江西进贤)人,一说金陵(今江苏南京)人。世为江南名族,"志节高迈,放达不羁"[1],一生未出仕,卒于南唐亡国以前。徐熙的工笔花鸟画独树一帜,元人汤垕《画鉴》称其"画草木虫鱼,妙夺造化,非世之画工所能及也"[2]。

他与西蜀黄荃一样,对北宋花鸟画产生了很大影响。据刘道醇《宋

① (宋)郭若虚:《图画见闻志》卷一,明津逮秘书本。
② (元)汤垕:《画鉴》,明万历程氏丛刻本。

朝名画评》记载："李煜集英殿盛有熙画,(熙)后卒于家,及煜归命,尽入府库。"①关于徐熙绘画的艺术风格,郭若虚《图画见闻志》卷一根据当时的民谚,列论"黄徐体异"之处在于"黄家富贵,徐熙野逸"。同样是工笔花鸟画,黄筌与徐熙之间有富贵与野逸之别,正从一个侧面折射出西蜀与南唐在文化风尚方面的本质差异。不过,尽管徐熙号称"野逸",他也能画出两种截然不同风格的作品。一种是通过徜徉园圃写生观察,描绘出饶有质朴自然之气的汀花野竹、水鸟渊鱼,"落墨为格,杂彩副之,迹与色不相隐映"②,世称"落墨花"。沈括评价徐熙之画"以

徐熙《雪竹图》

墨笔画之,殊草草,略施丹粉而已,神气迥出,别有生动之意"③。据《宋朝名画评》记载,李煜降宋后奉献入宋朝御府的徐熙画作多达 200 多幅,宋太宗见到徐熙所绘"安榴树"一本后嗟异久之,曰:"花果之妙,吾知独有徐熙矣,其余不足观也。"④并将此画遍示画臣,以为范式。另一种则是强调装饰功用的工艺画。郭若虚《图画见闻志》卷六《铺殿花》条载:"江南徐熙辈,有于双缣幅素上画丛艳叠石,傍出药苗,杂以禽鸟、蜂蝉之妙,乃是供李主宫中挂设之具,谓之'铺殿花',次曰'装堂花',意在位置端庄,骈罗整肃,多不取生意自然之态,故观者往往不甚采鉴。"⑤

31. 董源(934—约962),字叔达,钟陵(今江西进贤)人。南唐中主时任北苑副使,故称"董北苑"。他擅长山水,其绘画题材多是山温水暖

---

① (宋)刘道醇:《宋朝名画评》卷三,清文渊阁《四库全书》本。

② (宋)郭若虚:《图画见闻志》卷四,明津逮秘书本。

③ (宋)沈括:《梦溪笔谈》卷十七,北京:中华书局 2016 年版,第 371 页。

④ (宋)刘道醇:《宋朝名画评》卷三,清文渊阁《四库全书》本。

⑤ (宋)郭若虚:《图画见闻志》卷六,明津逮秘书本。

董源《潇湘图》

的江南风物,气韵高古,意境深远。他的山水画分为两种类型:水墨山水类于王维,疏林远树,平远幽深,山石作披麻皴;着色山水则如李思训,皴纹甚少,用色秾古,人物多用红青衣,人面亦用粉素者。董源兼采唐代北宗李思训的着色与南宗王维的水墨,独创新的水墨画法,对宋代南派山水画坛产生了深远的影响。代表作《潇湘图》绘有宽而平静的江水,平远而起伏连绵的山峦,草木葱茏,洲渚交横,云雾显晦,空蒙幽深,整个画面给人虚实相生的缥缈感、湿润感。类似风格的画作还有《夏山图》《夏景山口待渡图》等。北宋沈括言其"尤工秋岚远景,多写江南真山,不为奇峭之笔",认为他的画"宜远观。其用笔甚草草,近视之,几不类物象;远观则景物粲然,幽情远思,如睹异境。如源画《落照图》,近视无功;远观村落杳然深远,悉是晚景,远峰之顶宛有反照之色,此妙处也"①。米芾在《画史》中评说董源的山水画:"峰峦出没,云雾显晦,不装巧趣,皆得天真。岚色郁苍,枝干劲挺,咸有生意;溪桥渔浦,洲渚掩映,一片江南也。"②《宣和画谱》亦评之曰:"大抵元(源)所画山水,下笔雄伟,有崭绝峥嵘之势,重峦绝壁,使人观而壮之,故于龙亦然。……至其出自胸臆,写山水江湖、风雨溪谷、峰峦晦明、林霏烟云,与夫千岩万壑、重汀绝岸,使鉴者得之,真若寓目于其处也。而足以助骚客词人之吟思,则有不可形容者。"③

① (宋)沈括:《梦溪笔谈》卷十七,北京:中华书局2016年版,第375页。
② (宋)米芾:《画史》,上海师范大学古籍整理研究所编:《全宋笔记》第二编第4册,郑州:大象出版社2006年版,第269页。
③ 佚名:《宣和画谱》卷十一,明津逮秘书本。

巨然《秋山问道图》(局部)

僧人巨然师从董源,得其神髓,善画江南湿润的山色,峰峦重叠,幽溪细路,竹篱茅舍,断桥危栈,都融化在其清润淡逸的笔墨境界中。代表作《秋山问道图》《万壑松风图》,画中崇山峻岭,一派高远;深山茅屋,一径通幽,正符合道家清静无为的理想境界,用笔轻柔秀润,于平淡静谧中显示着一派远离尘嚣的高雅情趣。南唐灭亡后,巨然随李煜来到汴京,董源一派的画风得到了很大的传扬,成为南方画派的正宗,进一步影响到元四家及明代吴门画派的创作风格。

董源又善画人物,宛然如生。传说后主李煜在碧落宫召冯延巳入宫议事,延巳行至宫门,逡巡不敢入。后主久待不至,遣内侍催促。冯延巳答曰:"有宫娥著青红锦袍,当门而立,未敢竟进。"内侍与他共谛视之,原来是嵌在八尺琉璃屏中的董源所绘夷光(西施)像①。

第四节　崇佞佛禅

南唐礼佛始于先主李昇时代,举国大肆崇佛则是到了后主统治中后期、国势危殆时。国难当头,李后主束手无策,加之性格的懦弱、家族

---

① (清)吴任臣:《十国春秋》卷三一,傅璇琮、徐海荣、徐吉军主编:《五代史书汇编》第7册,杭州:杭州出版社2004年版,第3835页。

命运的不幸、婚姻的悲剧等等因素，都促使其遁入佛门，寻求解脱。此前的北方后周世宗改革的一项内容就是大规模灭佛、拆废寺院，逼使僧侣弃佛务农，应该说，此举对恢复中原经济起到了一定作用。

南唐的状况却与之相反，佛教得到了极大的尊崇。李煜自号莲峰居士，俨然就是带发修行的佛门弟子，"多不茹荤，常买禽鱼为放生"①。据载，"后主阅恤政务，晓于禁中卧听内道场童行撞钟有节数，喜而召之，与剃度为僧。而童子奸滑，对曰：'不敢独受恩泽，愿陛下如佛慈悲，广覃诸郡。'于是普度焉。"②开宝三年（970），李煜命境内崇修佛寺，改宝公院为开山道场。《江南余载》卷下云："后主笃信佛法，于宫中建永慕宫，又于苑中建静德僧寺。钟山亦建精舍，御笔题为'报慈道场'，日供千僧，所费皆二宫玩用。"③马令《南唐书》卷二六亦载："（后主）辄于禁中崇建寺宇，延集僧尼。"④

李煜曾自剖心迹，解释崇信佛禅的原因："孤平生喜耽禅学，世味淡如也。先帝弃代时，冢嫡不天，越升非次，雅非本怀。自割江以来，屈身中朝，常恐获罪，每想脱屣，顾无计耳。"⑤及至大周后和幼子仲宣夭折后，李煜与小周后越发沉溺于浮屠。他参禅拜佛极其虔诚，每次退朝后，即"与后著僧伽帽，服袈裟，课诵佛经，胡跪稽颡，至为瘤赘，手常屈指作佛印"⑥。由于他长时间顿首叩拜，竟使前额淤血，肿成瘤赘；由于坚持为寺院抄录佛经，以致手指变形弯曲作佛印状。一次，李煜在小周后陪同下巡视僧舍，看见沙弥正在削制如厕解手用来揩拭溺物的长条形竹制薄片"厕简"，于是亲自参加到这份劳作当中。他生怕厕简削制

① （宋）郑文宝：《江表志》卷下，上海师范大学古籍整理研究所编：《全宋笔记》第一编第 2 册，郑州：大象出版社 2003 年版，第 272 页。

② （宋）龙衮：《江南野史》卷三，上海师范大学古籍整理研究所编：《全宋笔记》第一编第 3 册，郑州：大象出版社 2003 年版，第 171 页。

③ 佚名：《江南余载》卷下，上海师范大学古籍整理研究所编：《全宋笔记》第一编第 2 册，郑州：大象出版社 2003 年版，第 252 页。

④ （宋）马令：《南唐书》卷二六，傅璇琮、徐海荣、徐吉军主编：《五代史书汇编》第 9 册，杭州：杭州出版社 2004 年版，第 5423 页。

⑤ （清）吴任臣：《十国春秋》卷三〇，傅璇琮、徐海荣、徐吉军主编：《五代史书汇编》第 7 册，杭州：杭州出版社 2004 年版，第 3814 页。

⑥ （宋）陆游：《南唐书》卷十八，傅璇琮、徐海荣、徐吉军主编：《五代史书汇编》第 9 册，杭州：杭州出版社 2004 年版，第 5604 页。

粗糙留下芒刺,会扎伤禅师的臀部肌肤,便将削完的厕简拿起来,在自己的面颊上轻轻刮拭,并且叮嘱沙弥悉心削制,直到光滑舒适为止。据明人陈继儒《太平清话》记载,江南大寺里多有后主所绘罗汉佛像①;《宣和画谱》所记"御府所藏江南李煜画"中,也有"自在观音像"1幅。

佛教法眼宗大师文益圆寂后,嗣法弟子文遂、泰钦、行言、智筠、匡逸、智依、慧济等,都受到后主的礼遇。文遂受邀住持金陵长庆寺,又相继住持清凉、报慈两大道场,署号"雷音觉海大导师";泰钦相继住洪州上蓝护国院、金陵龙光院,受到李煜礼敬,请他住持清凉大道场;行言被李煜延入金陵报慈大道场,署号"玄觉导师",讲法时僧众多达两千;智筠住持金陵净德大道场,署号"达观禅师";匡逸住持金陵报恩院,署号"凝密禅师"。他们都受到了李煜特别的礼遇,因此,钟谟批评道:"从嘉德轻志懦,又酷信释氏,非人主才。"②

上有所好,下必效之,南唐群臣纷纷崇信佛教,"群臣和附,惟恐居后",由此导致"上下狂惑,不恤政事";为投后主所好,多蔬菜斋戒以奉佛。张洎善于揣摩李煜心理,一伺机会便与其谈论佛理,由此得到赏识,地位迅速提升。南唐名将林仁肇和文士高越,出资重建位于金陵郊外东北方的栖霞寺舍利塔,至今尚存,成为人们了解南唐建筑和雕刻艺术的十分重要的作品。徐铉、李建勋等人分别为栖霞寺作诗或题记,可见它在当时是非常重要的佛教圣地。开宝三年(970),歙州进士汪焕鉴于李煜佞佛,僧尼惑众,民心涣散,国事昏暗,仗义执言,冒死上封事,言:"梁武惑浮屠而亡,陛下所知也,奈何效之?"后主虽然擢升他为校书郎,但"终不能用其言"③。

南唐后期,崇佞佛教成为举国的风尚,佛寺及僧尼极其泛滥。"宫中造佛寺十余,出金钱募民及道士为僧,都城至万僧,悉取给县官"。这种风尚的一味泛滥,也必然带来统治秩序的混乱,社会风气的日益堕落。"僧尼犯奸淫,狱成,后主每曰:'此等毁戒,本图婚嫁,若冠笄之,是

① 唐圭璋:《李后主评传》引,《词学论丛》,上海:上海古籍出版社1986年版,第906页。
② (宋)司马光:《资治通鉴》卷二九四,第20册,北京:中华书局2011年版,第9736页。
③ (宋)陆游:《南唐书》卷十八,傅璇琮、徐海荣、徐吉军主编:《五代史书汇编》第9册,杭州:杭州出版社2004年版,第5604—5605页。

中其所欲。'命礼佛百而舍之"。个人对佛教的礼敬凌驾于国家法律之上,严重地影响了朝廷正常司法程序的执行,"奏死刑日,适遇其斋,则于宫中佛前燃灯以达旦为验,谓之命灯,未旦而灭,则论如律,不然,率贷死。富人赂宦官,窃续膏油,往往获免"①。李后主所谓的宽恕、仁爱之举,如同4次舍身同泰寺的"皇帝菩萨"梁武帝萧衍那样滑稽可笑,自以为是地以命灯的燃续来判决人之生死,而全然将法律的尊严视同儿戏。殊不知奸佞小人会在膏油里面做起手脚,自己的虔诚拜佛又变成了"皇帝的新衣",遭受人们的讥嘲和愚弄,因此宋人龙衮感叹道:"其为人茫昧如此,不亡何俟?"②

栖霞寺舍利塔

　　后主的极度佞佛,使得僧侣成为一个受到特别优待的阶层,整个国家供养着无数不劳而获的寄生僧尼。同时,兴修佛寺又须花费大量资财,据马令《南唐书》卷二六《浮屠传》记载:"南唐每建兰若,必均其土田,谓之常住产。……至今建康寺院,跨州隔县,地过豪右。"③南唐相当规模的寺院经济,享有许多经济特权,这些无疑都令南唐国库入不敷出,经济如雪上加霜。

　　南唐末年的疯狂崇佛,也被宋朝所利用,成为消灭南唐的重要手

① (宋)陆游:《南唐书》卷十八,傅璇琮、徐海荣、徐吉军主编:《五代史书汇编》第9册,杭州:杭州出版社2004年版,第5604页。

② (宋)龙衮:《江南野史》卷三,上海师范大学古籍整理研究所编:《全宋笔记》第一编第3册,郑州:大象出版社2003年版,第176页。

③ (宋)马令:《南唐书》卷二六,傅璇琮、徐海荣、徐吉军主编:《五代史书汇编》第9册,杭州:杭州出版社2004年版,第5425页。

段。开宝二年(969),北方僧侣小长老乘机潜入南唐,他携有大量奇珍异宝,贿赂权贵,得以接近李煜。李煜见他身穿价值昂贵的红罗绡金法衣,指责其用度豪奢,有违佛门清心寡欲的戒规。小长老不以为然,振振有词地回答:"陛下不读《华严经》,安知佛富贵?"李煜对他佩服不已,称其为一佛出世。在小长老的鼓动下,李煜耗费巨资广造佛塔佛像,另在牛头山(今南京市牛首山)造寺千余间,容纳僧众千余人,"日给盛馔。有食不能尽者,明旦再具,谓之'折倒',盖故造不祥语,以摇人心"①。其险恶用心在于消耗南唐财力物力,涣散人心,腐蚀斗志。恰恰是这些牛头山佛寺,后来成为宋军攻打南唐时的重要兵营。

开宝八年(975),宋军围困金陵城,李煜退兵无策,遂将军政大事交托给陈乔、张洎等人,自己退回宫中,率僧侣道士们诵经祈祷,对战况不闻不问。他曾经召小长老卜问祸福,小长老保证:"臣当以佛力御之。"乃登城大呼,"周麾数四。后主令僧俗军士念救苦菩萨,满城沸涌。未几,四面矢石俱下,复召小长老麾之,称疾不起,始疑其诞,遂杀之"②。在城破之前最危急的时候,后主无计可施,只得躲在佛堂中向神祷告,并许愿在兵退之后为佛重塑金身并广建庙宇。

在大敌当前的危难时刻,僧众们倒是表现出非凡的勇气,"城中有僧千数,表乞被坚执锐,以死国难"③,后主不允。宋人曾敏行《独醒杂志》卷一亦载:"庐山圆通寺,在马耳峰下,江左之名刹也。南唐时,赐田千顷,其徒数百众,养之极其丰厚。王师渡江,寺僧相率为前锋以抗。未几,金陵城陷,其众乃遁去。使李煜爱民如僧,则其民亦皆知报国矣。"④上苍不会眷顾软弱无能的君主,南唐王朝终于在一片青烟梵声中灭亡了。

甚至到了南唐灭亡后,亡国君臣被宋军舟船押解到汴口,李煜仍向

① (宋)陆游:《南唐书》卷十八,傅璇琮、徐海荣、徐吉军主编:《五代史书汇编》第9册,杭州:杭州出版社2004年版,第5605页。

② (宋)马令:《南唐书》卷二六,傅璇琮、徐海荣、徐吉军主编:《五代史书汇编》第9册,杭州:杭州出版社2004年版,第5424页。

③ (宋)马令:《南唐书》卷二六,傅璇琮、徐海荣、徐吉军主编:《五代史书汇编》第9册,杭州:杭州出版社2004年版,第5424页。

④ (宋)曾敏行:《独醒杂志》卷一,上海师范大学古籍整理研究所编:《全宋笔记》第四编第5册,郑州:大象出版社2008年版,第124页。

北宋大将曹彬提出请求：要偕同小周后上岸观览当地名刹普光寺。同行的南唐降臣认为李煜此举不合时宜，纷纷出面劝阻。李煜对此大动肝火，怒斥左右："吾自少被汝辈禁制，都不自由，今日家国俱亡，尚如此耶！"最后，李煜在曹彬的关照下得偿心愿，带着小周后等一行数人上岸入寺，跪在大雄宝殿释迦牟尼像前祈福禳灾，"拳拳而礼，叹念久之，散施衣物缗帛"[1]。对此，陆游不由感叹道："呜呼！南唐褊国短世，无大淫虐，徒以浸衰而亡，要其最可为后世鉴者，酷好浮屠也。"[2]

第五节　党争不断

南唐建国之后，李昪打击横暴武将，推行文官体制；杜绝宦官干政和外戚专权，实现了政治的清明。但是，文人势力的膨胀以及文人相轻所导致的诸多矛盾，埋下了南唐党争的恶果。

烈祖时期的文人党争，主要表现为统治者李昪保境息民的国策与南下士人积极北伐的强烈意愿之间的反差矛盾。

中主时期的文人党争，则主要以孙晟为代表的侨寓江南的北方士人与以宋齐丘为代表的南唐本土人士的矛盾。中主李璟偏听偏信、用人失察，致使南方文士宋齐丘、查文徽、冯延巳、魏岑等人结成牢固的利益集团，掌控着南唐最高权力机构，政坛乌烟瘴气，政局由治及乱，步入了污浊、衰败的时世。而清正刚烈的北方儒士则屡遭贬抑、怀才不遇。他们带着满腔失落的愁绪，强化了自身对于朝廷的离心倾向，纷纷走上了退居山林的道路。朝政的荒弛、国势的衰颓、军事的惨败，终于令李璟幡然悔悟，"颇躁愤，恶其大臣宋齐丘、陈觉、李征古，皆杀之"[3]，围绕中主一朝的朋党之争方才暂告消歇。

---

① (宋)龙衮：《江南野史》卷三，上海师范大学古籍整理研究所编：《全宋笔记》第一编第 3 册，郑州：大象出版社 2003 年版，第 173 页。

② (宋)陆游：《南唐书》卷十八，傅璇琮、徐海荣、徐吉军主编：《五代史书汇编》第 9 册，杭州：杭州出版社 2004 年版，第 5604 页。

③ (元)脱脱等：《宋史》卷四七八，第 11 册，北京：中华书局 2000 年版，第 10710 页。

到了后主李煜时代，文臣之间的矛盾纷争又呈现出新的状况。李煜继位之初，对于前朝老臣给予足够的尊重，以期令淮南战败以后南唐悲观颓丧的情绪得到舒缓，借助老臣的威望重振人心，同时也确立自己的政治威信。北方人士韩熙载早于杨吴时代就投奔江南，但是在烈祖、中主时代均未获重用，政治抱负无法施展。李煜继位不久，便授予他吏部侍郎之职；开宝元年（968），又任命他为中书侍郎、百胜军节度使兼中书令。韩熙载多年来遭受打击压抑，陡然承蒙君王的青睐，自然感恩不已，积极地参与国政。

然而对于老臣的倚重，只是后主继位之初的权宜之计，他一旦新君皇位得到稳固以后，便着手提拔自己旧日太子府内的幕僚，将潘佑、张洎等新贵推上南唐政治机构的最高层。这样，新进权贵与原先占据要位的老臣之间，不可避免地展开了激烈的争斗。

首先出现的是潘佑与徐铉之争。开宝元年（968）十一月，李煜迎娶继室小周后，命中书舍人徐铉与知制诰潘佑共同议定婚礼仪制。徐铉援引古制，认为鼓乐应从简；潘佑则投李煜所好，主张高调铺张。两人相持不下，请朝中元老徐游裁定。徐游善于揣摩君主的喜好，于是违背礼制附和潘佑的意见。通过这件事情，不难发现新贵与旧臣之间的权力争斗，后主个人的喜好扰乱了礼仪制度的规范，必然更加是非混淆、昏聩不明，新贵经过一番较量之后也越发地得意忘形。

紧接着，新贵之间为了权力的分配，也展开了尔虞我诈的互相倾轧。张洎与潘佑原先同为中书舍人，颇有交情，后来逐渐交恶。为了挤垮自己的政治对手，老道世故的张洎与徐铉互相联手，迫使潘佑在朝中逐渐被孤立。恃才傲物的潘佑极度不满，数次上书进谏，力陈李煜用人有误，并且自请去职还乡。李煜竟罢免其职，惟命其专修国史。潘佑多次上书，言辞悲愤激切，并称："臣终不能与奸臣杂处，事亡国之主。"①潘佑毫无顾忌的措辞直指后主的痛处，而且潘佑的政敌徐铉、张洎等人从旁添油加醋、大肆渲染，引得后主勃然大怒，欲治潘佑之罪。恰逢潘佑

---

① （宋）陆游：《南唐书》卷十三，傅璇琮、徐海荣、徐吉军主编：《五代史书汇编》第9册，杭州：杭州出版社2004年版，第5566页。

好友李平田制改革失败,李煜于开宝六年(973)十月,干脆将二人一并收付刑狱。潘佑闻讯,于家中自尽,李平也在狱内被缢死。"处士刘洞赋诗吊之,国中人人传诵,为泣下。及王师南侵,下诏数后主杀忠臣,盖谓佑也"①。

潘佑、李平之死,暴露了朝廷内党同伐异的残酷。后主独断专行的专制本性,使群臣人人自危,为了利禄之谋而尸位素餐,处心积虑地迎合君王的文雅趣味。在这样一个日薄西山的时代面前,朝廷当中豢养着大批唯唯诺诺的庸碌之臣,只能加速其灭亡的进程。

许多有志之士对国家的前途彻底绝望。韩熙载曾试图在政治上有所作为,但是冷酷的现实又迫使他心灰意懒。为了避免政坛当中的无端打击,保全自己的名节,他刻意放纵自己的行为,"畜妓四十辈,纵其出,与客杂居,物议哄然"②。李煜多次欲起用韩熙载为相,终因他行为过于放纵而作罢。王士禛、郑方坤《五代诗话》卷三引《缃素杂记》云:"韩熙载本高密人。后主即位,颇疑北人,鸩死者多。而熙载且惧,愈肆情坦率,不遵礼法,破其财货,售集妓乐,迨数百人,日与荒乐,蔑家人之法。所受月俸,至即散为妓女所有,而熙载不能制之,以为喜。而日不能给,遂敝衣屦,作瞽者,持独弦琴,俾舒雅执板挽之,随房歌鼓求丐,以足日膳,旦暮亦不禁其出入。或窃与诸生糅杂而淫,熙载见之,趋过而笑曰:'不敢阻兴而已。'及夜奔客寝者,其客诗云:'苦是五更留不住,向人头畔著衣裳。'时人议谓北齐徐之才豁达无以过之。"③韩熙载私下对密友交代了自己放纵行迹的本质动机:"吾为此以自污,避入相尔。老矣,不能为千古笑端。"④

廖居素是南唐三朝老臣,为人刚正不阿。后主时期,他感愤于时事,慷慨进谏,李煜不为所动。廖居素于是"闭门却食,朝服衣冠,立死

① (宋)陆游:《南唐书》卷十三,傅璇琮、徐海荣、徐吉军主编:《五代史书汇编》第 9 册,杭州:杭州出版社 2004 年版,第 5566 页。
② (宋)陆游:《南唐书》卷十二,傅璇琮、徐海荣、徐吉军主编:《五代史书汇编》第 9 册,杭州:杭州出版社 2004 年版,第 5559 页。
③ (清)王士禛、(清)郑方坤:《五代诗话》卷三引《缃素杂记》,北京:人民文学出版社 1998 年版,第 157—158 页。
④ (宋)陆游:《南唐书》卷十二,傅璇琮、徐海荣、徐吉军主编:《五代史书汇编》第 9 册,杭州:杭州出版社 2004 年版,第 5559 页。

井中",留下手书道:"吾之死,不忍见国破也。"①

徐铉之弟、博学多才的徐锴,眼见后主时代国势每况愈下,忧愤染疾,临终前对家人道:"吾今乃免为俘虏矣。"②

概括而言,南唐君主采取了优遇文官的制度,促使朝廷当中人才济济、云蒸霞蔚,但是统治者未能很好地掌控和引导来自不同地域文士的志趣和性格,导致南唐文人出现了旷日持久、形态各异的朋党之争,文化的推动力逐渐转变为互相的掣肘和抵牾,并且成为文化发展中致命的自毁因素。因此南唐亡国之后,李煜对徐铉沉痛地慨叹:"当时悔杀了潘佑、李平!"③马令《南唐书》卷十九也深刻地总结道:"南唐之亡,非人亡之,亦自亡也。为国而自去其股肱,譬诸排空之鸟,而自折其羽翮,孰有不困者哉!"④

也许,这正是文官政治的通病! 有宋一代,党争频密而激烈,越发暴露出封建文官制度的本质缺陷。

第六节　军事颓败

宋太祖赵匡胤先后消灭了荆南、后蜀、南汉等南方小国,在外交诱骗李后主北上无效的情况下,着手部署消灭南唐的军事行动。他深知如欲问鼎江南,必须突破水深岸阔的长江天险,早在称帝之初,就责令专人组建水军。据王应麟《玉海》记载:"建隆四年,凿大池于京师之内,在玉津园东,抵宣化门外,引蔡水注之。其年六月,既成,名教船池。造楼船百艘,选精卒号'水虎捷',习战池中。开宝三年冬十月,幸造船务,命水工驾杂修楼船,以习水战。开宝六年三月甲午,诏以教船池为讲武

---

① (宋)陆游:《南唐书》卷九,傅璇琮、徐海荣、徐吉军主编:《五代史书汇编》第9册,杭州:杭州出版社2004年版,第5541页。

② (宋)陆游:《南唐书》卷五,傅璇琮、徐海荣、徐吉军主编:《五代史书汇编》第9册,杭州:杭州出版社2004年版,第5502页。

③ (宋)王铚:《默记》,上海师范大学古籍整理研究所编:《全宋笔记》第四编第3册,郑州:大象出版社2008年版,第124页。

④ (宋)马令:《南唐书》卷十九,傅璇琮、徐海荣、徐吉军主编:《五代史书汇编》第9册,杭州:杭州出版社2004年版,第5381页。

池。七年,将有事于江南,是岁凡五临幸,观习水战。"①后来,他命人在荆湖一带的数百里河网水域建造了数千艘艨艟战船,大张旗鼓地招募和操练水师,谋划日后征伐南唐。

在大举进攻南唐之前,首先必须除去阻碍宋朝军事行动的一大障碍,就是南唐名将林仁肇。林仁肇原先是闽国的一员偏将,闽国灭亡后,投降南唐,身材魁梧,刚毅有力,因身上刺有猛虎文身,人称"林虎子"。他是南唐屈指可数的骁勇善战的虎将,对士卒非常关爱,在军中颇孚众望。早年,后周军队攻入淮南,他曾率部驰援寿州,破濠州,又带领千人敢死队乘风举火焚烧正阳浮桥,为保卫南唐立下过汗马功劳,深得中主、后主信任,被李璟授以润州节度使,后移镇长江中游的咽喉之地武昌,肩负隔江御宋的重任。枢密院使陈乔对他非常赏识,曾言:"令仁肇将外,吾掌机务,国虽迫蹙,未易图也。"②

宋朝建立之初,赵匡胤忙于东征西讨,恰逢李重进在扬州反叛,朝廷调兵征讨,致使淮南诸郡守备力量不过千人。林仁肇经过一番侦察后,单独向李煜密奏,献上了与大宋军队对抗的策略。他指出:"宋淮南诸州,戍守单弱,而连年出兵,灭蜀,平荆湖,今又取岭表,往返数千里,师旅罢敝,此在兵家为可乘之势。请假臣兵数万,出寿春,渡淮,据正阳,因思旧之民以复故境。彼纵来援,吾形势已固,必不得志。兵起之日,请以臣举兵外叛闻。事成,国家享其利;不成,族臣家,明陛下不预谋。"③这真是一个大胆的计策,首先分析了宋朝淮南诸郡军事力量疲弱的现状,接着提出自带精兵数万,发动江淮南唐遗民收复失地的打算。他还替李煜想出了一个万全之策:他此次出征背负外叛的恶名,如果事成,南唐可以把失去的国土夺回;如果事败,则林家甘愿蒙受杀身灭族之祸,以此可以令李煜在宋太祖面前开脱"罪责"。林仁肇不惜以全家性命作为代价,来帮助南唐扭转军事被动的现状。

① (宋)王应麟:《玉海》卷一四七,清文渊阁《四库全书》本。
② (宋)马令:《南唐书》卷十二,傅璇琮、徐海荣、徐吉军主编:《五代史书汇编》第9册,杭州:杭州出版社2004年版,第5345页。
③ (宋)陆游:《南唐书》卷十四,傅璇琮、徐海荣、徐吉军主编:《五代史书汇编》第9册,杭州:杭州出版社2004年版,第5573页。

可是,他的一腔热血和大胆谋略却令胆小怕事的李煜恐惧万分。他生怕林仁肇冒险北伐,引火烧身,便将其调往洪州,担任南都留守、南昌尹。可悲的是,随后赵匡胤采取的离间计策,却借李煜之手鸩杀了一代名将林仁肇。

开宝六年(973),宋太祖赵匡胤派出一些擅长丹青的人潜入南唐,偷偷观察林仁肇的容貌,画下他的肖像,然后带回汴京,复制多份,挂在京城显眼的地方,让南唐来的使臣和商人都能看到。当时后主七弟李从善作为人质被扣留在汴京,宋太祖指着画像问:"卿识此人否?"从善回答:"不识,然有类臣江南林仁肇。"太祖曰:"然。近有表,并进此像,言欲归朝,将遣人迎之。"①李从善听罢,内心极度惶恐,赶紧将此信息写成密信,派人专程送回金陵。

李煜接到此信,将信将疑,但是在妒贤嫉能的枢密副使张洎和平日里忌惮林仁肇雄才大略的武将朱令赟、皇甫继勋的煽动下,还是以"不忠不义"的罪名,赐林仁肇1壶毒酒,将其鸩杀。"仁肇少病风,口气常臭,医云肺掩不正。及遇鸩,家人怪其不臭,俄卒。初,仁肇尤为陈乔所知,至是乔叹曰:'国势如此,而杀忠臣,吾不知所税驾也。'然不能白其诬"②。

林仁肇被鸩杀后,赵匡胤消除了心头大患,遂于开宝七年(974)九月以李煜拒命来朝为辞,发兵十余万,正式开启消灭南唐的军事行动。

宋太祖宣谕由宣徽南院使曹彬任昇州西南面行营马步军战棹都部署(总司令)挂帅出征,山南东道节度使潘美为都监(总监军),颍州团练使曹翰为先锋。此次南征的进兵方略是:以曹翰为开路先锋,率领精锐水军和骑兵自江陵出发,以迅雷不及掩耳之势快速突破,重创并震慑南唐沿江守军。随后,主力兵分两路进发:一路由曹彬亲自指挥,由侍卫马军都虞候李汉琼、贺州刺史田钦祚率部分水军和骑兵,"同率军赴荆

---

① (明)陈霆:《唐余纪传》卷十二,傅璇琮、徐海荣、徐吉军主编:《五代史书汇编》第9册,杭州:杭州出版社2004年版,第5723页。

② (明)陆游:《南唐书》卷十四,傅璇琮、徐海荣、徐吉军主编:《五代史书汇编》第9册,杭州:杭州出版社2004年版,第5573页。

南,领战棹缘江而下"①。另一路由潘美任指挥,由侍卫步军都虞候刘遇、东上阁门使梁迥率水军、骑兵,从汴京南下,两路兵马会师池州再攻采石,从西向东进逼金陵。京师水军自汴水而下取道扬州入长江,攻取润州(今江苏镇江)。

另约请吴越钱氏出军给予配合,赐吴越王钱俶军衣5万副,俾分给其行营将士;授钱俶为昇州东南行营招抚制置使,赐战马200匹,旌旗剑甲;令内客省使丁德裕以精锐禁军步骑千人为前锋,"尽护其军",从东面攻取常州,配合宋水军夺取润州,与曹彬、潘美军队会攻金陵。以王明率军向武昌方向进击,牵制江西唐军东下驰援。宋廷还组织了南唐李从善麾下及江南水军1 300余人为一支禁旅,名曰"归圣",随宋军进攻南唐。

南下之前,赵匡胤在长春殿赐宴,为出征将帅壮行。他语重心长地叮嘱曹彬:"南方之事,一以委卿,慎勿暴掠生民,务广威信,使自归顺,不须急击也。"②随后,宋太祖钦赐曹彬尚方宝剑,赋予他斩杀违命者的权力。

开宝七年(974)十月,曹彬统率兵马从荆南出发。

十八日,宋军沿长江北岸顺流东下,麻痹轻敌的南岸南唐守军以为宋军是例行巡江,未加阻击,使宋军顺利通过南唐屯兵十万的要地湖口(今属江西)。

二十四日,宋军突然渡过长江,水陆并进,直趋池州,袭占峡口寨(今安徽贵池西),杀守卒800余人,生擒270人。当宋军临近池州时,南唐沿江守军也认为是宋军的例行巡江,于是坚壁自守,还奉牛酒前去犒劳。等到发觉来者不善,再想抵抗,为时已晚。池州守将戈彦见势不妙,弃城逃走,宋军获池州牙内指挥使王仁震、指挥使王晏、副指挥使钱兴,兵不血刃,轻取州城。

曹彬深知兵贵神速,传令水陆各军人不解甲,马不卸鞍,乘胜东进,率军向池州东北方向一百四十里外的铜陵进军。败南唐军7 000余人

① (清)徐松撰,刘琳、刁忠民等校点:《宋会要辑稿·兵七》,第14册,上海:上海古籍出版社2014年版,第8750页。
② (宋)李焘:《续资治通鉴长编》卷十五,北京:中华书局2004年版,第324页。

于铜陵,生擒 800 余人,缴获战舰 200 余艘。

曹彬攻占铜陵后,又连克芜湖、当涂二县,继续进军采石。采石矶是长江下游一个重要的渡江关隘,自古以来都是南北兵家必争之地。南唐采石守军马步军副部署杨收、兵马都监孙震率 2 万重兵凭险据守。曹彬挥师奋击,大破采石守军,生擒杨收、孙震,获马 200 余匹。"江表本无战骑,先是,朝廷每岁赐与数百匹,至是驱为前锋,以扞王师。及获之,验印记,皆前所赐者"①。宋军遂屯兵采石,待机大举渡江。

在此之前,赵匡胤已令八作使郝守濬带领大批工匠,乘船押运数百艘黄黑龙船,以及满载棕缆、竹索、铁链等连接、固定船只和木板的大舰,在石牌口(今安徽怀宁)江面试造浮桥。

十一月初九,待到浮桥造成,曹彬也攻克了采石,即会同熟知当地水文信息的新任池州知州樊知古,协助郝守濬将造桥材料由石牌口移运至采石,仅用 3 天时间遂告成功,在浩瀚的长江江面上架设起一条衔接长江两岸的通途,"王师过之,如履平地"②,创造了中国古代军事史上架设浮桥的奇迹。

随后,曹彬继续进师,"破江南军数千人于新陵寨,获舰三十余艘。十二月,破其军五千众于白鹭洲,生擒百余人,获战舰百五十艘"③。

南唐君臣明知大宋迟早要举兵渡江南下,却不抓紧时间积极应对。他们过分迷信长江天堑的屏障保护,同时又重施纳贡乞和的老套路。开宝七年(974)十月九日,李煜上贡"绢二十万疋、茶二十万斤、买宴绢万疋、钱五千贯、御衣、金带、金银器用数百事。闻将举兵,故有是献"。紧接着,闰十月十三日,又"遣使贡银三万两、绢五万疋。以王师傅其城,惧而来告"。④ 与此同时,他在南唐皇宫内依旧火树银花、歌舞升平。

清人毕沅《续资治通鉴》卷八载:"初,陈乔、张洎为江南国主谋,请

---

① (清)徐松撰,刘琳、刁忠民等校点:《宋会要辑稿·兵七》,第 14 册,上海:上海古籍出版社 2014 年版,第 8750 页。

② (宋)李焘:《资治通鉴长编》卷十五,北京:中华书局 2004 年版,第 327 页。

③ (宋)李宗谔:《曹武惠王彬行状》,(宋)杜大珪《名臣碑传琬琰集》中卷四三,宋刻元明递修本。

④ (清)徐松撰,刘琳、刁忠民等校点:《宋会要辑稿·蕃夷七》,上海:上海古籍出版社 2014 年版,第 16 册,第 9935 页。

所在坚壁以老宋师。宋师入其境,国主弗忧也。"①李煜在军事上主要贯彻通过坚壁固守城池来拖垮长途奔袭之宋军的防守策略思想,根本没有制定主动进攻或积极防御的战略部署。早在李煜即位之初,博学多识的书生郭昭庆就赶赴金陵,向李煜献《经国治民论》,强调对池州、采石等地要加强防守,可惜并没有引起李煜的重视。直到宋军在采石赶造浮桥的奏报传入皇宫,南唐君臣都认为是无稽之谈。以见多识广自居的饱学之士张洎颇不以为然,用极为轻蔑的口吻对李煜说:从来没有听说过长江上可以造浮桥的事,宋军实乃异想天开。李煜也不相信宋朝军队会轻易渡过长江天险,说:"吾亦以为儿戏耳。"②结果宋军得以浩浩荡荡地顺利渡江。

及闻宋军果然架桥渡江后,李煜这才感到大难临头,再无退路,只有困兽犹斗,拼死一搏。他匆忙组织军事部署,将澄心堂作为战时处理国政军务的机要重地,特设"内殿传诏",只准为数有限的重臣参与其事。他命镇海军节度使郑彦华为主将,遴选精锐水师2万人乘大小战船溯江西进;另遣天德都虞候杜贞为副将,率领步骑军1.5万人沿长江南岸西进。水陆两军配合,进兵采石,迎战宋师,以纾国难。

出师之日,李煜亲临江岸执酒壮行,殷切叮嘱两位将领:一定要精诚团结、鼎力合作,我朝成败在此一举。郑彦华、杜贞均跪拜谢恩,慷慨陈词,甘愿为国粉身碎骨。岂料郑彦华叶公好龙,他指挥的战船接近采石,与曹彬指挥的田钦祚所部交战,甫一失利,他便畏缩怯阵,按兵不前,放弃了用战舰摧垮浮桥的计划。杜贞虽然依照原先与郑彦华约定的计划行动,率领部属浴血苦战,但终因郑彦华贻误战机,只得孤军迎战,伤亡惨重,被沿着浮桥蜂拥过江的宋军打得一败涂地。

与此同时,东翼吴越军捷报频传。十二月,吴越王钱俶率兵包围常州,俘唐军250人、马80匹于常州城下。不久,又攻拔利城寨(今江苏江阴),击败唐军3 000多人,俘虏600余人。此后,吴越军再破南唐兵万余众于常州北境。

① (清)毕沅:《续资治通鉴》卷八,第1册,长沙:岳麓书社2008年版,第100页。
② (元)脱脱等:《宋史》卷四七八,第11册,北京:中华书局2000年版,第10713页。

战败的噩耗接踵而至,李煜感到形势愈发严峻,随即下诏与大宋决裂,废弃"开宝"年号,公私文书一律改用干支纪年;并传谕京师戒严,动员兵民募军筹饷,囤积粮食,坚守城池;民众有愿贡献财产及粮食者,授予官爵。同时致书吴越王钱俶,警告他不要乘南唐之危,趁火打劫。他在《遗吴越王书》中写道:

> 今日无我,明日岂有君? 明天子一旦易地酬勋,王亦大梁一布衣耳![①]

大梁:指北宋都城东京开封府,今河南开封,战国时为魏国都城,称大梁。布衣:代指平民。"大梁一布衣",语出自南汉国主刘鋹。据《宋史》卷三记载,南汉灭亡后,国主刘鋹入宋。刘鋹在做南汉国主时,经常置鸩于酒以毒臣属。因此当宋太祖赐酒时,刘鋹疑有毒,捧杯泣曰:"臣罪在不赦,陛下既待臣以不死,愿为大梁布衣,观太平之盛,未敢饮此酒。"[②]李煜此信没有从正面恳请吴越与南唐交好,共同抵抗北方宋朝的南征,因为他深知钱俶根本就是为虎作伥,要置南唐于死地,故而他从南唐与吴越唇亡齿寒的关系出发,指出南唐灭亡后,下一个被收拾的就是吴越,钱俶也难免国灭苟活的结局,语含悲愤,不无挖苦之意。

李煜的这封信非但没有说动吴越王钱俶,反而激怒了他,遂将此信上交给宋太祖。当年李煜写信劝降南汉国主刘鋹的历史,这次在自己身上再度重演。赵匡胤恼怒李煜"倔强不朝",透过这封书信,我们可以感知李煜内心当中倔强任性的一面。

自从南唐名将林仁肇被鸩杀之后,境内缺乏足以扭转乾坤的军事将领,武备松弛,官娇兵惰,战斗力非常低下。据陆游《南唐书》卷三记载:"初,烈祖有国,凡民产二千以上出一卒,号义军;分籍者又出一卒,号生军;新置产亦出一卒,号新拟军;客户有三丁者出一卒,号拔山军。元宗时,许郡县村社竞渡,每岁重午日,官阅试之,胜者给彩帛、银碗,皆籍姓名,至是尽取为卒,号凌波军。募民奴及赘婿,号义勇军。募豪民以私财招聚无赖亡命,号自在军。至是又大搜境内,自老弱外皆募为

① (宋)李焘:《续资治通鉴长编》卷十五,北京:中华书局2004年版,第328页。
② (元)脱脱等:《宋史》卷三,第1册,北京:中华书局2000年版,第33页。

卒,号都门军。民间又有自相率拒敌,以纸为甲,农器为兵者,号白甲军。凡十三等,皆使捍御。然实皆不可用,奔溃相踵。"[1]这些名目繁多的军事组织,普遍素质低下,犹如一盘散沙。

此时的南唐,政事由光政院使陈乔及副使张洎主持,金陵防卫具体由皇甫继勋负责;另以徐元楀、刁衎为内殿传诏,负责向李煜通报战况。然而,对于频频传来的前方告急文书,徐、刁二人居然加以截留,致使李煜对战况毫无所知。大敌当前,李煜将保家卫国的重任交付给一位养尊处优的青年将军:皇甫继勋,最终导致南唐军事一溃千里。皇甫继勋是南唐功臣皇甫晖之子,曾经跟随父亲参加过决定南唐命运的抵抗后周南下的滁州大战,由于他临阵畏缩,气得皇甫晖操戈击打,他躲闪及时才得以保全性命。皇甫晖率军守卫清流关,重创落马,被赵匡胤俘虏后拒绝医治,慷慨捐躯。

李煜认为忠臣必出义子,所以在国家危难之际格外信任皇甫继勋,任命他为神卫统军都指挥使,负责都城的保卫工作。可是皇甫继勋与他的父亲完全不同,他徒以家世,无功受禄,成天为自己的利益考虑,名园甲第,冠绝金陵;声色犬马,竭尽欢娱,是一个不折不扣的浪荡公子。为了保住自己的富贵,他根本不像自己的父亲那样忠诚为国、报效疆场,而是希望李后主赶快投降,他也好跟着做一个降将军,继续享受荣华富贵的生活。所以,他一听到前线捷报传来,反而闷闷不乐;听说南唐军队在前方打了败仗,竟然暗自庆幸。尤其不可饶恕的是,皇甫继勋指挥不当,贻误战机,丢掉了金陵西面最后一道屏障采石矶。

江南猛将张雄,在后周攻入南唐时,率领淮南"义军"奋勇抗击,因其战功显赫,被李璟破格任用,先后任袁州、汀州刺史。李煜即位后,改任统军使,继续驻守袁州和汀州。他得知金陵告急,迅即奉命率部北上勤王。出发之前,张雄当着7个儿子的面对天明志:"吾必死国难,尔辈不从吾死,非忠孝也。"[2]诸子无不涕泣受命,发誓绝不苟且偷生。

---

① (宋)陆游:《南唐书》卷三,傅璇琮、徐海荣、徐吉军主编:《五代史书汇编》第9册,杭州:杭州出版社2004年版,第5491页。

② (清)吴任臣:《十国春秋》卷二七,傅璇琮、徐海荣、徐吉军主编:《五代史书汇编》第7册,杭州:杭州出版社2004年版,第3781页。

开宝八年（975）正月，张雄带兵来到溧阳（今属江苏）城外，忽然收到朝廷送来的蜡丸密书，令其停止前进，就地待命。随军参赞的监察御史许逖深谙军事之道，长于审时度势。他发现溧阳四周一马平川，易攻难守，指出此地断然不可久留，更不可恋战。于是他自告奋勇，孤身潜往金陵探问究竟并向李煜面奏。许逖行前特意嘱咐张雄："兵来，慎无动，待我一夕。吾当入白，可与公兵俱入城。"①许逖走后，宋行营左厢战棹都监田钦祚所率军前来骂阵，张雄不堪侮辱，愤然迎敌拼杀，结果中计。宋军击败南唐军万余人，张雄父子8人全部战死。张雄父子的报国之志，与皇甫继勋的一己之私，不啻有天壤之别！

溧阳失守，为宋军集结金陵扫除了一大障碍。开宝八年（975）正月，北宋军各路全线出击，曹彬等率军于新林港击破南唐兵，斩首3000级，焚南唐战舰60余艘。宋所任命的权知池州樊知古击败南唐军4000人于池州境内；宋池州至岳州江路巡检、战棹都部署王明，指挥其部下黄州兵马都监武宁谦等率军在长江中游渡江，于武昌击败南唐兵万余人，杀700人，夺取了樊山寨（今湖北鄂城西）。

十七日，曹彬率大军进攻南唐都城。行营马军都指挥使李汉琼在秦淮河南岸以巨舰载葭苇，顺风放火，攻破南唐水寨，斩敌首数千，宋军潘美所部得以推进至秦淮河边。此时，南唐在河对岸尚有10万大军前依秦淮河、背靠江宁城列阵防守，准备与宋军决一死战。潘美急于率军渡河，未及舟楫齐备，即对众将士大声疾呼："美受诏，提骁果数万人，期于必胜，岂限此一衣带水而不径度乎？"②随后他第一个跳入河中，率先涉水奔向对岸，数万将士接踵而上。曹彬亦率大军突破秦淮河，斩杀数万人，直逼江宁城下。宋军遂于城郊三面扎营，将南唐国主李煜死死地困于城中。

宋军连克金陵外围据点后，一至六月间，先后在秦淮河白鹭洲及长江一带先后击败南唐水陆军十余万，烧毁及夺得南唐战船数千艘。据李宗谔《曹武惠王彬行状》记载："二月，军次秦淮，吴人水陆十万阵于城

---

① （清）吴任臣：《十国春秋》卷二九，傅璇琮、徐海荣、徐吉军主编：《五代史书汇编》第7册，杭州：杭州出版社2004年版，第3808页。

② （元）脱脱等：《宋史》卷二五八，第8册，北京：中华书局2000年版，第7411页。

下,大败之,俘斩数万,计获兵器数万、印数十钮。及浮梁成,吴人进师出御,大败其众,获伪将卫军都头郑宾七辈及军器万余。又攻其城南水寨,杀戮千余,破数千众于白鹭洲,俘朝千计于江中。三月,破吴兵数千众于江中,俘五百人。破关城,悉焚其庐舍,杀千余众,溺死者又千计,守陴者皆遁,伪天德军都知兵马使张进等九人来降。俄又破其军二千众于秦淮北。六月,又破其二万众于城下,夺战舰数千艘。"[1]由此形成对金陵的包围之势,实现了赵匡胤暂时围而不攻,以期李煜树幡自降的方略。

与此同时,奉赵匡胤之命包抄李煜后路的吴越军队正气势如虹,与宋朝水军在千里江面上协同作战,于宣州、江州、鄂州等地大败南唐军队。开宝七年(974)十二月,吴越王钱俶亲率军队猛攻常州,南唐知州禹万诚誓死不降,顽强抵抗了四个月。然而城中人心涣散,次年(975)三月,大将金成礼劫持禹万诚降宋,常州陷落;江阴等要塞也被吴越兵攻占。六月,丁德裕在润州(今江苏镇江)击败南唐军5 000人,并与吴越军合势攻占润州。

润州地处南北水陆交通要冲,自古以来是兵家必争之地,南唐时期成为拱卫首都金陵的东侧门户。李煜任命自己多年的"藩邸旧人"、掌管皇家卫队的侍卫厢虞候刘澄出任节度使留后,统兵镇守润州。行前,李煜赐宴,并且对刘澄委付重托:"卿本不合离孤,孤亦难与卿别,但此行非卿不可。"刘澄也涕泗奉命,表示定当以死效忠,誓与润州共存亡。回家之后,他征调车辆,将自家所有的金银珠宝全部随军运往润州,并且放出话来:"此皆国家前后所赐。今国家有难,当散此以图勋业。"俨然是一派毁家纾难的忠义气度,后主闻之益喜。

等到刘澄率师进驻润州,恰逢吴越军初临城郊,"营栅未成,左右请出兵掩之"。刘澄此时已心怀异志,于是按兵不动,故意拖延,还冠冕堂皇地欺骗部下:"出兵不胜,则立为虏矣。当俟应援,然后图战。"李煜得知刘澄怯阵,只得忍痛从金陵外围守军中抽调8 000精锐,令名将卢绛带领,突破重围驰援润州。

---

① (宋)李宗谔:《曹武惠王彬行状》,(宋)杜大珪:《名臣碑传琬琰集》中卷四三,宋刻元明递修本。

卢绛援军的到来,令刘澄的投降图谋受阻,刘澄便想方设法地拉拢卢绛。他试探卢绛:"闻言都城受围日急,若都城不守,守此何为?"也就是暗示卢绛要审时度势,献城降宋。对此,卢绛斩钉截铁地回答:"君为守将,不可弃城。宜赴难者,唯绛尔。"刘澄见此计不成,便以巨款贿赂,暗示卢绛同他一起献城降宋。卢绛将计就计,用这笔巨款犒赏将士之后,义无反顾地回师金陵勤王。

卢绛领兵离开后,刘澄召集众将卒,询问他们:"澄守城数旬,志不负国,事势如此,须求生计,诸君以为如何?"将卒闻后,皆放声大哭。刘澄恐怕生变,便装出一副可怜相,流着眼泪说:"澄受恩深于诸君,且有父母在都城,宁不知忠孝乎? 但力不能抗尔。诸君不闻楚州耶?"当年后周世宗柴荣围攻楚州(今江苏淮安),耗时多日,等到了攻克城池后,即进行大肆屠城。刘澄以此故事来要挟众位将卒不要以卵击石,否则后果不堪设想。最终,他哄骗诸将拱手投降,吴越和宋朝联军兵不血刃,占据润州①。占领润州后,宋廷"就命行营都监丁德裕领常、润等州经略巡检使"②。吴越军"部送降卒数千人赴军前,卒多道亡,遂发檄招诱;稍皆集,又虑其为变,尽杀之"③。至此,从东南方向杀来的吴越军也推进到金陵城下,配合宋军形成合围之势。

作为守卫金陵的主将,皇甫继勋对李煜阳奉阴违,表面上下令紧闭金陵外城各门,严防宋军突袭,暗地里却疏于防卫,一味地敷衍塞责。他手下的裨将对主帅龟缩惧敌、坐以待毙的行径极为不满,暗中联络军中敢死勇士,秘密出城夜战,奇袭宋军营地。皇甫继勋得知后,下令将为首的裨将绑缚起来,鞭笞杖责,打入囚车游街示众,并且扬言要以违反军令的罪名加以处决。他又唯恐李煜催问军务,强行扣押前方战报和有关战事的奏疏,还借口城防军务繁忙、不容分身而拖延李煜的宣召垂问。他的种种恶行,使得众位将士和百姓对其恨之入骨。

---

① (宋)马令:《南唐书》卷二七,傅璇琮、徐海荣、徐吉军主编:《五代史书汇编》第9册,杭州:杭州出版社2004年版,第5428—5429页。

② (清)徐松撰,刘琳、刁忠民等校点:《宋会要辑稿·兵七》,第14册,上海:上海古籍出版社2014年版,第8751页。

③ (宋)李宗谔:《曹武惠王彬行状》,(宋)杜大珪:《名臣碑传琬琰集》中卷四三,宋刻元明递修本。

这时,潜伏在金陵城里的小长老也极尽麻痹李煜之能事。他每次入宫觐见,都大肆吹嘘佛力无边,声称宋军对金陵围而不攻,恰是佛祖对李煜虔诚礼佛的善报;南唐有佛保佑,定能逢凶化吉,令宋军师疲自退。李煜信以为真,对佛教越发虔诚崇信,时常宣召高僧德明、云真、义伦、崇节等讲解《楞严经》《圆觉经》;又经张洎推荐,征召隐居在鄱阳湖的处士周惟简入宫,专讲《周易》64卦,幻想南唐的国运经此劫难后,能够时来运转、否极泰来。"群臣皆知国亡在旦暮,而张洎犹谓北师已老,将自遁去。后主益甘其言,晏然自安,命户部员外郎伍乔于围城中放进士孙确等三十八人及第。其所施为,大抵类此。故虽仁爱足以感其遗民,而卒不能保社稷云"①。

然而,所有的幻想只能自欺欺人。南唐乙亥岁(975)五月的一天,李煜心血来潮,传谕内厩备马,在宰相殷崇义的陪同下,策骑登城巡视。李煜登上城楼,环顾城外,只见长江之上帆樯林立、战舰如云,千里长堤上营帐星罗棋布,旌旗招展,桅杆上飘扬的全都是宋军的旗号。李煜看到此番情景,吓得脸色煞白,深知自己为人所骗。

回到宫中,他急不可耐地降旨召见皇甫继勋,怒斥他欺上瞒下,误兵误国,随后下令罢免其统帅之职,剥去戎装,推出宫门。内侍闻声,扑向皇甫继勋,当即将其反剪双臂押下。"始出宫门,军士云集脔之,斯须皆尽"②。

皇甫继勋被诛的消息传出之后,守城官兵士气大振,"建康受围二岁,斗米数千,死者相藉,人无叛心"③。李煜趁热打铁,再度下诏督促各地将士勤王。但是眼前身陷重围的现实,也促使李煜不得不考虑:再这么抵抗下去也没有多大希望;如果就此投降,又担心宋太祖不会轻饶了自己,因此内心非常矛盾、惶恐。

十月,宋太祖赵匡胤遣李穆送李从镒归金陵,意在规劝李煜主动归降。李煜请门下侍郎兼枢密使陈乔帮他出主意,如何才能不失体面地

① (宋)陆游:《南唐书》卷三,傅璇琮、徐海荣、徐吉军主编:《五代史书汇编》第9册,杭州:杭州出版社2004年版,第5493页。

② (宋)陆游:《南唐书》卷十,傅璇琮、徐海荣、徐吉军主编:《五代史书汇编》第9册,杭州:杭州出版社2004年版,第5545页。

③ (宋)郑文宝:《江表志》卷下,上海师范大学古籍整理研究所编:《全宋笔记》第一编第2册,郑州:大象出版社2003年版,第274页。

投降,不至于受到赵匡胤的谴责。陈乔一听李后主提到"投降"二字,立刻毫不客气地直言强谏:"陛下与臣俱受先帝顾命,委以社稷大计。今往而见留,则国非己有,悔将何及? 臣虽死,实觍面于先帝。"并且慷慨激昂地指出:"势虽迫蹙,二臣之节不隳也。"①表明坚持抵抗、誓死不降的决心。

李煜询问他现今如何才能解此燃眉之急。陈乔建议:依臣愚见,如今我们还有两条路可走:一条是火速派人潜出金陵,急调镇南军节度使朱令赟的 15 万兵马前来勤王;一条是到了万不得已的时候,臣愿率领殿前禁军,进驻后宫保卫陛下,宁为玉碎,不为瓦全,以一死报效列祖列宗于地下!

于是,李煜面授机宜,派遣卫尉卿陈大雅化装出城,前往洪州宣旨,命镇南军节度使朱令赟火速率师北上,解救金陵。朱令赟是元宗朝神卫统军朱匡业的从子,原为神卫军都虞候,身材魁梧,虎背熊腰,宽额鹰目,矫捷善射,为人争强好胜,因其生来眼窝深凹,绰号"朱深眼"。李煜鸩杀林仁肇后,调任他为镇南军节度使,统辖南唐当时实力最强的 15 万水陆兵马,人称江南第一大将。

朱令赟接到陈大雅送来的御旨后,夜以继日地筹划进军方略,先派战棹都虞候王晖赴鄱阳湖赶造巨舰大筏,操练水师;继而在洪州亲自操练三军,然后挥师沿赣水,入鄱阳湖与王晖所部会师,浩荡东下,进抵距离宋军水师不远的湖口镇(今江西九江东)。

他召集手下将领举行军事会议,首先分析当前所面临的严峻形势:"今若前进,而王师据我后,则上江阻隔,退乏粮道,亟为虏矣。"②南唐军队目前孤军深入,腹背受敌,如果两军长久对峙,则会内无粮草、外无援兵。诸将各抒己见,纷纷献计献策。朱令赟集思广益,决定调南都留守柴克贞带兵移镇湖口,作为他勤王大军的强援后盾。可是柴克贞却以身体抱恙为由加以拒绝,而李后主又不断手书催促,

---

① (宋)马令:《南唐书》卷十七,傅璇琮、徐海荣、徐吉军主编:《五代史书汇编》第 9 册,杭州:杭州出版社 2004 年版,第 5372 页。

② (宋)马令:《南唐书》卷十七,傅璇琮、徐海荣、徐吉军主编:《五代史书汇编》第 9 册,杭州:杭州出版社 2004 年版,第 5374 页。

朱令赟也就不敢久等,只好拔军先行。他与指挥水师的战棹都虞候王晖通宵密议,打算利用数百艘大筏负重开道,顺流直下,强行猛撞采石浮桥,切断宋军运兵、运粮的战略通道,赢得战机,确保战船顺利东进,直下金陵解围。

朱令赟的勤王消息早被曹彬派出的探报暗察得一清二楚。宋池州至岳州江路巡检、战棹都部署王明遂命宋军在朱令赟进军方向下游的独树口(今安徽安庆附近)洲渚间打下许多高大的木桩,若帆樯之状,以迷惑敌人,阻挡南唐水师的大木筏通行。而朱令赟对宋军的行动则全然不知,仍按既定的部署用兵。

十月二十一日,朱令赟指挥的水师阵容甚为壮观,巨舰可乘千人,大筏则长达百丈,鱼贯前行。朱令赟乘坐的旗舰是一艘特大楼船,高十余层,甲胄闪光,"朱"字帅旗在船首桅杆上迎风招展。南唐水师驶近距离采石只有 10 里之遥的皖口(今安徽安庆西南,皖水入江口),遇到宋军派出的许多轻快小船包抄围攻。当时正值枯水季节,水位下降,江面变窄,南唐军队的巨舰、大筏难以调转,显得非常笨重,因此以大搏小,非常吃力。

朱令赟眼见距离宋军渡江的浮桥已经不远,遂与部下商议,决定施放火油机烧毁浮桥。他们找来一艘吃水较浅的木船,舱内塞满柴草,浇灌上油脂,点上火后乘风顺流冲向浮桥。宋军见状,惊恐万分,赶快派船拦截,却为时已晚。朱令赟麾下的将士则精神抖擞,欢呼雀跃,准备在火攻之后乘胜追击。

岂料就在此时,风向突变,东北风大作,火势正盛的木船反而调转方向,朝着朱令赟的船队猛冲过来。一时间,"水陆诸军不战而溃,令赟投火死,粮器俱焚,烟焰不绝者浃日。自是金陵绝无外援,以至于亡"[1]。不过,据《宋会要辑稿·兵七》记载:"十月,刘遇等破江南军三万余众于皖口,生擒伪将朱令赟并战棹都虞候王晖等,获戎器数万事。"[2]

---

① (宋)马令:《南唐书》卷八,傅璇琮、徐海荣、徐吉军主编:《五代史书汇编》第 9 册,杭州:杭州出版社 2004 年版,第 5374 页。

② (清)徐松撰,刘琳、刁忠民等校点:《宋会要辑稿·兵七》,第 14 册,上海:上海古籍出版社 2014 年版,第 8751 页。

朱令赟勤王之师惨败的消息传到金陵,李煜失声痛哭,陷入极度绝望之中,深深感受到大厦将倾的悲哀!

第七节　南唐灭亡

　　开宝八年(975)十一月十二日,曹彬大军从三面攻击江宁城。他命宋军在城外修筑了3个出击的寨垒,以备攻城;并于每寨必掘深沟以阻敌夜袭。不久,南唐5 000兵果然来夜袭,全部被歼,金陵益危蹙。宋师百道攻城,昼夜不休,城中斗米万钱,死者相枕藉。李煜无计可施,只得派遣徐铉和据称能以谈笑弭兵的道士周惟简为正副使,两次使宋,向宋太祖厚贡方物,以求缓兵,均告失败。

　　据吴任臣《十国春秋》卷二八记载:当时南唐大将朱令赟正率领15万军队沿着长江赶来救援,"后主以铉既行,欲止令赟勿东下。铉曰:'今社稷所赖,惟此援兵尔,奈何止之?'后主曰:'方求和解而复决战,岂利于汝乎?'"由此可见,李煜对徐铉此去和谈尚抱有希望,并且为了考虑徐铉在宋的安全,故而阻止令赟援军前来。徐铉则对当前的形势具有比较清醒的认识,他说:"臣此行未必能纾国难,置之度外可也。"他深知此行的危险,早在保大十四年(956),南唐司空孙晟奉使后周,即惨遭杀害。但是为了国家的命运和前途,他也只有置生死于度外,冒险一搏。"后主泣下,授铉左仆射、参知左右内史事"[1]。此时的徐铉坚决辞谢君王的官位之赏,只希望通过自己的胆识和才智消弭兵火,力挽狂澜。

　　李煜亲自撰写《乞缓师表》,全文如下:

　　　　臣猥以幽孱,曲承临照。僻在幽远,忠义自持。唯将一心,上结明主。比蒙号召,自取愆尤。王师四临,无往不克。途穷道迫,天实为之。北望天门,心悬魏阙。

---

① (清)吴任臣:《十国春秋》卷二八,傅璇琮、徐海荣、徐吉军主编:《五代史书汇编》第7册,杭州:杭州出版社2004年版,第3788—3789页。

嗟一城生聚，吾君赤子也；微臣薄躯，吾君外臣也。忍使一朝，便忘覆育，号咷郁咽，盍见舍乎？

臣性实愚昧，才无异禀，受皇朝奖与，首冠万方。奈何一日自踵蜀汉不臣之子，同群合类而为囚虏乎？贻责天下，取辱祖先，臣所以不忍。岂独臣不忍为，亦圣君不忍令臣之为也。况乎名辱身毁，古之人所嫌畏者也。人所嫌畏，臣不敢不嫌畏也。惟陛下宽之赦之！

臣又闻：鸟兽，微物也，依人而犹哀之；君臣，大义也，倾忠能无怜乎？傥令臣进退之迹，不至丑恶；宗社之失，不自臣身，是臣生死之愿毕矣，实存没之幸也。岂惟存没之幸也，实举国之受赐也。岂惟举国之受赐也，实天下之鼓舞也。皇天后土，实鉴斯言。[1]

据《钓矶立谈》记载，李煜在金陵被围之际，与大臣商议救国之策时悲叹自责道："我平生喜耽佛学，其于世味澹如也。先帝弃代，冢嫡不天，越升非次，诚非本心。自隔江以来，亡形已见，屈身以奉中朝，唯恐获罪。尝思脱屣，顾无计耳。竟烦天讨，蹙迫如是，孤亦安能惜一日之辱。"[2]可见他自即位之日起，就明白南唐灭亡不可避免，但之所以百般屈辱地奉事宋朝以求维持现状，就是希望灭亡之事不要发生在自己身上，使他背负亡国之君的千古骂名。这就是他在《即位上宋太祖表》中再三申说的"因顾肯堂，不敢灭性""既嗣宗祊，敢忘负荷"；也就是他在这篇《乞缓师表》中苦苦哀求的："傥令臣进退之迹，不至丑恶；宗社之失，不自臣身，是臣生死之愿毕矣，实存没之幸也。"他试图以重情守义来感化宋太祖，期待赵匡胤会以宽容回报他的恭敬，以仁慈善待他的卑顺，不要将他置于"贻责天下，取辱祖先"的难堪境地。这样的想法实在天真，无疑是与虎谋皮、难逃厄运。

据宋人李焘《续资治通鉴长编》卷十六记载："铉居江南，以名臣自负。其来也，将以口舌驰说存其国。"[3]徐铉"日夜计谋思虑言语应对之

---

① (南唐)李煜：《乞缓师表》，《全唐文》卷一二八，北京：中华书局1983年版，第1284页。
② (宋)史温：《钓矶立谈》，傅璇琮、徐海荣、徐吉军主编：《五代史书汇编》第9册，杭州：杭州出版社2004年版，第5020页。
③ (宋)李焘：《续资治通鉴长编》卷十六，北京：中华书局2004年版，第347页。

际详矣。及其将见也,大臣亦先入请,言铉博学有材辩,宜有以待之。太祖笑曰:'第去,非尔所知也'"。① 一开始,宋太祖故意躲着不见,让一帮不通文墨的武将接待徐铉,真是"秀才遇到兵,有理说不清"。徐铉据理力争,终于得到了宋太祖的接见。

在大宋的朝堂之上,徐铉毫无畏惧,辞气愈壮。他首先滔滔不绝地夸赞江南国主李煜如何经纶满腹,以孔孟之道经国化民;如何以和为贵,善待邻邦;如何博学多才,尤擅诗词。赵匡胤耐心聆听,然后突然发问:"卿言江南国主善作诗歌,可否为朕背诵一联?"徐铉当即背诵李煜《三台令》中的两句:"月寒秋竹冷,风切夜窗声。"赵匡胤听罢放声大笑:"此乃寒士语,壮士不为,朕亦不为也。"徐铉反唇相讥,请赵匡胤吟诵自己的豪壮诗句。赵匡胤随即吟咏出当年在华山脚下观赏日出景致的诗作:"欲出未出光辣达,千山万山如火发。须臾走向天上来,赶却流星赶却月。"这样的诗句充满雄霸天下的壮气豪情,徐铉听后不禁肃然起敬,锐气顿挫。

接着,徐铉斥责宋太祖:"李煜无罪,陛下出师无名。"惹得宋太祖龙颜大怒。徐铉继续阐述道:"陛下如天如父,天乃能盖地,父乃能庇子。煜效贡赋二十余年,以小事大,如子事父,未有过失,何以见伐?"他夸赞南唐侍奉宋朝非常勤谨,指责宋朝非但没有尽到保护庇佑的责任,反而悍然发动战争,这是不符合人道天理的行径! 面对徐铉的滔滔雄辩,宋太祖只回答了一句话:"尔谓父子者为两家可乎?"② 非常直接地挑明了宋朝消灭南唐、一统天下的意图。这样的国策和决心不容辩驳、无法改变,徐铉不由得无言以对。对此,欧阳修在《新五代史》中感叹道:"呜呼,大哉,何其言之简也! 盖王者之兴,天下必归于一统。其可来者,来之;不可者,伐之;僭伪假窃,期于扫荡一平而后已。"③

过了数日,徐铉再度使宋,反复恳请太祖缓兵,放南唐一条生路。宋太祖不耐烦再与徐铉周旋,"按剑谓铉曰:'不须多言,江南亦有何罪?

---

① (宋)欧阳修:《新五代史》卷六二,北京:中华书局 2000 年版,第 510 页。

② (清)吴任臣:《十国春秋》卷二八,傅璇琮、徐海荣、徐吉军主编《五代史书汇编》第 7 册,杭州:杭州出版社 2004 年版,第 3789 页。

③ (宋)欧阳修:《新五代史》卷六二,北京:中华书局 2000 年版,第 511 页。

但天下一家,卧榻之侧,岂容他人鼾睡乎!'"①这就更加直接地袒露出宋朝统治者开疆拓土的思想基础。赵匡胤的直言相告,吓得徐铉不敢再言,只好惶恐告退,与周惟简一道回朝复命。

进入农历十一月,宋军破城的一切准备都已就绪,整个金陵城犹如绝望无援的一座孤岛。城中居民无法出城樵采,饮食无柴,"城中米斗万钱,人病足弱,死者相枕藉"②。城外的宋兵声势浩大,跃跃欲试;城内的唐兵则精疲力竭,士气低落。此时曹彬又向李煜发动了几次攻心大战。先是遣使警告李煜:"此月二十七日,城必破矣,宜早为之所。"李煜慑于南汉灭国的前车之鉴,打算忍痛令其长子仲寓先入汴京请降,但又优柔寡断,不忍成行。

曹彬见李煜没有反应,几日后再次致函催促:"郎君不须远适,若到寨,即四面罢攻矣。"

李煜复函曹彬故意拖延时间:"仲寓趣装未办,宫中宴饯未毕,二十七日乃可出也。"

曹彬岂能再容李煜拖延,盛怒之下发出最后通牒:"若二十六日出,亦无及矣。"③事到如今,破城已是箭在弦上、指日可待。

然而,就在这关键时刻,曹彬突然称病卧床,闭门谢客。副帅潘美等人对此困惑不解,前往营帐探视。曹彬对众将说:"余之疾非药石所能愈,惟须诸公诚心自誓,以克城之日,不妄杀一人,则自愈矣。"④众将听后一致承诺,当即焚香为誓。

盟誓之后,曹彬立刻进行战前动员和攻城部署,随后下令全线出击。自二十四日起,宋军和吴越军开始联合攻城,战鼓震天,烽烟四起。南唐守将呙彦、马承信、刁衎等率部拼死抵抗,联军则反复发动强攻,于二十七日夜半攻破金陵城阙。南唐将士且退且战,双方在城内展开了激烈的巷战,彼此伤亡惨重。尽管曹彬在战前三令五申,破城后不得杀

① (宋)李焘:《续资治通鉴长编》卷十六,北京:中华书局 2004 年版,第 350 页。
② (宋)陆游:《南唐书》卷三,傅璇琮、徐海荣、徐吉军主编:《五代史书汇编》第 9 册,杭州:杭州出版社 2004 年版,第 5492 页。
③ (宋)李焘:《资治通鉴长编》卷十六,北京:中华书局 2004 年版,第 351 页。
④ (元)脱脱等:《宋史》卷二五八,第 8 册,北京:中华书局 2000 年版,第 7403 页。

戮百姓,不得焚烧名胜古迹,但联军久攻不下,自然产生了疯狂的报复心理,导致城破之后滥杀无辜,爆发了吴越军人火烧昇元阁的惨剧。

昇元阁原称瓦官阁,系南朝梁武帝在瓦官寺内所建。瓦官寺创建于东晋哀帝时期,寺内收藏顾恺之所作《维摩诘像》壁画、戴逵和戴颙父子二人所铸 5 尊铜佛像,以及狮子国(今斯里兰卡)送来的高 1.4 米的白玉佛像,合称"三绝",为镇寺之宝,对中国造型艺术的发展具有重要意义。昇元阁因山为基,高达十丈,建筑坚固、精美。宋与吴越联军破城之前,金陵城内士大夫及豪民、富商、妇孺数百人避难于昇元寺内,期盼得到佛祖保佑。结果,攻入金陵的吴越兵不顾阁上手无寸铁的弱者撕心裂肺的哀号,"举火焚之,哭声动天,一旦而烬"①。更有甚者,吴越兵还在此时狂欢作乐,强迫俘虏的教坊乐工奏乐侑酒。乐工悲痛欲绝,拒不操琴演奏。吴越兵恼羞成怒,将乐工全部杀死,乱葬在同一坟内。南宋人曾极闻而哀之,称其坟名为"乐官山",并作诗悼之曰:

> 城破辕门宴赏频,伶伦执乐泪沾巾。骈头就戮缘家国,愧死南朝结绶人。②

李煜面对南唐颓败的残局束手无策,请来枢密使陈乔,让他草拟降表,正式宣布投降。陈乔坚拒投降,称:"臣当大政,而致国家如此,非死无以报。臣死而归之以逆命之罪,则陛下保无恙也。"当堂准备摘剑自刎,被李煜侍卫拦下。回到家后,陈乔将李后主赐给他的缀有金玉的贵重腰带解下,交给自己的两个亲信仆从,吩咐道:"吾死,掩尸无泄。"③说完,他转身来到后堂,悬梁自尽,以身殉国。据李焘《资治通鉴长编》卷十六记载,陈乔与张洎同为南唐末年的政事主持,他们当初"同建不降之议,事急,又相要以同死社稷。然洎实无死志,于是携妻子及橐装入止宫中,引乔同见国主。乔曰:'臣负陛下,愿加显戮。若中朝有所诘问,请以臣为辞。'国主曰:'运数已尽,卿死无益也。'乔曰:'陛下纵不杀

---

① (宋)马令:《南唐书》卷五,傅璇琮、徐海荣、徐吉军主编:《五代史书汇编》第 9 册,杭州:杭州出版社 2004 年版,第 5295 页。

② (清)王士禛、(清)郑方坤:《五代诗话》卷三《江南乐人》,北京:人民文学出版社 1998 年版,第 182 页。

③ (宋)马令:《南唐书》卷十七,傅璇琮、徐海荣、徐吉军主编:《五代史书汇编》第 9 册,杭州:杭州出版社 2004 年版,第 5372 页。

臣,臣亦何面目见国人乎!'遂缢。洎乃告国主曰:'臣与乔共掌枢务,今国亡当俱死。又念陛下入朝,谁与陛下辩明此事,所以不死者,将有待也。'"①国难当头,陈乔从容就死,张洎却为自己找了一个冠冕堂皇的借口,而且这"将有待也",实在是他对自己在新朝谋官谋利的期待。

李煜无奈之下,再次幻想祈求神佛庇佑。宋人张邦基《墨庄漫录》卷一云:"王师攻金陵,城垂破时,(后主)仓皇中作一疏,祷于释氏,愿兵退之后,许造佛像若干身、菩萨若干身,斋僧若干万员,建殿宇若干所。其数皆甚多,字画潦草,然皆遒劲可爱,盖危窘急中所书也。"②他请来法眼禅师的嫡传弟子卜问前程,但这位新任住持也无计可施,又将法眼禅师在宋师渡江前入宫观赏牡丹时所作偈语复诵了一遍:

> 拥毳对芳丛,由来趣不同。
>
> 发从今日白,花是去年红。
>
> 艳冶随朝露,馨香逐晚风。
>
> 何须待零落,然后始知空。③

法眼禅师早已从春日牡丹的艳色当中,预感到世事变迁的必然结局。李煜听罢更觉无望,只得踱步回到书房,面对暮色苍茫、鸦啼影乱的衰飒景象,感受了南唐日薄西山、大厦将倾的悲楚,于是提笔填制了《临江仙》词:

> 樱桃落尽春归去,蝶翻金粉双飞。子规啼月小楼西。画帘珠箔,惆怅卷金泥。　　门巷寂寥人去后,望残烟草低迷。炉香闲袅凤凰儿,空持罗带,回首恨依依。

作品上片通过樱桃落尽的凋零视觉形象和子规啼月的凄厉听觉形象,渲染出独守空闺女子的惆怅意绪。下片则借助寂寥环境的描写,抒写了她望穿秋水的思念之情。词中粉蝶双飞、凤凰儿的意象,都采用了以

---

① (宋)李焘:《资治通鉴长编》卷十六,北京:中华书局2004年版,第352页。

② (宋)张邦基:《墨庄漫录》卷七,上海师范大学古籍整理研究所编:《全宋笔记》第三编第9册,郑州:大象出版社2008年版,第90页。

③ (宋)惠洪:《冷斋夜话》卷一,上海师范大学古籍整理研究所编:《全宋笔记》第二编第9册,郑州:大象出版社2006年版,第35页。

双衬单的写法,愈益突显出闺中女子的孤寂无奈。李煜以代言体的形式,传递出此刻内心的无限迷茫怅惘。陈廷焯评之曰:"凄凉景况,曲曲绘出。依依不舍,煞是可怜,读者为之伤心。"①宋人周应合《景定建康志》卷五十《拾遗》载:"《西清诗话》曰:自古文人虽在艰危困踣之中,不忘于述作。盖性之所嗜,虽鼎镬在前不恤也,况下于此者乎?后主在围城中,犹书长短句,未就而城破。所谓'樱桃落尽春归去,蝶翻金粉双飞。子规啼月小楼西。画栏珠箔,惆怅卷金泥。 门巷寂寥人去后,望残烟柳低迷'。尝见残稿,点染晦昧,心方危窘,意不在书耳。"②俞陛云《唐五代两宋词选释》亦称:"宣和御府藏后主行书二十有四纸,中有《临江仙》词。按昇州被围一年之久,词中所云门巷人稀,凄迷烟草,想见吏民星散之状,宜其低回罗带,惨不成书也。"③由此可见,词中惆怅无依的女性情感,恰正应和着身处大兵压境危局之中手足无措、意绪低迷的李后主的心迹。宋人陈鹄《西塘集耆旧续闻》卷三载此词后有苏辙题云:"凄凉怨慕,真亡国之声也。"④

欧阳修在《新五代史》中称赞李煜"为人仁孝"⑤,清人王夫之在《读通鉴论》中也称赞李璟父子"无殃兆民、绝彝伦、淫虐之巨慝。……生聚完,文教兴,犹然彼都人士之余风也"⑥。吴任臣在《十国春秋》中对李煜的亡国教训进行了精辟总结:

> 后主恂恂大雅,美秀多文,乡使国事无虞,中怀兢业,抑亦守邦之主也。乃运丁百六,晏然自侈,谱曲度僧,略无虚日,遂至京都沦丧,出涕嗟若,斯与长城之"玉树后庭"、卖身佛寺以亡国者,何其前后一辙耶?悲夫!⑦

---

① (清)陈廷焯:《云韶集辑评》卷一,葛渭君编:《词话丛编补编》第3册,北京:中华书局2013年版,第1405页。
② (宋)周应合:《景定建康志》卷五〇,南京:南京出版社2009年版,第1249—1250页。
③ (清)俞陛云:《唐五代两宋词选释》,上海:上海古籍出版社1985年版,第120—121页。
④ (宋)陈鹄:《西塘集耆旧续闻》卷三,北京:中华书局2002年版,第315页。
⑤ (宋)欧阳修:《新五代史》卷六二,北京:中华书局2000年版,第509页。
⑥ (明)王夫之:《读通鉴论》卷三〇,北京:中华书局1975年版,第939页。
⑦ (清)吴任臣:《十国春秋》卷十七,傅璇琮、徐海荣、徐吉军主编:《五代史书汇编》第7册,杭州:杭州出版社2004年版,第3668页。

第五章　臣虏末日

第一节　屈辱境遇

开宝八年(975)十一月二十七日,南唐金陵都城被攻破后,"后主欲自杀,左右泣涕固谏得止"[1],遂召集王室子弟及属下官员 45 人,肉袒请降。所谓"肉袒",原是古人祭祀或谢罪时用以表示虔敬和惶惧的一种方式,最初必须去衣露体,后来逐渐简化,只去冠袍,保留短衣,作为战争中失败者向胜利者服输投降的象征。据宋人赵溍《养疴漫笔》记载:"建隆中,曹彬、潘美伐江南,城既破,李煜白衫纱帽见二公。先见潘,设拜,潘答之;次见曹,设拜,曹使人明语之曰:'介胄在身,拜不及答。'识者善之。二公先登舟,召煜饮茶,船前独设一木脚道。煜向之国主,仪卫甚盛,一旦独登舟,徘徊不能进。曹命左右掖而登焉。"[2]

宋朝大将曹彬面对李煜等一众投降者,极力掩饰内心的兴奋和骄矜,故意摆出得胜者豁达宽容的姿态。他宣布太祖赵匡胤诏令,催促李煜回宫整备行装,以便押解北上。司马光《涑水记闻》卷三记载:"彬入金陵,李煜来见,彬给五百人,使为之运宫中珍宝金帛,唯意所取,曰:'明日皆籍为官物,不可复得矣。'时煜方以亡国忧愤,无意于蓄财,所取

---

[1] (宋)陈彭年:《江南别录》,上海师范大学古籍整理研究所编:《全宋笔记》第一编第 4 册,郑州:大象出版社 2003 年版,第 209 页。

[2] (宋)赵溍:《养疴漫笔》,上海师范大学古籍整理研究所编:《全宋笔记》第八编第 4 册,郑州:大象出版社 2017 年版,第 115 页。

不多,故比诸降王独贫。"①

后主返回后,宋将潘美向曹彬进言,称此举不妥,万一李煜回去自杀,怎么向太祖皇帝交代?曹彬听后,哈哈一笑,说道:"适来独木版尚不能前,畏死甚也。既许其生赴中国矣,焉能取死?"②这么一句话,就一针见血地道出了后主胆小怕死、怯懦无能的本质。

在《破阵子》词里,李煜描述了自己当年离别故国的情景:

> 四十年来家国,三千里地山河。凤阁龙楼连霄汉,玉树琼枝作烟萝。几曾识干戈? 一旦归为臣虏,沈腰潘鬓消磨。最是仓皇辞庙日,教坊犹奏别离歌。垂泪对宫娥!

南唐享国接近 40 年,疆域 3 000 里,在南方 9 国当中幅员广阔,国富民康。宫廷的凤阁龙楼高耸入云,苑囿之内的玉树琼枝美不胜收。由于多年安享江南富庶生活,致使南唐君臣沉迷于柔丽温婉,而普遍缺乏积极进取的勇武之气。据马令《南唐书》卷三所载:"江南自周世宗后,不复用兵,仅二十年,老将已死,主兵者皆新进少年,以功名自负,辄抗王师。闻兵兴,踊跃言利害者,日有十数。及遇,辄败北,中外夺气,戒严城守。"③正是因为荒于武备、兵力不振,最终导致了国家的沦亡。

此词上下片将往昔的荣华富贵与如今的屈辱生活形成鲜明的对照,展现其内心的极度痛苦。正当他辞别太庙之时,教坊却偏又奏起了别离之曲,此情此景,使他格外悲楚感伤。此时他最放心不下的依然是美貌的宫娥,忍不住热泪纵横,与她们依依惜别。唐圭璋评析曰:"此首后主北上后追赋之词。上片,极写当年江南之豪华,气魄沉雄,实开宋人豪放一派。换头,骤转被虏后之凄凉,与被虏后之憔悴。今昔对照,警动异常。'最是'三句,忽忆当年临别时最惨痛之事。当年江南陷落之际,后主哭庙,宫娥哭主,哀乐声、悲歌声、哭声合成一片,直干云霄,

---

① (宋)司马光:《涑水记闻》卷三,上海师范大学古籍整理研究所编:《全宋笔记》第一编第 7 册,郑州:大象出版社 2003 年版,第 33 页。
② (宋)赵潘:《养疴漫笔》,上海师范大学古籍整理研究所编:《全宋笔记》第八编第 4 册,郑州:大象出版社 2017 年版,第 115 页。
③ (宋)马令:《南唐书》卷五,傅璇琮、徐海荣、徐吉军主编:《五代史书汇编》第 9 册,杭州:杭州出版社 2004 年版,第 5294 页。

宁复知人间何世耶！后主于此事，印象最深，故归汴以后，一念及之，辄为肠断。论者谓此词凄怆，与项羽'拔山'之歌，同出一揆。后主聪明仁恕，不独笃于父子、昆弟、夫妇之情，即臣民宫娥，亦无不一体爱护。故江南人闻后主死，皆巷哭失声，设斋祭奠。而宫娥之入掖庭者，又手写佛经，为后主资冥福。亦可见后主感人之深矣。"①

清人褚人获《坚瓠集》八集卷二《李后主去国词》则指出项羽与李煜的区别："然羽为差胜，其悲歌慷慨，犹有喑呜叱咤之气。后主浑是养成儿女之态。"②清人沈道宽《论词绝句》歌咏此事道："国胜身危赋小词，无愁天子写愁时。倚声本是相思调，除却宫娥欲对泣。"③

苏轼曾对此作过一段评论：李煜"既为樊若水所卖，举国与人，故当恸哭于九庙之外，谢其民而后行，顾乃挥泪宫娥，听教坊离曲哉！"④，意在批评他不顾祖宗和百姓，却仍迷恋于宫娥和教坊。宋人袁文《瓮牖闲评》卷五则对苏轼的评论提出异议："苏东坡记李后主去国词云：'最是仓皇辞庙日，教坊犹奏别离歌。挥泪对宫娥。'以为后主失国，当恸哭于庙门之外，谢其民而后行，乃对宫娥听乐，形于词句。余谓此词决非后主词也，特后人附会为之耳。观曹彬下江南时，后主豫令宫中积薪，誓言'若社稷失守，当携血肉以赴火'，其厉志如此。后虽不免归朝，然当是时，更有甚教坊，何暇对宫娥也！"⑤他是根据南唐亡国之际的史实，断定此决非后主所作。不过，确如王仲闻《南唐二主词校订》所言，李煜去国之时，无暇也无心作词，此词极有可能为事后追赋。

苏轼评价此词所持的政治礼仪标准，自然无法匡衡李后主的个性。李煜本属"风流才子，误作人主"⑥，长期生活于脂粉堆里，故其动情必对宫娥，将此深情不加掩饰地表白出来，恰正显示出其人性之真淳，更加真切地表达出词人深浓的人生悲慨和故国之思。如此真情实感的自然

① 唐圭璋：《唐宋词简释》，上海：上海古籍出版社1981年版，第37—38页。
② （清）褚人获：《坚瓠集》八集卷二，清康熙刻本。
③ 孙克强：《唐宋人词话》（增订本）上册，天津：南开大学出版社2012年版，第139页。
④ （宋）苏轼：《跋李主词》，《苏轼文集》卷六八，第5册，北京：中华书局1986年版，2151—2152页。
⑤ （宋）袁文：《瓮牖闲评》卷五，上海师范大学古籍整理研究所编：《全宋笔记》第四编第7册，郑州：大象出版社2008年版，第181页。
⑥ （清）余怀：《玉琴斋词序》，国学图书馆民国17年(1928)影印本。

抒发,远远胜过诸多矫揉造作、道貌岸然的伪饰。所以清人梁绍壬《两般秋雨庵随笔》卷二云:"讥之者曰仓皇辞庙,不挥泪于宗社而挥泪于宫娥,其失业也宜矣。不知以为君之道责后主,则当责之于垂泪之日,不当责之于亡国之时。若以填词之法绳后主,则此泪对宫娥挥为有情,对宗社挥为乏味也。"①郑振铎也认为:"此正后主至情流露处。他心里不愿哭庙谢民,便不哭庙谢民。此种举动,实胜于虚伪的做作万万。好的作品,都是心里想什么,便写什么的。"②龙榆生更加指出,此词结末两句"正极度伤心人语。爱恋如嫔妾,且不能相保;无涯之痛,自饶弦外之音。后主词不能以迹象求,而感人力量,非任何词家所能企及"③。

两天过后,李煜按照曹彬的叮嘱,率领王公后妃、百官僚属前往江边码头集结,奉命登舟北上。在阴雨绵绵的天气中,李煜伫立船舱,回望渐行渐远的南岸,深切感受到背井离乡的幽怨、故土难回的诀别之痛。

宋军攻陷金陵后,不少南唐军队还在顽强抵抗。江州军校胡则与牙校宋德明,杀了欲降的刺史,组织全城人拒降抵抗。宋军久攻不下,赵匡胤发诏,令先锋都指挥使曹翰为招安巡检使,率兵征讨。由于江州民众拼死固守,加之城池险固,曹翰率军围攻半年,竟未能攻克。最后,由于守城士卒死伤过重且无外援,最终失守,但余众仍然坚持巷战。此时胡则已病重不起,与宋德明一起被捕处死。还有许多南唐州郡,是在李煜受曹彬之命作书宣谕后,才放弃抵抗的。

曹彬指挥的船队沿着长江顺流东下,至扬州入运河北上。当时正值隆冬,汴水浅涸冰冻,舟行不便,宋太祖赵匡胤诏令沿途州县设法保障船队畅行无阻。各地官吏奉旨督办,冒着风雪严寒,亲自坐镇号令民工,或修闸蓄水,提高水位;或破冰击冻,疏通河道。北宋开宝九年(976)农历正月初二,船队抵达汴口。赵匡胤的四弟、秦王赵廷美奉命到此劳军,并就便会见李煜。两人以文会友,评诗论词,颇为投缘。

李煜一行抵达宋都汴梁后,被分别安置在警戒森严的驿馆里,等候

---

① (清)梁绍壬:《两般秋雨庵随笔》卷二,清道光振绮堂刻本。
② 郑振铎:《郑振铎古典文学论文集》上册,上海:上海古籍出版社1984年版,第268页。
③ 龙榆生:《南唐二主词叙论》,《龙榆生词学论文集》,上海:上海古籍出版社1997年版,第207页。

北宋君臣"受降献俘"的仪式。想当初,李煜公然违背宋廷招降之旨,拒命不行,并且尝谓人曰:"他日王师见讨,孤当擐戎服,亲督士卒,背城一战,以存社稷。如其不获,乃聚室自焚,终不作他国之鬼。"宋太祖赵匡胤闻之,谓左右曰:"此措大儿语耳,徒有其口,必无其志。渠能如此,孙皓、叔宝不为降虏矣。"①其结局果然如此,令太祖非常得意。

宋灭南唐,共得州 19,军 3,县 108,户 655 065。众臣纷纷向宋太祖道贺。赵匡胤却流着泪,做出一副十分难过的样子说:"宇县分割,民受其祸,思布声教以抚养之。攻城之际,必有横罹锋刃者,此实可哀也。"②

正月初四,赵匡胤冕旒衮服,在近臣、禁军和仪仗护卫下,御驾宫城正门的明德楼,举行盛大威严的受降大典,接受曹彬统率的凯旋之师献俘。李煜等南唐君臣后妃一律白衣纱帽,被押解至明德楼前。曹彬先登楼,向赵匡胤面呈兵部以他的名义草拟的《昇州行营擒李煜露布》,经圣上御览后再行宣读。"露布",古代又称"露版",即公诸于众的文告。这份露布既是声讨李煜昏庸无道的檄文,又是平定江南的捷报。其中对李煜的心怀奸诈、执迷不悟、负隅顽抗深加痛斥:

> 惟彼江南,言修臣礼,外示恭勤之貌,内怀奸诈之谋。况李煜本是孱童,固无远略。负君亲之煦育,信左右之奸邪。曾无量力之心,但贮欺天之意。修葺城垒,欲为固守之谋;招纳叛亡,潜萌抵拒之计。我皇帝度深含垢,志在包荒。辍青琐之近臣,降紫泥之丹诏,曲示推恩之道,俾修入觐之仪,期暂诣于阙庭,庶尽销于疑间。示信特开于生路,执迷自履于危途,托疾不朝,坚心背顺。士庶咸怀于愤激,君亲曲为于优容,但矜孽竖之愚蒙,虑陷人民于涂炭,累宣明旨,庶俾自新。略无悛悟之心,转恣陆梁之性。事不获已,至于用兵。大江特创于长桥,锐旅寻围其逆垒。皇帝陛下尚垂恩宥,终欲保全,遣亲弟从镒归,回降天书,委曲抚喻,务从庇护,无所阙焉。终怀蛇豕之心,不体乾坤之造。送蜡书则勾连逆冠,肆凶徒则

---

① (宋)龙衮:《江南野史》卷三,上海师范大学古籍整理研究所编:《全宋笔记》第一编第 3 册,郑州:大象出版社 2003 年版,第 174 页。

② (宋)李焘:《续资治通鉴长编》卷十六,北京:中华书局 2004 年版,第 353 页。

劫掠王民。劳我大军，驻逾周岁。既人神之共怒，复飞走以无门。貔貅竟效其先登，蚁虱自悲于相吊。①

赵匡胤阅毕露布，沉思片刻，"以煜尝奉正朔，诏有司勿宣露布，止令煜等白衣纱帽至楼下待罪"。接着，他令阁门使捧着事先拟好的黄绫诏书，走到明德楼下，行至跪服阙下的李煜面前高声宣读：

上天之德本于好生，为君之心贵乎含垢。自乱离之云瘼，致跨据之相承，谕文告而弗宾，申吊伐而斯在。庆兹混一，加以宠绥。

江南伪主李煜，承奕世之遗基，据偏方而窃号。惟乃先父早荷朝恩，当尔袭位之初，未尝禀命。朕方示以宽大，每为含容。虽陈内附之言，罔效骏奔之礼，聚兵峻垒，包蓄日彰。朕欲全彼始终，去其疑间，虽颁召节，亦冀来朝，庶成玉帛之仪，岂愿干戈之役。塞然弗顾，潜蓄阴谋。劳锐旅以徂征，傅孤城而问罪。洎闻危迫，累示招携，何迷复之不悛，果覆亡之自掇。

昔者唐尧光宅，非无丹浦之师；夏禹泣辜，不赦防风之罪。稽诸古典，谅有明刑。朕以道在包荒，恩推恶杀。在昔骡车出蜀，青盖辞吴，彼皆闰位之降君，不预中朝之正朔，及颁爵命，方列公侯。尔实为外臣，庆我恩德，比禅与皓，又非其伦。特升拱极之班，赐以列侯之号，式优待遇，尽舍尤违。可光禄大夫、检校太傅、右千牛卫上将军，仍封违命侯。②

赵匡胤的诏书可谓恩威并施，既斥责李煜潜蓄阴谋、拒不归顺，也指出他毕竟奉中朝正朔，实为大宋的外臣，所以非但没有加以严惩，反而授予官职，赐以列侯之号。这原本会令李煜感恩戴德，但是所封之名爵"违命侯"却带有极大的侮辱性。《宋会要辑稿·礼九》载："八日，制授煜光禄大夫、检校太傅、右千牛卫上将军，仍封违命侯，食邑三千户。其男仲㝢为左千牛卫大将军，弟从镒为左领军卫大将军，从谦为右领军

---

① (宋)吕祖谦编：《宋文鉴》卷一五〇，北京：中华书局1992年版，第2114—2115页。
② (元)脱脱等：《宋史》卷四七八，第11册，北京：中华书局2000年版，第10714页。

卫大将军,从度为左监门卫大将军,从信为右监门卫大将军,余各有差。"①李煜即便满心悲郁,却也不得不叩头谢恩。

随后,赵匡胤又命有司宣诏,对跟随李煜同来汴梁归顺的南唐皇室成员和臣僚,参照原有官爵,分别赏赐不等的冠带、器币、鞍马;封小周后为郑国夫人。

但是当赵匡胤从"献俘"的花名册上看到徐铉和张洎这两个熟悉的名字时,脸色顿时阴沉下来,传令将两人押上楼来。太祖厉声斥责徐铉为何不早奉后主归降。"铉对曰:'臣为江南大臣,国亡,罪当死,不当问其他。'"②表现出对于故国君王的耿耿忠心。对此,太祖不由得感叹道:"忠臣也!事我当如李氏。"③于是任命他为太子率更令。

赵匡胤责问张洎南唐遭围之际作蜡丸帛书潜通契丹求援之事,张洎神色自若,坦然回答道:"此臣在国所作。"太祖曰:"汝国称藩事大,何乃反覆如此!汝实为之,咎将谁执?"张洎曰:"当危急之际,望延岁月之命,亦何计不为。臣所作帛书甚多,此特其一尔。"太祖深以为善,感慨道:"无欺也。"遂任命张洎为太子中允。"南唐之士,归于皇朝,洎最显焉"④。

李煜被押解到汴京之后,遭遇非常凄惨。他为了改变自己的处境,拿出自己从南唐带来的几十箱金银珠宝,送给周围的宋朝官吏和宋太祖派在违命侯府的禁军将士,希望他们能在太祖面前替自己美言几句,稍许放宽一些对他的监视。可是他的希望落空了,不仅白白花光了带来的所有资财,只得靠宋太祖赐给他的每月三百万钱俸禄度日,而且非但没有得到什么人身自由,还要时常忍受赵匡胤对他的奚落、侮辱。宋刘斧在《翰府名谈》中记载赵匡胤对李煜言:"公非贵貌也,乃一翰林学士耳。"⑤宋太祖赵匡胤和宋太宗赵光义都赏爱文词,据陈师道《后山诗

① (清)徐松撰,刘琳、刁忠民等校点:《宋会要辑稿·礼九》,第 2 册,上海:上海古籍出版社 2014 年版,第 679 页。
② (元)脱脱等:《宋史》卷四四一,第 11 册,北京:中华书局 2000 年版,第 10161 页。
③ (清)吴任臣:《十国春秋》卷二八,傅璇琮、徐海荣、徐吉军主编:《五代史书汇编》第 7 册,杭州:杭州出版社 2004 年版,第 3789 页。
④ (宋)马令:《南唐书》卷二三,傅璇琮、徐海荣、徐吉军主编:《五代史书汇编》第 9 册,杭州:杭州出版社 2004 年版,第 5412 页。
⑤ (宋)刘斧:《翰府名谈》,上海师范大学古籍整理研究所编:《全宋笔记》第十编第 11 册,郑州:大象出版社 2018 年版,第 252 页。

> 吴越后王来朝，太祖为置宴，出内妓弹琵琶。王献词曰："金凤欲飞遭掣搦。情脉脉。看取玉楼云雨隔。"太祖起，拊其背曰："誓不杀钱王！"①

吴越后王即忠懿王钱俶，乃武肃王钱镠之孙，钱氏割据政权最后继承者，后归附宋朝。他在宋廷的宴席上，藉献小词表露遭执乞怜之意。宋太祖则以胜利者的姿态予以宽慰；然而，赵匡胤对南唐后主李煜就不那么客气了。据蔡絛《西清诗话》记载：

> 南唐后主围城中作长短句，未就而城破。"樱桃落尽春归去，蝶翻金粉双飞。子规啼月小楼西。曲栏金箔，惆怅卷金泥。
>
> 门巷寂寥人去后，望残烟草低迷。"余尝见残稿，点染晦昧，心方危窘，不在书耳。艺祖（即宋太祖赵匡胤）云："李煜若以作诗工夫治国事，岂为吾虏也！"②

宋太祖将"作诗"与"治国事"对举，一方面肯定李煜作诗填词确实卓有成就；另一方面也批评他沉溺于此小道，则属玩物丧志，必然导致亡国的悲剧。宋末元初文人刘壎《隐居通议》卷九评议历史上4位君王诗词作品，指出："汉高帝《大风》之歌曰：'大风起兮云飞扬，威加海内兮归故乡，安得壮士兮守四方。'宋太祖咏日出之诗曰：'欲出未出红刺刺，千山万山如火发。须臾拥出大金盆，赶退残星逐退月。'陈后主之诗曰：'午醉醒来晚，无人梦自惊。夕阳如有意，偏傍小窗明。'南唐李后主之词曰：'樱桃落尽春归去（略）。'合四君之所作而论之，则开基英雄之主与亡国衰弱之君，气象不同，居然可见。"③

　　开宝九年（976）十月，宋太祖驾崩，宋太宗赵光义即位，改元"太平兴国"。他免去李煜违命侯的爵位，改封陇西公。太平兴国二年（977），李煜向太宗上奏，自言生活贫苦。太宗诏令增给月俸，仍赐钱三百万。

---

① （宋）陈师道：《后山诗话》，何文焕辑：《历代诗话》，北京：中华书局1981年版，第305页。
② （宋）胡仔：《苕溪渔隐词话》，唐圭璋编：《词话丛编》第1册，北京：中华书局1986年版，第161页。
③ （宋）刘壎：《隐居通议》卷十一，清海山仙馆丛书本。

宋太宗喜好读书,常与群臣诗文唱和。某日,他前往崇文院观书,召李煜及刘鋹同行。他指着馆内汗牛充栋的藏书对李煜说:"闻卿在江南好读书,此简策多卿之旧物,归朝来颇读书否?"李煜面对满屋钤有自己印章和眉批手迹的藏书,酸咸苦辣一起涌上心头。面对赵光义咄咄逼人的奚落和挑衅,李煜心怀愤恨,却又无言以对,只得"顿首谢"①。另据曾慥《类说》卷十九引《见闻录》所载:"江南李氏纳款之后,伪命词臣多在近密。太宗幸翰苑,阅郡书。后主为金吾上将军,在环卫之列,徐铉、汤悦之徒侍坐。太宗见江南臣在上而故主居下,谓侍臣曰:'不能修霸业,但嘲风咏月,今日宜矣。'"②

宋太宗对各位降王的控制更加严厉。早在宋太祖时,李煜曾经请求派旧日的南唐内殿传诏徐元楀担任自己的记室,负责起草笺表奏疏,可是由于徐元楀文字功底太差,所以又请求派旧臣潘慎修来做记室。太宗即位后,对待李煜的态度越发严苛,李煜只得奏上《不敢再乞潘慎修掌记室手表》:

> 昨因先皇临御,问臣颇有旧人相伴否,臣即乞徐元楀。元楀方在幼年,于笺表素不谙习。后来因出外,问得刘鋹曾乞得广南旧人洪侃。今来已蒙遣到徐元楀,其潘慎修更不敢陈乞。所有表章,臣且勉励躬亲。臣亡国残骸,死亡无日,岂敢别生侥觊,干挠天聪?只虑章奏之间,有失恭慎,伏望睿慈,察臣素心。③

表中所提及的徐元楀、潘慎修,其实都是南唐"旧人",不过两人的品行颇不相同。徐元楀是南唐后主时期的佞臣,宋军兵临城下,他却扣压紧急军情,坐视国家沦亡。吴任臣《十国春秋·后主本纪》记载,后主"又以徐元楀、刁衎为内殿传诏。遝书警奏,日夜狎至,元楀等辄屏不以闻。宋师屯城南十里,闭门守陴,内庭犹不知也"④。潘慎修则是南唐水部郎

① (元)脱脱等:《宋史》卷四七八,第 11 册,北京:中华书局 2000 年版,第 10715 页。

② (宋)胡讷:《见闻录》,上海师范大学古籍整理研究所编:《全宋笔记》第十编第 11 册,郑州:大象出版社 2018 年版,第 196 页。

③ (南唐)李煜:《不敢再乞潘慎修掌记室手表》,《全唐文》卷一二八,北京:中华书局 1983 年版,第1284—1285 页。

④ (清)吴任臣:《十国春秋》卷十七,傅璇琮、徐海荣、徐吉军主编:《五代史书汇编》第 7 册,杭州:杭州出版社 2004 年版,第 3659 页。

中兼起居舍人，属于国家的栋梁之才。宋军围金陵，"李煜遣随其弟从镒入贡买宴钱，求缓兵。留馆怀信驿"。结果不久南唐灭亡消息传来，"邸吏督从镒入贺。慎修以为国且亡，当待罪，何贺也？"①可见他是一位颇有骨气的文臣。两人不论在人格品行，还是在文章水平方面，潘慎修都远胜于徐元榍，李煜为什么反而要舍潘而留徐呢？其目的在于"岂敢别生侥觊，干挠天聪"，以看似愚不可及的选择，打消赵光义对自己的猜疑，过上几天安稳的日子。

而更令李煜难堪的是，他所心爱的小周后例随诸位降王之妻入宫向皇家请安时，"每一入辄数日而出，必大泣骂后主，声闻于外，后主多宛转避之"②。面对妻子遭受凌辱的悲惨现实，李煜却无力保护、无可奈何，只得强压怒火、忍气吞声，着力回避。正如元人张宗橚在《太宗逼幸小周后图》上的题画诗所云："一自宫门随例入，为渠宛转避房栊。"③

非但如此，入宋后官运亨通的张洎生性鄙吝，对于故国君主，不仅不予关怀照顾，反而强加勒索："李煜既归朝，贫甚，洎犹丐索之。煜以白金颒面器与洎，洎尚未满意。"④因此，李煜在偷偷写给金陵旧宫人的书信中，写下了极度伤心的句子："此中日夕，只以眼泪洗面。"⑤可见其处境的屈辱和心境的凄惨。

李煜被软禁在汴京降王宅第内，高墙深院，戒备森严。他终日蜗居小楼，行动毫无自由，没有皇帝的手谕，不得私自会客。旧臣校书郎郑文宝因以文学见长，曾任南唐仲寓府内掌书记，君臣二人过从甚密。南唐灭亡后，郑氏流落汴梁，不肯仕宋。他多次想面见李煜，均未能如愿，"乃披蓑荷笠作渔者以见"⑥。

到了太平兴国三年（978），宋太宗忽然派时任左散骑常侍的南唐旧臣徐铉前去探视后主。徐铉对以"臣安敢私见之"，太宗曰："卿第往，但

---

① （元）脱脱等：《宋史》卷二九六，第9册，北京：中华书局2000年版，第8011页。

② （宋）王铚：《默记》卷下，上海师范大学古籍整理研究所编：《全宋笔记》第四编第3册，郑州：大象出版社2008年版，第157页。

③ （清）吴衡照：《莲子居词话》卷三，唐圭璋编：《词话丛编》第3册，北京：中华书局1986年版，第2460页。

④ （元）脱脱等：《宋史》卷二六七，第8册，北京：中华书局2000年版，第7561页。

⑤ （宋）王铚：《默记》，上海师范大学古籍整理研究所编：《全宋笔记》第四编第3册，郑州：大象出版社2008年版，第157页。

⑥ （元）陆友：《研北杂志》卷上，民国景明宝颜堂秘笈本。

言朕令卿往相见可矣。"实际就是命令他去刺探李煜的思想状况。

徐铉让人进去通报,自己站立在外等候。仆人进去通报后,很久才出来,拿了两把旧椅子,放在庭院当中。李后主穿着纱帽道服出来,自己走下庭院的台阶,牵着徐铉的手一起拾阶而上。宾主落座之后,后主突然大哭,然后默默无言,接着喟然长叹道:"当时悔杀了潘佑、李平!"①

潘佑和李平都是南唐当年力主抵抗宋朝的两位大臣,后遭人诬陷,均死于非命。而潘、李之死,实由徐铉、张洎等人从旁怂恿所致。田况《儒林公议》卷下即云:"潘佑以直谏被诛,铉深毁短之。"②陆游《南唐书》亦谓佑"不幸既死,同时诸臣已默默为降虏矣,犹丑正嫉言,视之如仇,诬之以狂愚惑溺淫祀左道之罪,至斥为人妖"③。《钓矶立谈》载:"后主既已诛佑,而察其无他肠,意甚悔之。是以厚抚其家,语及佑事,则往往投馈,至为作感伤之文。"④李煜此刻的喟然长叹自然充满着深切的自责和怨悔。徐铉不敢隐瞒,返朝之后即向太宗如实禀报,"遂有秦王赐牵机药之事"⑤。清人吴任臣也一针见血地评论道:"后主之祸,则徐铉一见启之也。"⑥

第二节　人生思索

朱光潜认为:"悲剧人物在一定程度上对于自己的受难负有责任。"⑦唐圭璋《李后主评传》分析李煜"自迁宋都后,自然是事事不得自

---

① (宋)王铚:《默记》,上海师范大学古籍整理研究所编:《全宋笔记》第四编第3册,郑州:大象出版社2008年版,第124页。

② (宋)田况:《儒林公议》卷下,上海师范大学古籍整理研究所编:《全宋笔记》第一编第5册,郑州:大象出版社2003年版,第124页。

③ (宋)陆游:《南唐书》卷十三,傅璇琮、徐海荣、徐吉军主编:《五代史书汇编》第9册,杭州:杭州出版社2004年版,第5566页。

④ (宋)史温:《钓矶立谈》,傅璇琮、徐海荣、徐吉军主编:《五代史书汇编》第9册,杭州:杭州出版社2004年版,第5019页。

⑤ (宋)王铚:《默记》卷上,上海师范大学古籍整理研究所编:《全宋笔记》第四编第3册,郑州:大象出版社2008年版,第124页。

⑥ (清)吴任臣:《十国春秋》卷二八,傅璇琮、徐海荣、徐吉军主编:《五代史书汇编》第7册,杭州:杭州出版社2004年版,第3789页。

⑦ 朱光潜:《悲剧心理学》,北京:人民文学出版社1989年版,第169页。

由,他看不见江南的人物风景,他也挽不回过去的青春,仅仅有自由的梦魂,时时去萦绕他的故国。他的词说:'往事只堪哀(略)','无言独上西楼(略)。'可想见他孤独的悲哀。李易安所谓'寻寻觅觅,冷冷清清,凄凄惨惨戚戚'的生活,也正是他的写照"①。在这样的囚禁生活里,李后主自然有了足够的时间去进行人生的反思,填词也便成为他几乎仅有的排遣方式。

他的词回忆往日的生活,表达对故国的深切思念,例如《望江南》所云:

> 多少恨,昨夜梦魂中,还似旧时游上苑,车如流水马如龙,花月正春风。

"上苑"指皇家园林,为帝王游猎之所。"车如流水马如龙",即车马络绎不绝如流水,矫健精神如游龙,语出晋人袁宏《后汉纪·孝章皇帝纪上》:"前过濯龙门上,见外家车如流水马如龙。吾亦不谴怒之,但绝其岁用,冀以默愧其心,而犹骄怠,无忧国忘家者。"②早在西汉司马相如的《上林赋》中,就对汉武帝校猎上林苑的情景进行了生动的铺叙,宏大的帝王气派令李煜恋恋不舍,同时也产生了对于昔日南唐生活的深情追忆。往事重温,唯有在片刻的梦中,"还似"2字直贯以下17字,实写梦中旧时冶游之盛况,"一片神行,如骏马驰坂,无处可停"③;而其实质却是以旧日之乐,愈加反衬出今之愁极恨深。詹安泰《李璟李煜词》评析道:"这是李煜入宋后的作品。恨煞梦里的繁华景象,怕提旧事,怕听细乐,都深刻地表达出当时悲苦的心境。"④

其《望江梅》词也写道:

> 闲梦远,南国正芳春。船上管弦江面绿,满城飞絮辊轻尘。忙杀看花人。

江南春水之美,船上管弦之盛,城中花絮之繁,宝马香车之喧,统统映衬

① 唐圭璋:《李后主评传》,《词学论丛》,上海:上海古籍出版社1986年版,第913页。
② (晋)袁宏:《后汉纪·孝章皇帝纪上》卷十一,北京:中华书局2002年版,第210页。
③ 唐圭璋:《唐宋词简释》,上海:上海古籍出版社1981年版,第36页。
④ 詹安泰:《李璟李煜词》,北京:人民文学出版社1958年版,第71页。

着满城狂欢、上下酣嬉的情状。以上两首词就像是"痴人说梦",都通过对往日江南春色美好、游人如织的深情追忆,反衬出今日的孤身凄凉、亡国之痛。

他的另一首《望江梅》亦云:

> 闲梦远,南国正清秋。千里江山寒色远,芦花深处泊孤舟。笛在月明楼。

这首词又追忆江南的秋天:南国的千里江山,都笼罩在一片清爽明净的秋色之中;在瑟瑟的芦花深处,停泊着一叶孤舟,更加渲染出秋色的清冷和萧瑟。就在此时,明月朗照的高楼之上,传来了悠扬缥缈的笛声。这悠扬的笛声,传遍了芦花深处、笼罩了千里江山,播撒着清空潇洒的情韵。而这清秋寥廓的景致又出现在词人的深情梦境当中,更加让他感受到格外孤寂凄惨的愁绪。"写的虽然只是美妙的境界,由于他对这美妙的境界的梦想和爱慕,就渗透着现场生活孤寂难堪的情味;写的虽然只是芳春和清秋中的个别的景物情事,由于他抓住了最具有代表性的最动人的东西作精细的刻划,就体现出整个美丽的南国的全貌"[1]。唐圭璋《唐宋词简释》评之曰:"此首写江南秋景,如一幅绝妙图画。'千里'句,写秋来江山之寥廓,与四野之萧条。'芦花'句,写远岸芦花之盛,与孤舟相映,情景兼到。末句,写月下笛声,尤觉秋思洋溢,凄动于中。孤舟,见行客之悲秋;笛声,见居人之悲秋。张若虚诗云'谁家今夜扁舟子,何处相思明月楼',亦兼写行客与居人两面。后主词,正与之同妙。"[2]

他的《望江南》词则充斥着泪痕满纸的断肠之痛:

> 多少泪,断脸复横颐。心事莫将和泪说,凤笙休向泪时吹。肠断更无疑。

"断脸复横颐",指眼泪纵横交流,涕泗滂沱。凤笙:管乐器,能奏和音,因其形状似凤凰之身,故名;这里是作为乐器的美称。此词着意描摹作

① 詹安泰:《李璟李煜词》,北京:人民文学出版社 1958 年版,第 70 页。
② 唐圭璋:《唐宋词简释》,上海:上海古籍出版社 1981 年版,第 33 页。

者泪流满面、伤心欲绝的凄惨形象。陈廷焯《词则·别调集》卷一指出："后主词,一片忧思,当领会于声调之外,君人而为此词,欲不亡国也得乎?"[①]唐圭璋《唐宋词简释》亦称:"此首直揭哀音,凄厉已极。诚有类夫春夜空山、杜鹃啼血也。断脸横颐,想见泪流之多。后主在汴,尝谓'此中日夕,只以眼泪洗面',正可与此词印证。心事不必再说,撇去一层;凤笙不必再吹,又撇去一层。总以心中有无穷难言之隐,故有此沉愤决绝之语。'肠断'一句,承上说明心中悲哀,更见人间欢乐,于己无分,而苟延残喘,亦无多日,真伤心垂绝之音也!"[②]

又如《浪淘沙》写道:

> 往事只堪哀!对景难排。秋风庭院藓侵阶。一任珠帘闲不卷,终日谁来? 金锁已沉埋,壮气蒿莱!晚凉天静月华开。想得玉楼瑶殿影,空照秦淮。

明人沈际飞《草堂诗余续集》云:"此在汴京念秣陵事作,读不忍竟。"[③]这首词上片劈头就是一句"往事只堪哀",抒发出激昂沉痛的感情。陈廷焯《云韶集辑评》卷一评析道:"起五字凄婉,却来得突兀,故妙。凄恻之词而笔力精健,古今词人谁不低首。"[④]紧接着"对景难排"四个字,表明对于往事的悲怨愁苦只能郁结在胸而无法排遣、宣泄。接下来,通过对眼前孤寂的囚禁生活场景的描写,烘托了无限的凄凉和寂寞;而"一任"和"终日"两句之中,更显露了他复杂矛盾的心态:既盼望有人前来探望自己,但又深知没有人会来。元人袁桷《跋李后主诗稿》即云:"李主辞庙北行时,犹倚声制曲,不知降王宅果凄抑也。晚岁幽愤,溢于歌咏,竟以忧死。"[⑤]

下片写黑夜当中对故国往事的浮想联翩。"金锁已沉埋,壮气蒿

① (清)陈廷焯:《词则·别调集》卷一,葛渭君编:《词话丛编补编》第4册,北京:中华书局2013年版,第2318页。
② 唐圭璋:《唐宋词简释》,上海:上海古籍出版社1981年版,第36—37页。
③ (明)沈际飞:《草堂诗余续集》卷上,王兆鹏编:《唐宋词汇评(唐五代卷)》,杭州:浙江教育出版社2004年版,第552页。
④ (清)陈廷焯:《云韶集辑评》卷一,葛渭君编:《词话丛编补编》第3册,北京:中华书局2013年版,第1404页。
⑤ (元)袁桷:《跋李后主诗稿》,《袁桷集校注》卷四六,北京:中华书局2012年版,第2039页。

莱!"。"壮气",旺盛发达的地气,古代堪舆家所称主世代兴旺的土地风水,这里指金陵王气。宋人乐史《太平寰宇记》卷九十引《金陵图经》云:"昔楚威王见此有王气,因埋金以镇之,故曰'金陵'。秦并天下,望气者言江东有天子气,乃凿地脉,断连冈,因改金陵为秣陵,属丹阳郡。故《丹阳记》云:'始皇凿金陵方山,其断处为渎,则今淮水经城中,入大江,是曰秦淮。'"①"蒿莱",指化为野草。这两句化用了三国时吴国以铁锁链横断长江,企图阻挡西晋军队,结果失败灭亡的故事。《晋书》卷四二《王濬传》载:"太康元年(280)正月,(王)濬发自成都……吴人于江险碛要害之处,并以铁锁横截之,又作铁锥长丈余,暗置江中,以逆距船。先是,羊祜获吴间谍,具知情状。濬乃作大筏数十,亦方百余步,缚草为人,被甲持杖,令善水者以筏先行。筏遇铁锥,锥辄著筏去。又作火炬,长十余丈,大数十围,灌以麻油,在船前,遇锁,燃炬烧之,须臾,融液断绝,于是船无所碍。……濬自发蜀,兵不血刃,攻无坚城,夏口、武昌,无相支抗。于是顺流鼓棹,径造三山。……壬寅,濬入于石头。皓乃备亡国之礼,素车白马,肉袒面缚,衔璧牵羊,大夫衰服,士舆榇,率其伪太子瑾、瑾弟鲁王虔等二十一人,造于垒门。濬躬解其缚,受璧焚榇,送于京师。"②刘禹锡《西塞山怀古》诗中就有类似的咏叹:"千寻铁锁沉江底,一片降幡出石头。"李煜也曾经企图抵抗宋军,却闹出了不少洋相,最终也与当年的吴国君主孙皓一样,遭到灭亡的命运。这里的金锁也可以理解为宫门上的连锁花纹,用来借指宫殿,意即:南唐故国的宫殿想来已被尘封土埋,昔日金陵城的帝王气象也已被淹没在野草之中而荡然无存,字里行间充满着凄寂冷落之意。

最后三句再度描写夜晚秋风萧瑟、月华如水的景致,然后不由得产生联想:玲珑的秋月,一定正映照在南唐的"凤阁龙楼"之上,它们的倒影投映在空荡冷寂的秦淮河水中。如此美景令人神往,饱含着词人的无限深情,但是一个"空"字又蕴涵着难言的凄凉。

这首词真幻结合、虚实相生,情感摇曳今昔之间,表达出繁华如梦、

① (宋)乐史:《太平寰宇记》卷九十引《金陵图经》,北京:中华书局 2007 年版,第 1772 页。
② (唐)房玄龄等:《晋书》卷四二,第 2 册,北京:中华书局 2000 年版,第 796—797 页。

往事如烟的惆怅。詹安泰《李璟李煜词》评析曰："这是李煜抒写入宋后怀念南唐的一种哀痛的心情。前后段都先以无比怨愤的声调冲激而出，然后通过具体的生活现象和内心活动来表达当时十分难堪的情况。前段写风景撩人，而珠帘不卷，无谁告语，是日间生活的难堪。后段写天清月白，想起秦淮河畔的楼殿，只有影儿投入河里，一切繁华旧事，都成空花，是夜间生活的难堪。日夜并举，用突出的形象，作高度的概括。"①清人冯煦《论后主绝句》由此歌咏道："梦遍罗衾夜未央，秦淮一碧照兴亡。落花流水春归去，一种销魂是李郎。"

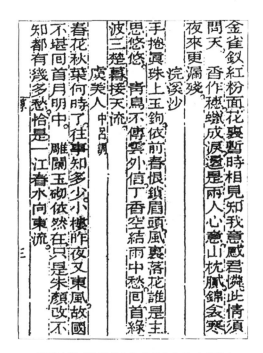

《彊村丛书》所收《尊前集》中的李煜词

他的《虞美人》词同样汴京忆旧，充满哀音悲绪：

风回小院庭芜绿，柳眼春相续。凭栏半日独无言，依旧竹声新月似当年。　　笙歌未散尊前在，池面冰初解。烛明香暗画堂深，满鬓清霜残雪思难任。

①詹安泰：《李璟李煜词》，北京：人民文学出版社1958年版，第76页。

春回大地，冰面初解，柳丝吐绿，原本是令人欣喜的景象，但是在凭栏伫立、不堪言说的亡国之君的眼中，却不由勾起了对于故国往事的无限留恋，今昔对照，苦乐悬殊，词人由此抒发出人生易老、愁思难任的悲怆。唐圭璋《唐宋词简释》评之曰："此首忆旧词。起点春景，次入人事。风回柳绿，又是一年景色，自后主视之，能毋增慨。凭栏脉脉之中，寄恨深矣。'依旧'一句，猛忆当年今日。景物依稀，而人事则不堪回首。下片承上，申述当年笙歌饮宴之乐。'满鬓'句，勒转今情，振起全篇。自摹白发穷愁之态，尤令人悲痛。"①

李煜现今传世的 34 首词作中，出现了 18 次梦的母题意象。梦是人的一种精神现象，与人生体验形影相随，古时《关尹子》一书卷六中即云："好仁者多梦松柏桃李，好义者多梦兵刀金铁，好礼者多梦簠簋笾豆，好智者多梦江湖川泽，好信者多梦山岳原野。"②在李煜的人生遭际和心路历程中，梦境描写也展现出各自不同的内涵。其前期词里所做的大多是玫瑰色的旖旎之梦，如"纱窗醉梦中""如梦懒思量""欲睡朦胧入梦来""魂迷春梦中"等等，都在竭力渲染着慵懒、迷醉的浮靡生活氛围，充斥着感官享乐的缠绵味道。一旦沦为臣虏，李煜身心交瘁，此时的梦境就是："故国梦重归，觉来双泪垂"（《菩萨蛮》）、"雁来音信无凭，路遥归梦难成"（《清平乐》）、"转烛飘蓬一梦归，欲寻陈迹怅人非"（《浣溪沙》）等等。这些词句都充满着对于往昔美好生活的深情追忆，以及美梦醒来之后的倍感凄凉。

李煜的后期词里，很多作品都带上了人生哲理的意蕴，在艺术上更加精炼，达到了新的境界。如其《乌夜啼》（又名《相见欢》）所云：

> 林花谢了春红，太匆匆！无奈朝来寒雨晚来风！　　胭脂泪，留人醉，几时重？自是人生长恨水长东！

这首词一反普通伤春诗词的哀婉风格，而是以 3 个惊叹句和 1 个问句，造成磅礴的气势，宣泄出作者郁结于胸的悲怆。"林花谢了春红"，即"春林红花谢了"，春天树林里的红花已经凋谢。紧接着"太匆匆"三个

---

① 唐圭璋：《唐宋词简释》，上海：上海古籍出版社 1981 年版，第 41 页。
② （春秋）尹喜：《关尹子》中卷，四部丛刊三编景明本。

字喟叹春天红花开放的短暂,同时也就喟叹人生的美好总是如此地短暂,往日的繁华转瞬即逝。更何况还有"朝来寒雨晚来风",风雨交加的摧残更加速了春花的凋零,让一切的美好都付之东流。唐圭璋《唐宋词简释》评曰:"此首伤别,从惜花写起。'太匆匆'三字,极传惊叹之神。'无奈'句,又转怨恨之情,说出林花所以速谢之故。朝是雨打,晚是风吹,花何以堪,人何以堪,说花即以说人,语固双关也。'无奈'二字,且见无力护花、无计回天之意,一片珍惜怜爱之情,跃然纸上。"①

下片"胭脂泪"呼应上片的"林花谢了春红",指林花在寒雨中沾湿,如同美人流着眼泪。这句词化用了杜甫《曲江对酒》诗中的"林花著雨胭脂湿"。"留人醉",是说面对如此衰残的景象,人们不禁黯然神伤、凄然心醉。"几时重",又是一句满含绝望的慨叹,暗示往日的美好生活都已一去不复返了,难道还有花返故枝、人归故土的一天吗!

最后,词人抛开对春花的感伤、自我的嗟叹,升华为对历史、自然、人生的慨叹与悲愤:"自是人生长恨水长东","以水之必然长东,喻人之必然长恨,语最深刻。'自是'二字,尤能揭出人生苦闷之义蕴"②。到了这里,李煜已经完全绝望,彻底勘破人生:人生是无边的苦海,死亡才是最终的解脱。生性的柔弱和执着,导致他不可能用恰当的方式来化解强烈的悲剧感;在佛教思想的影响下,他深刻体悟到人生的虚无,不停地将目光投向生命的终极。俞陛云《唐五代两宋词选释》从政治的角度评析此词道:"后主为樊若水所卖,举国与人。词借伤春为喻,恨风雨之摧花,犹逆臣之误国,迨魁柄一失,如水之东流,安能挽沧海尾闾,复鼓回澜之力耶!"③詹安泰《读词偶记》则侧重赏析该作所体现的抒情魅力:"哀艳而复雄奇,悲愤而复仁爱,曲折深至而复痛快淋漓,兼包众长,无美不备,直是天地间第一等文字,讵可学而能耶!"④作品最后一句沉哀入骨的咏叹,境界雄阔壮大,特具阳刚之力、郁勃之气,对于北宋豪放词风产生了一定的影响。

① 唐圭璋:《唐宋词简释》,上海:上海古籍出版社1981年版,第40页。
② 唐圭璋:《唐宋词简释》,上海:上海古籍出版社1981年版,第40页。
③ (清)俞陛云:《唐五代两宋词选释》,上海:上海古籍出版社1985年版,第132页。
④ 詹安泰:《读词偶记》,《詹安泰词学论集》,汕头:汕头大学出版社1997年版,第310页。

他的《乌夜啼》词则由景入情,抒写出郁塞在胸的人生愁闷:

> 昨夜风兼雨,帘帏飒飒秋声。烛残漏滴频敧枕,起坐不能平。　　世事漫随流水,算来一梦浮生。醉乡路稳宜频到,此外不堪行。

词人在风雨交加的萧瑟秋夜难以入眠,"夜来风雨无端,秋声飒飒,此境已令人愁绝,加之烛又残,漏又断,伤感愈甚矣"①。他起坐不平,愁绪满怀,由此感受到浮生若梦,人世茫茫,众生苦恼,无可奈何。此种感慨与其《菩萨蛮》"往事已成空,还如一梦中"堪称同调。当此之际,只有借酒浇愁,陶然一醉,暂时忘却眼前的无尽烦恼。整首词作的意绪,充斥着佛家苦海无边的厌世色彩。

此类情感更加集中地体现在他最著名的《虞美人》词当中:

> 春花秋月何时了?往事知多少!小楼昨夜又东风,故国不堪回首月明中。　　雕栏玉砌应犹在,只是朱颜改。问君能有几多愁?恰似一江春水向东流。

春花秋月原本是美好的景象,词人却非常烦闷,责怨"春花秋月何时了"。为什么呢?因为"往事知多少",一看见这春花秋月,就会勾起对南唐美好往事的无限追忆,也就更加感受到此刻的亡国悲痛。这种写法无理而妙,非常形象地表现出词人做了亡国俘虏之后的内心愁苦。

接下来,"小楼"是写李煜在汴京居住的窄小庭院,对应往昔南唐的"凤阁龙楼连霄汉";"昨夜",暗示他夜不能寐;"东风",春风从南方吹来,从南唐故国的方向吹来,带给他的却是难言的惆怅;而且一个"又"字,表示这东风已不止一次吹来,暗示自己已经亡国数年,每一次东风吹起的时候,都会惹得他愁绪满怀。明人徐士俊称:"只一'又'字,宋元以来抄者无数,终不厌烦。"②清人尤侗《苍梧词序》亦云:"每念李后主'小楼昨夜又东风',辄欲以眼泪洗面;及咏周美成'低鬟蝉影动,私语口

① 唐圭璋:《唐宋词简释》,上海:上海古籍出版社1981年版,第35页。
② (明)卓人月:《古今词统》卷八,王兆鹏主编:《唐宋词汇评(唐五代卷)》,杭州:浙江教育出版社2004年版,第528页。

脂香'，则泪痕犹在，笑靥自开矣。词之能感人如此！"①"故国不堪回首月明中"，倒装句式，正常语序应该是"月明中故国不堪回首"，但是词人却把"月明中"三个字拖在后面，由此造成了独特的抒情效果，就像是三记重锤一样，撞击着词人痛苦的心灵。

下片"雕栏玉砌应犹在？只是朱颜改。""应犹在"是一句深情探问，流露出词人对南唐故国的深切思念之情；但是"只是朱颜改"，这里的"朱颜"意涵非常丰富，既可以指词人自己的容颜已然老去，也可以指自己所牵挂的南唐雕栏玉砌中的宫娥的容颜已然老去，更可以寄托南唐江山已经沦落易帜、改换门庭的莫大悲哀。

想到这里，李煜胸中的愁绪好像是蓄满了滔滔江水，然后陡然拉开感情的闸门："问君能有几多愁？恰似一江春水向东流。"这两句语本李白《金陵酒肆留别》"请君试问东流水，别意与之谁短长"，但是感情更加丰富，节奏更加跳荡，格调更加沉郁。在古典诗歌中，"愁"有多种表达方式。李白《秋浦歌》"白发三千丈，缘愁似个长"，这是形容愁的长度；秦观《江城子》"便做春江都是泪，流不尽、许多愁"，这是形容愁的广度；李清照《武陵春》"只恐双溪舴艋舟，载不动、许多愁"，这是形容愁的重量；她的《一剪梅》"花自飘零水自流，一种相思，两处闲愁。此情无计可消除，才下眉头，却上心头"，则是形容愁的速度；杜甫《自京赴奉先县咏怀五百字》"忧端齐终南，澒洞不可掇"、赵嘏《长安春日》"夕阳楼上山重叠，未抵春愁一倍多"皆以山喻愁；李群玉《雨夜呈长官》"请量东海水，看取浅深愁"、秦观《千秋岁》"春去也，飞红万点愁如海"则以海喻愁。李煜同样将抽象的愁绪形象化，让那郁结于胸的愁怨之情，像咆哮的江水一样倾泻而出，体现出犹如一江春水那样的绵延不绝、深沉浩瀚和奔腾不息。陈廷焯《云韶集辑评》卷一评价此词曰："一声恸歌，如闻哀猿！呜咽缠绵，满纸血泪。"②唐圭璋《唐宋词简释》亦称："此首感怀故国，悲愤已极。起句，追维往事，痛不欲生；满腔恨血，喷薄而出；诚《天问》之

① （清）尤侗：《苍梧词序》，王兆鹏主编：《唐宋词汇评（唐五代卷）》，杭州：浙江教育出版社2004年版，第528页。
② （清）陈廷焯：《云韶集辑评》卷一，葛渭君编：《词话丛编补编》第3册，北京：中华书局2013年版，第1405页。

遗也。'小楼'句承起句,缩笔吞咽;'故国'句承起句,放笔呼号。一'又'字惨甚。东风又入,可见春花秋月,一时尚不得遮了。罪孽未满,苦痛未尽,仍须偷息人间,历尽磨折。下片承上,从故国月明想入,揭出物是人非之意。末以问答语,吐露心中万斛愁恨,令人不堪卒读。通首一气盘旋,曲折动荡,如怨如慕,如泣如诉。"①

第三节　牵机毒杀

　　李煜因填词而名闻天下,也因填词而命丧九泉。他"并不考虑到封建君主的猜忌毒辣,把亡国的感受照实说出来"②,于亡国之后填制了大量感怀故国的词作,而且每写一首诗词,很快就会被传抄到江南。江南父老常常捧着这些诗词含泪诵读,更加思念被囚禁在汴京的李后主。这令心地狭窄的宋太宗赵光义非常恼火,认为李煜始终心怀愤懑。他强烈地意识到:李煜活在世间,就是南唐死灰复燃的希望,构成了对于大宋江山的潜在威胁。

　　同为降王,吴越忠懿王钱俶在赵匡胤的宴会上献词乞怜,引得宋太祖"拊其背曰:'誓不杀钱王!'"③南汉后主刘𬬭也因自己在诸位降王中率先归顺,"愿得持梃为诸国降王之长"④,惹得太祖大笑,赏赐甚厚。与他们相比,李煜则很不"识相",不能刻意掩饰自己的亡国悲楚。明人郑瑗曾经将李煜跟三国时期的蜀国亡国之君刘禅进行比较,揭示他们共同的悲哀:"刘禅既为安乐公,而侍宴喜笑,无蜀技之感,司马昭晒其无情。李煜既为违命侯,而词章凄惋,有故国之思,马令讥其大愚。噫!国破身辱之人,瞻望故都,思与不思无往而不招诮,古人所以贵死社稷也。"⑤

① 唐圭璋:《唐宋词简释》,上海:上海古籍出版社 1981 年版,第 43 页。
② 周振甫:《李煜》,《中国历代著名文学家评传》第二卷,济南:山东教育出版社 1983 年版,第 808 页。
③ (宋)陈师道:《后山诗话》,何文焕辑:《历代诗话》,北京:中华书局 1981 年版,第 305 页。
④ (宋)杨亿:《杨文公谈苑》卷七,上海师范大学古籍整理研究所编:《全宋笔记》第八编第 9 册,郑州:大象出版社 2017 年版,第 137 页。
⑤ (明)郑瑗:《蜩笑偶言》,北京:中华书局 1985 年版,第 3 页。

于是，心狠手辣的宋太宗招来太医院的医生和药剂师，责令他们配制出使人服用后死状极其痛苦的毒药——牵机药。据宋人王铚《默记》记载："牵机药者，服之前却数十回，头足相就如牵机状也。"①宋太宗命人用监狱内的十几个死囚进行试验，确保此药具有立竿见影的剧毒致命效果。恰逢李煜于太平兴国三年（978）七夕节42岁生日填制的《虞美人》等词作流传于外，更加激起太宗的嫉恨、恼怒，于是就有了随后赐牵机药毒杀之事，结束了李煜亡国之后的凄惨生活。清人毛先舒指出："予观李后主雅好儒学，善文章，继统江南，屡有美政。惜其智略不优，而喜游宴，又湎于酒，遂以亡国，然非有吴主皓、东昏侯之酷虐淫酗亡度也。归命之后，谓宜优饶，小词何罪，致惨祸以死！"②俞陛云《唐五代两宋词选释》亦由此感叹道："亡国之音，何哀思之深耶？传诵禁廷，不加悯而被祸，失国者不殉宗社，而任人宰割，良足伤矣。"③

据梁启勋《词学》下编所载："李后主原是天才之文学家，又是亡国之君。此三首（《浪淘沙》'帘外雨潺潺''往事只堪哀'，《虞美人》'春花秋月何时了'）乃国破之后，在汴梁作寓公时所作。绻怀故国，又不敢明白表示。忍泪吞声，终亦不能自抑，而流露于言辞。"④由此引发了遭受鸩杀的悲剧。宋人蔡絛《西清诗话》云：

> 南唐李后主归朝后，每怀江国，且念嫔妾散落，郁郁不自聊。尝作长短句云："帘外雨潺潺。春意阑珊。罗衾不暖五更寒。梦里不知身是客，一晌贪欢。　　独自莫凭栏。无限关山。别时容易见时难。流水落花春去也，天上人间。"含思凄惋，未几下世。⑤

李煜这首《浪淘沙令》上片写"身"，表现身体所受；下片写"心"，表现心灵所感。最后合二为一，展示出自己天地茫茫、无所容身的困境，和一切皆去、无可挽回的绝望，也申说了自己不久于人世之意。唐圭璋评析

---

① （宋）王铚：《默记》，上海师范大学古籍整理研究所编：《全宋笔记》第四编第3册，郑州：大象出版社2008年版，第124页。

② （清）毛先舒：《南唐拾遗记叙》，傅璇琮、徐海荣、徐吉军主编：《五代史书汇编》第9册，杭州：杭州出版社2004年版，第5779页。

③ （清）俞陛云：《唐五代两宋词选释》，上海：上海古籍出版社1985年版，第117页。

④ 梁启勋：《词学》下编《敛抑之蕴藉法》，北京：文化艺术出版社2018年版，第69页。

⑤ （宋）胡仔：《苕溪渔隐词话》卷一，唐圭璋编：《词话丛编》第1册，北京：中华书局1986年版，第162页。

道:"此首殆后主绝笔,语意惨然。五更梦回,寒雨潺潺,其境之黯淡凄凉可知。'梦里'两句,忆梦中情事,尤觉哀痛。……'别时'一句,说出过去与今后之情况。自知相见无期,而下世亦不久矣。故'流水'两句,即承上申说不久于人世之意,水流尽矣,花落尽矣,春归去矣,而人亦将亡矣。将四种了语,并合一处作结,肝肠断绝,遗恨千古"①。清人郭麐《灵芬馆词话》卷二评曰:"绵邈飘忽之音,最为感人深至,李后主之'梦里不知身是客,一晌贪欢'所以独绝也。"②陈廷焯《云韶集辑评》卷一亦称:"凭栏远眺,百端交集,此词播之管弦,闻者定当堕泪。"③

　　唐圭璋更将李煜此词与宋徽宗亡国之后所作《燕山亭》词进行比较,指出:"一片血泪模糊之词,惨淡已极。深更三夜的鹃啼,巫峡两岸的猿啸,怕没有这样悲哀罢!宋徽宗被虏北行也作了一首《燕山亭》词,着末道:'万水千山,……除梦里、有时曾去。无据。和梦也、新来不做。'这两位遭遇同等的'风流天子',前后如出一辙。《长恨歌》结尾说:'天长地久有时尽,此恨绵绵无尽期。'我们读他的词,也有这样的感想。"④

宋徽宗赵佶(1082—1135)

　　历来都有宋徽宗乃李后主再世的说法。宋人赵溍《养疴漫笔》即指出:"徽宗即江南李主。神祖(即宋神宗赵顼)幸秘书省,阅江南李主像,见其人物俨雅,再三叹讶而徽宗生。生时梦李主来谒,所以文采风流过李主百倍。及北狩,女真用江南李主见艺祖故事。"⑤王士禛、郑方坤《五代诗

① 唐圭璋:《唐宋词简释》,上海:上海古籍出版社1981年版,第44页。
② (清)郭麐:《灵芬馆词话》卷二,唐圭璋编:《词话丛编》第2册,北京:中华书局1986年版,第1535页。
③ (清)陈廷焯:《云韶集辑评》卷一,葛渭君编:《词话丛编补编》第3册,北京:中华书局2013年版,第1404页。
④ 唐圭璋:《李后主评传》,《词学论丛》,上海:上海古籍出版社1986年版,第914页。
⑤ (宋)赵溍:《养疴漫笔》,上海师范大学古籍整理研究所编:《全宋笔记》第八编第4册,郑州:大象出版社2017年版,第117页。

话》也引《艮斋杂说》云："李后主亡国，最为可怜，宋徽宗其后身也。神宗一日幸秘书省，见江南国主像，人物俨雅，再三叹讶。适后宫有娠者，梦李主来谒，而生端王。及北狩，金人用李主见艺祖故事，亦异矣。李主再为人君而再亡国，深为不幸，亦以雪其'小楼昨夜'之冤也，殆于倒行逆施矣。"①

之所以会出现这样的说法，一方面是因为李煜和赵佶都是富有艺术才华的亡国之君。即如况周颐《历代词人考略》卷七所云："求之古帝王中，唯南唐后主庶几分镳并辔，其处境亦大略相同也。唯是后主所作皆小令，徽宗则多慢词。盖后主天姿轶伦，而徽宗又深之以学力矣。"②林丁《蕉窗词话》也说："历朝帝王能词者，当推李后主与宋徽宗。二人的身世又恰恰相同，都尝过亡国的滋味。"③因此，谭莹《论词绝句》咏道："说到故宫无梦去，三生端是李重光。"

另一方面，则是因为他们都用词作抒写出深重凄楚的亡国之悲。徐釚《词苑丛谈》卷六即云："徽宗北辕后，赋《燕山亭·杏花》一阕，哀情哽咽，仿佛南唐李主，令人不忍多听。"④张伯驹《丛碧词话》亦云："徽宗《燕山亭》词，《朝野遗记》谓'天遥地远，……和梦也有时不做'真似李主'别时容易见时难'声调也。后主与道君词都是由亡国换来。李唐、赵宋江山，今日何在？唯其词真能使'征马踟蹰，寒鸟不飞'，千载而后，读者犹哽咽怜叹，虽亡国终是值得。"⑤故而郑方坤《论词绝句》咏道："一种哀音兆亡国，燕山又寄恨重重。"

太平兴国三年(978)七夕节，李煜在42岁生日的晚上，把跟随他到汴京的后妃聚集到一起，强颜欢笑，共同吞咽沦落异乡、饱受凌辱的苦酒。李后主悲情难抑，填制了抒发胸中汹涌澎湃的亡国愁绪的《虞美人》(春花秋月何时了)词。次日，宋太宗赵光义接到这一探报，暴跳如雷，紧急宣召秦王赵廷美入宫，谎称在此吉日良辰，要他专程前往李煜

---

① (清)王士祯、(清)郑方坤：《五代诗话》卷一引《艮斋杂说》，北京：人民文学出版社1998年版，第17页。
② (清)况周颐：《历代词人考略》卷七，葛渭君编：《词话丛编补编》第6册，北京：中华书局2013年版，第3965页。
③ 林丁：《蕉窗词话》，孙克强编：《唐宋人词话》(增订本)上册，天津：南开大学出版社2012年版，第595页。
④ (清)徐釚：《词苑丛谈》卷六，北京：中华书局2008年版，第125页。
⑤ 张伯驹：《丛碧词话》，屈兴国编：《词话丛编二编》第5册，杭州：浙江古籍出版社2013年版，第2828页。

府邸代表天子为其祝寿,并颁赐一匣巧果作为贺仪。其实太宗派人配制的牵机毒药就藏在巧果之中。赵廷美平日嗜好诗词歌赋,非常钦佩李煜的文学才华,两人过从甚密,便未及多想,欣然接受差遣,前往李宅。

李煜谢恩之后,拿起巧果来吃,刚刚吃了一口,当即中毒,面色苍白,汗流如注,五脏剧痛,全身痉挛,头足相就,状似牵机。经过多时的剧烈抽搐,李煜最终气绝身亡,死时的形状极其痛苦悲惨。年仅42岁的李后主,就这样结束了南唐末代君王的短命而又悲惨的一生。

李煜死后,宋太宗赵光义虚情假意地赠之以太师头衔,又追封吴王,还特诏辍朝三日哀悼,最后以隆重的王礼葬之洛阳北邙山。

陆游在《南唐书》卷三中客观评价李煜作为江南国主的无奈处境和种种努力:"嗣位之初,属保大军兴之后,国削势弱,帑庾空竭,专以爱民为急,蠲赋息役,以裕民力。尊事中原,不惮卑屈,境内赖以少安者十有五年。……殂问至江南,父老有巷哭者。"[1]故吏张泌"每清明,亲拜其墓,哭之甚哀"[2]。张铉《至正金陵新志》载:"金陵有李王庙,在城东南十里,俗呼为李帝庙。"[3]

李煜下葬后,"诏侍臣撰吴王神道碑。时有与徐铉争名而欲中伤之者,面奏曰:'知吴王事迹,莫若徐铉为详。'太宗未悟,遂诏铉撰碑"[4]。徐铉念于故旧情谊,本欲接旨,但一经思忖,便深感进退两难。因为他作为南唐旧臣,不忍违背君臣之义,对故主大加贬抑;而且如今归宋降王李煜被当朝天子鸩杀,他更加不敢如实记载评述。他生怕行文有违圣意,导致杀身灭族,只得惴惴不安地向太宗面奏:"臣旧事李煜,陛下容臣存故主之义,乃敢奉诏。"[5]赵光义为了表现自己宽宏大度,慨然特准了徐铉的请求。于是,徐铉解除了后顾之忧,撰写了《大宋右千牛卫

① (宋)陆游:《南唐书》卷三,傅璇琮、徐海荣、徐吉军主编:《五代史书汇编》第9册,杭州:杭州出版社2004年版,第5492页。

② (元)陆友:《研北杂志》卷上,民国景明宝颜堂秘笈本。

③ (清)周在浚:《南唐书注》卷四引,民国嘉业堂刻本。

④ (宋)魏泰:《东轩笔录》卷一,上海师范大学古籍整理研究所编:《全宋笔记》第二编第8册,郑州:大象出版社2006年版,第7页。

⑤ (清)吴任臣:《十国春秋》卷二八,傅璇琮、徐海荣、徐吉军主编:《五代史书汇编》第7册,杭州:杭州出版社2004年版,第3789页。

上将军追封吴王陇西公墓志铭并序》，全面、公允地评述了李煜一生为人、为政、为文的成败得失。

徐铉指出：李煜为人"本以恻隐之性，仍好竺乾之教"，即以儒家修身养性、悲天悯人的说教和佛门救苦救难、普度众生的信条为言行准则，既宽人又爱物，"赏人之善，常若不及；掩人之过，惟恐其闻"，"草木不杀，禽鱼咸遂"。遗憾的是，由于他囿于经义，不善变通，结果闹得物极必反，善心恶报，到头来"以至法不胜奸，威不克爱"，自食其果。

李煜为政则是躬行仁义，以"周孔之道"经国化民、发号施令，然而在五代十国"用武之世"，这种治国安邦之策显然无济于事。南唐后来的结局证明，不致力于富国强兵，就难逃割地、称臣乃至亡国的厄运，始则"贬大号以禀朔，献池图而请吏"，终则于"寰宇将同"之时为北宋"威德所及"。

关于李煜亡国之因，宋初文人多归咎于他性骄奢、好声色，其实不无污化前君、取悦新主的用意，即如史温《钓矶立谈》所云："况复国亡之际，举朝持禄，相为沉沦，往往争言其君之短长，以自媒炫，甚可丑也。"①

难得有清醒文人作出冷静客观的评价。《宋史》卷二九六《潘慎修传》载："先是，江南旧臣多言李煜暗懦，事多过实。真宗一日以问慎修，对曰：'煜或懵理若此，何以享国十余年？'"②潘慎修看到了李煜作为南唐国主十多年间，面对强宋威逼，委曲求全、勉力维持的良苦用心。所以说，徐铉能够在几乎众口一词的贬责声中，表现李煜的宽仁，以及面临历史大势的无奈，这是实事求是、难能可贵的。

徐铉着力褒奖李煜天赋异禀、学问渊博，富有文学才华："惟王天骨秀异，神气清粹，言动有则，容止可观。精究六经，旁综百氏。常以为周孔之道，不可暂离，经国化民，发号施令，造次于是，始终不渝。酷好文辞，多所述作。一游一豫，必以颂宣。载笑载言，不忘经义。洞晓音律，精别雅郑；穷先王制作之意，审风俗淳薄之原。为文论之，以续《乐记》。所著文集三十卷，杂说百篇。味其文，知其道矣。至于弧矢之善，笔札

---

① （宋）史温：《钓矶立谈》，傅璇琮、徐海荣、徐吉军主编：《五代史书汇编》第9册，杭州：杭州出版社2004年版，第5022页。

② （元）脱脱等：《宋史》卷二九六，第9册，北京：中华书局2000年版，第8012页。

之工,天纵多能,必造精绝。"①

与此同时,徐铉还写了3首《吴王挽词》,沉痛悼念、深情缅怀李煜。今传2首,兹录如下,以见二人的故旧恩情,以及一朝江山易主之后的兴衰慨叹:

> 倏忽千龄尽,冥茫万事空。青松洛阳陌,荒草建康宫。道德遗文在,兴衰自古同。受恩无补报,反袂泣途穷。
>
> 土德承余烈,江南广旧恩。一朝人事变,千古信书存。哀挽周原道,铭旌郑国门。此生虽未死,寂寞已销魂。

李煜被毒杀后,小周后失魂落魄,悲不自胜,于当年饮恨离世,与李煜同穴安葬于北邙山。

李煜死后,宋太宗赵光义赐给其长子仲寓"积珍坊第一区、白金五千两。仲寓宗族百余口,犹贫不能给,上书自陈。太宗怜之,授郢州刺史。在郡迨十年,为政宽简,部内甚治。淳化五年卒,年三十七"②。李仲寓有一子名正言,"景德三年,特补供奉官。早卒无嗣,唯一女孤幼,真宗愍之,赐绢百匹、钱二百万,以备聘财,仍遣内臣主其事。煜有土田在常州,官为检校。上闻其宗属贫甚,命鬻其半,置资产以赡之"③。《宋会要辑稿·礼四十四》又载:"李煜出家女明智大师觉修咸平中卒,赐钱百贯,绢五十疋,茶五十斤,烛五十条。"④由此可见,李煜子嗣凋零、家境贫寒,十国强藩南唐曾经的辉煌成了历史的陈迹。

---

① (南唐)徐铉:《徐公文集》卷二九,四部丛刊景黄丕烈校宋本。

② (元)脱脱等:《宋史》卷四七八,第11册,北京:中华书局2000年版,第10716页。

③ (元)脱脱等:《宋史》卷四七八,第11册,北京:中华书局2000年版,第10716页。

④ (宋)徐松撰,刘琳、刁忠民等校点:《宋会要辑稿·礼四十四》,第3册,上海:上海古籍出版社2014年版,第1699页。

第六章 文艺成就

第一节 诗文创作

　　李煜的诗文创作,种类丰富,数量颇丰,徐铉为其撰《大宋右千牛卫上将军追封吴王陇西公墓志铭》时,尚有《文集》30卷、《杂说》100篇。马令《南唐书》卷五《后主书》说:"《杂说》百篇,时人以为可继《典论》。"[①]此后,宋人编制的《崇文总目》卷十一"总集类"中,收录有:《李煜集》10卷,李煜《集略》10卷(阙);卷十二"别集类"中收录有《江南李主诗》1卷。《宋史》卷二〇八《艺文七》收录有:《李煜集》10卷,《集略》10卷,《诗》1卷。可惜李煜的这些作品都已经失传了。

　　宋开宝二年(969)二月,李煜率领亲王近臣在北苑游赏宴集,潮沟泛舟,钟山在望,群臣同乐,鼓乐齐奏,于是分题即席赋诗。徐铉作有《北苑侍宴诗序》,展现了诗会盛况:

> 臣闻通物情而顺时令者,帝王之能事。感惠泽而发颂声者,臣子之自然。况乎上国春归,华林雨霁,宸游载穆,圣藻先飞,雷动风行,君唱臣和,故可告于太史,播在薰弦。帝典皇坟,莫不由斯者已。岁躔己巳,月属仲春,主上御龙舟,游北苑。亲王旧相,至于近臣,并俨华缨,同参曲宴。时也风清景淑,物茂人和。望蒋峤之嵚崟,祝为圣

---

① (宋)马令:《南唐书》卷五,傅璇琮、徐海荣、徐吉军主编:《五代史书汇编》第9册,杭州:杭州出版社2004年版,第5296页。

寿;泛潮沟之清浅,流作天波。丝簧与击壤齐声,盏斚共君恩并醉。乃命即席,分题赋诗。睿思云飘,天词绮缛。文明所感,蹈咏皆同。既击钵以争先,亦分题而较胜。长景未暮,百篇已成。自扬大雅之风,岂在道人之职。奉诏作序,冠于首篇。授以集书,藏之金匮。谨上。①

此番君臣唱和,所作篇什甚多,皆有风晴景淑、风雅欢畅的情致。李煜无疑是此次诗歌盛会的倡议者和召集者,引领着南唐诗歌创作的风气和潮流。

李煜的诗文,依据《全唐诗》《全唐文》,以及陈尚君《全唐诗补编》《全唐文补编》等,收录诗作 20 首、断句 20 则;文 12 篇。

李煜偶有闲适的写景诗篇,如其《幸后湖开宴赏荷花作》描写夏日临幸玄武湖所见荷花盛开的景致:"蓼梢蘸水火不灭,水鸟惊鱼银梭投。满目荷花千万顷,红碧相杂敷清流。"蓼花似火,鱼儿如梭,水鸟飞翔,千万顷荷花绽放,与满池荷叶红碧相间,构成了异常绚丽、雅致、灵动的画面。但是他大部分诗作都染上了浓重的凄苦孤寂的情调。例如其《挽辞二首》《悼诗》《书灵筵手巾》《书琵琶背》等,皆直接表达对于大周后和幼子仲宣的悼念。《感怀二首》"又见桐花发旧枝""层城无复见娇姿",《梅花二首》"清香更何用,犹发去年枝",又触景生情、睹物思人,引发出物是人非的无限感伤。他赐宫人庆奴的《柳枝》诗以柳喻人,又藉由庆奴的风情渐老,感发出人世苍茫的衰残之感。

他的诗歌多歌咏病中的情态,即如元人方回《瀛奎律髓》卷四四所云:"李后主号能诗词,偶承先业,据有江南,亦僭称帝,数十州之主也。集中多有病诗,先有五言律云:'病态如衰飒,厌厌已五年。'看此诗,真所谓衰飒憔悴,岂《大风》《横汾》之比乎? 宜其亡也。或谓此乃已至大兴之后,即不然矣。七言有云:'衰颜一病难牵复,晓殿君临颇自羞。'又云:'冷笑秦皇经远略,静怜姬满苦时巡。'盖君临之时也。"②方回批评李煜诗歌老是描写自己的一派衰弱病态,毫无帝王经天纬地的雄才大略,国家沦亡势所必然。例如其五律《病中感怀》写道:

---

① (南唐)徐铉:《北苑侍宴诗序》,《全唐文》卷八八一,北京:中华书局 1983 年版,第 9212—9213 页。
② (元)方回:《瀛奎律髓》卷四四,清文渊阁《四库全书》本。

憔悴年来甚，萧条益自伤。

风威侵病骨，雨气咽愁肠。

夜鼎唯煎药，朝髭半染霜。

前缘竟何似，谁与问空王。

作品开头两联将自己置于漫无边际的苦难之中，纷至沓来的人生打击令其日渐憔悴、意绪悲怆，眼前的风雨交加更加使得他病骨难支、愁肠百结。颈联着意刻画由于多年疾病导致的生活处境和自身形象：深夜鼎中弥漫着药气，早晨醒来发现自己已经髭须斑白。尾联中"前缘"是佛家用语。佛教以世间诸物皆因缘和合而成，故善缘结善果，恶缘生恶果；又以生死本是轮回相报，故人今生之善，皆因前世善缘之成，而今生之恶，则为前世恶缘之果。诗人慨叹道：佛祖说今生之因乃前世之果，自己的前世究竟造了何种罪孽而让今生如此艰辛苦难？他只有将无法安放的心灵寄托于禅佛，祈求得到解脱和慰藉。此诗的情意与唐代"诗佛"王维的《叹白发》诗如出一辙："宿昔朱颜成暮齿，须臾白发变垂髫。一生几许伤心事，不向空门何处销。"

另如其七律《病中书事》所云：

病身坚固道情深，宴坐清香思自任。

月照静居唯捣药，门扃幽院只来禽。

庸医懒听词何取，小婢将行力未禁。

赖问空门知气味，不然烦恼万涂侵。

此诗描写李煜病愈之后的感触。首联中"病身坚固"指病体康复；"宴坐"，即闲坐，安坐；佛教指坐禅，《维摩诘所说经·弟子品》有云："夫宴坐者，不于三界现身意，是为宴坐。"自任，即自禁，自己承受。开端表现诗人病体康复后，悟道的心情更加迫切，整日焚香坐禅，自得其乐。颔联描写诗人沐浴着月光，在宁静的居所捣药服药，幽闭的庭院中只有禽鸟偶尔往来。颈联中"将行"是指率领随从的人，《韩非子·内储说上》有云："中山之相乐池，以车百乘使赵，选其客之智能者，以为将行。"①

---

① (清)王先谦：《韩非子集解》卷九，北京：中华书局1998年版，第224页。

禁：胜任，忍受。意思是说：庸医的话懒得去听，携小婢散步却又力有不逮，感觉到非常疲劳。尾联中"空门"泛指佛法，佛教中大乘佛教以观空为入门，故称。《大智度论·释初品》云："空门者，生空、法空。"气味：原本是指滋味和嗅觉所感到的味道，这里比喻意趣或情调。作者最后还是将摆脱烦恼的希望寄托于佛门，企图在佛法中寻找人生的意义和乐趣。这样的作品显然是消极颓唐的，无怪乎方回在这首诗后边评述道："此诗八句俱有味，然不似人主之作，只似贫士大夫诗也。"①

李煜见于金人元好问编、元人郝天挺注的《唐诗鼓吹》卷十中的七律《九月十日偶书》《秋莺》，都通过景物意象的渲染，流露出浓重的萧瑟颓唐之意。《九月十日偶书》写道：

> 晚雨秋阴酒乍醒，感时心绪杳难平。
> 黄花冷落不成艳，红叶飕飗竞鼓声。
> 背世返能厌俗态，偶缘犹未忘多情。
> 自从双鬓斑斑白，不学安仁却自惊。

诗歌开头四句着力描绘秋雨绵绵、黄花与红叶纷纷凋零的衰残景象，映衬出作者内心的烦躁缭乱，由此他发出无限沉痛的人生慨叹。颈联中的"背世"，即背弃世俗；"返"，即反而；"厌"，指压制、抑制。《汉书·冯奉世传》云："奉世图难忘死，信命殊俗，威功白著，为世使表，独抑厌而不扬，非圣主所以塞疑厉节之意也。"②缘：佛教语，尘缘的简称，谓心识所缘色、声、香、味、触、法六尘之境。忘多情，语出自《世说新语·伤逝第十七》："王戎丧儿万子，山简往省之，王悲不自胜。简曰：'孩抱中物，何至于此！'王曰：'圣人忘情，最下不及情。情之所钟，正在我辈。'"③这两句意即：李煜在行为上背弃尘世，反而能够使自己少了些世俗之态；而偶然堕入尘间的人生，却又使自己免不了如俗人一样遭受到喜怒哀乐的折磨，字里行间充斥他因时势所逼被推上国主之位，遭受强宋军事威胁，忍受丧子亡妻之痛的种种悲叹。尾联化用了晋人潘岳 32 岁鬓生

---

① （元）方回：《瀛奎律髓》卷四四，清文渊阁《四库全书》本。
② （汉）班固：《汉书》卷七九，第 3 册，北京：中华书局 2000 年版，第 2462 页。
③ 徐震堮：《世说新语校笺》，下册，北京：中华书局 1984 年版，第 349 页。

白发的典故,抒发出多愁善感的诗人的内心凄恻和恐惧。

《秋莺》则借物寓情,寄托凄楚的身世之感:

残莺何事不知秋,横过幽林尚独游。
老舌百般倾耳听,深黄一点入烟流。
栖迟背世同悲鲁,浏亮如笙碎在缑。
莫更留连好归去,露华凄冷蓼花愁。

这首咏物诗描写一只年老体衰的黄莺,深秋之际徘徊悲鸣于秋林之中,不知南归,不合时运,其实就是诗人的自喻。颈联中"栖迟"指漂泊失意。"悲鲁",谓尘世繁杂违背本性,自己如同鲁郊海鸟,不耐烦扰。《庄子·至乐》云:"昔者海鸟止于鲁郊,鲁侯御而觞之于庙,奏《九韶》以为乐,具太牢以为膳。鸟乃眩视忧悲,不敢食一脔,不敢饮一杯,三日而死。"这里隐喻自己被虏滞汴的处境。"缑",即缑氏山,在河南偃师。西汉刘向《列仙传》中有载:"王子乔者,周灵王太子晋也。好吹笙,作凤凰鸣。游伊洛之间,道士浮丘公接以上嵩高山。三十余年后,求之于山上,见桓良曰:告我家:'七月七日待我于缑氏山巅。'至时,果乘白鹤驻山头,望之不得到,举手谢时人,数日而去。"①后因以此指得道成仙。李煜感叹自己怀抱非凡的才华却不容于滔滔浊世,于是产生了尽早南归的强烈愿望。

李煜屡屡通过衰残意象的歌咏,流露出人生无常、国事难为的感伤。即如陆游《老学庵笔记》卷四所载:"李后主《落花》诗云:'莺狂应有限,蝶舞已无多。'未几亡国。宋子京亦有《落花》诗,云:'香随蜂蜜尽,红入燕泥干。'亦不久下世,诗谶盖有之矣。"②宋代统治者对于李煜的诗才颇不以为然。宋人陈师道《后山诗话》即记载:

王师围金陵,唐使徐铉来朝。铉伐其能,欲以口舌解围,谓太祖不文,盛称其主博学多艺,有圣人之能。使诵其诗,曰《秋月》之篇,天下传诵之,其句云云。太祖大笑曰:"寒士语耳,我不道也!"

① (西汉)刘向:《列仙传》卷上,明正统道藏本。
② (宋)陆游:《老学庵笔记》卷四,上海师范大学古籍整理研究所编:《全宋笔记》第五编第8册,郑州:大象出版社2012年版,第51页。

铉内不服,谓大言无实,可穷也。遂以请。殿上惊惧相目。太祖曰:"吾微时自秦中归,道华山下,醉卧田间,觉而月出,有句曰:'未离海底千山黑,才到天中万国明。'"铉大惊,殿上称寿。[①]

李煜的文人小格调显然无法跟宋太祖赵匡胤的宏大气度相提并论。叶梦得《石林燕语》卷四则记载了太祖对李煜的当面贬抑:

> 江南李煜既降,太祖尝因曲燕问:"闻卿在国中好作诗。"因使举其得意者一联。煜沉吟久之,诵其《咏扇》云:"揖让月在手,动摇风满怀。"上曰:"满怀之风,却有多少?"他日复燕煜,顾近臣曰:"好一个翰林学士!"[②]

宋人《宣和书谱》中也说:"方煜归本朝,我艺祖尝曰:'煜虽有文字,一翰林学士才耳!'乃知笔力纵或可尚,方之雄才大略之君,亦几何哉!"在赵匡胤看来,李煜的才干只在于吟诗填词,把他放到国主的位置上确实是强人所难。

李煜就在这些凄苦诗句的吟咏中,走向了生命的尽头。宋人刘斧《翰府名谈》记载:"江南李主,一目重瞳,务长夜之饮,内日给酒三石。艺祖敕不与酒。奏曰:'不然,何计使之度日?'遂复给之。李主姿貌绝美,艺祖曰:'公非贵貌也,乃一翰林学士耳。'有诗曰:'鬓从今日添新白,菊是去年依旧黄。'……皆是气不满,有亡国之悲。临终,有诗云:'万古到头为一醉,死乡葬地有高原。'"[③]宋无名氏《分门古今类事》卷十三《谶兆门上》亦称:"(李煜)又尝乘醉大书诸牖曰:'万古到头归一死,醉乡葬地有高原。'醒而见之,大悔,未几果下世。"[④]这样的诗句当中充满着勘破一切的绝望、穷途末路的悲怆。

李煜之文,多为应用性的书、表、谏、序、奏之类,真实展现出作者不同处境下的意态和文风。其《即位上宋太祖表》既歌颂宋太祖的英明,

---

① (宋)陈师道:《后山诗话》,何文焕辑:《历代诗话》,北京:中华书局1981年版,第302页。

① (宋)陈师道:《后山诗话》,何文焕辑:《历代诗话》,北京:中华书局1981年版,第302页。

② (宋)叶梦得:《石林燕语》卷四,上海师范大学古籍整理研究所编:《全宋笔记》第二编第10册,郑州:大象出版社2006年版,第65页。

③ (宋)刘斧:《翰府名谈》,上海师范大学古籍整理研究所编:《全宋笔记》第十编第11册,郑州:大象出版社2018年版,第252页。

④ 佚名:《分门古今类事》卷十三,清文渊阁《四库全书》本。

也表明自己谨奉天朝,期望得到大宋庇佑,态度恭敬,言辞谦卑,工整得体。他于国亡前夕所上《乞缓师表》既主动认罪,又卑声乞怜,通篇文章充溢着惊慌失措、穷途末路的感觉。《不敢再乞潘慎修掌记室手表》又不得不舍弃自己信任的潘慎修,以免"别生侥觊,干挠天聪",体现出谨小慎微、动辄得咎的无奈心境。

李煜非常重视家人亲情,其《送邓王二十六弟牧宣城序》与邓王从镒临别赠言,勉励他勤政爱民、文武兼修,表现了仁爱兄长的形象。他的《却登高文》怀念羁留在宋朝的七弟从善,表现了手足不得相见的悲伤,其中所写"原有翎兮相从飞,嗟予季兮不来归。空苍苍兮风凄凄,心踟蹰兮泪涟洏。无一欢之可作,有万绪以缠悲",寓情于景,意绪悲怆。而其长达1300多字的《昭惠周后诔》则极其真切地抒写出自己痛悼亡妻的无限悲楚:

> 天长地久,嗟嗟蒸民。嗜欲既胜,悲叹纠纷;缘情攸宅,触事来津。赀盈世逸,乐鲜愁殷;沉乌逞兔,茂夏凋春;年弥念旷,得故忘新。阅景颓岸,世阅川奔;外物交感,犹伤昔人。诡梦高唐,诞夸洛浦;构屈平虚,亦悯终古。况我心摧,兴哀有地。苍苍何辜,歼予伉俪!

> 窈窕难追,不禄于世。玉润珠融,殒然破碎。柔仪俊德,孤映鲜双。纤秾挺秀,婉娈开扬。艳不至冶,慧或无伤。盘绅奘戒,慎肃惟常。环珮爱节,造次有章。含辇发笑,擢秀腾芳。鬓云留鉴,眼彩飞光。情澜春媚,爱语风香。瑰姿禀异,金冶昭祥。婉容无犯,均教多方。茫茫独逝,舍我何乡?

> 昔我新昏,燕尔情好。媒无劳辞,筮无违报。归妹邀终,咸爻协兆。俛仰同心,绸缪是道。执子之手,与子偕老。今也如何? 不终往告。呜呼哀哉!

> 志心既达,孝爱克全。殷勤柔握,力折危言。遗情昒昒,哀泪涟涟。何为忍心,览此哀编。绝艳易凋,连城易脆。实曰能容,壮心是醉。信美堪餐,朝饥是慰。如何一旦,同心旷世? 呜呼哀哉!

> 丰才富艺,女也克肖。采戏传能,弈棋逞妙。媚动占相,歌萦柔调。兹戄爱质,奇器传华。翠虬一举,红袖飞花。情驰天际,思

栖云涯。发扬掩抑，纤紧洪奢。穷幽极致，莫得微瑕。审音者仰止，达乐者兴嗟。曲演《来迟》，破传《邀舞》。利拨迅手，吟商遑羽。制革常调，法移往度。蒴遍繁态，蔼成新矩。霓裳旧曲，韶音沦世。失味齐音，犹伤孔氏。故国遗声，忍乎湮坠？我稽其美，尔扬其秘。程度余律，重新雅制。非子而谁，诚吾有类。今也则亡，永从遐逝。呜呼哀哉！

该兹硕美，郁此芳风。事传遐祀，人难与同。式瞻虚馆，空寻所踪。追悼良时，心存目忆。景旭雕甍，风和绣额。燕燕交音，洋洋接色。蝶乱落花，雨晴寒食。接辇穷欢，是宴是息。含桃荐实，畏日流空。林雕晚箨，莲舞疏红。烟轻丽服，雪莹修容。纤眉范月，高髻凌风。辑柔尔颜，何乐靡从？蝉响吟愁，槐凋落怨。四气穷哀，萃此秋宴。我心无忧，物莫能乱。弦尔清商，艳尔醉盼。情如何其，式歌且宴。寒生蕙幄，雪舞兰堂。珠笼暮卷，金炉夕香。丽尔渥丹，婉尔清扬。厌厌夜饮，予何尔忘？年去年来，殊欢逸赏。不足光阴，先怀怅怏。如何倏然，已为畴曩。呜呼哀哉！

孰谓逝者，荏苒弥疏？我思姝子，永念犹初。爱而不见，我心毁如。寒暑斯疚，吾宁御诸？呜呼哀哉！

万物无心，风烟若故。惟日惟月，以阴以雨。事则依然，人乎何所？悄悄房栊，孰堪其处。呜呼哀哉！

佳名镇在，望月伤娥。双眸永隔，见镜无波。皇皇望绝，心如之何？暮树苍苍，哀摧无际。历历前欢，多多遗致。丝竹声悄，绮罗香杳。想涣乎忉怛，恍越乎悴憔。呜呼哀哉！

岁云暮兮，无相见期；情瞀乱兮，谁将因依？维昔之时兮亦如此，维今之心兮不如斯。呜呼哀哉！

神之不仁兮，敛怨为德。既取我子兮，又毁我室。镜重轮兮何年？兰袭香兮何日？呜呼哀哉！

天漫漫兮愁云曀，空暧暧兮愁烟起。蛾眉寂寞兮闭佳城，哀寝悲氛兮竟徒尔。呜呼哀哉！

日月有时兮龟蓍既许，箫笳凄咽兮旗常是举。龙輀一驾兮无来辕，金屋千秋兮永无主。呜呼哀哉！

　　木交枸兮风索索,鸟相鸣兮飞翼翼。吊孤影兮孰我哀? 私自
怜兮痛无极。呜呼哀哉!

　　夜瘝皆感兮何响不哀? 穷求弗获兮此心徘摧。号无声兮何
续? 神永逝兮长乖。呜呼哀哉!

　　杳杳香魂,茫茫天步。抆血抚榇,邀子何所? 苟云路之可穷,
冀传情于方士。呜呼哀哉。①

宋太祖乾德二年(964)十一月二日,南唐昭惠皇后周蔷病故,年仅 29
岁。李煜万分悲痛,写下了这篇诔文。陆机《文赋》中表明诔这种文体
的特点是"缠绵而凄怆",李善注也明言"诔以陈哀",因此李煜此文哀感
顽艳,既是作者情感的自然流露,也符合文体的应有特征。该文首先慨
叹天道无情、尘世纷扰,令挚爱伉俪生死永隔。接着深情回忆昭惠皇后
的美丽、贤惠、端庄、多才多艺,以及他们结婚之后一年四季生活的幸福
美满。然而,昔日的追忆越是美好,就越发反衬出痛失爱妻之后的无限
悲怆。他在每一部分的最后总是附以"呜呼哀哉"的悲号,更加渲染出
一唱三叹、无限哀伤之情。

　　李煜的一些短文同样具有一定的思想和文学价值。其《答张佖谏
书手批》云:

　　古人读书,不止为词赋口舌也。委质事人,忠言无隐,斯可谓
不辱士君子矣。朕纂承之始,德政未敷,哀毁之中,知虑荒乱。深
虞布政设教,不足仰付民望。卿居下位,首进谠谋,十事焕美,可举
而行。朕必善初而思终,卿无今直而后佞,其中事件,亦有已于赦
书处分者。二十八日。②

宋太祖建隆二年(961),中主李璟病故,后主李煜继位南唐国主。七月
二十八日,将仕郎、守江宁府句容县尉张佖即上书陈治国 10 策,言辞
激切:

　　臣以国家今日之急务,略陈其纲要,伏惟陛下留听幸甚。一日

---

① (南唐)李煜:《昭惠周后诔》,《全唐文》卷一二八,北京:中华书局 1983 年版,第 1285—1287 页。
② (南唐)李煜:《答张佖谏书手批》,《全唐文·唐文拾遗》卷十一,北京:中华书局 1983 年版,第 10489 页。

举简大以行君道，二曰略繁小以责臣职，三曰明赏罚以彰劝善惩恶，四曰慎名器以杜作威擅权，五曰询言行以择忠良，六曰均赋役以绥黎庶，七曰纳谏诤以容正直，八曰究毁誉以远谗佞，九曰节用以行克俭，十曰屈己以固旧好。亦在审先代之治乱，考前载之褒贬，纤芥之恶必去，毫厘之善必为。审取舍之机，济宽猛之政，进经学之士，退培克之吏。察迩言以广视听，好下问以通蔽塞。斥无用之物，罢不急之务。此而不治，臣不信矣。①

李煜读罢该书，非常感动，"手诏慰谕，征为监察御史"②。在这篇亲笔批示中，李煜有感于张佖的忠直谏言，指出士君子读书的使命不只是为了吟诗作赋、自命高雅，更重要的在于忠君爱民、直言不隐。接下来，分析自己即位之初思虑混乱，缺乏经验，而得张佖的嘉谋良策，一定会对国家治理发挥重要作用，由此可见其情真意切、从谏如流的坦诚态度。

李煜对韩熙载非常器重，屡欲任用为相。可是韩熙载见南唐国势日蹙，难有作为，遂纵情歌酒，排遣忧愤。据马令《南唐书》卷十三《韩熙载传》记载："熙载才名远布，四方建碑表者，皆载金帛求为之文，而常俸赐赍，月不下数千缗。广纳儒生，苟有才艺，必延致门下，以舒雅之徒为门生，高第凡数十辈。由是所用之资，月入不供。及奉使临川，借官钱三十万。所司以月俸预纳，熙载上书诉之，云：'家无盈日之厨，野乏百金之产。'累数百言。后主批其奏云云。"李煜的批语曰："言伪而辩，古人恶之。熙载俸有常秩，锡赍尚优，而谓厨无盈日，无乃过欤？"他首先强调：古人非常讨厌言辞华美而实质虚伪。然后他具体批驳韩熙载故意哭穷的行为毫无道理：你享受固定的俸禄，还时常获得优厚的赏赐，却哭穷说"厨无盈日"，真是太过分了！不过，李煜毕竟是仁爱、宽宏之人，虽然讨厌韩熙载生活奢华、大手大脚的习性，但是仍然对他给予特别的优待："命有司放免逐月所刻料钱，仍赐内库绢百匹、绵千两，以充

① （宋）郑文宝：《江表志》卷下，上海师范大学古籍整理研究所编：《全宋笔记》第一编第 2 册，郑州：大象出版社 2003 年版，第 275—276 页。
② （宋）陈彭年：《江南别录》，上海师范大学古籍整理研究所编：《全宋笔记》第一编第 4 册，郑州：大象出版社 2003 年版，第 206 页。

时服"①。及至韩熙载去世后,李煜非常悲痛,在《批有司奏》中写道:

> 天不憗遗,碎我瑚琏。辞章乍览,痛切孤心。嗟乎,抗直之言,而今而后,迨不得其过半闻听者乎。可别辍朝一日,赠右仆射平章事,仍官给葬事。②

"憗遗",愿意留下。《诗·小雅·十月之交》云:"不憗遗一老,俾守我王。"《左传·哀公十六年》亦曰:"孔丘卒,公诔之曰:'旻天不吊,不憗遗一老,俾屏余一人以在位。'"后以"憗遗"或"天不憗遗"作为哀悼老臣之辞。"瑚琏":古宗庙盛黍稷的礼器,后用以比喻治国安邦之才。李煜在国事危殆之际,为痛失南唐元老、股肱之臣而倍感伤心,他更加真切地体会到韩熙载刚直之言的可贵,因此对其予以厚葬。史载韩熙载亡后,"家无余财,棺椁衣衾皆唐主赐之"③。李煜还"遣人选葬陇,曰:'惟须山峰秀绝,灵仙胜境,或与古贤丘表相近,使为泉台雅游。'果得梅鼎冈谢安墓侧。命集贤殿学士徐锴集遗文,藏之书殿"④,由此可见后主真挚深笃的情性。

第二节　一代词宗

　　王国维在《人间词话》中评价李煜词,有两段相当著名的论断:"词人者,不失其赤子之心者也。故生于深宫之中,长于妇人之手,是后主为人君所短处,亦即为词人所长处。"⑤"客观之诗人不可不多阅世。阅世愈深,则材料愈丰富、愈变化,《水浒传》《红楼梦》之作者是也。主观

---

① (宋)马令:《南唐书》卷十三,傅璇琮、徐海荣、徐吉军主编:《五代史书汇编》第9册,杭州:杭州出版社2004年版,第5348页。

② (南唐)徐铉:《唐故中书侍郎光政殿学士承旨昌黎韩公墓志铭》引,《全唐文》卷八八六,北京:中华书局1983年版,第9260页。

③ (宋)李焘:《续资治通鉴长编》卷十一,北京:中华书局2004年版,第248页。

④ (宋)释文莹:《玉壶清话》卷十,上海师范大学古籍整理研究所编:《全宋笔记》第一编第6册,郑州:大象出版社2003年版,第182页。

⑤ 王国维:《人间词话》,北京:中华书局2014年版,第39页。

之诗人不必多阅世,阅世愈浅,则性情愈真,李后主是也。"①清人郭麐概括李煜的一生,说:"作个才人真绝代,可怜薄命作君王!"(《南唐杂咏》)李煜在政治上碌碌无为,却能以赤子之心创作了许多绝妙好词,被后人赞誉为一代词宗。

一、词作内容

李煜的词作内容,以公元975年的南唐灭亡为界,划分为前后两个阶段,表现出不同的描写题材和情感境界。吴梅在《词学通论》中即指出:"余谓读后主词,当分为二类:《喜迁莺》《阮郎归》《木兰花》《菩萨蛮》('花明月暗'一首)等,正当江南隆盛之际,虽寄情声色,而笔意自成馨逸,此为一类;至入宋后,诸作又别为一类(即前述《忆江南》《相见欢》等)。其悲欢之情固不同,而自写襟抱,不事寄托,则一也。"②

欧阳修《新五代史》卷六二称李煜"性骄侈,好声色,又喜浮图,为高谈,不恤政事"③。他从小出生在帝王富贵之家,后来又做了江南富庶之国的君主,生活自然是极其豪华奢靡的。他的前期词中有不少内容,就是描写南唐皇宫内歌舞宴乐的场景。例如《浣溪沙》(红日已高三丈透)非常真实地记录了帝王之家歌舞宴乐的生活景象。据宋人田况《儒林公议》记载:"马亮尚书典金陵,于牙城垦隙掘地,得汞数百斤,鬻之以备供帐。其地乃伪国德昌宫遗址,铅华之所积也。李氏区区窃据江表之地,而渔色奢纵如此,欲求国祚长永,其可得耶?"④祝穆《方舆胜览》亦云:"本朝修李氏宫,掘地得水银数十斛,宫娥弃粉腻所积也。"⑤这就自然让人联想到杜牧《阿房宫赋》中的"渭流涨腻,弃脂水也"。仅仅从这一件小事当中,就足以见出南唐宫廷生活的奢侈惊人。

作为南唐的国君,李煜在皇宫里面的享乐,与西蜀花间词人的纵情享乐还是有所不同的。李煜富有高雅的艺术情趣,自身学识非常渊博,

---

① 王国维:《人间词话》,北京:中华书局2014年版,第41页。
② 吴梅:《词学通论》,北京:中华书局2010年版,第54页。
③ (宋)欧阳修:《新五代史》卷六二,中华书局2000年版,第510页。
④ (宋)田况:《儒林公议》,上海师范大学古籍整理研究所编:《全宋笔记》第一编第5册,郑州:大象出版社2003年版,第130页。
⑤ (宋)祝穆:《方舆胜览》卷十四,北京:中华书局2003年版,第249页。

曾经撰写过讨论六经的《杂说》,多达数千上万言①,人称有汉魏之风。他是一位著名的书画家、古代文物的收藏家和鉴赏家;又洞晓音律,并能亲自制作乐曲。他的昭惠皇后精通音乐,擅长弹奏琵琶,他们夫妻曾经根据所获得的盛唐《霓裳羽衣曲》的旧谱,重新加以整理和修订,足以见出他们的音乐才华。这样一位具有深湛文化修养和高雅审美趣味的词人拿起笔来写诗填词,其文学风格自然也就不同于流俗。

南唐二陵出土的男舞陶俑

他的高雅情趣也表现在对于皇宫环境的艺术化改造上。据史书记载,李煜在宫苑内"凿地广一顷,池心叠石象三神山,号'小蓬莱'";"李后主每春盛时,梁栋、窗壁、柱拱、阶砌并作隔筒,密插杂花,榜曰'锦洞天'";"庐山僧舍有麝囊花一丛,色正紫,类丁香,号'紫风流'。江南后主诏取数十根,植于移风殿,赐名'蓬莱紫'"②。

南唐时代,文人熏香成为时尚,士大夫们往往以此来追求清雅精致的生活趣味。韩熙载即有"五宜"说:"对花焚香,有风味相和,其妙不可

<hr />

① (宋)史温:《钓矶立谈》,傅璇琮、徐海荣、徐吉军主编:《五代史书汇编》第9册,杭州:杭州出版社2004年版,第5019页。

② (宋)陶谷:《清异录》卷上,上海师范大学古籍整理研究所编:《全宋笔记》第一编第2册,郑州:大象出版社2003年版,第17、38、39页。

言者。木犀宜龙脑,酴醾宜沉水,兰宜四绝,含笑宜麝,蔷卜宜檀。"①徐铉有"伴月香":"徐铉或遇月夜,露坐中庭,但爇佳香一炷,其所亲私别号'伴月香'。"②

南唐后宫更将这种清雅情趣奢侈化。宫内专设主香宫女,负责根据不同的环境燃起不同的香料,御用的香料,都是用丁香、檀香、麝香等和以梨汁蒸干精制而成。据洪刍《香谱》所载:"江南李主帐中香法,用丁香、馝香、檀香、麝香各一两,甲香三两,细剉,加以鹅梨十枚,研取汁,于银器内盛却,蒸三次,梨汁干,即用之。"③燃香所用器具也特别考究,陶谷《清异录》即载:"李煜伪长秋周氏,居柔仪殿,有主香宫女。其焚香之器曰把子莲、三云凤、折腰狮子、小三神、卍字金、凤口罂、王太古、容华鼎,凡数十种,金玉为之。"④

南唐宫室里的装修,更加考究别致;宫中妃子的装束,尤其争奇斗艳。昭惠皇后创制高髻,"宫人竞服碧衣,取靛花盛天雨水,澄而染之,号'天水碧'"⑤。当时宫娥还流行"北苑妆",据陶谷《清异录》记载:"江南晚季,建阳进茶油花子,大小形制各别,极可爱。宫娥缕金于面,皆以淡妆,以此花饼施于额上,时号'北苑妆'。"⑥

在李煜的词作里,享乐的生活也便增添了高雅的情调。例如《玉楼春》(晚妆初了明肌雪)描写皇宫之内歌舞升平,尤其是结末两句"归时休放烛花红,待踏马蹄清夜月",表现词人月夜踏影的潇洒雅兴,"想见后主风流豪迈之襟抱,与'花间'之局促房栊者,固自有别也"⑦。据王铚《默记》记载,南唐亡国后,某一位宫妃沦为宋朝大将的妾。这位将军晚上设宴请客,厅堂里张挂起大红灯笼,那位姬妾却双目紧闭,连称烟气

① (宋)陶谷:《清异录》卷上,上海师范大学古籍整理研究所编:《全宋笔记》第一编第2册,郑州:大象出版社2003年版,第40页。
② (宋)陶谷:《清异录》卷下,上海师范大学古籍整理研究所编:《全宋笔记》第一编第2册,郑州:大象出版社2003年版,第110页。
③ 夏承焘:《南唐二主年谱》引,杭州:浙江古籍出版社2017年版,第129页。
④ (宋)陶谷:《清异录》卷下,上海师范大学古籍整理研究所编:《全宋笔记》第一编第2册,郑州:大象出版社2003年版,第82页。
⑤ (宋)曾慥编纂,王汝涛等校注:《类说校注》上,福州:福建人民出版社1996年版,第269页。
⑥ (宋)陶谷:《清异录》卷下,上海师范大学古籍整理研究所编:《全宋笔记》第一编第2册,郑州:大象出版社2003年版,第76页。
⑦ 唐圭璋:《唐宋词简释》,上海:上海古籍出版社1981年版,第32页。

熏眼。将军连忙命人改烧很粗的蜡烛,她"亦闭目云:'烟气愈甚!'"。将军大感惊讶,问道:昔日南唐宫中难道就不点灯燃烛吗?结果这位姬妾答道:宫中每至夜,"则悬大宝珠,光照一室,如日中也"①,哪还用得着烧什么灯烛这些鄙俗之物呢!由此可见李煜皇宫之中别样的奢侈和豪华。因此王士禛《南唐宫词》诗咏道:"花下投签漏滴壶,秦淮宫殿浸虚无。从兹明月无颜色,御阁新悬照夜珠。"

在感情生活方面,李煜可以说是一个"多情的种子"。他原先与昭惠皇后情深意笃、琴瑟相合,其《一斛珠》(晓妆初过)词描写了大周后与李后主成婚后闺房调笑的情态,"绣床斜凭娇无那,烂嚼红茸,笑向檀郎唾"富有戏剧色彩,尽显夫妻之间亲昵缱绻、如胶似漆的甜蜜。昭惠皇后病重后,李煜又与其胞妹周薇暗通款曲,写下了表现幽会之情的《菩萨蛮》(花明月暗笼轻雾),以女子的口吻,形象逼真地展露出幽会偷期的紧张、羞涩、兴奋、激动。昭惠皇后去世三年后,李煜正式册封周薇为皇后,两人过着更加奢侈华贵的生活。

不过,我们不能认为李煜从即位君王到国家沦亡的十几年时间内,就一直是花天酒地、纵情声色。其实,在他的心灵深处,却充满着种种的无奈和感伤。早年家族内部争夺王位的残酷争斗,给胆小懦弱却性情温厚的李煜心头投下了可怕的阴影。当上君王之后,李煜的家庭生活同样充满着不幸和悲哀。先是在他28岁时,次子仲宣突然夭折,给他带来了沉重的感情打击。爱子夭折之后的一个月,昭惠皇后也一命呜呼。他悲伤过度,"哀苦骨立,杖而后起",为大周后写了两首挽词,表达自己连遭不幸的痛苦;又写下了《昭惠周后诔》,详尽地描绘了周后的美貌和聪慧,回忆了自己和她甜美的夫妻生活,最后则倾诉了无限悲痛的情意,并且自称为"鳏夫"。应该说,这些感情都是非常真挚的,并不因为他与小周后的偷情而有所稀释和造作,李煜确实是一位真性情的人。

李煜跟小周后结婚之后,生活虽然更加豪华奢侈,但是毕竟难以排

---

① (宋)王铚:《默记》,上海师范大学古籍整理研究所编:《全宋笔记》第四编第3册,郑州:大象出版社2008年版,第144页。

遣精神的空虚,于是醉心于佛教,其词作也染上了浓重的感伤色彩。他的七弟郑王从善出使宋朝,被强行扣留。李煜内心恐惧不安,曾亲自给宋太祖写信,请求恩准从善返回南唐,太祖不允,于是"后主愈悲思,每凭高北望,泣下沾襟,左右不敢仰视。由是岁时游宴,多罢不讲"①。李煜经受着生离死别的痛苦,由此创作了一些感伤怀人的词作。例如《清平乐》(别来春半),将一腔离别相思寄托于缤纷凋零的梅花、天上的鸿雁,以及"更行更远还生"的春草,流露出无法排遣、难以割舍的深挚情意。在此期间,他的词作也染上了许多感伤的愁绪。例如《捣练子令》(深院静)通过夜空中的断续寒砧,传递出不寐之人难以纾解的郁闷愁思。

南唐灭亡后,李煜被押解到汴京接受看管,从此开始了孤寂、冷落的囚徒生活,并且被宋太祖赵匡胤侮辱地封为"违命侯"。他的遭遇非常凄惨,不仅丧失了人身自由,生活也极其贫困,还要时常忍受宋朝君王的嘲讽、凌辱。

在这样的囚禁生活里,李后主自然有了足够的时间去进行人生的反思,填词也便成为他几乎仅有的排遣方式。他的词作回忆往日的生活,表达自己对故国的深切思念,例如《望江南》"还似旧时游上苑,车如流水马如龙,花月正春风",描摹梦中旧时冶游之盛况,而其实质却是以旧日之乐,愈加反衬出今日之愁极恨深。《望江梅》:"闲梦远,南国正芳春。船上管弦江面绿,满城飞絮辊轻尘。忙杀看花人。"同样描写昔日江南都城春日纵情狂欢、上下酣嬉的情状。以上两首词就像是"痴人说梦",都通过对往日江南春色美好、游人如织的深情追忆,反衬出今日的孤身凄凉、亡国之痛。俞陛云《唐五代两宋词选释》评价道:"当年之繁盛,今日之孤凄,欣戚之怀,相形而益见。"②

李煜的《望江梅》"闲梦远,南国正清秋。千里江山寒色远,芦花深处泊孤舟。笛在月明楼",则又通过对于江南清爽明净的秋色、悠扬缥缈的笛声的深情追忆,渗透着清空潇洒的情韵。而这清秋寥廓的景致又出现在词人的深情梦境当中,更加让他感受到格外孤寂凄惨的愁绪。

---

① (宋)陆游:《南唐书》卷十六,傅璇琮、徐海荣、徐吉军主编:《五代史书汇编》第9册,杭州:杭州出版社2004年版,第5595页。
② (清)俞陛云:《唐五代两宋词选释》,上海:上海古籍出版社1985年版,第121页。

又如《浪淘沙》(往事只堪哀)藉由汴京眼前孤寂的囚禁生活场景,深情追忆昔日金陵月夜的美好:"晚凉天静月华开。想得玉楼瑶殿影,空照秦淮。"如此的美景令人魂牵梦绕,然而一个"空"字又蕴涵着无尽的悲凉,表达出繁华如梦、往事如烟的惆怅。

李煜的后期词里,很多作品都带上了人生哲理的意蕴,在艺术上更加精练,达到了新的境界。如《乌夜啼》(林花谢了春红)通过大量惊叹句和问句,造成磅礴的气势,宣泄出作者郁结于胸的悲恸,尤其是两个长句"无奈朝来寒雨晚来风""自是人生长恨水长东",直揭出青春易逝、人生长恨的沉痛主题,沉哀入骨,境界雄阔,特具阳刚之力、郁勃之气,对于北宋豪放词风产生了一定的影响。此类情感更加集中地体现在他最著名的《虞美人》词当中,"春花秋月何时了?往事知多少",抚今追昔,不堪回首,无限感慨;"问君能有几多愁?恰似一江春水向东流",将抽象的愁绪形象化,赋予其格外的长度、深度和强度,让那郁结于胸的愁怨之情,像咆哮的江水一样倾泻而出。

王国维《人间词话》对李煜有一段著名的评论:"尼采谓:一切文学,余爱以血书者。后主之词,真所谓'以血书者'也。宋道君皇帝(宋徽宗)《燕山亭》词亦略似之。然道君不过自道身世之戚,后主则俨有释迦、基督担荷人类罪恶之意,其大小固不同矣。"①王国维深受尼采、叔本华哲学思想影响。佛教讲究人生皆苦、苦海无边,与叔本华的悲观主义哲学观非常相似。叔本华认为:"欲求和挣扎是人的全部本质。人生是在痛苦与无聊之中像钟摆一样来回摆动。事实上,痛苦和无聊就是人生的两种最基本的组成部分。"他进而断言:"一个人的智力愈高,认识愈明确,就愈痛苦,具有天才的人则最痛苦。"②王国维对于李煜的词非常推崇,所作这种评价未免有比喻不当和过分夸张的毛病,但是他认定李后主词是用其生命(血)所谱写而成,并且充满着像释迦牟尼和耶稣基督那样一种悲天悯人的忧患意识,却又是值得肯定的。

唐圭璋在《屈原与李后主》一文中指出:"后主以酷好浮屠,受佛家

---

① 王国维:《人间词话》,北京:中华书局 2014 年版,第 43 页。
② [德]叔本华:《作为意志和表象的世界》,石冲白译,北京:商务印书馆 1982 年版,第 427 页。

之影响甚深,故于创剧之余,则方产生人生悲悯之念。"①清人王初桐也称:"南唐后主词,清便婉转,为宋人一代开山祖。不知唐五代之词至后主而始变,而前此浑然高厚之气无复存矣。盖彼则佛语,而此则菩萨语也。后主自归朝后,词更凄惋,真亡国之音。"②李煜后期词中,诸如"往事已成空,还如一梦中"(《子夜歌》)、"世事漫随流水,算来一梦浮生"(《乌夜啼》)、"流水落花春去也,天上人间"(《浪淘沙》)等等词句,都包含着极其深沉的人生忧患感,传达出震撼人心的悲剧力量。作者所郁结在胸的满腔政治悲恸和身世感慨,就像"一江春水向东流"那样深沉似海、绵延不尽、奔腾不息,其思想的深度和感情的力度,都绝非此前花前月下的花间词作品所能望其项背。晚清小说家刘鹗也揭示出李煜词痛定思痛的感伤:"《离骚》为屈大夫之哭泣,《庄子》为蒙叟之哭泣,《史记》为太史公之哭泣,《草堂诗集》为杜工部之哭泣;李后主以词哭,八大山人以画哭;……"③

概括地讲,李煜亡国之后的词作,主要充满着三类情绪:首先是强烈的今昔对比感,其次是激烈的内心挣扎和巨大的亡国之痛,再次则是人生如梦的绝望感和虚无感。这些作品完全不以娱宾遣兴为目的,而是非常真切地流露出李煜本人凄楚感人的心灵世界。清人赵翼所云"国家不幸诗家幸,赋到沧桑句便工"(《题遗山诗》),真是一条颠扑不破的文学史规律!

刘大杰在《中国文学发展史》中指出:"李煜的后期作品,冲破了词原有的藩篱,扩大了词的境界,在内容风格上,超越了温庭筠和冯延巳,呈现出新的方向和新的力量,对于词的发展,起了很大的推动作用。李煜词的艺术特色,具有高度的抒情技巧。他善于构造和锻炼词的语言,形象鲜明,结构缜密,有惊人的表现力。最突出的,是没有书袋气,到了晚期,也没有脂粉气,纯粹用的白描手法,创造出那些人人懂得的通俗语言而同时又是千锤百炼的艺术语言(两者结合得好,是非常难达到的

---

① 唐圭璋:《屈原与李后主》,《词学论丛》,上海:上海古籍出版社 1986 年版,第 921 页。
② (清)王初桐:《小嫏嬛词话》卷一,屈兴国编:《词话丛编二编》第 2 册,杭州:浙江古籍出版社 2013 年版,第 980 页。
③ (清)刘鹗:《老残游记自叙》,北京:人民文学出版社 1992 年版,第 1 页。

境界),真实而深刻地表现出那最普遍最抽象的离愁别恨的情感,把这些难以捉摸的东西,写得很具体很形象。不仅心里可以感到,眼里也可以看到,几乎手也可以接触到。如'问君能有几多愁,恰似一江春水向东流''离恨恰如春草,更行更远还生'这些句子,在抒情的艺术上,达到了前人所未达到的成就。有他的精炼性的,往往没有他的通俗性;有他的通俗性的,往往没有他的精炼性。他的抒情,是善于概括,富于暗示,感染力强,造境生动,对于周围事物具有特殊的敏感,因而构成一种特有的风格。一方面由于他的文艺修养的深厚,同时由于他亡国以后对苦痛生活的深刻体验,形成了他这种卓越的抒情艺术。"①

因此,王国维《人间词话》对李煜的词作出了著名的论断:"词至李后主而眼界始大,感慨遂深,遂变伶工之词而为士大夫之词。"②"所谓'眼界大',指的是艺术视野开阔,题材范围扩大,面向整个人生与社会,塑造深美闳约的艺术境界,而不仅仅局限于温庭筠以来的花前月下、闺房庭院的小范围;所谓'感慨深',指的是由狭隘地'缘情'(儿女柔情)转向深广地'言志'(天下国家之志、人生重大问题等),具有深沉的宇宙人生的思考和超逾一己闲愁浅恨的大悲哀与大感慨"③。

二、艺术特色

李煜的词从来都不雕琢艺术技巧,不像李璟、冯延巳那样,带有鲜明文人雅化的色彩,而是"满心而发,肆口而成"④,这恰恰形成了其高妙超群的艺术境界。恰如清人樊增祥所云:"五季之世,二李为工,后主思深理约,致兼风雅,匪唯一朝之隽,抑亦百世之宗。……声音感人,回肠荡气,以李重光为君。"⑤

李煜的词,最突出的艺术特色在于真情流露、纯任性灵。陈廷焯《白雨斋词话》卷七指出:"李后主、晏叔原皆非词中正声,而其词则无人

---

① 刘大杰:《中国文学发展史》,中册,上海:上海古籍出版社1982年版,第559—560页。
② 王国维:《人间词话》,北京:中华书局2014年版,第35页。
③ 刘扬忠:《唐宋词流派史》,福州:福建人民出版社1999年版,第124页。
④ (宋)张耒:《东山词序》,张惠民编:《宋代词学资料汇编》,汕头:汕头大学出版社1993年版,第205页。
⑤ (清)樊增祥:《东溪草堂词选自叙》,孙克强编:《唐宋人词话》(增订本)上册,天津:南开大学出版社2012年版,第142页。

不爱,以其情胜也。情不深而为词,虽雅不韵,何足感人?"①刘毓盘在《词史》中也称李煜"富贵时能作富贵语,愁苦时能作愁苦语。无一字不真,无一语不俊,温氏以后,为五季一大宗"②。

唐圭璋在《李后主评传》中非常精辟地揭示了李煜词独特的审美境界:"中国讲性灵的文学,在诗一方面,第一要算十五《国风》。儿女喁喁,真情流露,并没有丝毫寄托,也并没有丝毫虚伪。在词一方面,第一就要推到李后主了。他的词也是直言本事,一往情深;既不像《花间集》的浓艳隐秀,蹙金结绣;也没有什么香草美人,言此意彼的寄托。加之他身为国主,富贵繁华到了极点;而身经亡国,繁华消歇,不堪回首,悲哀也到了极点,正因为他一人经过这种极端的悲乐,遂使他在文学上的收成,也格外光荣而伟大。在欢乐的词里,我们看见一朵朵美丽之花;在悲哀的词里,我们看见一缕缕的血痕泪痕","后来词人,或刻意音律,或卖弄典故,或堆垛色彩,像后主这样纯任性灵的作品,真是万中无一。"③李煜南唐君主时期的华靡、清雅,亡国之后的悲楚、凄凉,都毫不掩饰地表达出来,所有的悲欢和血泪,统统展示在读者面前,产生了极其感人的抒情效果。例如其追赋亡国情状的《破阵子》词,最后写道:"最是仓皇辞庙日,教坊犹奏别离歌,垂泪对宫娥!"追忆作别故国时辞庙、离歌、挥泪对宫娥诸事,"是多么真实、坦率、具体、明朗的自白。就是没有什么文学修养的人,读了之后也可以有相当深刻的印象的"④。

加之李煜的词语言浅近易懂,使其更加具有"清水出芙蓉,天然去雕饰"的独特风神。因此清人周济在《介存斋论词杂著》中比较温庭筠、韦庄和李煜三家的词风,指出:"毛嫱、西施,天下美妇人也:严妆佳,淡妆亦佳,粗服乱头,不掩国色。飞卿,严妆也。端己,淡妆也。后主,则粗服乱头矣。"⑤"粗服乱头"这个词始见于《世说新语·容止》:"裴令公(裴楷)有俊容仪,脱冠冕,粗服乱头皆好,时人以为'玉人'。见者曰:'见裴叔则,

---

① (清)陈廷焯:《白雨斋词话》卷七,北京:人民文学出版社1959年版,第196页。

② 刘毓盘:《词史》,上海:上海书店1985年版,第46页。

③ 唐圭璋:《李后主评传》,《词学论丛》,上海:上海古籍出版社1986年版,第905、914页。

④ 詹安泰:《李璟李煜词·前言》,北京:人民文学出版社1958年版,第34页。

⑤ (清)周济:《介存斋论词杂著》,唐圭璋编:《词话丛编》第2册,北京:中华书局1986年版,第1633页。

如玉山上行,光映照人。'"①后人沿用此词,一般也作褒义,例如清人李重华《贞一斋诗说》有云:"余谓学诗与学书同揆,到得真行草法规矩一一精能,尔后任意下笔,纵使敧斜牵掣,粗服乱头,各有神妙。"②周氏这里即是认为李煜词以真率为美。王国维《人间词话》也说:"温飞卿之词,句秀也;韦端己之词,骨秀也;李重光之词,神秀也。"③揭示出他们在字面、结构和意境方面各自的优长,由此判别出三家词成就的高下优劣。詹安泰也指出:"飞卿多比兴,端己间用赋体,至后主则直抒心灵,不暇外假矣。"④

又有人将李煜跟此前的李白和此后的李清照相提并论,合称为"词家三李",都是抓住了他们作品当中感情真挚、不假雕琢的共同艺术特征。

就三人合论者,清人孙原湘创作有《菩萨蛮·拜李图题词》分别题咏李白、李煜、李清照,词序写道:"词中三李,太白,词之祖也;南唐后主,继别者也;漱玉,继祢者也。词家多奉姜、张而不知溯其先。予与诸子学词而设醴以祀三李,作《拜李图》,各就三家调倚声歌之,以当侑乐。"表明要通过对三李词风的崇仰,扭转一味尊奉南宋姜、张的习气。康有为《江山万里楼词钞序》也指出:"若美成之跌宕悠扬,苏辛之倜傥遒上,梦窗之七宝楼台,姜张之清新俊逸,亦各穷极极妍矣。然韵味之隽,含蓄之深,神情之远,词句之逸,未有若三李者。"⑤通过与宋代诸多词人的比较,更加凸显出三李词超尘脱俗的高妙境界。

就李白、李煜合论者,较多注目于两者诗词意境的高妙浑成。樊志厚《人间词序》二即云:"夫古今人词以意胜者,莫若欧阳公。以境胜者,莫若秦少游。至意境两浑,则惟太白、后主、正中数人足以当之。"⑥谭献也指出:"后主之词,足当太白诗篇,高奇无匹。"⑦

① 徐震堮:《世说新语校笺》下册,北京:中华书局1984年版,第336页。
② (清)李重华:《贞一斋诗说》,丁福保辑:《清诗话》,上海:上海古籍出版社2015年版,下册,第963—964页。
③ 王国维:《人间词话》,北京:中华书局2014年版,第33页。
④ 詹安泰:《读词偶记》,《詹安泰词学论集》,汕头:汕头大学出版社1997年版,第310页。
⑤ 康有为:《江山万里楼词钞序》,孙克强编:《唐宋人词话》(增订本)上册,天津:南开大学出版社2012年版,第8页。
⑥ 樊志厚:《人间词序》二,孙克强编:《唐宋人词话》(增订本)上册,天津:南开大学出版社2012年版,第9页。
⑦ (清)谭献:《复堂词话》,唐圭璋编:《词话丛编》第4册,北京:中华书局1986年版,第3993页。

就李煜、李清照合论者，则较多揭示两者身世之坎坷凄惨、词作情意之真切，即如袁学渊《适园论词》所云："词中三李并重。青莲笔挟飞仙，飘飘有凌云之气，自是词中上乘。李后主哀思缠绵，尽是亡国之音，终致牵机药赐。清照忧思凄怨，语多萧瑟，晚景凄凉。两人遭际，并多坎坷，未始非词语惨楚有以感召之也。"[1]冯煦《论词绝句》也评述李清照词："玉箫声断人何处，合与南唐作替人。"同时，人们也认为两者洒脱不羁的个性气质、自然天成的语言特色，彰显出非常独特的艺术风貌，即如卓人月《古今词统》卷四所云："后主、易安直是词中之妖，恨二李不相遇。"[2]这里的"妖"，就是不拘格套的创作方法，显示出迥异常伦的"别是一家"的当行本色。沈谦在《填词杂说》当中就指出："男中李后主，女中李易安，极是当行本色。"[3]认为李煜、李清照的创作为宋词树立了一个"当行本色"的样板。

李煜的词进一步影响到后代，与宋代晏几道、清朝纳兰性德之词皆有精神气质上的共通性。

历来词家多将晏氏父子比照南唐二主，毛晋《跋小山词》即云："晏氏父子其足追配李氏父子。"[4]夏敬观《映庵词评》也说："晏氏父子嗣响南唐二主，才力相敌，盖不特辞胜，犹有过人之情。"[5]相比而言，晏几道更得李后主的神髓。首先，他是北宋"太平宰相"晏殊幼子，从小过着钟鸣鼎食、富贵浪漫的生活，然而经历了华屋山丘的家庭变故后，从此落魄寡欢，只能通过无尽的回忆和梦境，追忆逝水年华，感受到物是人非、往事如烟的惆怅，即如其《小山词自序》所云："叔原往者浮沉酒中，病世之歌词不足以析酲解愠，试续南部诸贤余绪，作五、七字语，期以自娱。不独叙其所怀，兼写一时杯酒闻见，所同游者意中事。……考其篇中所记悲欢合离之事，如幻、如电、如昨梦前尘，但能掩卷怃然，感光阴之易

① (明)袁学渊：《适园论词》，孙克强编：《唐宋人词话》(增订本)上册，天津：南开大学出版社 2012 年版，第 140—141 页。
② (明)卓人月：《古今词统》卷四，孙克强编：《唐宋人词话》(增订本)上册，天津：南开大学出版社 2012 年版，第 135 页。
③ (清)沈谦：《填词杂说》，唐圭璋编：《词话丛编》第 1 册，北京：中华书局 1986 年版，第 631 页。
④ (明)毛晋：《跋小山词》，孙克强编：《唐宋人词话》(增订本)上册，天津：南开大学出版社 2012 年版，第 287 页。
⑤ 夏敬观：《映庵词评》，葛渭君编：《词话丛编补编》第 5 册，北京：中华书局 2013 年版，第 3450 页。

迁,叹境缘之无实也。"①这样的身世经历与李煜颇具相似之处,他所继承的就是包括李煜在内的"南部诸贤"的词学传统。

其次,晏几道的"梦魂惯得无拘检,又踏杨花过谢桥"(《鹧鸪天》)、"衣上酒痕诗里字,点点行行,总是凄凉意。红烛自怜无好计,夜寒空替人垂泪"(《蝶恋花》)、"泪弹不尽临窗滴,就砚旋研墨。渐写到别来,此情深处,红笺为无色"(《思远人》)等词句,创造了凄迷感伤的艺术境界,更能传递出"古之伤心人"的悲楚情愫。因此,郑骞《成府谈词》指出:"小山词境,清新凄婉,高华绮丽之外表,不能掩其苍凉寂寞之内心,伤感文学,此为上品。"②这恰与李煜在感伤文学上的卓越成就遥相呼应,所以陈廷焯《白雨斋词话》卷七云:"李后主、晏叔原皆非词中正声,而其词则无人不爱,以其情胜也。"③

第三,晏几道纯净自然的语言格调颇具李煜风味。王灼《碧鸡漫志》卷二云:"叔原如金陵王、谢子弟,秀气胜韵,得之天然,将不可学。"④先著《词洁辑评》卷二也评析晏几道的《南乡子》(新月又如眉):"小词之妙,如汉、魏五言诗,其风骨兴象,迥乎不同。"⑤都指出了其词如后主一般超尘脱俗、不事雕琢的艺术魅力。

清人纳兰性德则被后人认定为另一位李煜后身。纳兰性德(1655—1685),满洲正黄旗人,太傅明珠长子。自幼习骑射,稍长工文翰。性聪敏,读书过目不忘。"善为诗,在童子已句出惊人,久之益工,得开元、大历间丰格"⑥。尤喜为词,清新秀隽,自然超逸,与严绳孙、顾贞观、陈维崧友善,时相唱和。顾贞观《通志堂词序》评曰:"容若天资超逸,倏然尘外,所为乐府小令,婉丽凄清,使读者哀乐不知所主。"⑦陈维

① (宋)晏几道:《小山词自序》,曾枣庄主编:《宋代序跋全编》卷十三,济南:齐鲁书社2015年版,第329—330页。
② 郑骞:《成府谈词》,王兆鹏主编:《唐宋词汇评(唐五代卷)》,杭州:浙江教育出版社2004年版,第332页。
③ (清)陈廷焯:《白雨斋词话》卷七,北京:人民文学出版社1959年版,第196页。
④ (宋)王灼:《碧鸡漫志》卷二,唐圭璋编《词话丛编》第1册,北京:中华书局1986年版,第83页。
⑤ (清)先著:《词洁辑评》卷二,唐圭璋编《词话丛编》第2册,北京:中华书局1986年版,第1347页。
⑥ (清)徐乾学:《通议大夫一等侍卫进士纳兰君墓志铭》,(清)纳兰性德:《通志堂集》卷一九,上海:上海古籍出版社1979年版,第744页。
⑦ (清)顾贞观:《通志堂词序》,孙克强等编:《清人词话》上册,天津:南开大学出版社2012年版,第654页。

崧谓其"哀感顽艳,得南唐二主之遗"①。王国维则说:"纳兰容若以自然之眼观物,以自然之舌言情。此由初入中原,未染汉人风气,故能真切如此。北宋以来,一人而已。"②谭献以为纳兰性德与项廷纪、蒋春霖为"二百年中,分鼎三足","三家是词人之词,与朱(彝尊)、厉(鹗)同工异曲,其他则旁流羽翼而已"③。

纳兰性德(1655—1685)

清朝以来很多学者都将纳兰性德与李后主并提,如梁启超《渌水亭杂识跋》说:"容若小词,直追李主。"周稚圭说:"纳兰容若,南唐李重光后身也。"④早在宋朝时即有宋徽宗赵佶乃李煜后身的说法,他们的相同点在于:都是亡国之君,其词作皆流露出深重的亡国之悲。清朝流行的纳兰容若乃李后主后身的说法,则更加注目于他们精神情感的相契、艺术格调的神似,即如吴梅所云:"或谓容若是李煜转生,殆专论其词也。"⑤唐圭璋也说:"在后主之后一百多年,有女词人李易安;五百多年有纳兰容若。他们二人词的情调,都类似后主。所以谈文学的谈到二人的词,每每联想到先前的李后主。"⑥

纳兰性德非常崇仰李煜词,曾经指出:"《花间》之词如古玉器,贵重而不适用,宋词适用而少贵重;李后主兼有其美,更饶烟水迷离之致。"⑦他认为《花间集》作品与宋词皆有缺点,唯有李后主词能够兼具"贵重"与"适用"之美,而且更富烟水迷离的韵致。事实上,借用江淹《恨赋》中

① (清)冯金伯:《词苑萃编》卷八引陈维崧语,唐圭璋编:《词话丛编》第2册,北京:中华书局1986年版,第1937页。
② 王国维:《人间词话》,北京:中华书局2014年版,第135—136页。
③ (清)谭献:《箧中词》卷五,北京:人民文学出版社2015年版,第264页。
④ (清)谭献:《箧中词》卷一引,北京:人民文学出版社2015年版,第41页。
⑤ 吴梅:《词学通论》,北京:中华书局2010年版,第153页。
⑥ 唐圭璋:《李后主评传》,《词学论丛》,上海:上海古籍出版社1986年版,第905页。
⑦ (清)纳兰性德:《渌水亭杂识》四,孙克强编:《唐宋人词话》(增订本)上册,天津:南开大学出版社2012年版,第137页。

的"仆本恨人,心惊不已"这句话,他们就是一对天生的"恨人"——对人生的悲剧和不幸深怀着愁怨和憾恨。纳兰性德自身多愁善感的秉性和气质、词作悲凉顽艳的风格,更加接近于李煜,也更能够激起创作情感的共鸣。因此,夏敬观指出:"寒酸语,不可作,即愁苦之音,亦以华贵出之,饮水词人,所以为重光后身也。"①吴梅也说:"容若小令,凄惋不可卒读,顾梁汾、陈其年皆低首交称之。究其所诣,洵足追美南唐二主。"②徐兴业《凝寒室词话》亦云:"纳兰词小令凄惋处,于南唐二主非惟貌近,抑亦神似。"③

纳兰性德更加自觉地追慕李煜妙造天籁的艺术格调,努力形成自然超逸、一片神行的风貌特质。即如周之琦《饮水词识》所云:"曩在京师,与友人论词,或言纳兰容若南唐李重光后身也。余谓重光天籁也,恐非人力所及。然填词家自南宋以来,专工慢词,不复措意令曲。其作令曲仍与慢词音节无异,盖《花间》遗响久成《广陵散》矣。容若长调多不协律,小调则格高韵远,极缠绵婉约之致,能使南唐坠绪绝而复续。"④闻野鹤亦云:"尝谓李后主词不可无一,不可有二。以其气爽而不粗,语俊而不纤,皆无意为词而词自胜也。后人效之者众,然皆邯郸学步,匍匐而归,以逼肖称者,仅一成容若。"⑤

三、词史贡献

李煜在中国千年词史发展中作出了以下三点重要贡献:

首先,在李煜手中,词体完成了从应歌侑酒的"伶工之词"向抒写个人情志的新型抒情诗的转变。过去以花间词为代表的词体创作,大多是在酒席歌筵上演唱的曲辞而已,题材内容基本不出乎艳情和享乐,在艺术风貌方面也往往给人以千人一面的雷同之感。而只有到了李煜手里,词才带有了鲜明的个性色彩,并且被赋予了抒写政治情怀和身世感

---

① 孙克强等编:《清人词话》上册,天津:南开大学出版社2012年版,第671页。
② 吴梅:《词学通论》,北京:中华书局2010年版,第153页。
③ 孙克强等编:《清人词话》上册,天津:南开大学出版社2012年版,第677页。
④ 孙克强等编:《清人词话》上册,天津:南开大学出版社2012年版,第661页。
⑤ 闻野鹤:《恸箴词话》,朱崇才编:《词话丛编续编》第4册,北京:人民文学出版社2010年版,第2331页。

慨的"言志"的品格。

龙榆生《南唐二主词叙论》即指出:"后主仁爱足感遗民,而生活却成奴虏,笃信竺乾教义,而又不能彻悟'真空',重重矛盾交战于中,而自然流露于音乐化的文字。……曲子词之有真生命,盖自后主实始发扬。"①词体功能的这一重大拓展,为此后词体的健康发展开拓了广阔的道路,对于北宋词人苏轼"无意不可入,无事不可言"的题材开拓,以及情志一体化的创作倾向都产生了很大影响。

其次,在李煜手中,改变了以词仅作娱宾遣兴的文学工具的局面,而将其用来描写人生的缺憾和表现哀伤的情绪。这样就大大深化了词的思想内涵,同时又彰显出词的悲剧性美感。即如清人王时翔所云:"词自晚唐温、韦主于柔婉,五季之末李后主以哀艳之辞倡于上,而下皆靡然从之。"②

文学艺术作品当中欢乐的情绪,往往只能给人以喧腾、热闹的感觉;而悲哀的情绪,则通过舒缓、悲怨的曲调的渲染,给人以深深的感动。正如法国作家缪塞《五月之夜》中所写:"最美丽的诗歌是最绝望的诗歌,有些不朽的篇章是纯粹的眼泪。"胡适在《词选》中指出:"李煜是久处繁华安乐的人,在这种可惨的俘虏境地里,禁不住有故国之思,发为歌词,多作悲哀之音。词曲起于燕乐,往往流于纤艳轻薄。到李煜用悲哀的词来写他凄凉的身世,深厚的悲哀,遂抬高了词的意味;他的词不但集唐五代的大成,还替后代的词人开一个新的意境。"③

第三,李煜词在文学语言的创造和革新方面,也是卓有成效的。刘大杰指出:"后主的词,无论写艳情,写感慨,全是素描,不加雕饰。用着最明浅、最清丽的句子,最调和的音调,表达最深厚曲折的感情。"④唐代民间词语言过于俚俗,缺少文采;花间词以温庭筠为代表的作品又过于雕镂,缺乏生气,李煜却创造了一种清新自然、文雅秀美的语言风格。

① 龙榆生:《南唐二主词叙论》,《龙榆生词学论文集》,上海:上海古籍出版社1997年版,第206、208页。
② (清)王时翔:《莫荆琰词序》,孙克强编:《唐宋人词话》(增订本)上册,天津:南开大学出版社2012年版,第137页。
③ 胡适:《词选》,石家庄:河北人民出版社1999年版,第43页。
④ 刘大杰:《中国文学发展史》下卷,天津:百花文艺出版社1999年版,第40页。

即如碧痕《竹雨绿窗词话》所评："南唐诸词家，以小语致巧，而后主尤胜，哀感顽艳，诚可称词中之南面王。今人往往学其'罗衾不耐五更寒。梦里不知身是客，一晌贪欢'等句法，动辄流入秽淫。予谓：小语非李后主其人，不能曲尽其妙。"①

这一方面是源于词人真情勃发和任情挥洒；另一方面又源于他在写作方面"极炼如不炼"的高超本领，所以李煜词的语言真正达到了"出色而本色，人籁悉归天籁"②的境界。即如郑振铎《李后主词》所评述的那样，"好的诗词，情感必真挚，词采必美丽。如春水经流于两岸桃花，轻舠唱晚之境地中。读者未有不为其美景所沉醉的。李后主词，在许多词人中，可算是一个已到了这个境地的。亡国后所作，尤凄婉动人。"③林庚在《中国文学简史》中也赞赏李煜的词"以一气呵成的旋律性取胜，更近于自然流露，他似乎毫不经意表现的技巧，而字句天成。使得一切语言，都化为音乐般的咏叹。他的流动的情感，仿佛在那文字之外就感动了我们"④。

四、后代接受

李煜词在后代被接受的过程、以及其词史地位的变迁，是一个非常有意思的问题。

（一）宋元时代

宋太祖赵匡胤和宋太宗赵光义都赏爱文词，但是对李煜则颇为苛责。赵匡胤评价其亡国之际所填小词，曰："李煜若以作诗工夫治国事，岂为吾虏也。"⑤他批评李煜沉溺于填词小道，终致亡国的悲剧。

李煜在北宋前期遭到贬抑，原因是多方面的。首先，他是一位亡国之君，在当时人们的心目中，历来有"亡国之音哀以思"的观念，以及对

---

① （清）碧痕：《竹雨绿窗词话》，朱崇才编：《词话丛编续编》第 4 册，北京：人民文学出版社 2010 年版，第 2257 页。

② （南唐）刘熙载撰，袁津琥校注：《艺概注稿》卷四，北京：中华书局 2009 年版，第 567 页。

③ 西谛（郑振铎）：《李后主词》，载《小说月报》，1923 年 1 月。

④ 林庚：《中国文学简史》，北京：北京大学出版社 1995 年版，第 394 页。

⑤ （宋）胡仔：《苕溪渔隐词话》引（宋）蔡絛：《西清诗话》，唐圭璋编：《词话丛编》第 1 册，北京：中华书局 1986 年版，第 161 页。

于前朝灭亡教训的警惕。与此同时,人们几乎都不具备李煜独特的亡国君主的身份地位,也就不可能真切地体会到李煜词中自然流露出来的帝王气象、高雅的艺术品位,以及国家沦亡之后的深沉痛苦。再次,就像是李白豪放飘逸的诗歌不可学那样,李煜这种纯任自然的词的境界也不是亦步亦趋能够达到的。在北宋前期,人们普遍讳言李煜和他的词,大家更加认同的是冯延巳词所表达的士大夫的闲愁。但是李煜填制的情真意切的词作,终究对宋词的繁兴产生了直接的启发、推动作用,所以明人胡应麟《诗薮·杂编》卷四称誉其为"宋人一代开山祖"①。

苏轼从社会政治的角度,对李煜的创作态度颇多微词:"'心事数茎白发,生涯一片青山。空林有雪相待,古路无人自还。'李主好书神仙隐遁之词,岂非遭离世故,欲脱世网而不得者耶?"②苏轼认为一国之君自当励精图治,奋发有为,而如李后主"好书神仙隐遁之词",则失其人主之道。尤其指责他于国破遭俘之际所填的《破阵子》(四十年来家国),不去"恸哭于九庙之外,谢其民而后行",却竟然"挥泪宫娥,听教坊离曲",其耽于逸乐声色可想而知。

李清照《词论》有云:"五代干戈,四海瓜分豆剖,斯文道熄。独江南李氏君臣尚文雅,……语虽奇甚,所谓'亡国之音哀以思'也。"③李清照对以花间词为代表的唐五代词普遍采取批驳的态度,认为它们都是"斯文道熄"的时代风气笼罩下产生的郑卫之声;唯有南唐李氏君臣之词独尚文雅,能够以"奇甚"之语,扭转俗艳之弊。"亡国之音哀以思",语出自《诗大序》,是对《诗经》中作品真切反映时代精神风貌的总结。唐人孔颖达《毛诗注疏》曾为举例云:"《苕之华》云:'知我如此,不如无生。'哀之甚也。《大东》云:'睠言顾之,潸焉出涕。'思之笃也。"④李清照以此来譬喻南唐君臣之词,实则褒扬其真实地展现了士大夫文人丰富复杂的人生感慨和家国情怀。

南宋时期,激于靖康之难后国仇家恨的精神鼓荡,人们重新审视词

① (明)胡应麟:《诗薮·杂编》卷四,邓子勉编:《明词话全编》,南京:凤凰出版社 2012 年版,第 2167 页。
② (宋)苏轼:《书李主诗》,《苏轼文集》卷六七,第 5 册,北京:中华书局 1986 年版,第 2108 页。
③ (宋)魏庆之:《魏庆之词话》,唐圭璋编:《词话丛编》第 1 册,北京:中华书局 1986 年版,第 202 页。
④ (汉)毛亨传,(汉)郑玄笺,(唐)孔颖达疏:《毛诗注疏》卷一,清嘉庆阮刻十三经注疏本。

的社会功能和政治价值,提出了词体"复雅"的主张。此一时期,人们对唐五代词普遍采取贬责的态度。王灼在《碧鸡漫志》中即指责十国君王沉迷歌酒、享乐误国:"唐末五代文章之陋极矣,独乐章可喜,虽乏高韵,而一种奇巧,各自立格,不相沿袭。……诸国僭主中,李重光、王衍、孟昶、霸主钱俶,习于富贵,以歌酒自娱。"①

金元时期,人们对唐五代以来词学发展演变进行回顾和反思。赵文《跋周氏埙篪乐府引》云:

> 旧传唐人《鳞角》《兰畹》《尊前》《花间》等集,富艳流丽,动荡心目,其源盖出于王建宫词,而其流则韩偓香奁、李义山西昆之余波也。五季之末,若江南李后主、西川孟蜀王,号称雅制,观其忧幽隐恨,触物寓情,亡国之音,哀思极矣。②

该序梳理出词史发展的脉络,直至李后主等人的亡国哀音,于描景状物中寓托了更为深婉的"忧幽隐恨"。此期还有一个值得注意的现象:金国虽然国祚较短,崇尚豪迈词风,但是有别于南宋词人对于琐细词法的雕琢,金人更为欣赏像李煜那样清新质朴的作品。金章宗完颜璟是一位汉化程度较深的君主,他的《蝶恋花·题扇》和《生查子》(风流紫府郎)等词作清丽柔婉,颇有李煜遗风,徐釚称许他"亦南唐李氏父子之流也"③。元好问的词作中亦不乏受到李煜词影响的痕迹,例如《临江仙》(今古北邙山下路)词中"人生长恨水长东"直接化用李词成句;《谒金门》(罗衾薄)词中的"罗衾薄,帘外五更风恶""乌啼残月落"等句明显化用自李煜《浪淘沙令》(帘外雨潺潺)中的句子。

(二)明代

吴梅《词学通论》中指出:"论词至明代,可谓中衰之期,探其根源,有数端焉。开国作家,沿伯生、仲举之旧,犹能不乖风雅。永乐以后,两宋诸名家词,皆不显于世,惟《花间》《草堂》诸集,独盛一时。于是才士

---

① (宋)王灼:《碧鸡漫志》卷二,唐圭璋编:《词话丛编》第1册,北京:中华书局1986年版,第82页。

② (宋)赵文:《跋周氏埙篪乐府引》,《瓢泉吟稿》卷五,清文渊阁《四库全书》本。

③ (清)徐釚:《词苑丛谈》卷三,朱崇才编:《词话丛编续编》第1册,北京:人民文学出版社2010年版,第312页。

模情,辄寄言于闺闼,艺苑定论,亦揭橥于香奁。"①在张扬个性、宣泄情欲的哲学思潮、文学风气的影响下,明代词论家普遍宣扬绮靡言情的风尚,即如王世贞所言:"词须宛转绵丽,浅至儇俏,挟春月烟花于闺幨内奏之,一语之艳,令人魂绝,一字之工,令人色飞,乃为贵耳。至于慷慨磊落,纵横豪爽,抑亦其次,不作可耳。作则宁为大雅罪人,勿儒冠而胡服也。"②正是基于如此的审美价值取向,明人给予唐五代词较高的评价;其中,尤其肯定南唐词"清便宛转"的风格。王世贞《艺苑卮言》中列李氏父子(李璟、李煜)为"词之正宗",视温庭筠、韦庄为"词之变体"。他还指出:"《花间》犹伤促碎,至南唐李王父子而妙矣。"③胡应麟《诗薮·杂编》卷四亦云:"南唐中主、后主皆有文。后主一目重瞳子,乐府为宋人一代开山祖。盖温、韦虽藻丽,而气颇伤促,意不胜辞,至此君方是当行作家,清便宛转,词家王、孟。"④

不少词论家都对李煜词作进行了精到的点评。卓人月、徐士俊合辑《古今词统》16 卷,书中引述徐士俊语,对李煜词颇多关注。他认为"后主、易安直是词中之妖,恨二李不相遇"⑤;并且能够深切体悟其词作当中渗透出来的亡国之悲,给予同情和慨叹,例如评《一斛珠》(晓妆初过):"天何不使后主现文士身而必予以天子位,不配才,殊为恨恨。"⑥析《浪淘沙》(帘外雨潺潺):"花归而人不归,寓感良深。"⑦

明代后期,沈际飞撰有《沈评〈草堂诗余〉》正集 6 卷、别集 4 卷等,其中多有评述唐五代词之语。受到王守仁、李贽等人追求主体个性的心学思想影响,他以言情作为论词的重要标准,认为词较之其他文体,更擅长表现人的内心情感。其《草堂诗余序》云:"文章殆莫备于是矣。

① 吴梅:《词学通论》,北京:中华书局 2010 年版,第 133—134 页。
② (明)王世贞:《艺苑卮言》,唐圭璋编:《词话丛编》第 1 册,北京:中华书局 1986 年版,第 385 页。
③ (明)王世贞:《艺苑卮言》,唐圭璋编:《词话丛编》第 1 册,北京:中华书局 1986 年版,第 387 页。
④ (明)胡应麟:《诗薮·杂编》卷四,邓子勉编:《明词话全编》,南京:凤凰出版社 2012 年版,第 2167 页。
⑤ (明)卓人月、(明)徐士俊:《古今词统》,王兆鹏主编:《唐宋词汇评(唐五代卷)》,杭州:浙江教育出版社 2004 年版,第 518 页。
⑥ (明)卓人月、(明)徐士俊:《古今词统》,王兆鹏主编:《唐宋词汇评(唐五代卷)》,杭州:浙江教育出版社 2004 年版,第 532 页。
⑦ (明)卓人月、(明)徐士俊:《古今词统》,王兆鹏主编:《唐宋词汇评(唐五代卷)》,杭州:浙江教育出版社 2004 年版,第 562 页。

非体备也,情至也。情生文,文生情,何文非情? 而以参差不齐之句,写郁勃难状之情,则尤至也。"①因此,他对李煜词的人生悲怨颇多感触:"后主、炀帝辈,除却天子不为,使之作文士荡子,前无古,后无今。"②并且评析李煜词《浪淘沙》里"梦里不知身是客,一晌贪欢"句,"语妙,哪知半生富贵,醒亦是梦耶?"末句"流水落花春去也,天上人间","可言不可言,伤哉!"③评其《乌夜啼》(无言独上西楼):"七情所至,浅尝者说破,深尝者说不破。破之浅,不破之深。'别是'句妙。"④

茅暎编选《词的》4 卷,评述李煜《菩萨蛮》(花明月暗笼轻雾):"竟不是作词,恍如对话矣。"⑤分析其《玉楼春》(晚妆初了明肌雪)为"风流帝子",却又于《乌夜啼》(无言独上西楼)后云:"绝无皇帝气。可人,可人。"⑥点出了李后主词作的丰富内涵和真率情感。

此外,李廷机《新刻汇释〈草堂诗余〉评林》中,李于鳞评李煜《阮郎归》(东风吹水日衔山):"似天台仙女,伫望归期,神思为阮郎飘荡。"⑦评其《采桑子》(辘轳金井梧桐晚):"观其愁情欲寄处,自是一字一泪。"⑧潘游龙《古今诗余醉》中亦评李煜《一斛珠》(晓妆初过):"描画精细,绝是一篇上好小题文字。"⑨

---

① (明)沈际飞:《草堂诗余序》,施蛰存主编:《词集序跋萃编》,北京:中国社会科学出版社 1994 年版,第 666—667 页。

② (明)沈际飞:《沈评〈草堂诗余〉》,王兆鹏主编:《唐宋词汇评(唐五代卷)》,杭州:浙江教育出版社 2004 年版,第 532 页。

③ (明)沈际飞:《沈评〈草堂诗余〉》,王兆鹏主编:《唐宋词汇评(唐五代卷)》,杭州:浙江教育出版社 2004 年版,第 562 页。

④ (明)沈际飞:《沈评〈草堂诗余〉》,王兆鹏主编:《唐宋词汇评(唐五代卷)》,杭州:浙江教育出版社 2004 年版,第 567 页。

⑤ (明)茅暎:《词的》,王兆鹏主编:《唐宋词汇评(唐五代卷)》,杭州:浙江教育出版社 2004 年版,第 547 页。

⑥ (明)茅暎:《词的》,王兆鹏主编:《唐宋词汇评(唐五代卷)》,杭州:浙江教育出版社 2004 年版,第 567 页。

⑦ 唐圭璋:《南唐二主词汇笺》引,王兆鹏主编:《唐宋词汇评(唐五代卷)》,杭州:浙江教育出版社 2004 年版,第 551 页。

⑧ 唐圭璋:《南唐二主词汇笺》引,王兆鹏主编:《唐宋词汇评(唐五代卷)》,杭州:浙江教育出版社 2004 年版,第 483 页。

⑨ (明)潘游龙:《古今诗余醉》,王兆鹏主编:《唐宋词汇评(唐五代卷)》,杭州:浙江教育出版社 2004 年版,第 532 页。

（三）清代

清代前期词学反思明词淫哇之弊，普遍对唐五代、北宋词给予高度评价。

陈子龙是云间词派的中心人物。他在《幽兰草词序》中指出："晚唐语多俊巧，而意鲜深至，比之于诗，犹齐梁对偶之开律也。自金陵二主以至靖康，代有作者。或秾纤婉丽，极哀艳之情；或流畅淡逸，穷盼倩之趣。然皆境由情生，辞随意启，天机偶发，元音自成，繁促之中，尚存高浑，斯为最盛也。"①他要在明词中衰的背景下寻求词的发展之路，于是宗法南唐、北宋，重视词体创作的言情功能和自然格调。陈子龙的词作风格也跟李煜非常接近，因此钱基博《中国文学史》揭示出陈子龙与李煜之间的承袭关系："惟陈子龙之《湘真阁》《江蓠槛》诸词，风流婉丽，足继南唐后主，则得于天者独优也。"②云间词派的其他成员如蒋平阶、宋征舆等人词作也皆具南唐风韵。

西泠词人沈谦所著《填词杂说》，同样对南唐后主李煜颇多赞誉："男中李后主，女中李易安"，并称其为"词中南面王"：

> "红杏枝头春意闹""云破月来花弄影"，俱不及"数点雨声风约住，朦胧淡月云来去"。予尝谓李后主拙于治国，在词中犹不失为南面王，觉张郎中、宋尚书，直衙官耳。③

彭孙遹《旷庵词序》高度评价晚唐五代词人情景交融的高妙词境，并且指出："如温、韦、二李、少游、美成诸家，率皆以秾至之景写哀怨之情，称美一时，流声千载；黄九、柳七一涉儇薄，犹未免于淳朴变浇风之讥，他尚何论哉！"④他认为李煜等人词作情与景有机结合，其词的醇雅、温丽远胜于柳永、黄庭坚的淫艳、儇薄。

贺裳《皱水轩词筌》注重词作意蕴的政治内涵，带有较为明显的道

---

① （清）陈子龙：《幽兰草词序》，施蛰存主编：《词集序跋萃编》，北京：中国社会科学出版社1994年版，第505页。
② 钱基博：《中国文学史》，北京：中华书局1993年版，第924页。
③ （清）沈谦：《填词杂说》，唐圭璋编：《词话丛编》第1册，北京：中华书局1986年版，第632—633页。按："数点雨声"两句，语出李煜《蝶恋花》（遥夜亭皋闲信步）词。
④ （清）彭孙遹：《松桂堂全集》卷三七，王兆鹏主编：《唐宋词汇评（唐五代卷）》，杭州：浙江教育出版社2004年版，第118页。

德标准。他继承前代"亡国之音哀以思"的看法,比较李后主与宋徽宗词:

> 南唐主《浪淘沙》曰:"梦里不知身是客,一晌贪欢。"至宣和帝《燕山亭》则曰:"无据。和梦也有时不做。"其情更惨矣。呜呼,此犹《麦秀》之后有《黍离》也。①

他慨叹李煜和宋徽宗赵佶的词作皆抒发出凄惋悲怨之意,属于典型的亡国之音。他还对李煜《一斛珠》词结末"绣床斜凭娇无那。烂嚼红茸,笑向檀郎唾"精妙的句法艺术深致赞赏。

清初词坛的核心人物王士禛非常强调词学正、变之分。他在《倚声集序》中指出:

> 诗余者,古《诗》之苗裔也。语其正,则南唐二主为之祖,至漱玉、淮海而极盛,高、史其嗣响也;语其变,则眉山导其源,至稼轩、放翁而尽变,陈、刘其余波也。②

他从尊体的立场出发,重述了"词为《诗》裔"的说法,并且尊南唐二主、李清照、秦观等人为词之正统,苏轼、辛弃疾、陆游等人则为词之变体,实则体现词主婉约的倾向。他还说:"诗之为功既穷,而声音之秘,势不能无所寄,于是温、韦生而《花间》作,李、晏出而《草堂》兴,此诗之余,而乐府之变也。语其正,则南唐二主为之祖,至漱玉、淮海而极盛,高、史其嗣响也。"③进一步确认了南唐二主的正宗地位。他还对李煜亡国入汴后词作的感伤深致同情:"钟隐(即李煜)入汴后,'春花秋月'诸词,与'此中日夕,只以眼泪洗面'一帖,同是千古情种,较长城公煞是可怜。"④王士禛等人对唐五代词的激赏,体现了他们对词体之初自然而妙、天然神韵的词境的追求。他们希望以此来纠正当时词坛粗豪、雕琢之弊,带来词体创作的新风气。

曲坛名家李渔著有《窥词管见》,反对贵古贱今,但是对李煜《一斛

---

① (清)贺裳:《皱水轩词筌》,唐圭璋编:《词话丛编》第1册,北京:中华书局1986年版,第702—703页。
② (清)王士禛:《倚声集序》,《渔洋文集》卷三,济南:齐鲁书社2007年版,第1564页。
③ (清)田同之:《西圃词说》,唐圭璋编:《词话丛编》第2册,北京:中华书局1986年版,第1451页。
④ (清)王士禛:《花草蒙拾》,唐圭璋编:《词话丛编》第1册,北京:中华书局1986年版,第677页。

珠》词末句"绣床斜凭娇无那。烂嚼红茸,笑向檀郎唾"给予强烈批评,指出:"此娼妇倚门腔,梨园献丑态也。嚼红绒以唾郎,与倚市门而大嚼,唾枣核、瓜子以调路人者,其间不能以寸。优人演剧,每作此状,以发笑端,是深知其丑,而故意为之者也。不料填词之家,竟以此事谤美人,而后之读词者,又止重情趣,不问妍媸,复相传为韵事,谬乎不谬乎!无论情节难堪,即就字句之浅者论之,烂嚼打人诸腔口,几于俗杀,岂雅人词内所宜。"①这样的批评虽然有失公允,但是李渔对俗媚词风的贬抑,体现了他的词学思想尚雅黜俗的原则,以及扭转明词淫鄙之弊的努力。

纳兰性德注重以美丽自然的语言来抒写真情实感,因此非常推崇李煜词:

> 《花间》之词如古玉器,贵重而不适用,宋词适用而少贵重;李后主兼有其美,更饶烟水迷离之致。②

他赞赏李煜词兼具"贵重"与"适用"之美,更富烟水迷离的韵致。事实上,纳兰性德自身词作哀感顽艳的风格,更能从李煜的词作中获得情感的共鸣。

阳羡派领袖陈维崧虽然尊崇苏轼、辛弃疾一派豪放词风,不过对婉约词风并不一概予以否定。他在《金天石吴日千词稿序》中指出:"词有千家,业归二李。斯则绮袖之专门,红牙之哲匠矣。若易安之婉娈清新,屯田之温柔倩媚,虽为风雅之罪人,实则闺房之作者。"③文中的"二李"即指南唐二主李璟和李煜。他认为此二人是婉约词风的正宗鼻祖,后代李清照、柳永皆无法与之相比。

清代中期,浙西词派郭麐对李煜词的深情绵邈极为推赏。其《灵芬馆词话》卷二云:"绵邈飘忽之音,最为感人深至,李后主之'梦里不知身

---

① (清)李渔:《窥词管见》,唐圭璋编:《词话丛编》第1册,北京:中华书局1986年版,第551页。

② (清)纳兰性德:《渌水亭杂识》四,孙克强编:《唐宋人词话》(增订本)上册,天津:南开大学出版社2012年版,第137页。

③ (清)陈维崧:《金天石吴日千词稿序》,冯乾编校:《清词序跋汇编》卷一,南京:凤凰出版社2013年版,第63页。

是客，一晌贪欢'，所以独绝也。"①吴衡照在《莲子居词话》中也非常推崇李后主词的突出地位："十国时风雅才调，无过于南唐后主，次则蜀两后主，又次则吴越忠懿王。"②

许昂霄对朱彝尊《词综》所录唐至金、元部分词作进行评点和注疏，著成《词综偶评》，其中不乏对唐五代词的精到评述。例如评李煜《浪淘沙》（帘外雨潺潺）"全首语意惨然"，《子夜》（即《菩萨蛮》）（花明月暗笼轻雾）"情真景真，与空中语自别"③。

沈雄《古今词话》搜罗了大量关于唐五代词的评述，例如：

> 江尚质曰：后主归宋，作乐，声闻于外，已犯兴王之忌，不应以词召祸。如"故国不堪回首月明中""恰似一江春水向东流"，词则佳矣，其如势去何。曾记王弇州云："归来休照烛花红""待踏马蹄清夜月"，致语也。"小楼昨夜又东风""问君还有许多愁"，情语也。后主是一词手。④

清代中期的一些词集序跋里也普遍推尊李煜等唐五代词人的突出地位。王时翔《莫荆琰词序》评述唐五代、北宋词风的演变："词自晚唐温、韦主于柔婉，五季之末李后主以哀艳之辞倡于上，而下皆靡然从之。入宋号为极盛，然欧阳、秦、黄诸君子且不免相沿袭，周、柳之徒无论已。独苏长公能盘硬语，与时异趋，而复失之粗。"⑤可以看出，整个北宋词坛几乎都笼罩在温、韦、李后主的词风影响之下。

清代后期，常州词派领袖张惠言与其弟张琦合编《词选》，以《风》《骚》的文学精神作为词的创作典范，并且依此标准来评判唐五代词人：

> 自唐之词人李白为首，其后韦应物、王建、韩翃、白居易、刘禹锡、皇甫松、司空图、韩偓并有述造，而温庭筠最高，其言深美闳约。五代之际，孟氏、李氏君臣为谑，竞作新调，词之杂流，由此起矣。

---

① （清）郭麐：《灵芬馆词话》卷二，唐圭璋编：《词话丛编》第 2 册，北京：中华书局 1986 年版，第 1535 页。

② （清）吴衡照：《莲子居词话》卷三，唐圭璋编：《词话丛编》第 3 册，北京：中华书局 1986 年版，第 2455 页。

③ （清）许昂霄：《词综偶评》，唐圭璋编：《词话丛编》第 2 册，北京：中华书局 1986 年版，第 1548 页。

④ （清）沈雄：《古今词话·词话》上卷，唐圭璋编：《词话丛编》第 1 册，北京：中华书局 1986 年版，第 755 页。

⑤ （清）王时翔：《莫荆琰词序》，孙克强编：《唐宋人词话》（增本本）上册，天津：南开大学出版社 2012 年版，第 137 页。

至其工者,往往绝伦。亦如齐梁五言,依托魏晋,近古然也。①

作者斥西蜀、南唐君臣词为谑浪之作,乃"词之杂流",贬责其内容绮艳,有伤风雅,否定了李后主在词史上的正宗地位。他转而极力推崇温庭筠,誉之为"深美闳约",即是表彰温词比兴深厚,格调雅致。

常州词派的后继中坚周济,将张惠言词论进一步推衍、修正、完善,其《介存斋论词杂著》对温庭筠、韦庄、李煜等人词作皆有深入的评价。他对温庭筠、韦庄、李煜词风给予生动的比较:

> 李后主词,如生马驹,不受控捉。毛嫱、西施,天下美妇人也,严妆佳,淡妆亦佳,粗服乱头,不掩国色。飞卿,严妆也。端己,淡妆也。后主,则粗服乱头矣。②

这样的类比对照,能够贴近词人的实际风格,较之张惠言一味地比附《诗》《骚》之说,更为合理,并且对王国维《人间词话》产生了明显的影响。

谭献的词论主要见于《复堂词话》。他秉持"于忧生念乱之时,寓温厚和平之教"的柔厚之旨,对直率、慷慨、雄奇之词给予指责。他一方面极力推崇李煜之词"足当太白诗篇,高奇无匹";另一方面也指出其《浪淘沙令》(帘外雨潺潺)"雄奇幽怨,乃兼二难,后起稼轩,稍伧父矣。"③即是通过对辛弃疾词"伧父"之责,提高李煜词的地位,也体现了自己的词学倾向。

陈廷焯对李煜词的评价,看重其感情的凄婉动人。其《云韶集辑评》卷一云:"五代词,犹初唐之诗也。李后主情词凄婉,独步一时","后主词凄艳出飞卿之右,晏、欧之祖也。"④他评论李煜《虞美人》(春花秋月何时了):"一声恸哭,如闻哀猿! 呜咽缠绵,满纸血泪。"⑤赞赏其《浪淘

① (清)张惠言:《词选序》,唐圭璋编:《词话丛编》第2册,北京:中华书局1986年版,第1617页。

② (清)周济:《介存斋论词杂著》,唐圭璋编:《词话丛编》第2册,北京:中华书局1986年版,第1633页。

③ (清)谭献:《复堂词话》,唐圭璋编:《词话丛编》第4册,北京:中华书局1986年版,第3993页。

④ (清)陈廷焯:《云韶集辑评》卷一,葛渭君编:《词话丛编补编》第3册,北京:中华书局2013年版,第1402、1404页。

⑤ (清)陈廷焯:《云韶集辑评》卷一,葛渭君编:《词话丛编补编》第3册,北京:中华书局2013年版,第1405页。

沙》词起首"往事只堪哀"极为"凄婉,却来得突兀,故妙。凄恻之词而笔力雄健,古今词人谁不低首"①,评析其《浪淘沙令》(帘外雨潺潺):"凭栏远眺,百端交集,此词播之管弦,闻者定当堕泪。"②《乌夜啼》(无言独上西楼):"凄凉况味。欲言难言,滴滴是泪。"③《词则·别调集》卷一又析《临江仙》(樱桃落尽春归去):"低回留恋,宛转可怜。伤心语,不忍卒读。"④不过,在整个五代词坛里,陈廷焯仍然首推冯延巳,正如《词坛丛话》所云:"词至五代,譬之于诗:两宋犹三唐,五代犹六朝也。后主小令,冠绝一时,韦端己亦不在其下;终五代之际,当以冯正中为巨擘。"⑤

此外,陈锐《襄碧斋词话》对李煜《浪淘沙令》的缠绵情致给予高度评价:"古诗'行行重行行',寻常白话耳;赵宋人诗,亦说白话,能有此气骨否? 李后主词'帘外雨潺潺',寻常白话耳,金、元人词亦说白话,能有此缠绵否?"⑥杨希闵《词轨》卷二也对南唐二主词的情韵颇予赞赏:"二主词读之使人悄怆失志,亡国之响也。然真意流露,音节凄婉,善学者,宜得意于形迹之外。"⑦揭示出二主词真情流露的感人效果。樊增祥《东溪草堂词选自叙》亦指出:"五季之世,二李为工。后主思深理约,致兼风雅。匪惟一朝之隽,抑亦百世之宗。"⑧

晚清之际,王闿运著有《湘绮楼评词》,对唐五代以来 44 家词人进行精到的评论,尤其在艺术技巧方面颇多会心之处。例如评述李煜《相见欢》(无言独上西楼):"词之妙处,亦别是一般滋味",《浪淘沙》(帘外

---

① (清)陈廷焯:《云韶集辑评》卷一,葛渭君编:《词话丛编补编》第 3 册,北京:中华书局 2013 年版,第 1404 页。

② (清)陈廷焯:《云韶集辑评》卷一,葛渭君编:《词话丛编补编》第 3 册,北京:中华书局 2013 年版,第 1404 页。

③ (清)陈廷焯:《云韶集辑评》卷一,葛渭君编:《词话丛编补编》第 3 册,北京:中华书局 2013 年版,第 1404 页。

④ (清)陈廷焯:《词则·别调集》卷一,葛渭君编:《词话丛编补编》第 4 册,北京:中华书局 2013 年版,第 2319 页。

⑤ (清)陈廷焯:《词坛丛话》,王兆鹏主编:《唐宋词汇评(唐五代卷)》,杭州:浙江教育出版社 2004 年版,第 427 页。

⑥ (清)陈锐:《襄碧斋词话》,唐圭璋编:《词话丛编》第 5 册,北京:中华书局 1986 年版,第 4201 页。

⑦ (清)杨希闵:《词轨》卷二,王兆鹏主编:《唐宋词汇评(唐五代卷)》,杭州:浙江教育出版社 2004 年版,第 479 页。

⑧ (清)樊增祥:《东溪草堂词选自叙》,王兆鹏主编:《唐宋词汇评(唐五代卷)》,杭州:浙江教育出版社 2004 年版,第 479 页。

雨潺潺）："高妙超脱，一往情深"，《虞美人》（春花秋月何时了）："'朱颜'本是山河，因归宋不敢言耳。若直说'山河改'，反又浅也。结亦恰到好处。"①皆能言简意赅地揭示出词作本身的艺术魅力。

王鹏运在《半塘老人遗著》中对李煜词虚灵、超逸的境界给予了高度评价，夸赞他为"词中之帝"：

> 莲峰居士（李煜别号）词，超逸绝伦，虚灵在骨。芝兰空谷，未足比其芳华；笙鹤瑶天，讵能方兹清怨？后起之秀，格调气韵之间，或月日至，得十一于千百，若小晏，若徽庙，其殆庶几。断代南渡，嗣音阒然，盖间气所钟，以谓词中之帝，当之无愧色矣。②

况周颐在《蕙风词话》中称赞李煜词之性灵，"岂操觚之士能方其万一"③；并且高度评价李煜《捣练子令》（云鬓乱）词对女性之美的精细描摹："尤能以画家白描法，形容一极贞静之思妇。绫罗间之暖寒，非深闺弱质，工愁善感者，体会不到。"④

（四）民国时期

清末民初，王国维最早从事唐五代词的辑佚整理工作。自光绪三十三年（1908）夏到次年初，他先后辑录花间词人及韩偓、李璟、李煜等唐五代21家之684首词作，题名《唐五代二十一家词辑》，包括《南唐二主词》《金荃词》《红叶稿》《浣花词》等。1917年，刘毓盘编著《唐五代宋辽金元名家词集六十种辑》，其中辑有李白、和凝、李璟、李煜4家唐五代词人作品。同年，朱祖谋刻成《彊村丛书》，搜集了唐、宋、金、元词163家、173种，精加勘校，为后人进一步深入研究奠定了文献基础。此外，清光绪十六年（1890）刘继增以明毛晋汲古阁旧钞本、万历四十八年（1620）虞山吕远墨华斋刊本、康熙二十八年（1689）侯文灿《十名家词集》本《南唐二主词》及诸选本合校，别为补遗附后，辑成《南唐二主词

---

① （清）王闿运：《湘绮楼评词》，唐圭璋编：《词话丛编》第5册，北京：中华书局1986年版，第4285—4286页。

② （清）王鹏运：《半塘老人遗著》，王兆鹏主编：《唐宋词汇评（唐五代卷）》，杭州：浙江教育出版社2004年版，第521页。

③ （清）况周颐：《蕙风词话》，唐圭璋编：《词话丛编》第5册，北京：中华书局1986年版，第4418页。

④ （清）况周颐：《蕙风词话》，唐圭璋编：《词话丛编》第5册，北京：中华书局1986年版，第4511页。

笺》,雕版早就,迟未印行,1918年由无锡公立图书馆排印问世,成为研究南唐二主词的重要可信资料。

在清末民初唐五代词的理论研究方面,王国维的《人间词话》作出了许多精辟的评骘。王氏论词,以境界为最上,"有境界则自成高格,自有名句。五代、北宋之词所以独绝者在此"①。正由于此,他推崇情真意切、脱口而出、妙造自然的创作风格,更以极大的热情赞美李煜词性情真挚、眼界阔大的境界和词史贡献。他指出:"词至李后主而眼界始大,感慨遂深,遂变伶工之词而为士大夫之词。周介存置诸温、韦之下,可谓颠倒黑白矣。'自是人生长恨水长东''流水落花春去也,天上人间',《金荃》《浣花》能有此气象耶?"②在王国维看来,李后主词之所以能够变"伶工之词"为"士大夫之词",根本原因就在于他性情的真淳,用词体剖白自己的"赤子之心":"词人者,不失其赤子之心者也。故生于深宫之中,长于妇人之手,是后主为人君所短处,亦即为词人所长处"③,"客观之诗人不可不多阅世,阅世愈深,则材料愈丰富,愈变化,《水浒传》《红楼梦》之作者是也。主观之诗人不必多阅世,阅世愈浅,则性情愈真,李后主是也。"④王国维还接受西方哲学思想的影响,进一步抬高李后主词的地位:

> 尼采谓:一切文学,余爱以血书者。后主之词,真所谓"以血书者"也。宋道君皇帝《燕山亭》词亦略似之。然道君不过自道身世之戚,后主则俨有释迦、基督担荷人类罪恶之意,其大小固不同矣。⑤

如此的评价固然值得商榷,不过也反映了王氏对李后主词由衷的偏爱。王国维之推许李后主,有受尼采、叔本华哲学思想影响的明显迹象,其以"赤子"比后主,即是将真情实感提到个性解放的高度。王国维对李煜词全方位多角度的批评精切深刻,掀起了李煜词接受的新高潮,由此

---

① 王国维:《人间词话》,北京:中华书局2014年版,第1页。
② 王国维:《人间词话》,北京:中华书局2014年版,第35页。
③ 王国维:《人间词话》,北京:中华书局2014年版,第39页。
④ 王国维:《人间词话》,北京:中华书局2014年版,第41页。
⑤ 王国维:《人间词话》,北京:中华书局2014年版,第43页。

开启了现代词学批评的新格局。

1927年商务印书馆出版了胡适的《词选》。该著第一编收录唐五代词人17家、词作56首,体现出特重诗人之词、力倡清新明畅风格的倾向。书中对李煜词推崇备至:"李煜是久处繁华安乐的人,在这种可惨的俘虏境地里,禁不住有故国之思,发为歌词,多作悲哀之音。词曲起于燕乐,往往流于纤艳轻薄。到李煜用悲哀的词来写他凄凉的身世,深厚的悲哀,遂抬高了词的意味;他的词不但集唐五代的大成,还替后代的词人开一个新的意境。"[1]

20年代学界对于李后主及其词的研究也初具规模。西谛(郑振铎)的《李后主词》一文指出:"好的诗词,情感必真挚,词采必美丽。如春水经流于两岸桃花,轻舠唱晚之境地中。读者未有不为其美景所沉醉的。李后主词,在许多词人中,可算是一个已到了这个境地的。亡国后所作,尤凄婉动人。"作者不同意苏轼对李煜"挥泪宫娥,听教坊离曲"的指责,认为"不知此正后主至情流露处。他心里不愿哭庙谢民,便不哭庙谢民。此种举动,实胜于虚伪的做作万万。好的作品,都是心里想什么,便写什么的"[2]。曹雨群的《李后主的著述及其版本》则对李煜的著述版本进行了较为细致的文献考订[3]。

1932年神州国光社印行了王易的《词曲史》,书中高度评价李煜的词史地位:"其词精妙瑰丽,足冠五季,亡国后,尤含思凄婉,无语不工,后人多奉为宗法。"[4]1936年世界书局出版的刘麟生《中国诗词概论》也指出:"唐五代词,到了李后主,是不啻登了极峰。可是李后主的词,也不是偶然的:(一)他是有家学渊源;(二)他是情感丰富的人;(三)他的词,是他亡国的悲哀。"[5]

30年代学术界对李煜词的研究取得了很大成就,出现了多部考订细致的年谱和分析精到的评传,如唐圭璋的《南唐二主词汇笺》《李后主

① 胡适:《词选》,石家庄:河北人民出版社1999年版,第43页。
② 西谛(郑振铎):《李后主词》,载《小说月报》14卷1号,1923年1月。
③ 曹雨群:《李后主的著述及其版本》,载《浙江图书馆报》2卷1期,1927年12月。
④ 王易:《词曲史》,南京:江苏教育出版社2005年版,第64页。
⑤ 刘麟生:《中国诗词概论》,上海:世界书局1936年版。

评传》，衣虹的《南唐后主李煜年谱》，郭德浩的《李后主评传》，章崇义的《李后主诗词年谱》，夏承焘的《南唐二主年谱》，杨荫深的《李后主》等。其中尤以唐圭璋的《南唐二主词汇笺》成就最著。是著荟萃诸本，参究得失，备举各本文字之异同，辨别真伪，考校精密；既笺证词林本事，又备录历代词话评论资料。总评置于卷首，分评列于每首之后，各家序跋则附录于书末。"学者手此一卷，珍重灯窗，微特二主之词，多所启益，即就其体式以治他家，亦无不厘然有当"①。他在《南唐二主词总评》中对李煜词给予了高度评价："自来论南唐二主词者，无不赏其艺术高奇，秀逸绝伦，既超过西蜀《花间》，又为宋人一代开山。尤其后主晚期，自抒真情，直用赋体白描，不用典，不雕琢，血泪凝成，感人至深。"②

龙沐勋的《南唐二主词叙论》从创作主体的身世遭遇、家庭环境和自身的性格个性方面，探讨南唐二主词风格、词境的成因。文章指出："诗客曲子词，至《花间》诸贤，已臻极盛。南唐二主，乃一扫浮艳，以自抒身世之感与悲悯之怀；词体之尊，乃上跻于《风》《骚》之列。此由其知音识曲，而又遭罹多故，思想与行为发生极度矛盾，刺激过甚，不期然而进作怆恻哀怨之音。二主词境之高，盖亦环境迫之使然，不可与温、韦诸人同日而语也。"他从嗜好、性情、宗教信仰、家庭环境等各个角度，剖析李后主词境形成的条件，并且通过对李煜生平经历的描述，指出："后主一生，即在极端矛盾生活中度过。迨遇过度刺激，血泪迸流，以造成其后期哀感缠绵之作品。……往日笙歌醉梦，光景留连，至此时，对月已改朱颜，贪欢惟在梦里，凭兹血泪，渗入新词；不独与《花间》作风，殊其旨趣；曲子词之有真生命，盖自后主实始发扬。总之，后主词之高不可攀，由多方面之涵濡与刺激，迫而自然出此，非专恃天才或学力者之所能为也。"③

郭德浩的《李后主评传》、唐圭璋的《李后主评传》、杨荫深的《李后主》，皆对李煜一生的生活经历和创作过程进行了比较详细的介绍，对其思想和艺术也给予了充分的肯定。

---

① 赵尊岳：《南唐二主词汇笺序》，唐圭璋《南唐二主词汇笺》，南京：正中书局 1936 年版。
② 唐圭璋：《南唐二主词总评》，《词学论丛》，上海：上海古籍出版社 1986 年版，第 900 页。
③ 龙榆生：《南唐二主词叙论》，《龙榆生词学论文集》，上海：上海古籍出版社 1997 年版，第 202—208 页。

唐圭璋《李后主评传》以富有灵性的文笔,揭示出李后主词独特的审美境界。该文肯定王国维《人间词话》独尊后主,可称得上有卓识的赏鉴家。唐圭璋虽不像王国维那样深受西方哲学思想的影响,但在强调性灵真实和看轻比兴寄托方面,与王国维却又一脉相承。这就表明,新文化运动以来的学术精神的巨变,在总体上决定了词学研究的标准问题,像清代词学那样或重寄托、或重骚雅的传统标准,已然受到了唯主性灵的自由学术个性的冲击。

另如曹懋的《谈谈李后主》、知任的《词人李煜》、叶德荣的《亡国词人李后主论》、柯在实的《漫话李后主》等文章,均对李后主的性情、才华和遭遇深表同情、感叹,从不同侧面说明李后主之所以在词的创作方面取得如此巨大成就的原因。

1932 年,汪东在南京中央大学教授词学,尝编辑唐宋词选作为教材,并附有评识之语,对唐宋词人有所扬榷。沈祖棻师从汪东学词,录存汪氏论词之语,后于 1980 年代发表于《词学》第二辑。其中评李后主云:

> 诗言温李,词亦当举温李。后主身丁亡国之惨,遭室家之变,愁苦郁结,发而为词。故其声凄咽怨断,动人心骨。或者议其温婉不若飞卿,乖风人之旨。不知情缘境迁,文由情立,未可执一以相概也。笃而论之,才思发越,后主为优;气息醇厚,温似尤胜。拟诸诗家,殆犹枚乘、傅毅之流,后主则子建之匹也。[1]

1940 年代出现了一些唐五代词的选本,其中最有价值的要数 1941 年《同声月刊》连载的俞阶青(俞陛云)所著《唐词选释》《五代词选释》。该选释于各词之下系以浅近文字简析,论其章法层次、意境脉络和字句得失等,颇能准确精当地品评词作的优劣。《五代词选释》对南唐二主词给予褒誉:"五代之词尚矣,传李唐之薪火,为赵宋之先河。南唐中主李璟、后主李煜,以国君而擅词手,秀压江东,与薛、顾、韦、冯方美。……

① 汪东:《唐宋词选评语》,屈兴国编:《词话丛编二编》第 4 册,杭州:浙江古籍出版社 2013 年版,第 2304 页。

二主于社屋之后,藉长短歌词,得垂声于后世,文字之寿,绵于国祚矣。"①此外,詹幼馨的《南唐二主世系》对其生平进行考定,俞阶青的《南唐二主词辑述》对历代关于南唐二主词的评论加以汇总、归纳。

泳先的《论李后主词之真伪与后主之死》,汇盦的《李后主与小周后》,顾学颉的《李后主传论》,金启华的《李后主的悲歌》,唐圭璋的《李后主之天性》,徐士亮的《李后主及其词》等文,皆结合李煜的生平、性情,揭示出其词纯真的人性意义和独特的艺术价值。

尤其是唐圭璋在《学灯》1943年4月号上发表的《屈原与李后主》,最早将李煜与屈原进行了深入的比较研究。该文认为,"屈原为阳刚作家,后主为阴柔作家",并从天性、情感、精神、生活、态度、思想六个方面分别论析其异同。在天性方面,屈原"秉性刚强,嫉恶如仇";后主则"天性柔弱",与屈原完全相反。在情感方面,"屈原以天性刚强,不受任何恶势力之侵逼,故其所发之感情,率为怨愤一路;后主以天性柔弱,甘受任何恶势力之侵逼,故其所发之感情,率为哀伤一格。怨则怨人,伤则自伤也","屈原情怨故音亢,后主情哀故音坠。亢则腾天,坠则潜渊,声响不同,感人则一"。在精神方面,"屈原以天性刚强,故积极奋斗;后主以天性柔弱,故步步退让"。在生活方面,"屈原之中情怨愤,故被放后之生活,整日只是痛哭流涕。后主之中情哀伤,故被虏后之生活,整日只是饮泣吞声"。在态度方面,"屈原久度此痛哭流涕之生活,故其态度,已如疯狂一般",故其所写"皆足见其狂热神情,浪漫气息,目眦欲裂,胸臆欲摧矣";"后主态度,则异于是。当国危时,既不上下狂奔,亦不大声疾呼,但冷冷清清,惨惨戚戚,一面求佛保佑,一面望敌施惠,免其一死"。在思想方面,"屈原虽创剧痛深,而爱国爱民,肯定人生之思想,始终不变。后主以酷好浮屠,受佛家之影响甚深,故于创剧之余,则方产生人生悲悯之念。"

唐文的论析由表及里,逐层递进,通过形象、生动的比照,最终得出别致而极富说服力的结论:"在我国古代文学史上,屈原为最早之大诗人,李后主为后来之大词人,自思想性方面观察,后主自不能与屈原相提并论;但后主词纯以白描手法,直抒内心极度悲痛,其高超之艺术造

---

① 俞陛云:《唐五代两宋词选释》,上海:上海古籍出版社1985年版,第134页。

诣,感染后来无数广大群众,影响后来词学发展,此亦其不朽之处,似未可完全否定也。"①着重推崇李后主于艺术技法方面在词史上取得的不朽贡献。该文的成功,不仅在其论证的内在绵密逻辑性,以及论旨揭示的深刻性,还表现在它运用比较研究的方法,更能凸显出研究对象的特征和价值,在研究的方法论上具有很大的指导意义。

(五)中华人民共和国成立以后

20世纪50年代,在全国范围内展开了一场关于李煜词评论问题的大讨论。这次讨论始于1955年8月28日《光明日报·文学遗产》专刊发表陈培治《对詹安泰先生关于李煜的〈虞美人〉看法的意见》一文和同期詹安泰的答复。此后逐步展开,由对《虞美人》一词阐释的分歧,扩展为对李煜词的整体评价问题,参加讨论的人数越来越多。除了《文学遗产》专刊,其他报刊也有相关文章发表,许多高校和科研院所还组织了专题讨论。这些讨论的文章大多收录在文学遗产编辑部汇编的《李煜词讨论集》②和卢兴基主编的《五十年代讨论李煜词的评价问题》③中。

这次讨论大约持续了一年半时间,大体可分为前后两个阶段。前一阶段自陈、詹二文发表以后,楚子、夏兆亿、吴颖、谭丕模、游国恩等学者都围绕李煜词是否具有人民性和爱国主义等问题展开讨论。讨论的后期,集中对毛星的《评关于李煜词的讨论》④一文中的观点进行争鸣,重点在于剖析李煜词何以在千百年来能够获得广大人民的喜爱。

在第一阶段的讨论中,有一部分学者认为李煜前期词大多数还是具有人民性的,应该予以肯定。吴颖在《关于李煜词评价的几个问题》中指出,李煜前期虽然一方面比较荒淫,但也有"严肃的一面",即他对昭惠后的爱情、他们兄弟之间的感情都是"很诚挚"的。其世界观的主导思想是"儒家的积极入世"思想,因此认为李煜的作品"大多数还是有人民性的,应该基本肯定。即使题材较为狭窄,人民性的深度、广度也

---

① 唐圭璋:《屈原与李后主》,《词学论丛》,上海:上海古籍出版社1986年版,第915—922页。
②《文学遗产》编辑部汇编:《李煜词讨论集》,北京:作家出版社1957年版。
③ 卢兴基主编:《五十年代讨论李煜词的评价问题》,济南:齐鲁书社1987年版。
④ 毛星:《评关于李煜词的讨论》,载《光明日报·文学遗产》1956年3月11日。

远远赶不上他后期的词,但在同时代的词人中还是杰出的"。① 楚子在《李后主及其作品评价》中则认为,李煜不仅与昭惠后情感深挚,与小周后的爱情也值得肯定。他说,昭惠后去世立小周后为继室以后,二人过着热烈的爱情生活。李煜的出色的受人喜爱的作品,主要也就是这一部分的词。楚子还认为,李煜前期还能写出"超乎统治阶级感情"的其他词,如《渔父》,这是"歌颂清高人格和自由生活"的诗篇。②

不过,另外一些学者则认为,李煜前期词只是表现了豪华的淫靡的宫廷生活,表现出空虚无聊的思想境界,和人民是绝缘的,也很少表现出对国家和人民的关怀。谭丕模在《我对于李煜词讨论的一些意见》中指出,李煜前期词"把那种贵族阶级的华贵、腐朽、淫逸生活毫不掩饰地勾画出来",所以不是"超阶级的东西",只是由于这种"最真实的描写,给词增添了活力"。③ 陈赓平在《我对词人李煜的看法》中也认为,李煜只是把小周后当作"天真的玩物"。他指出,具有悲剧色彩的作品并不一定有人民性,那是"抽去了阶级内容的说法",反对庸俗社会学不能矫枉过正。④ 邓魁英、聂石樵的《关于李煜在文学史上的评价问题》一文也不同意吴颖、楚子的观点。他们认为楚子所肯定的《渔父》词"抹杀阶级矛盾,歪曲渔父真实形象";李煜前期的爱情词"是为'吃得饱饱的贵妇人',为'因为肥胖而寂寞无聊和苦闷的上层万把人'服务的"。⑤ 陆侃如、冯沅君的《中国文学史稿》在论及李煜词时也说:"他所抓的、掘的、表现的完全是他个人,人民的剥削者。作为典型来说,表现的是这个阶级。他暴露了这个阶级的腐朽与无能,他的词成为这个阶级的一面镜子。"⑥

在第一阶段的讨论中,还涉及李煜后期的爱国主义问题。对于李煜被俘入宋以后所写的词,讨论者给予肯定的成分较前期为多。许多学者都承认他后期词中所抒发的对于"故国"的思念属于爱国的思想感

---

① 吴颖:《关于李煜词评价的几个问题》,载《光明日报·文学遗产》1955年10月16日。
② 楚子:《李后主及其作品评价》,载《光明日报·文学遗产》1955年10月9日。
③ 谭丕模:《我对于李煜词讨论的一些意见》,载《光明日报·文学遗产》1955年12月11日。
④ 陈赓平:《我对词人李煜的看法》,载《光明日报·文学遗产》1956年1月1日。
⑤ 邓魁英、聂石樵:《关于李煜在文学史上的评价问题》,载《光明日报·文学遗产》1956年1月29日。
⑥ 陆侃如、冯沅君:《中国文学史稿》,载《文史哲》1955年第4期。

情,表现了他亡国以后的痛苦和深沉的怀念。尽管在内容上,它与人民的感情不完全相同,但与人民的思想、利益是相通的。这部分词真实地表现了他失去祖国的哀痛,这是完全可以为人民所理解,所同情,并能引起共鸣的。

但是,谭丕模对李煜后期词主要是从艺术上加以肯定;在思想内容上,他则认为"与人民没有什么联系","过高地估计李煜作品有爱国主义和人民性是不妥当的"。

第二阶段讨论的重点是:李煜词为什么能获得千百年来广大读者的共鸣和喜爱。针对这个问题,学者们大致有以下三种说法:

1. 类似—共鸣说。1956 年 3 月,毛星发表的《评关于李煜词的讨论》一文试图对前一阶段的讨论进行总结。他批评了贴标签的研究方法,指出用人民性、爱国主义去硬套李煜词,违背了实事求是的马克思主义原则。他认为李煜词的阶级内容和思想感情都是比较清楚的,关键的问题是要解决"为什么李煜的词却在近千年间受到许多读者的爱好"。这主要要从作品本身入手,毛星对李煜前期词持否定态度。他认为,"李煜的词所以受人爱好,首先是因为在他被俘后的作品中所流露出的哀愁,尽管在实质上同人民的哀愁不一样,在某些方面却有一种类似"[1]。

2. 情绪、感触—共鸣说。针对毛星的"类似"说,许可提出了商榷,他在《读"评关于李煜词的讨论"》一文中认为,李煜在某些抒情诗中所表现的只是"一种情绪"和"感触","那种与这些情绪和感触有深刻联系的具体性的事物却没有,或者几乎没有描绘出来",因而获得了一种"普遍性","能为其他时代阶级的人们所理解,也可以为人民所接受,人民可以根据自己的生活体验与不同的阶级感情来体会作品中的情绪和感触。这样,在人民的眼中看来,这种作品就可以完全具有另外一种意义"[2]。与许可的意见相类似,寇效信在《从李煜词的讨论谈起》中也不同意"把李煜的全部作品当成他一生实际的如实记录,把抒情诗当作是

---

① 毛星:《评关于李煜词的讨论》,载《光明日报·文学遗产》1956 年 3 月 11 日。
② 许可:《读"评关于李煜词的讨论"》,载《光明日报·文学遗产》1956 年 5 月 6 日。

第六章 文艺成就

人的自传"。他认为这些具有不明确性的抒情词"只写出了某种情绪"和"境界",因而易于感染读者而引起共鸣。而那些清楚地写出帝王生活的词,倒是不为人民所喜爱。有的词写往事,有"雕栏玉砌"等出现,作者并没有揭示它的具体内容,"只是某些美好事物的代表而已",整首词的意境还是能引起共鸣的。①

3. 典型—共鸣说。在北京大学文学研究所的讨论会上,何其芳作了系统的总结发言。他在进行作品题材统计后指出,李煜词集中反映宫廷生活的只有四五首,大部分是描写男女生活和相思别离之情的。他说,"别离之情""人生愁恨"等,"在旧社会里是普遍存在的,是有典型性的事物,因而能引起历代读者的同情和共鸣";"再加上艺术表现方面他把这些内容表现得很好,很动人,这样就赢得了许多读者的衷心的喜爱了"②。

此一时期还出现了几部将南唐二主词合校、合笺的著作,如卢前的《金陵卢氏校刊南唐二主词》,王仲闻的《南唐二主词校订》,詹安泰的《李璟李煜词》等。王著以明万历四十八年(1620)吕远墨华斋本《南唐二主词》为底本,并据其他刻本互校排印。每词之后一一列举历代收录该词之书名、卷数,使读者对每一首词在历代的流传情况一目了然。书末附录了散见各书的二主词评语、本事以及近人所作的有关考证材料。校订者搜采的范围不限于词集、词话,举凡野史、方志、类书,也尽数涉猎,校录资料之繁富,无出其右。二主词真伪杂陈,每与宋人词作互见,校订者察其源流,详加辨析,考证严密精审,结论可信可据。

詹著据清宣统沈宗畸的《晨风阁丛书》刻王国维校补南唐词本排印,参照明万历四十八年(1620)吕远墨华斋本《南唐二主词》影写本、清康熙侯文灿刻《十名家词集》本及《全唐诗》等校勘,并于每词之后对作品进行细致的分析品鉴,其中不乏精彩独到之见,是目前较为通行的李璟、李煜词的读本。詹安泰还用系列论文的形式,对南唐二主词进行深入的探析。他的《读词偶记》比较冯延巳与李煜二家词的差异:

---

① 寇效信:《从李煜词的讨论谈起》,载《延河》1957年第3期。
② 关于李煜词争鸣的内容,参见杜晓勤《隋唐五代文学研究(下)》,北京:北京出版社2001年版,第1368—1372页。

南唐后主与冯正中词亦自有别:正中虽不乏寄意深远之作,选声设色,犹不尽脱花间习气,如后主之天趣洋溢,悲痛沉至者,都不可得。此则性情身世,远不相及,非关学养也。

　　正中词可学,故为宋初诸家所祖。若后主之"林花谢了春红(略)"哀艳而复雄奇,悲愤而复仁爱,曲折深至而复痛快淋漓,兼包众长,无美不备,直是天地间第一等文字,讵可学而能耶! 即此可判李、冯之高下。①

这些评价鞭辟入里,深刻揭示出李煜词作意旨沉至又能妙造天然的境界。他还在《李煜和他的词》②一文中,全面描述了李煜的生平、性格,词作内容的丰富性,并对此前学术界关于李词的大讨论提出了自己的看法。文章总结李煜词的艺术特征为五个方面:第一,自然真率,直写观感。第二,突出事象的特点,强调人物的活动,抓住事物的特质,加强作品主人公的主动性和活动性,使作品中的现象都成为有意识的活动,给人以新鲜的而又具有强力的感觉。第三,艺术概括性高。把一般体现在个别之中,通过个别表现一般,使读者从个别的表现中看到一般的意义。第四,形象性很强,善于塑造真实的形象。第五,艺术语言的创造和生动口语的运用,具体表现在两个方面:单纯明确,精炼准确。

1962 年出版了两部重要的文学史著作:中国社会科学院文学研究所编撰的《中国文学史》和游国恩等人主编的《中国文学史》。它们对唐五代词均设专章论述,显示各自的评价倾向。社科院《中国文学史》批评南唐君臣治国无术,"眼看江山不稳,不仅不图振作,而且终日纵情声色,尽量享乐一番。由于这样,南唐的词便带上了颓靡的、感伤的浓重色调";但是仍然认为唐五代词人中最有成就的当推李煜。著者虽然指责李煜前期词作《玉楼春》(晚妆初了明肌雪)、《浣溪沙》(红日已高三丈透)等,"带着欣然的笔调,描画着宫廷生活的艳丽、慵倦和淫靡,是李煜词中最不可取的作品";却高度评价了李煜被俘、囚禁以后的悲伤词作,并且以"艺术形象常常具有大于作者所欲表达的内容"为原则,分析了

---

① 詹安泰:《读词偶记》,《詹安泰词学论集》,汕头:汕头大学出版社 1997 年版,第 310 页。
② 詹安泰:《李煜和他的词》,载《中山大学学报》1957 年第 1 期。

李煜后期词之所以吸引读者并发生感染作用的诸多原因。著者进而概括了李煜在唐五代词史上的重大艺术贡献:"在李煜以前,很多词人的作品,所表现的内容大都不脱女人、相思之类,题材和意境都很狭窄","等到李煜出来以后,他的创作(主要是后期的创作),才把词从狭窄的、虚浮的'花间派'中突破出来,扩展和提高了词的表现生活和抒发感情的能力,并且显示出词的发展潜力"①。

游国恩等《中国文学史》指出南唐"没落小王朝的君臣,既不能励精图治,振作有为,即使还强欢作乐,苟且偷安,却不能不流露他们绝望的心情,这就构成了南唐词的感伤基调。它和那些依恃山川的险固而流宕忘返的西蜀词人的表现又稍不同"。该著在李煜评述方面,指责其前期有些词写他对宫廷豪华生活的迷恋,"实际是南朝宫体和花间词风的继续","那是十足的亡国之音";亡国之后才促使其词呈现出新的面貌,达到了新的艺术境界。著者归纳李煜词的艺术成就,"首先表现在他改变了晚唐五代以来词人通过一个妇女的不幸遭遇,无意流露或曲折表达自己心情的手法,而直接倾泻自己的深哀与剧痛。这就使词摆脱了长期在花间尊前曼声吟唱中所形成的传统风格,而成为诗人们可以多方面言怀述志的新诗体,对后来豪放派词家在艺术手法上有影响"。此外,李词形象的白描,贴切的比喻,明净、优美的语言,都令其作品显得格外自然、生动,"进一步摆脱花间词人镂金刻翠的作风"②。

1980 年代以来,唐五代词研究进入了空前繁荣、全面发展的阶段,无论是资料整理还是理论研究,都取得了令人瞩目的成就。傅正谷、王沛霖的《南唐二主词析释》,高兰、孟祥鲁的《李后主年表》等,皆对李煜的生平事迹作了详备的考证。

唐圭璋《唐宋词简释》注重对词作章法结构的剖析,阐释唐宋词人70 家 232 首(其中唐五代词人 14 家 56 首)。例如评析李煜《相见欢》(无言独上西楼):

> 此首写别愁,凄惋已极。"无言独上西楼"一句,叙事直起,画

---

① 中国社会科学院文学研究所编:《中国文学史》,北京:人民文学出版社 1962 年版,第 622—627 页。
② 游国恩等编:《中国文学史》(修订本),北京:人民文学出版社 2002 年版,第 266—270 页。

出后主愁容。其下两句,画出后主所处之愁境。举头见新月如钩,低头见桐阴深锁,俯仰之间,万感萦怀矣。此片写景亦妙,惟其桐阴深黑,新月乃愈显明媚也。下片,因景抒情。换头三句,深刻无匹,使有千丝万缕之离愁,亦未必不可剪、不可理,此言"剪不断,理还乱",则离愁之纷繁可知。所谓"别是一般滋味",是无人尝过之滋味,惟有自家领略也。后主以南朝天子,而为北地幽囚;其所受之痛苦、所尝之滋味,自与常人不同。心头所交集者,不知是悔是恨,欲说则无从说起,且亦无人可说,故但云"别是一般滋味"。究竟滋味若何,后主且不自知,何况他人? 此种无言之哀,更胜于痛哭流涕之哀。①

这些评析诚乃心细如发,体贴入微,深掘出词作的内在意蕴和艺术魅力。

夏承焘的《唐宋词欣赏·南唐词》对南唐李煜的词史功绩作出高度评价:"晚唐五代词抒情的倾向越到后来越是显著,这决定于文学演进的趋势,也决定于作者的实际生活。李煜晚年的生活经历是温庭筠、韦庄等人所没有的,所以他的作品能超过他们。民间词自晚唐转入文人手中之后,一二百年以来,逐渐向丽词雕琢方向发展,几乎走向末路。把它救拔出来,以词作为抒情的工具,带它重新走上抒情的道路并提高词的地位的,在韦庄以后,李煜的功绩可算是最大。在这里我们还要注意一点:李煜词的风格,和唐诗,尤其是和绝句有相当密切的关系。他的词风和唐人绝句风格有很近似的两点:一、声调谐婉不作拗体。二、词意明畅不作隐晦语","总之,李煜词改革花间派涂饰、雕琢的流弊,用清丽的语言、白描的手法和高度的艺术概括力,抓住自己生活感受中最深刻的方面,动人地把情感表达出来,给人深刻的艺术感受。他的词摆脱了花间派的窠臼,创造了他自己的独特风格。他不仅为当时的词打开了新的境界,而且对词的发展起了很大的推动作用"。该著还对李煜亡国之后词作的抒情效果作出了辩证、公允的评价:"李煜是南唐的国君,他在亡国后写的一些词篇,抒发对故国的怀念和对皇帝生活的追

---

① 唐圭璋:《唐宋词简释》,上海:上海古籍出版社 1981 年版,第 39 页。

恋。从主观方面看,他的思想感情自然和人民的思想感情有距离。但从客观艺术效果方面看,他把怀念故国之思,通过动人的抒情词句表达出来,能够强烈地感染读者,引起读者的共鸣。"①

1982年5月,上海古籍出版社重版刘大杰所著《中国文学发展史》。是书乃刘氏旧作,上、下两卷早于1940年代先后由中华书局出版,新中国成立以后屡次修订,先后于1957年、1962年再版。刘大杰以一人之才力完成《中国文学发展史》,体系完整独特,文笔优美潇洒,是一部富有个性的文学史专著。不过,由于受到时代背景等因素的影响,该著在不断的修订中,删改了以往的许多新锐的思想和精彩的段落,所持观点也发生了一些改变。

新旧两著对于李煜后期词作的情感内容以及李词的艺术特质均给予褒誉,不过两者的立论角度不同。相对而言,旧著从人性的角度深入挖掘,所论更为精辟。作者指出,李煜后期的词作中,"漾露着沉痛与哀伤的情感,我们到现在读了还要下泪。如在政治上的错误,肉袒出降的无耻,和他种种失节的行为,我们受了他这些情感的包围,而全部加以原恕了。就在这种地方,显出他的天真,显出他艺术上的成就。不用说,李后主是一个彻底的主观诗人,他的眼光,他的心,从没有直视过现实,没有关心过社会种种的现象和问题,但他却将他自己的生活形态和心理状态,一点不隐藏不掩饰地和盘托出了。中国的诗人,能将自己的生活和他的作品发生这样密切的联系的,除李煜以外,只有屈原、陶潜和李清照。他们从没有说过一句假话,自己的生活是如何,心境是如何,就那么样真实地描写下来,成为最真实的作品了。在那些作品中,无一不充满着作者的个性情感,和血肉淋漓的生命。他自从出降而至于死,过着那种非人世所能堪的苦痛,但他从来没有怨恨过谁,也没有怨恨过自己,他觉得一切的罪恶,一切的苦,降临到他的身上,似乎是无可避免的。这种情状,在他几乎成了一种宗教的情绪。王国维说:'后主俨有释迦、基督担荷人类罪恶之意',这话是说得深刻极了,但恐怕不是常人所能了解的","后主的词,无论写艳情,写感慨,全是素描,不加

---

① 夏承焘:《唐宋词欣赏·南唐词》,北京:北京出版社2002年版,第51—52页。

雕饰。用着最明浅、最清丽的句子,最调和的音调,表达最深厚曲折的感情。"①可以看出,刘大杰受到王国维《人间词话》的启发很多,对李煜词进行了更为细致、深入的阐释,引导着唐五代词研究从人性、情欲等角度深入探索的路径。

1980 年代将南唐二主词合论的成果,主要有施蛰存的《南唐二主词叙论》②,蔡厚示的《李璟李煜词赏析》③、《从审美角度看李璟李煜词》④等。其中施著认为后主之词于唐五代为曲终奏雅,于两宋苏、辛一流则可谓风气之先。蔡文指出,李璟、李煜父子致力于文学创作,把自身的欢欣、愁怨或者不安都率真地写入词里。他们以卓越的审美才能,概括了某些为绝大多数人能共同理解的喜、怒、哀、恶、欲之类的感情,创造出许多能给绝大多数人以审美怡悦的艺术珍品。他们把词从娱他性的歌唱文学变成了自述性极强的、抒写人的深层感情的审美艺术创作,真实地表现了特定人物的心灵活动史。他们所创造的艺术手段,给后世词人以深远的有益影响。

这一时期还出现了不少描述李煜生平经历,剖析其思想性格的论著和文章,如高兰、孟祥鲁的《李后主评传》,田居俭的《绝代才人,薄命君王——南唐后主李煜新传》,区潜云的《李后主与牵机药》,李勤印的《风流才子,误作人主——南唐后主李煜的悲剧人生》,姜海峰的《关于李煜及其词评价中的问题》等。在李煜词作的研究方面,有的文章探讨李词意境之美,有的文章则专门探讨李煜词的艺术形式和表现手法,还有一些文章将李煜词与温庭筠、韦庄、李清照、纳兰性德等人的作品进行比较,揭示各自创作特征,展示词风演进历程。

1990 年代,陈如江的《唐宋五十名家词论》,田居俭的《李煜传》,蔡厚示、黄拔荆的《南唐二主暨冯延巳词传》等著作,对李煜等唐五代重要词人逐一进行了细致的评析。

林庚的《中国文学简史》赞赏李煜的词"以一气呵成的旋律性取胜,

① 刘大杰:《中国文学发展史》下卷,天津:百花文艺出版社 1999 年版,第 39—40 页。
② 施蛰存:《南唐二主词叙论》,载《中华文史论丛》1980 年 3 辑。
③ 蔡厚示:《李璟李煜词赏析》,载《江海学刊》1982 年第 6 期。
④ 蔡厚示:《从审美角度看李璟李煜词》,《诗词拾翠》2 集,福州:海峡文艺出版社 1989 年版。

更近于自然流露,他似乎毫不经意表现的技巧,而字句天成。使得一切语言,都化为音乐般的咏叹。他的流动的情感,仿佛在那文字之外就感动了我们","他实际上真是一个人间多余的君王,小令中的天之骄子,词坛上的宠儿"①。林庚的文字充满了感悟和灵性,丝毫没有学术研究惯见的迂腐味、冬烘气,为唐五代词研究提供了许多新的视角和路径。

章培恒、骆玉明主编的《中国文学史》通过与花间词风的比较,彰显出李煜词的特质和价值:"花间词的意象细密堆砌,意绪隐约,在镂金错玉、五光十色中呈现一种云遮雾罩、曲折回环的效果,但由于它注重的是视觉意象的外在描摹,而且跳跃性太大,所以每每显得零乱纷散,而李煜的词则流动清晰。他多以描述对象的心理活动、感情起伏为主线,把视觉意象贯穿在情绪主线之中一一呈露,意象与意蕴结合得十分自然。"②这样的论述无疑是非常新颖和正确的。

袁行霈主编的《中国文学史》揭示李煜词的本质特征,那就是"真":"李煜词的本色和真情性,在三方面显得很突出:一、真正用血泪写出了他那种亡国破家的不幸,非常感人;二、本色而不雕琢,多用口语和白描,词篇虽美,却是丽质天成,不靠容饰和词藻;三、因纯情而缺少理性节制。他在亡国后不曾冷静地自省,而是直悟人生苦难无常之悲哀","正是由于李煜以其纯真,感受到了'人生长恨''往事已成空'那种深刻而又广泛的人世之悲,所以其言情的深广超过其他南唐词人"③。

詹幼馨的《南唐二主词研究》围绕二主尤其是后主"真"的词风,对二主词作了全面的审美考察,因此与其他同类著作不太相同,处处带有作者之主观色彩。田居俭的《李后主新传》,杨抱朴的《南唐后主李煜》,赵梦昭、李问理的《词魂——南唐李后主》等论著,对李煜的生平经历、创作过程作了比较详细的介绍。诸多专题学术论文着重探讨李煜词意境创造的技艺,并且通过纵向的比较对照,突现出李煜词的特质,揭示其词对后人创作的深远影响。

21世纪以来,词学研究取得了新突破。余恕诚的论文《南唐词人

① 林庚:《中国文学简史》,北京:北京大学出版社1995年版,第394—395页。
② 章培恒、骆玉明主编:《中国文学史》中卷,上海:复旦大学出版社1996年版,第283页。
③ 袁行霈主编:《中国文学史》第二卷,北京:高等教育出版社1999年版,第455页。

的创作及其在词史演进中的地位》基于宏观的视角指出,南唐冯延巳、李璟的创作超越了"花间"词,洗淡了脂香粉腻,注入了身世之感。李煜词则进一步直接抒写情怀,突现主体精神,开始具有雄奇之美和博大气象。南唐词本身可算一个完整的发展过程。后来从晏殊、欧阳修到苏轼的北宋词,也经历了一场类似从"伶工之词"到"士大夫之词"的变化。前者像是后者的一次初步预演,两次发展呈螺旋形向前推进。①

孙维城的《论李煜词近于太白七绝风调》指出,南唐词多半从唐代抒情七绝来,其中李煜词最接近李白七绝风调。李煜词近于李白七绝的,首先在于内容表达的真率自然,其次在于艺术表现的"赋情"特点;此外还表现在象喻的使用与语言的省净透明上。② 王秀林、刘尊明的《"亡国之音"穿越历史时空:李煜词的接受史探赜》从接受美学的视角,考察和描述李煜词在宋代至近代约千年的接受历史,既动态地显示李煜词的历史生命与艺术魅力,也藉以观照李煜词接受史中所反映的文化意识和审美情趣:两宋时代,主要侧重于对李煜词作为"亡国之音"的体认;元明时期,则逐步确立了李煜作为"词之正宗"的地位;清及近代,在"正""变"之争中李煜词的艺术价值和词史地位得到更深入的揭示和认同。③

港台地区在李煜词的研究方面,先后出版蒋励材《李后主词传》、佘雪曼《李后主词欣赏》、唐文德《李后主词创作艺术的研究》、刘维崇《李后主评传》、范纯甫《帝王词人李后主》、谢重光《李后主传》等多部论著。刘正浩的《南唐李后主论(上、下)》,王熙元的《李后主词的境界》,胡品清的《论李后主的词》,王伟勇的《人生长恨水长东——南唐中主后主的凄美词境》等论文,均对南唐后主的人生经历、词作情感、艺术技巧及其意境风格作了全面的探析。佘雪曼的《李后主与李清照》,冀云的《纳兰词与后主词》等文,又将李后主词与李清照、纳兰性德词进行比较研究,更加凸显出李后主词的独特艺术魅力及其对后代词学的影响。

---

① 余恕诚:《南唐词人的创作及其在词史演进中的地位》,载《安徽师范大学学报》2000年第3期。
② 孙维城:《论李煜词近于太白七绝风调》,载《中国韵文学刊》2002年第1期。
③ 王秀林、刘尊明:《"亡国之音"穿越历史时空:李煜词的接受史探赜》,载《江海学刊》2004年第4期。

（六）域外李煜词研究

东南亚地区的李煜词研究,以谢世涯的《南唐李后主词研究》①为代表。该著分别探讨了李煜生平、版本、艺术风格和思想,详论后主词之艺术成就。这是 20 世纪李煜词研究成果中最为全面、细致的一部著作。

日本学者村上哲见早年即有论著《李煜》、论文《关于李后主词的讨论》等。其代表作是 1976 年出版的《宋词研究——唐五代北宋篇》,其中文译本《唐五代北宋词研究》1987 年 8 月由陕西人民出版社出版。他对李煜词进行了深入的研究。宇野直人的《李后主词境》从措辞即虚字的运用方面来研究李煜词的特点。他首先着眼于李词语句上与前代诗人之间存在的诸多渊源关系,接着指出,李词中的虚字不是作为明确表示前句与后句之间的因果关系的媒介物,而是用来强调某个句子中情绪性内容的突出点。由此可见,李煜活用虚字,使得句子之间的脉络更加清晰,并且导致了叙述性、散文化的艺术特色。② 这些论述都显示出广阔的研究视野和厚重的论证深度。

韩国李煜词研究的主要成果有:李东乡的《李煜词研究》、李鸿镇的《李煜词研究》等。

西方的唐五代词研究中,成果最多的当数华裔学者叶嘉莹。她的《迦陵论词丛稿》《唐宋词名家论集》《唐宋词十七讲》《诗馨篇(下)》,与缪钺合著的《灵谿词说》《词学古今谈》等重要论著,对唐五代的温、韦、冯、李等重要词人的风格及其在词史上的地位、价值、影响,均进行了细致、深入的剖析。其《论李煜词》③、《词人者,不失其赤子之心者也——谈谈纯情词人李煜的任纵与奔放》④、《从李煜词与赵佶词之比较看王国维重视感发作用的评词依据》⑤等文,又从性情之真的角度,揭示出李煜词感人至深的艺术魅力。作者将温庭筠、韦庄、冯延巳确立为词之演进

---

① 谢世涯:《南唐李后主词研究》,上海:上海学林出版社 1994 年版。

② [日]宇野直人:《李后主词境》,《日本学者中国词学论文集》,上海:上海古籍出版社 1991 年版。

③ [加]叶嘉莹:《论李煜词》,载《四川大学学报丛刊》15 辑《古典文学论丛》,1982 年 10 月。

④ [加]叶嘉莹:《词人者,不失其赤子之心者也——谈谈纯情词人李煜的任纵与奔放》,《诗馨篇(下)》,北京:中国青年出版社 1991 年版。

⑤ [加]叶嘉莹:《从李煜词与赵佶词之比较看王国维重视感发作用的评词依据》,载《光明日报》1987 年 11 月 20 日。

的三个阶段,"以上三位词人,其风格成就虽各有不同,然而自外表观之,则其所写似仍局限于闺阁园亭之景,相思怨别之情。独李煜之词,能以沉雄奔放之笔,写故国哀感之情,为词之发展中之一大突破",完成了"变伶工之词而为士大夫之词"的过渡性转折。"但值得玩味的是,这些成就的取得,并非都出自李煜的有心追求,而完全是他纯真、任纵的本性使这一切成就都本能地达到了极致,这一点才真正是李后主最不可及的过人之处"。叶氏论词,在古典诗词与西方理论的"嫁接"上相当成功,为广大学者深化唐五代词研究提供了新的思路和途径。

1982 年,美国学者丹尼尔·布赖恩特(Daniel Bryant)著有《南唐词人冯延巳和李煜》①。美国哈佛大学中文与比较文学教授宇文所安(Stephen Owen)为此书写了一篇书评,刊登在《哈佛亚洲研究》第 43 卷第 2 期上。宇文所安说,中国传统的诗词阅读法是将诗词作品与诗人生平结合起来,这实际上成了一种新的合成艺术,不管这种结合依现代历史真实标准衡量是多么不可靠,诗人及其传记的价值依诗词作品而定,诗词作品的价值依诗人及其传记而定。这一原则在李煜的词中反映得特别明显。他作为这样一种典型而吸引人——艺术家、颓废者、政治上的低能儿、带有色情倾向的"末代君王"。而且,他对后妃的钟爱之情,曾为宋室阶下囚的经历,也使这一典型特别感人。他流传至今的为数不多的词作,一直被认为应和着他有趣生活的不同阶段。

在《南唐词人冯延巳和李煜》一书中,丹尼尔·布赖恩特指出,为李煜词系年是缺乏根据的,被目为指涉李煜生平中特定事件和特定处境的细节,实际上是人所共用的填词技巧之所在。假如李煜时代的词人确实要涉及自己生平中的特定场合,那么他可能会借助填词成规这样做,但那些成规不是假定李煜也这样做的理由。此外,那时填词成规的指涉性还不强,难以在众多相似的词作里加以区别。人们也难以确定,在为别人演唱而写的词中,词人的口吻是自传性第一人称的交代,还是代言人的表述。

布赖恩特在破坏了古老的合成艺术之后,便对冯延巳、李煜这两位

① [美]丹尼尔·布赖恩特(Daniel Bryant):《南唐词人冯延巳和李煜》,纽约:哥伦比亚大学出版社1982 年版。

南唐词人重新作了评价。他讨论词在音韵、意义方面的审美快感，最后认为词是一种心情的表演，由此来争辩李煜在未与词人生平结合前的原始价值；并且认为，冯延巳缺少与其词相关的传记材料，因而较受忽视，地位不显，但就其词作价值而言，实与李煜不相上下。作者的观点确实有其新颖独到之处，不过完全漠视李煜生平经历对词作的影响，也是颇值商榷的。

通过跨越中外文坛千年以来对于李煜词的接受、研究历史的梳理，我们可以清晰认识到李煜词在历史进程中地位的浮沉，不同的文人基于各自的立场作出差异很大的解读，其学术领域跨越政治史、文化史、心灵史、文学史、艺术史，打上了不同时代的烙印。

李煜的词所表达的，只不过是他个人的帝王生活以及亡国之痛。但是如果我们从更广阔的时空观念来看，它又表露出更为深广的人类所共有的情绪。即如詹安泰《李璟李煜词·前言》中所言："人的生活不是孤立绝缘的，一种性格的形成，一种动作或心理的表现，都不可能和生活实际不相联系，而生活实际是复杂的，多方面的，只要真正深入生活，忠实地反映生活，就可以通过个别的形象、性格种种概括出某一类人的共有的特征。李煜在这方面的创作是很成功的。例如上面举出的《破阵子》和《一斛珠》，写的都是特殊的情事，由于前一首鲜明、深刻地体现出一个风流小皇帝临要亡国时的仓皇失措、无谁告语的可怜相；后一首精细生动地刻划出一个歌姬的轻巧玲珑的活动和邀宠取怜的情态，这就会使读者恍如置身其中，亲切地感到这一类人物的真正面貌是如此，精神实质是如此。通过这些情景的描写，很自然地会联想到那一般亡国的风流小皇帝如萧宝卷、陈叔宝之类的下场以及一般的宫廷歌姬的实际生活，而不是把作品中所描绘出来的景物情事当成个别的现象看待。"[1]另如李煜《乌夜啼》所写：

　　　　无言独上西楼，月如钩。寂寞梧桐深院、锁清秋。　　　剪不断，理还乱，是离愁。别是一番滋味在心头。

---

[1] 詹安泰：《李璟李煜词·前言》，北京：人民文学出版社1958年版，第32页。

作品表现的就是人类所共有的离别的愁绪,"凄凉况味。欲言难言,滴滴是泪"①;"哀感顽艳,妙只说不出"②;"绝无皇帝气。可人,可人"③。我们欣赏文学作品的时候,总有一个心理的期待,希望从别人的作品里寻找到自己生活的影子,得到精神上的共鸣,即寻找认同感。李煜的词正是写出了"人人心中有,个个笔下无"的思想感情,所以得到了有着各种不幸遭遇的读者的普遍喜爱。亦即王国维在《清真先生遗事·尚论》中说:"若夫悲欢离合、羁旅行役之感,常人皆能感之,而惟诗人能写之。故其入于人者至深,而行于世也尤广。"又说:"一切境界……皆须臾之物。惟诗人能以此须臾之物,镌诸不朽之文字,使读者自得之。遂觉诗人之言,字字为我心中所欲言,而又非我之所能自言。此大诗人之秘妙也。"④

李煜词的价值就在于:用非常精美而通俗的文字,表达出人类共有的感情。

第三节 书画艺术

南唐宫廷设有画院,集中了当时的一流丹青高手。画院"承唐起宋,在唐翰林院安置画家,称待诏、祗候、供奉的基础上增设翰林司艺、内供奉、画院学生等职"⑤,形成了初具规模的宫廷组织机构。其中,卫贤、王齐翰善画楼台人物,曹仲元、陶守立善画佛道鬼神,蔡润善画船行水流,解处中工画竹,顾德谦工画人物,梅行思工画鸡。不少人对后世的绘画产生了重要影响,例如徐熙的工笔花鸟画独树一帜,与西蜀黄筌各具风采。董源擅长山水,多绘山温水暖的江南风物,《潇湘图》等画作

---

① (清)陈廷焯:《云韶集辑评》卷一,葛渭君编:《词话丛编补编》第 3 册,北京:中华书局 2013 年版,第 1405 页。
② (清)陈廷焯:《词则·大雅集》卷一,葛渭君编:《词话丛编补编》第 4 册,北京:中华书局 2013 年版,第 2139 页。
③ (明)茅暎:《词的》卷一,王兆鹏主编:《唐宋词汇评(唐五代卷)》,杭州:浙江教育出版社 2004 年版,第 567 页。
④ 王国维:《清真先生遗事·尚论》,《清真集校注》附录五,北京:中华书局 2007 年版,第 466 页。
⑤ 李澜:《论南唐画院》,载《东南文化》1993 年第 5 期。

气韵高古,意境深远。画院学生赵干也擅长山水,有《江行初雪图》传世。僧人巨然师从董源,传世之作有《秋山问道图》。顾闳中所绘《韩熙载夜宴图》生动再现了南唐显贵的宴乐生活,成为中国绘画史上的珍品。南唐亡国后,巨然随李煜来到汴梁,董源一派的画风也随之入宋,形成了与北方荆浩、关仝相抗衡的江南画派,揭开了宋代绘画史上的新篇章。

五代十国时期是我国书法史上较为暗淡的时期,但是南唐朝野则不乏书法名家,如高越、冯延巳、韩熙载、徐锴、潘佑、王绍颜、颜诩、唐希雅等人。

南唐中主李璟、后主李煜皆雅善书法。李璟书学羊欣,当时"钟陵清凉寺有元宗八分题名、李萧远草书、董羽画海水,为三绝"①。

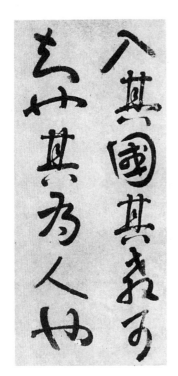

李煜行草《入国知教帖》(局部)

李煜是南唐书法名家,比起乃父更有青出于蓝的风姿。由于南唐皇室自烈祖以降即建立丰富的法书收藏,后主得以研摹历代名迹。尤其对王羲之的书迹,纵使是摹本,他也视如拱璧。据宋人黄伯思所记,李煜曾得唐代书家贺知章临王羲之《十七帖》,并将它摹刻上石,放置在澄心堂内。②

李煜书法初学柳公权,传钟、王"拨镫法",续羊欣《笔阵图》,有"聚针钉""金错刀""撮襟"诸书体。"其作大字不事笔,卷帛而书之,皆能如意,世谓'撮襟书'。复喜作颤掣势,人又目其状为'金错刀'。尤喜作行书,落笔瘦硬而风神溢出,然殊乏姿媚,如穷谷道人、酸寒书生,鹑衣而鸢肩,略无富贵之气"③。《宣和画谱》卷十七

---

① (清)孙岳颁:《佩文斋书画谱》卷三一,清文渊阁《四库全书》本。
② (宋)黄伯思:《东观余论》卷下,上海师范大学古籍整理研究所编:《全宋笔记》第三编第4册,郑州:大象出版社2008年版,第109页。
③ 佚名:《宣和书谱》卷十二,清文渊阁《四库全书》本。

称其"金错刀"书体,"作颤笔樛曲之状,遒劲如寒松霜竹"①。周应合《景定建康志》卷五〇亦云李煜书法"大字如截竹木,小字如聚针钉"②。

南唐亡国之后,李煜的书迹多数遭毁,流传在北宋官府和民间收藏的,已经屈指可数,存世的仅剩 3 件墨迹(《题韩干〈照夜白〉》《题赵干〈江行初雪〉》、行草书:"入其国,其教可知也,其为人也。")与 1 件刻帖(行书五言《西方诗》刻帖)。在李煜所作的 3 件墨迹当中,2 件为楷书,1 件为行草书。

他的楷书结体方正,笔画沉健,笔力遒劲,锋芒内敛,深受柳公权的影响。无怪乎宋人张舜民赞叹道:如以书法见人品,则后主可以称得上"倔强丈夫":

> 江南李后主书《杂说》数千言,及德庆堂题榜。大字如截竹木,小字如聚针丁,似非笔迹所为者。欧阳永叔谓颜鲁公书,正直方重,如其为人。若以书观李主,可不谓之倔强丈夫哉!③

然而,苏轼却认为后主的书法所表现的雄劲之美只是表面效果,而其内核却相当空虚。这跟蔡襄外柔内刚的风格恰正相反:

> 仆尝论君谟书为本朝第一,议者多以为不然。或谓君谟书为弱,此殊非知书者。若江南李主,外托劲险而中实无有,此真可谓弱者。世以李主为劲,则宜以君谟为弱也。④

苏轼之所以不欣赏李煜险劲的书风,与他对后主的道德贬视有关,也与当时排斥柳公权书风的审美观有关。他还说:"李国主本无所得,舍险与瘦,一字无成。"⑤关于李煜书风瘦劲这一点,黄庭坚也有同感。他在《跋李后主书》中说李煜书法有的"步骤太露":

> 观江南李主手改表章,笔力不减柳诚悬,乃知今世石刻曾不得

① 佚名:《宣和画谱》卷十七,明津逮秘书本。
② (宋)周应合:《景定建康志》卷五〇,南京:南京出版社 2009 年版,第 1249 页。
③ (宋)张舜民:《题江南李后主书》,曾枣庄主编:《宋代序跋全编》卷一〇五,济南:齐鲁书社 2015 年版,第 2936 页。
④ (宋)苏轼:《跋蔡君谟书》,《苏轼文集》卷六九,第 5 册,北京:中华书局 1986 年版,第 2192 页。
⑤ (明)汪砢玉:《珊瑚网》卷二四,清文渊阁《四库全书》本。

其仿佛。余尝见李主与徐铉书数纸,自论其文章,笔法政如此。但步骤太露,精神不及此数字笔意深稳。盖刻意与率尔为之,工拙便相悬也。①

黄庭坚虽然批评李煜书法的不足,但是他是以书论书,相较于苏轼带有主观好恶的评价,要显得公允客观。

南唐所管辖的区域,文人气息非常浓郁,中国古代的文房四宝无一不与南唐密切相关,南唐皇室对于笔、墨、纸、砚制造的讲究程度,大概是中国历代所仅见。据宋人陈师道《后山谈丛》记载:

> 南唐于饶置墨务,歙置砚务,扬置纸务,各有官,岁贡有数。求墨工于海东,纸工于蜀。中主好蜀纸,既得蜀工,使行境内,而六合之水与蜀同。李(廷珪)本奚氏,以幸赐国姓,世为墨官云。②

后主在中主旧制的基础上,更加追求品质的提升。根据成书于南宋初年的《砚谱》所载:"李后主留意翰墨笔札,所用澄心堂纸、李廷珪墨、龙尾石砚,三者为天下之冠。"③

李煜写字选用宣州(今安徽宣城)制笔世家诸葛氏特制的紫毫笔。他在笔管的装饰上相当讲究,据元人陆友《研北杂志》所载:"袁伯长有李后主所用玉笔,管上有镌字,文镂甚精。"④他又将昭惠皇后所使用的特别精致的紫毫笔命名为"点青螺"。

南唐文人对墨的珍视,有甚于黄金。陶谷《清异录》即载:"徐铉兄弟工翰染,崇饰书具。尝出一月团墨,曰:'此价值三万。'"⑤制墨者中尤以李超和李廷珪父子最为有名。李煜使用的墨,就是被称为南唐一宝的著名墨工李廷珪创制的松烟墨,当时就有"天下第一品"的美誉。歙州墨在南唐负有盛名,黟县"县南十八里有墨岭山,……岭旁窦出墨石

---

① (宋)黄庭坚:《跋李后主书》,曾枣庄主编:《宋代序跋全编》卷一一三,济南:齐鲁书社2015年版,第3171页。

② (宋)陈师道:《后山谈丛》卷二,北京:中华书局2007年版,第32页。

③ 佚名:《砚谱》,宋百川学海本。

④ (元)陆友:《研北杂志》卷上,民国景明宝颜堂秘笈本。

⑤ (宋)陶谷:《清异录》卷下,上海师范大学古籍整理研究所编:《全宋笔记》第一编第2册,郑州:大象出版社2003年版,第88页。

可书"①。宋初文人苏易简《文房四谱》云:"江南黟、歙之地,有李廷珪墨尤佳。廷珪本易水人,其父超,唐末流离渡江,睹歙中可居,造墨,故有名焉。"②陆友《墨史》亦称:"(蔡)君谟云:'超与其子廷珪,唐末自易水渡江至歙州,地多美松,因而留居,遂以墨名家。'"③

据李孝美《墨谱法式》载,李廷珪之父李超制墨,"精者其坚如玉,其文如犀,写千幅纸不耗三分。《墨苑》载,徐常侍云:'尝得李超墨一挺,与弟错共用十年乃尽。磨处边际有刃,可以割纸。自后用李氏墨无及者。'以此知超精意为之者,庭珪不及也。"④但是李廷珪的墨品在南唐已冠绝一时,其墨"丰肌腻理,光泽如漆,……非法之至精,曷能臻于此哉"。⑤

李廷珪制墨极其考究,自中主保大年间,即以墨务官的身份,专司歙州贡墨。李廷珪制墨,"每松烟一斛、珍珠三两、玉屑一两、龙脑一两,和以生漆捣十万杵,故置水中三年不坏。君谟言廷珪墨可削木"⑥。廷珪墨形制不一,"有圆饼龙蟠而剑脊者,有四浑厚长剑脊而两头尖者,又有如弹丸而龙蟠者"⑦。陈师道《后山谈丛》载:"秦少游有李廷珪墨半丸,不为文理,质如金石。潘谷见之而拜曰:'真李氏故物也,我生再见矣!'"⑧吴任臣《十国春秋》中还记载一则轶事,印证了李廷珪墨的品质:

> 及廷珪墨,为文房三宝。当其时有贵族尝误遗廷珪墨一丸于池中,疑为水所坏,因不复取。既逾月,临池饮,偶坠金器,乃令善泅者下取之,并得所遗墨,光色不变,表里若新,缘是世多知宝藏云。⑨

此墨的制作配以多种中药材,因此还可以充当药用。入宋后,多为

---

① (宋)乐史:《太平寰宇记》卷一〇四,北京:中华书局2007年版,第2065页。
② (宋)苏易简:《文房四谱》卷五,清十万卷楼丛书本。
③ (元)陆友:《墨史》卷上,清知不足斋丛书本。
④ (宋)李孝美:《墨谱法式》卷中,民国涉园墨萃本。
⑤ (宋)李孝美:《墨谱法式》卷中,民国涉园墨萃本。
⑥ 朱栋文:《砚小史》,桑行之等:《说砚》,上海:上海科技教育出版社1994年版,第256—257页。
⑦ 邓之诚:《骨董琐记全编》,北京:北京出版社1996年版,第154页。
⑧ (宋)陈师道:《后山谈丛》卷二,北京:中华书局2007年版,第32页。
⑨ (清)吴任臣:《十国春秋》卷三二,傅璇琮、徐海荣、徐吉军主编:《五代史书汇编》第7册,杭州:杭州出版社2004年版,第3839页。

名家收藏,及至北宋末年已被视作稀世珍宝:"至宣和年,黄金可得,李氏之墨不可得。"①

李煜还亲自主持制造了一种质地细薄光润的澄心堂纸。关于澄心堂的地理位置,历来有两种说法。其一,依据陈师道《后山谈丛》,认为烈祖李昪担任杨吴节度使时便已建成,是他图书收藏处所之一。据说后主也曾将澄心堂作为储藏书法名迹之处。其二,根据郑文宝《江表志》,则乃后主时始建:

> 北苑水心西有清辉殿,署学士事太子太傅徐邈、太子太保文安郡公徐游,别置一院于后,谓之澄心堂。以皇侄元楇、元机、元榆、元枢为员外郎及秘书郎,皆在其内。出入内庭密画,中旨多出其间,中书、密院皆同散地。用兵之际,降御札移易兵士,密院不知。皇甫继勋伏诛之后,夜出万人斫寨,招讨分兵署字,不知何往,皆出澄心堂。直承宣命者,谓之澄心堂承旨,政出多门,皆仿此也。②

由此可见,澄心堂的位置在清晖殿的后面,这两座建筑均在南唐皇宫内苑(即北苑)。南唐末年,澄心堂一度取代秘书院,成为后主批阅奏章之所。

所谓澄心堂纸,就是专供南唐皇室写字作画所用之纸,造纸地点设在南京六合地区。据宋人高晦叟《珍席放谈》卷下记载:"江南李后主善词章,能书画,皆臻妙绝。是时纸笔之类,亦极精致。世传尤好玉屑笺,于蜀主求笺匠造之,唯六合水最宜于用,即其地制作。今本土所出麻纸,无异玉屑,盖所造遗范也。"③这里所讲的"玉屑笺"当即澄心堂纸中的一种。澄心堂纸的纸幅较一般麻纸低狭,但质地"肤如卵膜,坚洁如玉"④,多为书画用纸。即如南宋程大昌《演繁露》所云:

> 江南李后主造澄心堂纸,前辈甚贵重之,江南平后六十年,其

---

① (元)陆友:《墨史》卷上,清知不足斋丛书本。

② (宋)郑文宝:《江表志》卷下,上海师范大学古籍整理研究所编:《全宋笔记》第一编第 2 册,郑州:大象出版社 2003 年版,第 272—273 页。

③ (宋)高晦叟:《珍席放谈》卷下,上海师范大学古籍整理研究所编:《全宋笔记》第三编第 1 册,郑州:大象出版社 2008 年版,第 191 页。

④ (明)郎瑛:《七修类稿》卷十九,明刻本。

纸犹有存者。欧公尝得之，以二轴赠梅圣俞。梅诗铺叙其由，而谢之曰："江南李氏有国日，百金不许市一枚。当时国破何所有，帑藏空竭生莓苔。但存图书及此纸，弃置大屋墙角堆。幅狭不堪作诏命，聊备粗使供鸾台。"用梅诗以想其制，必是纸制大佳，而幅度低狭，不能与麻纸相及，故曰"幅狭不堪作诏命"也。然一纸已直百钱，亦已珍矣。①

澄心堂纸虽然被誉为"众纸之冠"，然而宋初并未受到重视，"坏楼之上犹存十数幅"②；可是到了北宋中后期却身价倍增，刘攽、欧阳修、梅尧臣、苏轼等人以其为稀世之珍。邓之诚对梅尧臣《咏澄心堂纸》诗的解读，是对澄心堂纸的精辟之论："曰'滑如春冰密如茧，把玩惊喜心徘徊。蜀笺脆蠹不禁久，剡楮薄慢还可咍'，则厚密可知；曰'幅狭不堪作诏命'，则其狭可知；曰'慎勿乱与人剪裁'，曰'心烦收拾乏匦椟'，则其长可知，故曰匹纸也。曰'江南李氏有国日，百金不许市一枚'，则贵重可知。"③诸多名家的书画作品，包括宋时拓印的《淳化阁帖》，李公麟所绘《五马图》《醉僧图》，欧阳修起草《新唐书》《新五代史》，米友仁所绘《云山墨戏图卷》，现存于台北故宫博物院的宋徽宗所作《牡丹诗》和《怪石诗》等两开册页，所用的都是澄心堂纸。苏轼即写诗赞道："诗老囊空一不留，百番曾作百金收"（《次韵宋肇惠澄心纸二首》其一）。

南唐对制砚也十分考究，皇室用砚多取自歙州，当时并设有砚务官，官阶九品，月给俸廪。陆友《研北杂志》卷下记载："南唐李氏于歙州置砚务官，岁为官造砚有数。其砚四方而平浅者，南唐官砚也，往往镂边，极工巧。"④李煜所用的砚更为讲究，其中比较有名的是："红丝砚""灵璧石砚""青石砚""龙尾砚台"和"宝石研山"。红丝砚产于山东青州，纹理红黄相参，极为优美，北宋苏易简列之为砚中第一品。灵璧石以其质坚声脆而为历代文人所喜爱，常取以为书斋雅玩。青石砚也产

① （宋）程大昌：《演繁露》卷九，上海师范大学古籍整理研究所编：《全宋笔记》第四编第9册，郑州：大象出版社2008年版，第42页。
② （宋）倪涛：《六艺之一录》卷三〇九，清文渊阁《四库全书》本。
③ 邓之诚：《骨董琐记全编》，北京：北京出版社1996年版，第248页。
④ （元）陆友：《研北杂志》卷下，民国景明宝颜堂秘笈本。

于山东青州,李煜拥有的一方青石砚充满着神秘的色彩:

> 李后主得青石砚,墨池中有黄石如弹丸。水常满,终日用之不耗,每以自随。后归朝,陶谷见而异之,砚大不可持,乃取石弹丸去。后主拽其手,振臂就取。后主请以宝玩为谢。陶不许。后主曰:"唯此砚能生水,他砚皆不可用。"陶试数十砚,水皆不生。后主索之良苦。陶不能奈,曰:"要当碎之。"石破,中有小鱼跳地上即死。自是,砚无复润泽。[①]

这则轶事表明,此方青石砚质地润泽能发墨,故而引起陶谷的强夺。

在李煜所用名砚中,龙尾石砚最为世所称赏,被誉为"天下之冠"[②]。安徽多山,名砚不绝。据陶谷《清异录》记载,唐开元年间,玄宗赐给宰相张文蔚、杨沙等人的"龙鳞月砚",就是歙州所产的一种较为名贵的金星砚。龙尾石产于皖南婺源龙尾山,多用罗纹坑、水舷坑、驴坑等料石,"其石坚劲,大抵多发墨,故前世多用之,以金星为贵"[③]。此砚纹理缜密,质地温润坚密,叩之声清若玉,极为南唐中主李璟所珍爱。他特别拔擢砚工李少微为砚务官,授以九品之服,月有俸廪之给,"岁为砚,造砚有数。其砚四方而平浅者,南唐官砚也"[④]。

尤其值得一提的是,李煜得天独厚地收藏了一座天下罕见的宝石砚山。它利用天然奇石精心制作而成,四周参差错落地矗立着形状像手指一般大小的 36 座奇峰,"不假雕琢,有华盖峰、月岩、方坛、玉笋、翠峦,上洞下洞,三折相通。有龙池,遇天雨则津润,滴水少许,池内经旬不竭"[⑤]整座砚山就是一个鬼斧神工、妙手天成的艺术品。宋人蔡絛《铁围山丛谈》记载:

> 江南李氏后主宝一研山,径长尺逾咫,前耸三十六峰,皆大如手指,左右则引两阜坡陀,而中凿为研。及江南国破,研山因流转

① 佚名:《砚谱》,宋百川学海本。
② 佚名:《砚谱》,宋百川学海本。
③ 曹昭文:《古砚论》,桑行之等:《说砚》,上海:上海科技教育出版社 1994 年版,第 47 页。
④ 邓之诚:《骨董琐记全编》,北京:北京出版社 1996 年版,第 106 页。
⑤ (清)吴任臣:《十国春秋》卷一一五,傅璇琮、徐海荣、徐吉军主编:《五代史书汇编》第 8 册,杭州:杭州出版社 2004 年版,第 4902 页。

数士人家,为米元章所得。后米老之归丹阳也,念将卜宅,久勿就。而苏仲恭学士之弟者,才翁孙也,号称好事。有甘露寺下并江一古墓,多群木,盖唐、晋人所居。时米老欲得宅,而苏觊得研山。于是……苏、米竟相易。……研山藏苏氏,未几,索入九禁。时东坡公亦曾作一研山,米老则有二。①

由此可见,这方宝石研山得以幸存到北宋末年,并且历经米芾、苏恭绰的收藏,后来进入徽宗的宣和内府。米芾的传世佳作《研山铭》即描摹此砚山之奇妙:"五色水,浮昆仑;潭在顶,出黑云;挂龙怪,烁电痕;下震霆,泽厚坤;极变化,阖道门。"南唐还有 1 件金铜蟾蜍砚滴,据陆友《研北杂志》记载:"李仲芳家有南唐金铜蟾蜍砚滴,重厚奇古,磨灭处金色愈明,非近世涂金比也。腹下有篆铭云:'舍月窟,伏棐几,为我用,贮清泚。端溪石,澄心纸,陈玄氏,毛锥子。同列无哗听驱使,微吾润泽乌用汝?'"②欧阳修亦载:"某此一砚,用之二十年矣。当南唐有国时,于歙州置砚务,选工之善者,命以九品之服,月有俸廪之给,号砚务官,岁为官造砚有数。其砚四方而平浅者,南唐官砚也。其石尤精,制作亦不类今工之侈窳。此砚得自今王舍人原叔。原叔家不识为佳砚也,儿子辈弃置之。予始得之,亦不知为南唐物也。有江南人年老者见之,悽然曰:'此故国之物也。'因具道其所以然,遂始宝惜之。"③

天下神笔、奇墨、名纸、宝砚,尽为一人独占拥有。这样一位具有深湛文化修养和高雅审美趣味的词人提起笔来写字作画,其艺术格调自然也就不同于流俗。

除了书法创作,李煜还是一位书法理论家,魏泰《东轩笔录》卷十五载:"江南李后主善书,尝与近臣语书。有言颜鲁公端劲有法者,后主鄙之曰:'真卿之书,有法而无佳处,正如扠手并脚田舍汉耳。'"④李煜撰有

① (宋)蔡絛:《铁围山丛谈》卷五,上海师范大学古籍整理研究所编:《全宋笔记》第三编第 9 册,郑州:大象出版社 2008 年版,第 237 页。
② (元)陆友:《研北杂志》卷下,民国景明宝颜堂秘笈本。
③ (宋)欧阳修撰,李逸安点校:《欧阳修全集》卷一三〇《南唐砚》,第 5 册,北京:中华书局 2001 年版,第 1975 页。
④ (宋)魏泰:《东轩笔录》卷十五,上海师范大学古籍整理研究所编:《全宋笔记》第二编第 8 册,郑州:大象出版社 2006 年版,第 112 页。

两篇专门谈论书法的文章:《书述》和《书评》,观点精当,文笔精美,不乏真知灼见。

李煜《书述》写道:

> 壮岁书亦壮。犹嫖姚十八从军,初拥千骑,凭陵沙漠,而目无全虏。又如夏云奇峰,畏日烈景,纵横炎炎,不可向迩,其任势也如此。老来书亦老,如诸葛亮董戎,朱睿接敌,举板舆自随,以白羽麾军,不见其风骨,而毫素相适,笔无全锋。噫,壮老不同,功用则异,惟所能者,可与言之。

> 书有八字法,谓之"拨镫",自卫夫人并钟、王,传授于欧、颜、褚、陆等,流于此日,然世人罕知其道者,孤以幸会,得受诲于先王。奇哉,是书也! 非天赋其性,口受要诀,然后研功覃思,则不穷其奥妙,安得不秘而宝之! 所谓法者,擫、压、钩、揭、抵、拒、导、送也。此字亦有颜公真卿墨迹尚存于世,余恐将来学者无所闻焉,故聊记之。

> 擫者,擫大指骨上节下端,用力欲直,如提千钧。

> 压者,捺食指著中节旁。

> 钩者,钩中指著指尖,钩笔令向下。

> 揭者,揭名指著指爪肉之间,揭笔令向上。

> 抵者,名指揭笔,中指抵住。

> 拒者,中指钩笔,名指拒定。

> 导者,小指引名指过右。

> 送者,小指送名指过左。[①]

该文首先认为,书法与年龄有关,壮年之时书法气势充足、锋芒毕露、变化多端,年纪大了以后神气内敛、笔法老到。接着,李煜讲述了自己学习到的"拨镫"五字执笔法,并且根据自己的体会,增加了运笔内容,称为八字法。

其《书评》评述历代著名书家:

---

① (南唐)李煜:《书述》,《全唐文·唐文拾遗》卷十一,北京:中华书局 1983 年版,第 10489 页。

善法书者,各得右军之一体。若虞世南得其美韵而失其俊迈;欧阳询得其力而失其温秀;褚遂良得其意而失其变化;薛稷得其清而失于拘窘;颜真卿得其筋而失于粗鲁;柳公权得其骨而失于生犷;徐浩得其肉而失于俗;李邕得其气而失于体格;张旭得其法而失于狂。献之俱得之而失于惊急,无蕴藉态度。①

这是后周显德三年(956)李煜和张洎观赏王羲之《兰亭集序》时写下的一段题跋。后主眼光很高,在此文中指点江山,以书圣王羲之为祖,对于近代以来的书法家逐一点评,彰显出自己"书中帝王"的气派。

李煜的书法技艺对当时人颇有影响。"唐希雅,嘉兴人,妙于画竹,作翎毛亦工。初学南唐伪主李煜金错书,有一笔三过之法。虽若甚枯瘦,而风神有余"②,现存书迹有《西方诗帖》《比事帖》等。宋人曾亲见李煜书法真迹:"尝见南唐李侯撮襟,书宫人庆奴扇云:'风气渐老见春羞,到处销魂感旧游。多谢长条似相识,强垂烟态拂人头。'"③黄庭坚亦云:"观江南李主手改表章,笔力不减柳诚悬,乃知今世石刻曾不得其仿佛。"④陆游也曾亲见李煜真迹:"清凉广慧寺,……坏于兵火。旧有德庆堂,在法堂前,堂榜乃南唐后主撮襟书,石刻尚存。"⑤

李煜还擅长绘画,尤其擅长工笔花鸟和墨竹。他画的墨竹,笔法借鉴"金错刀"书法遒劲与颤笔交融的技巧,画得笔画苍劲、富有神韵,后人称之为"铁钩锁"。宋人叶廷珪《海录碎事》卷十九载:"鲁直诗注:世传江南李王作竹,自根至梢,极小者一钩勒成,谓之'铁钩锁'。自云:'唯柳公权有此笔法。'"⑥《宣和画谱》卷十七云:"(李煜)画亦清爽不凡,别为一格。……李氏又复能为墨竹,此互相取备也。其画虽传于世者不多,然推类可以想见。至于画《风虎云龙图》者,便见有霸者之略,异

---

① (南唐)李煜:《书评》,《全唐文》卷一二八,北京:中华书局1983年版,第1287页。
② 佚名:《宣和画谱》卷十七,明津逮秘书本。
③ (宋)邵博:《邵氏闻见后录》卷十七,北京:中华书局1985年版,第111页。
④ (宋)黄庭坚:《跋李后主书》,曾枣庄主编:《宋代序跋全编》卷一一三,济南:齐鲁书社2015年版,第3171页。
⑤ (宋)陆游:《入蜀记》卷二,上海师范大学古籍整理研究所编:《全宋笔记》第五编第8册,郑州:大象出版社2012年版,第171页。
⑥ (宋)叶廷珪:《海录碎事》卷十九,北京:中华书局2002年版,第860页。

于常画,盖不期至是而志之所之有不能遏者。……今御府所藏九:《自在观音像》一,《云龙风虎图》一,《柘竹双禽图》一,《柘枝寒禽图》一,《秋枝披霜图》一,《写生鹌鹑图》一,《竹禽图》一,《棘雀图》一,《色竹图》一。"①宋人郭若虚《图画见闻志》卷三称:"江南后主李煜,才识清赡,书画兼精。尝观所画林石飞鸟,远过常流,高出意外。金陵王相家有《杂禽花木》,李忠武家有《竹枝图》,皆稀世之玩也。"②

米芾不甚欣赏李煜的绘画,但是他说:"李王山水,唐希雅、黄筌之伦,翎毛小笔,人收甚众,好事家必五七本,不足深论。"③由此可见,李煜能作山水、翎毛画,且颇受藏家欢迎。南宋文人张澂曾收藏过李煜的花鸟画。他对后主之画颇为欣赏,并于《画录广遗》中指出:"笔势峻清如金错书。所作花竹超然不群,非后主不能也。"④元人夏文彦在《图绘宝鉴》中亦称:"(李煜)画山水、人物、禽鸟、墨竹,皆清爽不凡,别为一格。然书画同体,高出意外。"⑤

南唐烈祖李昪好读书,并擅长书法,早在建立南唐之前便已在金陵建立了专门的藏书楼。南唐中主、后主持续扩大图书和书画的收藏,致使南唐皇室收藏的古人书画和图书达到 10 万卷以上,其中包括钟繇、王羲之等人的稀世书法珍品,收藏之富,笔砚之精,冠绝一时。

他们利用这些文化资源,积极推广艺术教育。中主李璟曾于保大七年(950)命善书的仓曹参军王文炳选择收藏法书中的精粹,予以摹刻刊成《保大帖》。后主也曾命徐铉摹刻《昇元帖》。李煜"才高识博,雅尚图书,蓄聚既丰,尤精赏鉴"⑥。据宋人周密《志雅堂杂钞》记载:"江南后主尝诏徐铉,以所藏古今法帖入之石,名《昇元帖》,此则在《淳化》之前,当为法帖之祖也。"⑦明人汪砢玉《珊瑚网》亦称:

---

① 佚名:《宣和画谱》卷十七,明津逮秘书本。
② (宋)郭若虚:《图画见闻志》卷三,明津逮秘书本。
③ (宋)米芾:《画史》,上海师范大学古籍整理研究所编:《全宋笔记》第二编第 4 册,郑州:大象出版社 2006 年版,第 269 页。
④ (清)卞永誉:《书画汇考》卷三一引,清文渊阁《四库全书》本。
⑤ (元)夏文彦:《图绘宝鉴》卷三,元至正刻本。
⑥ (清)郭若虚:《图画见闻志》卷六,明津逮秘书本。
⑦ (宋)周密:《志雅堂杂钞》卷上,清粤雅堂丛书本。

唐《昇元帖》以匦纸摹拓、李廷珪墨拂之，为绝品。匦纸者，打金箔纸也。其次用澄心堂纸、蝉翅拂为第二品。浓墨本为第三品也。《昇元帖》在《淳化》祖刻之上，隋《开皇帖》之下，迄今皆不复见也。①

不幸的是，这些珍贵的书画、典籍最终遭到了焚毁的厄运。李煜的随从陈彭年记载道："元宗、后主皆妙于笔札，好求古迹，宫中图籍万卷，钟、王墨迹尤多。城将陷，（后主）谓所幸保仪黄氏曰：'此皆吾宝惜，城若不守，尔可焚之，无使散逸。'及城陷，黄氏皆焚。"②

因有这李氏三代儒雅风流之君连续主政，南唐举国人文精神高涨，正如南唐刘崇远《金华子杂编》卷上所赞："始天祐间，江表多故，洎及宁帖，人尚苟安。稽古之谈，几乎绝侣；横经之席，蔑尔无闻。及高皇初收金陵，首兴遗教，悬金为购坟典，职吏而写史籍。闻有藏书者，虽寒贱必优词以假之；或有赞献者，虽浅近必丰厚以答之。时有以学王右军书一轴来献，因偿十余万，缯帛副焉。由是六经臻备，诸史条集，古书名画，辐辏绛帷。俊杰通儒，不远千里而家至户到，咸慕置书。经籍道开，文武并驾。"③

---

① （明）汪砢玉：《珊瑚网》卷二三下，清文渊阁《四库全书》本。
② （南唐）陈彭年：《江南别录》，上海师范大学古籍整理研究所编：《全宋笔记》第一编第4册，郑州：大象出版社2003年版，第209页。
③ （南唐）刘崇远：《金华子杂编》卷上，北京：中华书局2014年版，第257页。

附录:李煜年表①

昇元元年(937)

七月七日,李从嘉生。祖昇即南唐皇帝位。

保大十二年(954)　18岁

纳大周后。周后通书史,多才艺,夫妇甚相得。

保大十三年(955)　19岁

十二月,以安定郡公为沿江巡抚使。累迁诸卫大将军、诸道副元帅,封郑王。

中兴元年(958)　22岁

长子仲寓生。

显德六年(959)　23岁

九月,自郑王徙吴王,以尚书令知政事,居东宫。开崇文馆招贤士。

建隆二年(961)　25岁

二月,立为太子,留金陵监国。

---

① 该年表是在参阅夏承焘《南唐二主年谱》,唐圭璋《南唐二主年表》,贾晋华、傅璇琮《唐五代文学编年史·五代卷》,张兴武《五代十国文学编年》等资料的基础上加以编纂。

七月二十九日,嗣位于金陵,史称"南唐后主"。更名煜。

遣冯延鲁如宋,奉表陈袭位。宋始降诏,后主始易紫袍见宋使。

立妃周氏为后。

后主次子仲宣生。

建隆三年(962)　26 岁

正月戊寅,葬中主于顺陵。

三月,遣冯延鲁贡宋。自后修贡频繁。

七月,遣翟如璧贡宋金器二千两,银器一万两,锦绮绫罗一万匹。

十一月,遣顾彝贡宋。

乾德元年(963)　27 岁

三月,遣使犒宋师平荆南。

十一月,贡宋贺南郊礼银一万两,绢一万两;又贡绢一万匹,贺册尊号。

十二月,上表于宋,乞罢诏书不名之礼,不从。

宋使至,始去鸱吻。

大周后作《霓裳羽衣曲》。监察御史张宪谏耽音律。

是岁南平高继冲归宋。宋凿大池教水战。

乾德二年(964)　28 岁

二月,贡宋安葬银一万两,绫绢各一万匹。别贡银二万两,金器、龙凤茶、酒器数百事。

五月,贺宋文明殿成,进银万两。

七月,以国用匮乏,始行铁钱。

十月二日甲辰,次子仲宣卒,4 岁,追封岐王,作《挽辞》与《悼诗》。

十一月二日甲戌,大周后卒,29 岁。

时小周后已入宫。

宋太祖遣作坊副使魏丕来吊周后丧,登昇元阁作诗讽后主。

乾德三年(965) 29 岁

正月壬午,宋灭后蜀。葬昭惠后于懿陵。作《昭惠周后诔》。

二月癸卯,贡宋长春节御衣二袭,金器千两,锦绮、绫罗各千匹,银器五千两。

四月癸丑,贺宋收蜀,银绢以万计。

九月,母圣尊后钟氏殂。

乾德五年(967) 31 岁

三月丁卯,命两省侍郎、谏议大夫、给事中、中书舍人、集贤勤政殿学士,分夕于光政殿宿直,与之剧谈,或至夜分乃罢。

开宝元年(968) 32 岁

境内旱,宋饷米麦十万石。

三月,以韩熙载为中书侍郎百胜军节度使兼中书令。

十一月,立小周后为国后。命陈致雍、徐铉、潘佑、徐游定婚礼。自是颇好豪侈,耽声色。韩熙载、徐铉以下皆献诗以讽。遣韩熙载入宋聘谢。

开宝二年(969) 33 岁

二月,与群臣游北苑,宴饮赋诗,命徐铉为序。

六月己丑,遣弟吉王从谦贡宋。

冬,校猎青龙山,归录大理寺囚,原贷甚众。

普度诸郡僧,崇奉释氏,成一时风气。北僧小长老等南来。

开宝三年(970) 34 岁

八月,于绮霞阁饯送邓王从镒出镇宣州,自作诗及序,诏群臣和之。

是月,受宋命,令知制诰潘佑作书谕南汉主刘鋹,约与俱事宋。遣给事中龚慎仪往使,南汉主囚慎仪,答书不逊,煜以书上宋帝。宋帝怒,遂决意伐南汉。

命境内崇修佛寺,改宝公院为开善道场;又于禁中广署僧尼精舍,多聚徒众。与后顶僧伽帽,衣袈裟,诵佛经,拜跪顿颡至为瘤赘。由是建康城中僧徒迨至数千,给廪米缗帛以供之。

歙州进士汪涣上封事谏佞佛,擢为校书郎,然不为改。

樊知古奔宋上书,言江南可取状。

张洎使宋。

撰成《杂说》3卷,徐铉为作序;编成文集30卷,徐锴为作序。

开宝四年(971) 35 岁

春,遣使如宋贡占城、大食国所送礼物。又遣弟从谦奉珍宝、器用、金帛为贡,且买宴,其数皆倍于前。

十月,闻宋灭南汉,屯兵于汉阳,大惧。遣弟郑王从善朝贡,去唐号,称"江南国主",请罢诏书不名。

开宝五年(972) 36 岁

正月,下令贬损仪制,殿庭始去鸱吻。衣紫袍见宋使,备藩臣礼。

二月,贡宋长春节钱三十万,遂以为常。又贡米麦二十万石。

是岁宋命从善为泰宁军节度使,留京师,赐第汴阳坊;并于汴京造礼贤馆,待后主降。后主遣冯延鲁赴宋,谢从善爵命。延鲁至宋,疾病不能朝而归。

召陈彭年入宫,令仲寓与之游。

开宝六年(973) 37 岁

四月,宋使卢多逊来聘,求江南图经,录一本送之,宋帝尽得江南虚实,遂有用兵意。

闻宋主欲兴师,上表愿受封册,不许。

鸩杀南都留守林仁肇。

十月,内史舍人潘佑切谏被收,佑乃自杀。户部侍郎李平亦以谏嫌,缢死狱中。

开宝七年（974） 38岁

五月，上宋祖表，求从善归国，不许。后主作《却登高文》，哀念不已。

七月，宋遣阁门使梁迥来使，谓天子今冬行柴燎礼，讽往助祭。国主不答，饯送不敢登北使船。

九月丁卯，宋复遣知制诰李穆为国信使，持诏来曰：朕将以仲冬有事圜丘，思与卿同阅牺牲。且谕以将出师，宜早入朝之意。国主辞以疾。且曰：臣事大朝，冀全宗祀，不意如是，今有死而已。

时宋已遣曹翰率师先出江陵，曹彬、李汉琼、田兴祚率舟师继发。及是，又命潘美、刘遇、梁迥率师水陆并进，与国信使李穆同日行。

十月，遣江国公从镒重币入贡，帛二十万匹，白银二十万两。又遣潘慎修贡买宴，帛万匹，钱五百万。筑城聚粮，大为守备。

闰十月，宋拔池州。吴越王钱俶亦犯常、润。

十一月，宋师作浮桥成，长驱渡江，遂至金陵。

十二月，金陵始下戒严令，去开宝纪年，称甲戌岁。

开宝八年（975） 39岁

二月壬戌朔，宋师拔金陵关城。

宋师兵临城下，后主犹不知之，日听讲佛经及卜卦。一日登城，见宋旌旗遍野，乃大惊，因诛神卫都指挥使皇甫继勋。遣徐铉厚贡方物求缓兵，皆不报。

三月丁巳，吴越攻常州，禹万诚以城降。

六月，宋、吴越围润州，刘澄以城降。

宋、吴越会师围金陵。宋主遣李穆送从镒还本国，谕后主降。十月，后主命陈大雅突围召洪州节度使朱令赟赴难，令赟率师15万入援，至皖口，与宋师遇，大溃。金陵益危蹙，宋师百道攻城，昼夜不休，城中斗米万钱，人病足弱，死者相枕藉。两遣徐铉等厚贡方物求缓兵，皆不得报。求救于契丹，不达。

十一月二十七乙未夜半，城陷。后主欲尽室自焚，左右泣涕固谏，乃率司空知左右内史事殷崇义等肉袒出降。所藏文籍及钟、王字迹几尽烬。

与子弟及官属 45 人随宋师北行。过临淮，往礼普光王塔，施金帛犹以千计。

开宝九年(976)　40 岁

正月辛未，宋曹彬执后主至京师。后主白衣纱帽至明德楼下待罪。乙亥，宋封为右千牛卫上将军、违命侯。

十月，太宗即位，改元太平兴国，改封后主为陇西公。

太平兴国二年(977)　41 岁

后主在汴，日夕以泪洗面，作词极抒悲苦。奏书言贫，太宗命增给月俸，仍予钱三百万。

太平兴国三年(978)　42 岁

七月七日，后主在赐第，命故妓作乐。太宗大怒。又传"小楼昨夜又东风""一江春水向东流"词，遂赐服牵机药而死。咀问至江南，父老有巷哭者。

宋赠太师，追封吴王，葬洛阳北邙山。徐铉作墓志。

是岁小周后悲不自胜，亦卒。

参考文献

（宋）薛居正等：《旧五代史》，北京：中华书局 2000 年版。

（宋）欧阳修：《新五代史》，北京：中华书局 2000 年版。

傅璇琮、徐海荣、徐吉军主编：《五代史书汇编》，杭州：杭州出版社 2004 年版。

（清）徐松撰，刘琳、刁忠民等校点：《宋会要辑稿》，上海：上海古籍出版社 2014 年版。

邹劲风：《南唐国史》，南京：南京大学出版社 2000 年版。

何剑明：《沉浮：一江春水——李氏南唐国史论稿》，南京：南京大学出版社 2007 年版。

陈葆真：《李后主和他的时代：南唐艺术与历史》，北京：北京大学出版社 2009 年版。

夏承焘：《唐宋词人年谱》，杭州：浙江古籍出版社 2017 年版。

田居俭：《李煜传》，北京：国际文化出版公司 2006 年版。

朱仲玉：《江南日暮：南唐三十九年》，北京：中国大百科全书出版社 2020 年版。

杨海明：《李璟·李煜》，沈阳：春风文艺出版社 1999 年版。

董希平编著：《李煜》，北京：中华书局 2010 年版。

檀作文、万希编著：《李煜》，北京：五洲传播出版社 2006 年版。

蒋方：《李璟李煜集》，南京：凤凰出版社 2014 年版。

王仲闻：《南唐二主词校订》，北京：中华书局 2007 年版。

杨敏如：《南唐二主词新释辑评》，北京：中国书店 2003 年版。

（元）脱脱等：《宋史》，北京：中华书局 2000 年版。

（宋）司马光：《资治通鉴》，北京：中华书局 2011 年版。

（宋）李焘：《续资治通鉴长编》，北京：中华书局 2004 年版。

（清）毕沅：《续资治通鉴》，长沙：岳麓书社 2008 年版。

（清）赵翼：《廿二史札记》，清嘉庆五年（1800）湛贻堂刻本。

上海古籍出版社编：《宋元笔记小说大观》，上海：上海古籍出版社 2001 年版。

上海师范大学古籍整理研究所编：《全宋笔记》，郑州：大象出版社 2003—2018 年版。

（清）李调元：《全五代诗》，合肥：黄山书社 1991 年版。

（清）王士禛、（清）郑方坤：《五代诗话》，北京：人民文学出版社 1998 年版。

吴相洲：《中国诗歌通史·唐五代卷》，北京：人民文学出版社 2012 年版。

孙华娟：《南唐诗史》，北京：中国社会科学出版社 2019 年版。

唐圭璋：《词话丛编》，北京：中华书局 1986 年版。

屈兴国：《词话丛编二编》，杭州：浙江古籍出版社 2013 年版。

葛渭君：《词话丛编补编》，北京：中华书局 2013 年版。

朱崇才：《词话丛编续编》，北京：人民文学出版社 2010 年版。

张惠民：《宋代词学资料汇编》，汕头：汕头大学出版社 1993 年版。

王兆鹏主编：《唐宋词汇评（唐五代卷）》，杭州：浙江教育出版社 2004 年版。

（清）陈廷焯：《白雨斋词话》，北京：人民文学出版社 1959 年版。

王国维：《人间词话》，北京：中华书局 2010 年版。

缪钺：《诗词散论》，西安：陕西师范大学出版社 2008 年版。

叶嘉莹：《迦陵论词丛稿》，上海：上海古籍出版社 1980 年版。

刘尊明：《唐五代词史论稿》，北京：文化艺术出版社 2000 年版。

佚名：《宣和书谱》，清文渊阁《四库全书》本。

佚名：《宣和画谱》，明津逮秘书本。

（宋）郭若虚：《图画见闻志》，明津逮秘书本。

（南唐）徐铉：《徐公文集》，《四部丛刊》景黄丕烈校宋本。

贾晋华、傅璇琮：《唐五代文学编年史·五代卷》，沈阳：辽海出版社 1998 年版。

后　记

　　两年前,我非常敬重的姜建先生诚意相约,命我撰著"江苏文脉"工程"名人传"书系中的《李煜》。我没有多想,当即欣然接受了这项任务。经过两年多的艰苦奋斗,查阅了大量资料,终于完成了这部书稿。

　　早在 20 多年前,我就开始了唐五代词的研究工作,硕士阶段在张中先生的精心指导下,写作了 20 余万字的硕士学位论文《花间词研究》。该书于 2001 年由江苏古籍出版社付梓。此后陆续撰著了《花间集注评》《温庭筠韦庄集》等书。2004 年,山东济南大学崔海正先生主持编纂"历代词研究史稿"系列丛书,邀请我撰著《唐五代词研究史稿》,使我有机会对唐五代词在后代的传播、阐释、接受史进行了比较系统的梳理和论析。此后,我开始转向对南唐文学的研究,发表了系列论文,2013 年在人民出版社出版了专著《乱世中的优雅——南唐文学研究》,对南唐后主李煜进行了较为深入的研究。此次承担《李煜》的撰著任务,如何在充分吸收前人研究成果的基础上,实现自我的突破,无愧于"江苏文脉"重大文化工程的神圣使命? 确实面临着很大的挑战和更高的要求。

　　南唐后主李煜祖籍江苏徐州,出生在江苏南京,乃一代词宗、"词中之帝",是江苏文化史上当之无愧的名人,也是"世界文学之都"南京的璀璨明星。作为南唐后主,李煜在政治上是无所作为的。南唐烈祖李昪筚路蓝缕,励精图治,保境安民,形成了强盛的国力。中主李璟初意守成,然而由于偏听偏信,很快就轻启兵戎,导致内政混乱、军事惨败,南唐国势从此由盛转衰。后主李煜即位后,面对北方强宋的威逼,一筹莫展,无可奈何,只得通过屈身致礼、频繁的巨额纳贡,苟延残喘了十几年。李煜清醒地认识到,南唐被宋所灭是必然的趋势,只是求得尽量地延长它的寿命,不要让自己背负亡国的罪责。然而,性格的懦弱无能,生活的奢靡无度,治国的昏庸无方,军事的疲弱无力,终究使他成了亡国之君。

个人在历史的大势面前往往微不足道、无能为力,李煜的亡国也是历史发展规律的生动写照。我们所要关注的是,如此鲜活的个体在历史潮流中的命运沉浮、情感挣扎和精神裂变。李煜作为文化名人的最重要价值,就在于他通过自己富有特色的文学书写,生动而又深切地展现出其亡国前后的生活内容和精神世界。我们可以从他亡国前的文学作品中,体会其雅而艳的艺术格调、遭受强宋威逼的内心隐忧;从他亡国后的文学作品中,领悟其深挚凄楚的命运悲叹、勘破人生的哲理之思,也欣赏到他历经摧折、磨难之后艺术境界的破茧成蝶,遂变伶工之词而为士大夫之词,体现出情志一体化的创作倾向;沉郁激情的迸发,甚至对宋代豪放词风都产生了一定影响。李煜是一位性情纯真的词人,他的苦与乐都直接流露,毫无掩饰,一片神行,妙在天然。李煜词的最大价值就在于:用非常精美而通俗的文字,表达出人类共有的感情。这也是他赢得千百年来人们共同喜好的根本原因。

宋代以来,诸多词人、学者对李煜及其词作从各自不同的角度,进行了大量的解说和评述。对于李煜词的褒贬,甚至成为判别后代词学流变和词派立场的重要标志。对于李煜词的研究,也成为现当代许多词学大家的入门“功课”,相关研究成果汗牛充栋,形成了丰富的文献资料。本书的撰著,即是在充分吸收前人诸多研究成果的基础上,文史结合,纵横观之,既注重历史线索的宏观梳理、江南地域的文化濡染,也注重个体命运、性情的揭橥,文学艺术作品的细致剖析,追求学术性与普及性的有机结合,彰显出时代文化变迁中李煜及其文学艺术的精神特质和非凡魅力,为江苏文脉建设作出应有的贡献。

高　峰

二〇二四年四月八日